应用型本科院校"十二五"规划教材/经济管理类

Introduction to Electronic Commerce

电子商务概论

（第2版）

主　编　孙庆艳　王　松　付　杰　曲慧梅
副主编　张　磊　王纳威　杨　芳　运丽丽

哈尔滨工业大学出版社
HARBIN INSTITUTE OF TECHNOLOGY PRESS

内 容 简 介

本书主要从电子商务基础原理、技术、管理及应用三大方面系统地对电子商务整体框架进行介绍。主要包括电子商务概述、电子商务的运行模式等电子商务基础原理；电子商务的网络技术、电子商务安全、电子商务支付、电子商务网站开发与设计等电子商务技术；网络营销、电子商务与物流、电子商务法律法规、电子商务的典型应用等电子商务管理及应用。

本书内容新颖，信息量丰富，条理清晰，通俗易懂。本书根据应用型本科院校学生的特点，突出实用性、前沿性、实践性和创新性。本书可作为电子商务、信息管理、计算机、物流管理、工商管理、市场营销、国际贸易、经济管理等相关专业本专科的教材或参考书。

图书在版编目(CIP)数据

电子商务概论/苏庆艳等主编. —2 版. —哈尔滨：哈尔滨工业大学出版社,2012.10(2015.6 重印)
应用型本科院校"十二五"规划教材
ISBN 978－7－5603－3298－7

Ⅰ.①电…　Ⅱ.①苏…　Ⅲ.①电子商务-高等学校-教材　Ⅳ.①F713.36

中国版本图书馆 CIP 数据核字(2012)第 235740 号

策划编辑	赵文斌　杜　燕	
责任编辑	苗金英	
出版发行	哈尔滨工业大学出版社	
社　　址	哈尔滨市南岗区复华四道街 10 号　邮编 150006	
传　　真	0451－86414749	
网　　址	http://hitpress.hit.edu.cn	
印　　刷	黑龙江省地质测绘印制中心印刷厂	
开　　本	787mm×960mm　1/16　印张 20.75　字数 454 千字	
版　　次	2011 年 7 月第 1 版　2012 年 10 月第 2 版 2015 年 6 月第 3 次印刷	
书　　号	ISBN 978－7－5603－3298－7	
定　　价	36.80 元	

(如因印装质量问题影响阅读,我社负责调换)

《应用型本科院校"十二五"规划教材》编委会

主　任　　修朋月　竺培国

副主任　　王玉文　吕其诚　线恒录　李敬来

委　员　　（按姓氏笔画排序）

丁福庆　于长福　马志民　王庄严　王建华

王德章　刘金祺　刘宝华　刘通学　刘福荣

关晓冬　李云波　杨玉顺　吴知丰　张幸刚

陈江波　林　艳　林文华　周方圆　姜思政

庹　莉　韩毓洁　臧玉英

序

　　哈尔滨工业大学出版社策划的《应用型本科院校"十二五"规划教材》即将付梓，诚可贺也。

　　该系列教材卷帙浩繁，凡百余种，涉及众多学科门类，定位准确，内容新颖，体系完整，实用性强，突出实践能力培养。不仅便于教师教学和学生学习，而且满足就业市场对应用型人才的迫切需求。

　　应用型本科院校的人才培养目标是面对现代社会生产、建设、管理、服务等一线岗位，培养能直接从事实际工作、解决具体问题、维持工作有效运行的高等应用型人才。应用型本科与研究型本科和高职高专院校在人才培养上有着明显的区别，其培养的人才特征是：①就业导向与社会需求高度吻合；②扎实的理论基础和过硬的实践能力紧密结合；③具备良好的人文素质和科学技术素质；④富于面对职业应用的创新精神。因此，应用型本科院校只有着力培养"进入角色快、业务水平高、动手能力强、综合素质好"的人才，才能在激烈的就业市场竞争中站稳脚跟。

　　目前国内应用型本科院校所采用的教材往往只是对理论性较强的本科院校教材的简单删减，针对性、应用性不够突出，因材施教的目的难以达到。因此亟须既有一定的理论深度又注重实践能力培养的系列教材，以满足应用型本科院校教学目标、培养方向和办学特色的需要。

　　哈尔滨工业大学出版社出版的《应用型本科院校"十二五"规划教材》，在选题设计思路上认真贯彻教育部关于培养适应地方、区域经济和社会发展需要的"本科应用型高级专门人才"精神，根据黑龙江省委书记吉炳轩同志提出的关于加强应用型本科院校建设的意见，在应用型本科试点院校成功经验总结的基础上，特邀请黑龙江省9所知名的应用型本科院校的专家、学者联合编写。

　　本系列教材突出与办学定位、教学目标的一致性和适应性，既严格遵照学科体系的知识构成和教材编写的一般规律，又针对应用型本科人才培养目标及与之相适应的教学特点，精心设计写作体例，科学安排知识内容，围绕应用讲授理论，做到"基础知识够用、实践技能实用、专业理论管用"。同时注意适当融入新理论、新技术、新工艺、新成果，并且制作了与本书配套的PPT多媒体教学课件，形成立体化教材，供教师参考使用。

《应用型本科院校"十二五"规划教材》的编辑出版，是适应"科教兴国"战略对复合型、应用型人才的需求，是推动相对滞后的应用型本科院校教材建设的一种有益尝试，在应用型创新人才培养方面是一件具有开创意义的工作，为应用型人才的培养提供了及时、可靠、坚实的保证。

希望本系列教材在使用过程中，通过编者、作者和读者的共同努力，厚积薄发、推陈出新、细上加细、精益求精，不断丰富、不断完善、不断创新，力争成为同类教材中的精品。

黑龙江省教育厅厅长

第 2 版前言

电子商务的经济社会影响日益广泛和深刻。"十一五"期间，是我国电子商务腾飞的五年，在这五年当中，电子商务实现了从新兴产业到被纳入"十二五"战略新兴产业规划。2011年，由工信部牵头、发改委等9部委联合制定的《电子商务"十二五"规划》（初稿）已经草拟完成，根据《规划》，电子商务被列入国家战略性新兴产业的重要组成部分。

据中国电子商务研究中心最新数据显示，截止到2010年12月，中国电子商务市场交易额已逾4.5万亿元，同比增长22%。其中，B2B电子商务交易额达到3.8万亿元，同比增长15.8%，行业整体保持稳定发展态势；网上零售市场交易规模达5 131亿元，同比增长97.3%，较2009年近翻一番，约占全年社会商品零售总额的3%。

电子商务概论是电子商务专业的主干课程之一，涵盖管理学、经济学和计算机科学等领域。本书主要从电子商务基础原理、技术、管理及应用三方面系统地对电子商务整体框架进行介绍。主要包括电子商务概述、电子商务的运行模式等电子商务基础原理；电子商务的网络技术、电子商务安全、电子商务支付、电子商务网站开发与设计等电子商务技术；网络营销、电子商务与物流、电子商务法律法规、电子商务的典型应用等电子商务管理及应用。

本书由苏庆艳、王松、付杰、曲慧梅任主编，由张磊、王纳威、杨芳、运丽丽任副主编。具体分工如下：苏庆艳（第一、十章），王松（第二、六章），付杰（第四、七章），曲慧梅（第八章），张磊（第五章），王纳威（第三章），杨芳（第九章的第1、2节），运丽丽（第九章的第3、4、5节）。

本书在编写过程中参阅了国内外许多有关电子商务方面的教材、文献、资料，并从公开发表的书籍、报刊和网站上选用了一些研究报告、案例和资料，在此特向有关单位和个人表示感谢。由于电子商务发展迅速及笔者水平有限，书中难免有疏漏之处，在此恳请诸位专家、读者批评指正，以便本教材能够进一步提高和完善。

编 者
2012年6月

目 录

第一章　电子商务概述 …………………………………………………………… 1
- 第一节　电子商务的概念 ………………………………………………………… 1
- 第二节　电子商务的产生与发展历程 …………………………………………… 13
- 第三节　电子商务的影响及在我国的发展 ……………………………………… 14
- 第四节　电子商务的发展趋势 …………………………………………………… 19
- 本章小结 …………………………………………………………………………… 22
- 思考题 ……………………………………………………………………………… 22
- 阅读资料 …………………………………………………………………………… 22

第二章　电子商务的运行模式 ………………………………………………… 28
- 第一节　电子商务的概念模型 …………………………………………………… 28
- 第二节　电子商务的运行框架 …………………………………………………… 32
- 第三节　电子商务的交易模式 …………………………………………………… 36
- 本章小结 …………………………………………………………………………… 50
- 思考题 ……………………………………………………………………………… 50
- 阅读资料 …………………………………………………………………………… 51

第三章　电子商务的网络技术基础 …………………………………………… 54
- 第一节　网络与通信技术 ………………………………………………………… 54
- 第二节　Intranet 和 Extranet …………………………………………………… 70
- 第三节　Web 技术 ………………………………………………………………… 76
- 第四节　电子数据交换技术（EDI） ……………………………………………… 79
- 本章小结 …………………………………………………………………………… 82
- 思考题 ……………………………………………………………………………… 82
- 阅读资料 …………………………………………………………………………… 83

第四章　网络营销 ………………………………………………………………… 86
- 第一节　网络营销的基本概念 …………………………………………………… 86
- 第二节　网络消费者分析 ………………………………………………………… 89
- 第三节　网络营销策略 …………………………………………………………… 93

第四节　网络广告 106
   本章小结 116
   思考题 116
   阅读资料 116

第五章　电子商务安全 119
   第一节　电子商务的安全概述 119
   第二节　认证技术 122
   第三节　数据加密技术 130
   第四节　电子商务安全管理技术及安全协议 135
   本章小结 144
   思考题 144
   阅读资料 145

第六章　电子支付 148
   第一节　电子支付概述 148
   第二节　电子支付工具 154
   第三节　网上银行 175
   第四节　第三方支付平台 185
   本章小结 191
   思考题 191
   阅读资料 192

第七章　电子商务与物流 194
   第一节　物流概述 194
   第二节　电子商务物流 198
   第三节　电子商务环境下的物流模式 202
   第四节　电子商务物流技术 213
   本章小结 220
   思考题 220
   阅读资料 221

第八章　电子商务法律规范 224
   第一节　电子商务法律规范概述 224
   第二节　国内外电子商务立法现状 230
   第三节　电子合同法律规范 238
   第四节　知识产权与消费者权益保护法律规范 245

本章小结···254
　　思考题···255
　　阅读资料···255

第九章　电子商务网站开发与设计···258
　　第一节　电子商务网站开发流程···258
　　第二节　商务网站规划与设计···266
　　第三节　数据库技术···270
　　第四节　商务网站开发技术···274
　　第五节　虚拟主机与域名··278
　　本章小结···285
　　思考题···286
　　阅读资料···286

第十章　电子商务的典型应用···291
　　第一节　网络交易平台···291
　　第二节　网络娱乐··294
　　第三节　旅游电子商务···298
　　第四节　移动电子商务···299
　　第五节　网上证券交易···303
　　第六节　电子政务··305
　　第七节　网络教育··310
　　本章小结···311
　　思考题···312
　　阅读资料···312

参考文献···318

第一章
Chapter 1

电子商务概述

【学习要点及目标】
1. 明确电子商务的定义。
2. 掌握电子商务的特点、分类及功能。
3. 了解电子商务的产生与发展历程。
4. 了解电子商务的发展现状及未来发展趋势。

第一节 电子商务的概念

一、电子商务的定义

电子商务源于英文 Electronic Commerce,简写为 EC。顾名思义,其内容包含两个方面,一是电子方式,二是商贸活动。电子商务指的是利用简单、快捷、低成本的电子通讯方式,买卖双方不见面地进行各种商贸活动。

电子商务可以通过多种电子通讯方式来完成。简单的,比如你通过打电话或发传真的方式来与客户进行商贸活动,似乎也可以称作电子商务;但是,现在人们所探讨的电子商务主要是以 EDI(电子数据交换)和 Internet 来完成的。尤其是随着 Internet 技术的日益成熟,电子商务真正的发展将是建立在 Internet 技术上的。所以也有人把电子商务简称为 IC(Internet Commerce)。

实际上,电子商务是为了适应以全球为市场的变化而出现和发展起来的,它可以使销售商与供应商更紧密地联系起来,尽快地满足客户的需求,也可以让商家在全球范围内选择最佳供应商,在全球市场上销售产品。

事实上,目前还没有一个较为全面、较为确切的定义。各种组织、政府、公司、学术团体都是依据自己的理解和需要来给电子商务下定义的,下面是一些有代表性的定义。

(一)国际经济组织对电子商务的定义

1. 国际商会对电子商务的定义

1997年,国际商会在法国首都巴黎举行了世界电子商务会议,国际商会在国际电子商务会议上对电子商务概念的阐述为:电子商务是指对整个贸易活动实现电子化;从涵盖范围方面可以定义为,交易各方以电子交易方式而不是通过当面交换或直接面谈方式进行的任何形式的商业交易;从技术方面可以定义为,电子商务是一种多技术的集合体,包括交换数据(如电子数据交换、电子邮件)、获得数据(共享数据库、电子公告牌)以及自动捕获数据(条形码)等。

2. 世界贸易组织对电子商务的定义

世界贸易组织(World Trade Organization,WTO)认为:电子商务是通过电子方式进行货物和服务的生产、销售、买卖和传递。这一定义奠定了审查与贸易有关的电子商务的基础,也就是继承关贸总协定(General Agreement on Tariffs and Trade,GATT)的多边贸易体系框架。

3. 全球信息基础设施委员会对电子商务的定义

全球信息基础设施委员会(GHC)电子商务工作委员会对电子商务的定义是:电子商务是应用电子通信作为手段的经济活动,通过这种方式人们可以对带有经济价值的产品和服务进行宣传、购置和结算。

4. 欧洲经济委员会对电子商务的定义

欧洲经济委员会在比利时首都布鲁塞尔举办了全球信息社会标准大会,会上明确提出了电子商务的定义:电子商务是各参与方之间以电子方式而不是以物理交换或直接物理接触方式完成任何形式的业务交易;这里的电子方式包括电子数据交换(EDI)、电子支付手段、电子订货系统、电子邮件、传真、网络、电子公告系统条码、图像处理、智能卡等。

5. 联合国国际贸易法律委员会对电子商务的定义

联合国国际贸易法律委员会(UNITRAL)认为:电子商务是采用电子数据交换(EDI)和其他通信方式增进国际贸易的职能。

6. 联合国经济合作和发展组织对电子商务的定义

联合国经济合作和发展组织(OECD)认为:电子商务是发生在开放网络上的包含企业之间(Business to Business)、企业和消费者之间(Business to Consumer)的商业交易。

7. 国际标准化组织对电子商务的定义

国际标准化组织(ISL/IEC)UN/ECE关于EB谅解备忘录认为:电子商务(EB)是企业之间、企业与消费者之间信息内容与需求交换的一种通用术语。

（二）外国政府或部门对电子商务的定义

1. 加拿大电子商务协会对电子商务的定义

加拿大电子商务协会给电子商务下的定义是：电子商务是通过数字通信进行商品和服务的买卖以及资金的转账，它还包括公司间和公司内利用 E-mail、EDI、文件传输、传真、电视会议、远程计算机联网所能实现的全部功能（如：市场营销、金融结算、销售以及商务谈判）。

2. 美国政府对电子商务的定义

美国政府在其《全球电子商务纲要》中比较笼统地指出：电子商务是指通过 Internet 进行的各项商务活动，包括：广告、交易、支付、服务等活动，全球电子商务将会涉及全球各国。

3. 欧洲议会对电子商务的定义

欧洲议会关于电子商务的定义是：电子商务是通过电子方式进行的商务活动。它通过电子方式处理和传递数据，包括文本、声音和图像。它涉及许多方面的活动，包括货物电子贸易和服务、在线数据传递、电子资金划拨、电子证券交易、电子货运单证、商业拍卖、合作设计和工程、在线资料、公共产品获得。它包括产品（如消费品、专门设备）和服务（如信息服务、金融和法律服务）、传统活动（如健身、体育）和新型活动（如虚拟购物、虚拟训练）。

（三）知名企业对电子商务的定义

1. 惠普对电子商务的定义

美国惠普公司（HP）提出电子商务（EC）、电子业务（EB）、电子消费（EC）和电子化世界的概念。惠普提出电子商务以现代扩展企业为信息技术基础结构，电子商务是跨时域、跨地域的电子化世界 E-World，即 EW = EC（Electronic Commerce）+EB（Electronic Business）+EC（Electronic Consumer）。惠普电子商务的范畴按定义包括所有可能的贸易伙伴：用户、商品和服务的供应商、承运商、银行保险公司以及所有其他外部信息源的收益人。

其中对电子商务（E-Commerce）的定义是：通过电子化手段来完成商业贸易活动的一种方式，是商家和客户之间的联系纽带；对电子业务（E-Business）的定义：一种新型的业务开展手段，通过基于 Internet 的信息结构，使得公司、供应商、合作伙伴和客户之间，利用电子业务共享信息，E-Business 不仅能够有效地增强现有业务进程的实施，而且能够对市场等动态因素做出快速响应并及时调整当前业务进程；对电子消费（E-Consumer）的定义：人们使用信息技术进行娱乐、学习、工作、购物等一系列活动，使家庭的娱乐方式越来越多的从传统电视向 Internet 转变。

2. 通用电气公司对电子商务的定义

通用电气公司（GE）认为：电子商务是通过电子方式进行商业交易，分为企业与企业间的电子商务和企业与消费者之间的电子商务。企业与企业间的电子商务：以 EDI 为核心技术，增值网（VAN）和互联网（Internet）为主要手段，实现企业间业务流程的电子化，配合企业内部的电子化生产管理系统，提高企业从生产、库存，到流通（包括物资和资金）各个环节的效率。

企业与消费者之间的电子商务:以 Internet 为主要服务提供手段,实现公众消费和服务提供方式以及相关的付款方式的电子化。

3. IBM 对电子商务的定义

IBM 提出了一个电子商务的定义公式,即:电子商务 = Web+IT。它所强调的是在网络计算机环境下的商业化应用,是把买方、卖方、厂商及其合作伙伴在因特网(Internet)、企业内部网(Intranet)和企业外部网(Extranet)结合起来的应用。

(四)我国对电子商务的定义

1. 中国电子商务蓝皮书对电子商务的定义

《中国电子商务蓝皮书:2001 年度》认为,电子商务是指通过 Internet 完成的商务交易。交易的内容可分为商品交易和服务交易。交易是指货币和商品的交换,交易通过信息流、资金流和物流完成。

2. 中国电子商务协会对电子商务的定义

2003 年,中国电子商务协会发布的《中国电子商务发展分析报告》认为,电子商务是以电子形式进行的商务活动。它在供应商、消费者、政府机构和其他业务伙伴之间,通过电子方式实现非结构化或结构化的商务信息的共享,以管理和执行商业、行政、消费活动中的交易。

3. 上海市电子商务安全证书管理中心对电子商务的定义

上海市电子商务安全证书管理中心对电子商务所下的定义是:电子商务是指采用数字化电子方式进行商务数据交换和开展商务业务活动。电子商务(EC)主要包括利用电子数据交换(EDI)、电子邮件(E-mail)、电子资金转账(EFT)及 Internet 的主要技术在个人间、企业间和国家间进行无纸化的业务信息的交换。

4.《电子商务发展"十一五"规划》对电子商务的定义

2007 年,我国《电子商务发展"十一五"规划》首次明确了电子商务是网络化的新型经济活动,即基于互联网、广播电视网和电信网络等电子信息网络的生产、流通和消费活动,而不仅仅是基于互联网的新型交易或流通方式。电子商务涵盖了社会不同经济主体内部和主体之间的经济活动,体现了信息技术网络化应用的根本特性,即信息资源高度共享、社会行为高度协同所带来的经济活动高效率和高效能。加快发展电子商务的战略意义在于,有效促进经济增长方式由粗放型向集约型转变,切实提高国民经济增长的效率和质量,实现经济社会全面、协调、可持续发展。

(五)专家学者对电子商务的定义

1. 国外专家学者对电子商务的定义

美国学者瑞维·卡拉抖塔和安德鲁·B·惠斯顿在他们的专著《电子商务的前沿》中提出:广义地讲,电子商务是一种现代商业方法。这种方法通过改善产品和服务质量、提高服务传递速度,满足政府组织、厂商和消费者的降低成本的需求。这一概念也用于通过计算机网络寻找信息以支持决策。一般地讲,今天的电子商务:是通过计算机网络将买方和卖方的信息、产品和服务器联系起来,而未来的电子商务是通过构成信息高速公路的无数计算机网络将买方和卖方联系起来。

美国 Emmelhainz 博士在其专著《EDI 全面管理指南》中把电子商务定义为:"通过电子方式,并在网络基础上实现物资、人员过程的协调,以便进行商业交换活动。"

加拿大专家 Jenkins 和 Lancashire 在《电子商务手册》中从应用角度定义 EC 为数据(资料)电子装配线(Electronic Assembly Line of Data)的横向集成。

2. 国内专家学者对电子商务的定义

电子商务专家杨坚争教授在《电子商务基础与应用》中给电子商务的定义是:电子商务系指交易当事人或参与人利用现代信息技术和计算机网络(主要是因特网)所进行的各类商业活动,包括货物贸易、服务贸易和知识产权贸易。

中国企业家王新华认为:从本质上讲,电子商务是一组电子工具在商务过程中的应用,这些工具主要包括电子数据交换、电子邮件、电子公告系统、条码、图像处理、智能卡等。而应用的前提和基础是完善的现代通信网络和人们思想意识的提高以及管理体制的转变。

以上定义分别出自国际组织、政府部门、电子商务协会、知名公司和中外专家学者,从中不难看出,这些定义是人们从不同角度各抒己见。

(六)宏观和微观的电子商务定义

从宏观上讲,电子商务是计算机网络的第二次革命,是通过电子手段建立一个新的经济秩序,它不仅涉及电子技术和商业交易本身,而且涉及诸如金融、税务、教育等社会其他层面;从微观角度说,电子商务是指各种具有商业活动能力的实体(生产企业、商贸企业、金融机构、政府机构、个人消费者等)利用网络和先进的数字化传媒技术进行的各项商业贸易活动。一次完整的商业贸易过程是复杂的,包括交易前了解商情、询价、报价,发送订单、应答订单,发送接收送货通知、取货凭证、支付汇兑过程等,此外还有涉及行政过程的认证等行为。电子商务涉及资金流、物流、信息流的流动。严格地说,只有上述所有贸易过程都实现了无纸贸易,即全部是非人工介入,使用各种电子工具完成,才能称之为一次完整的电子商务过程。

(七)狭义和广义的电子商务定义

电子商务的定义根据涵盖的范围不同,还可以从狭义和广义两方面进行界定(如图1.1所示)。

1. 狭义的电子商务定义

狭义的电子商务(E-Commerce)主要是指运用 Internet 开展的商务交易或与商务交易直接相关的活动。

也就是说,从狭义上讲,电子商务主要讨论运用 Internet 技术及信息技术的交易或与交易直接相关的活动,是面向企业外部的所有业务流程,如网络营销、电子支付、物流配送、电子数据交换等企业间的商业活动;或者简单地说,电子商务就是指把所有的商业活动和贸易往来电子化,利用发达的网络环境进行快速有效的商业活动。

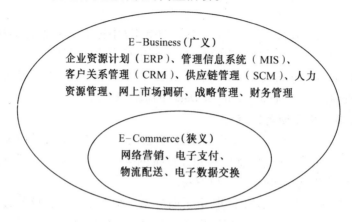

图 1.1　广义与狭义电子商务的关系

2. 广义的电子商务定义

广义的电子商务(E-Business)指运用 IT 技术对整个商务活动实现电子化。E-Business 利用是 Internet、Intranet 和 Extranet 等各种不同形式的网络以及其他信息技术进行的所有的企业活动。

也就是说,从广义上讲,电子商务不仅包括企业间的商务活动,还包括企业内部的商务活动,如企业资源计划(ERP)、管理信息系统(MIS)、客户关系管理(CRM)、供应链管理(SCM)、物流管理(LM)、客户关系管理(CRM)、人力资源管理、网上市场调研、战略管理及财务管理等企业内部的各种管理活动,它不仅仅是硬件和软件的结合,而且是把买家与卖家、厂家与合作伙伴在 Internet、Intranet 和 Extranet 上利用 Internet 技术与原有的系统结合起来进行业务活动,在网络化的基础上重塑各类业务流程,实现电子化、网络化的运营方式。

从这个意义上讲,广义的电子商务所指的商务不仅包含交易,而且涵盖了生产、经营、管理、贸易、服务和消费等各个业务领域,其主题是多元化的,功能是全方位的,涉及社会经济活动的各个层面。

另外,随着广义电子商务观念的发展,人们提出了在网络化的基础上重塑各类业务流程,通过内联网、外联网以及互联网将企业的业务合作伙伴充分整合,包括从原材料的查询、采购、产品的展示、订购到产品制造、储运以及电子支付等一系列贸易活动在内的完整电子商务供应链的概念。

二、电子商务的特点

电子商务与传统商务方式不同,它是在传统商务的基础上发展起来的,是综合运用信息技术,以提高贸易伙伴间商业运作效率为目标,将一次交易全过程中的数据和资料用电子方式实现,在商业的整个运作过程中实现交易无纸化、直接化,从根本上精简商业环节,降低运营成本,提高运营效率,增加企业利润,优化社会资源配置,从而实现社会财富的最大化利用。因此,它与传统的商务活动相比,具有以下特点:时间无限化、市场全球化、交易虚拟化、流程透明化、交易效率高、交易成本低、服务个性化等。

(一)时间无限化

传统商务总是受人们作息时间的限制,通常只能提供固定工作日和固定工作时间的运营和服务,而电子商务借助网络虚拟平台,可使厂商真正提供昼夜不间断的服务和全天候的营业,方便服务客户和优化服务。例如,午夜时分我们依然可以登录淘宝商城选购商品。

(二)市场全球化

电子商务不仅跨越时间,也跨越了空间,拥有无地域界限的全球市场,这是因为其所凭借的主要媒体——互联网具有全球性的本质。跨国经营不只是大企业、大公司才能做到,无论在哪个国家或地区,中小企业只要能接入国际互联网络,都可以方便地使用国际互联网所提供的各种服务,享用国际互联网上庞大的全球信息资源,并进入全球市场。例如,中国化工网建有国内最大的化工专业数据库,是化工企业进行国际贸易和技术研发的首选平台。

(三)交易虚拟化

电子商务以电子虚拟市场作为其运作空间,通过网络就可以完成选取商品、交易洽谈、订单签订和电子支付,利用虚拟的交易方式打破了传统企业间明确的组织,整个交易演变为电子化、数字化、虚拟化,实现在线经营。例如,我们在当当网上选中了自己喜欢的书籍,点击确认,通过网上银行付款,然后我们就在家等当当网送书上门。

(四)流程透明化

电子商务可以使买卖双方的整个交易过程都通过网络进行。通畅、快捷的信息传输方便了各种信息之间互相核对,有助于防止伪造信息的流通。例如,网络购物可以随时查找订单的进程,并且可以查到货物送达的时间和地点。

(五)交易效率高

由于互联网络将贸易中的商业报文标准化,使商业报文能在世界各地瞬间完成传递与计算机自动处理,将原料采购、产品生产、需求与销售、银行汇兑、保险、货物托运及申报等过程无须人员干预,而在最短的时间内完成。传统贸易方式中,用信件、电话和传真传递信息,必须有人的参与,且每个环节都要花不少时间。有时由于人员合作和工作时间的问题,会延误传输时间,失去最佳商机。电子商务克服了传统贸易方式费用高、易出错、处理速度慢等缺点,极大地缩短了交易时间,使整个交易非常快捷与方便。

(六)交易成本低

电子商务使得买卖双方的交易成本大大降低,具体表现在:

第一,在交易前,卖方可通过互联网络进行产品介绍、宣传,避免了在传统方式下做广告、发印刷产品等大量费用;距离越远,网络上进行信息传递的成本相对于信件、电话、传真而言就越低。此外,缩短时间及减少重复的数据录入也降低了信息成本。

第二,在交易进行中,买卖双方通过网络进行商务活动,无需中介者参与,减少了交易的有关环节;另外,电子商务实行"无纸贸易",可减少90%的文件处理费用;互联网使买卖双方即时沟通供需信息,使无库存生产和无库存销售成为可能,从而使库存成本降为零。

(七)服务个性化

电子商务企业可以利用电子商务向客户提供个性化的服务。个性化消费将逐步成为消费的主流,消费者希望以个人心理愿望为基础,购买个性化的产品及服务,甚至要求企业提供个性化的订制服务。主要包括三方面的内容:一是需求的个性化定制。由于自身条件的不同,客户对商品和服务的需求也不尽相同,因此如何及时了解客户的个性化需求是首要任务。二是信息的个性化定制。互联网为个性化定制信息提供了可能,也预示着巨大的商机。三是对个性化商品的需要(见表1.1)。

表1.1　电子商务与传统商务的比较

项目	传统商务	电子商务
信息来源	根据销售商的不同而不同	清晰、透明
流通渠道	企业→各级批发商→零售商→消费者	企业→消费者
交易对象	部分或特定地区	全球
交易时间	规定的工作时间	24小时不间断
销售方式	利用各种渠道买卖	完全自由交易
营销活动	销售商的单方营销	双向通讯、PC、一对一
顾客方便度	受时间与地点的限制	无拘无束购物
对应顾客	需长时间掌握顾客需求	迅速捕捉和应对顾客需求
销售地点	需要销售空间(店铺)	虚拟空间(Cyber Space)
服务方式	统一服务	个性化

三、电子商务的分类

(一)按电子商务的参与主体分类(如图1.2所示)

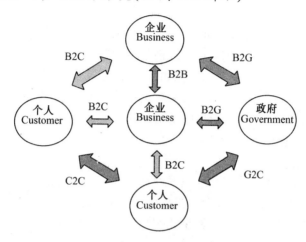

图1.2 电子商务按参与主体进行的主要分类

1. 企业与企业之间的电子商务(Business to Business,即 B2B)

B2B 即企业与企业之间通过互联网进行产品、服务及信息的交换。通俗的说法是指进行电子商务交易的供需双方都是商家(或企业、公司),他们使用了 Internet 的技术或各种商务网络平台,完成商务交易的过程。这些过程包括:发布供求信息,订货及确认订货,支付过程及票据的签发、传送和接收,确定配送方案并监控配送过程等。有时写作 BtoB,但为了简便干脆用其谐音 B2B(2 即 two)。B2B 的典型是中国供应商、阿里巴巴、中国制造网、敦煌网、慧聪网、瀛商网等。

2. 企业与消费者之间的电子商务(Business to Customer,即 B2C)

B2C 模式是我国最早产生的电子商务模式,以 8848 网上商城正式运营为标志。B2C 即企业通过互联网为消费者提供一个新型的购物环境——网上商店,消费者通过网络在网上购物,在网上支付。由于这种模式节省了客户和企业的时间和空间,大大提高了交易效率,节省了宝贵的时间。B2C 的典型有当当网、卡当网、卓越亚马逊网、京东商城、凡客诚品等。

3. 消费者与消费者之间的电子商务(Customer to Customer,即 C2C)

C2C 同 B2B、B2C 一样,都是电子商务的几种模式之一。不同的是 C2C 是用户对用户的模式,C2C 商务平台就是通过为买卖双方提供一个在线交易平台,使卖方可以主动提供商品上网拍卖,而买方可以自行选择商品进行竞价。C2C 的典型是淘宝网、易趣网、拍拍网等。

4. 企业与政府之间的电子商务(Business to Government,即 B2G)

这种商务活动覆盖企业与政府组织间的各项事务。例如企业与政府之间进行的各种手续的报批,政府通过因特网发布采购清单、企业以电子化方式响应;政府在网上以电子交换方式来完成对企业和电子交易的征税等,这成为政府机关政务公开的手段和方法。

(二)按商业活动的运作方式分类

1. **完全电子商务**

完全电子商务是指完全通过电子商务方式实现和完成整个交易行为和过程。换句话说,完全电子商务是指商品或者服务的完整过程都是在信息网络上实现的。双方超越地理空间的障碍来做交易,可以充分挖掘市场潜力。比如,一些数字化的无形产品和服务如计算机软件、娱乐内容、远程教育、网络版书刊、电子订票、旅馆订房等等,供求双方直接在网络上完成联机订购或申请服务、付款、交付,都完全在电子信息网络上完成交易活动而无需借助其他手段。完全电子商务交易对象限于无形产品和网上信息服务。

2. **不完全电子商务**

不完全电子商务是指无法完全依靠电子商务方式实现和完成整个交易过程,它需要依靠一些传统的外部条件,如有形商品的交付过程仍然要采用运输方式来完成交易。当产品、销售过程和代理人三方中的某一项未能被数字化时则称为不完全电子商务。

(三)按电子商务的交易地域分类

按电子商务的交易地域分类,电子商务可分为本地电子商务、国内电子商务和全球电子商务。

1. **本地电子商务**

本地电子商务是指在本城市或者本地区的信息网络实现的电子商务活动,交易双方都在本地范围之内,利用本地的电子商务系统开展商务活动。本地电子商务系统是基础系统,没有它就无法开展国内电子商务和全球电子商务。因此,建立和完善本地电子商务是关键。

2. **国内电子商务**

国内电子商务是指在本国范围内进行的电子商务活动。其交易的地域范围较大,对软硬件的技术要求较高,要求在全国范围内实现商业电子化、自动化,实现金融电子化,交易各方应具备一定的电子商务知识、经济能力和技术能力,并具有一定的管理水平。

3. **全球电子商务**

全球电子商务是指在全世界范围内进行的电子交易活动,参加电子商务的交易各方通过网络进行贸易活动。它涉及交易各方的相关系统,如买卖双方国家进出口公司、海关、银行金融、税务、保险等系统。这种业务内容繁杂,数据来往频繁,要求电子商务系统严格、准确、安全、可靠。电子商务要想得到顺利发展,就得制定出世界统一的电子商务标准和电子商务协议。

(四)按网络支撑平台分类(如图1.3所示)

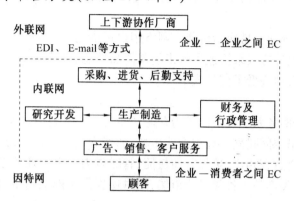

图1.3 电子商务按网络支撑平台进行的分类

1. 基于企业内部网的电子商务

企业内部网是采用互联网技术和产品所建立起来的企业内部的专用网络,是一个针对企业的人员、信息的集成机制。在企业的生产经营活动中,企业内部网是生产管理的工具,也是产品设计的资源,还是巨大的数据库。基于内联网(Intranet)的电子商务可以在企业内部普及电子邮件,可以保证企业各部门和人员充分享用互联网的全部功能,减少和缓解传统信息传输过程中的丢失和歪曲现象。

2. 基于企业外部网的电子商务

企业外部网是互联网的另一种应用,是企业内部网的外部扩展和延伸。企业外部网所提供的是既充分利用互联网的方便,又具有安全性能的商品交易与行政作业环境。基于企业外部网的电子商务的业务流程在企业的内部和外部间流动,更多的动态信息包括商业文件也在网上进行传送。通过互联网来实现企业内部网之间的联接,既能够利用互联网覆盖面广的优点,扩大合作企业面,又能够利用互联网使用成本低廉的优点。

3. 基于互联网的电子商务

基于互联网的电子商务是指利用连通全球的Internet网络开展的电子商务活动,在Internet上可以进行各种形式的电子商务业务,所涉及的领域广泛,诸如在线产品信息发布、在线订货、物流管理等等,全世界各个企业和个人都可以参与。基于互联网的电子商务具有交易主体庞大、交易范围广泛、交易过程完整等特点。基于互联网的电子商务不受地域范围的限制,在理论上既是一个全球市场环境,也是一个地域市场环境,还可以是一个行业市场环境。

(五)电子商务的功能

1. 广告宣传

电子商务系统使企业能够依靠Web服务器在Internet上发布各类商业信息,进行广告宣传。网络广告与传统广告相比,具有信息量大,成本低,范围广,灵活及时等特点。同时,由于

WWW平台的多媒体特性,网络广告同样具有丰富的表现力和吸引力。

2. 咨询洽谈

电子商务系统使异地交易成为可能。网络用户可借助Internet提供的电子邮件、新闻组、实时讨论组、视讯会议等方式来快速了解市场及商品信息,洽谈交易事项,从而超越了交易过程中的时空限制,极大地降低了交易成本。

3. 网上订购

网上购物是电子商务系统提供的最为普遍功能之一。它利用先进的网络通信及计算机多媒体展示技术,在网络空间建立了虚拟商业市场,消费者足不出户,轻点鼠标即可完成选购商品的过程,与传统购物过程相比,更加方便快捷、省时省力。电子商务系统不仅为用户开辟了网上书店、花市、电子类产品等各类专业市场,同时还提供了网上超市、网络直销、网上拍卖等多种购物方式。

4. 网上支付

支付是商务活动不可或缺的一环,因此,支持网上支付是电子商务系统的又一重要功能。该功能使用户的购物活动一气呵成,从选购到支付可以全部在网上完成。但网上支付的顺利实施不仅仅是技术上的问题,它还要求银行、信用卡公司、保险公司等相关机构的支持。同时,需要有一个安全运行的环境,包括建立健全法律法规、社会信用体系及认证机构等。

5. 电子账户

网上的支付必须要有电子金融来支持,即银行或信用卡公司及保险公司等金融单位要为金融服务提供网上操作的服务。而电子账户管理是其基本的组成部分。信用卡号或银行账号都是电子账户的一种标志,而其可信度需配以必要技术措施来保证,如数字凭证、数字签名、加密等手段的应用提供了电子账户操作的安全性。

6. 服务传递

对于已经付款的客户,应尽快交货。电子商务系统的货物交付功能主要应用于非实物类信息产品,如软件、电子读物、信息服务等,能够在线传递,直接从电子仓库发到用户端。而实物类商品的交付,目前只能通过网下运输方式完成。

7. 意见征询

在现代商业中,听取客户反馈是企业售后服务的重要内容,它有利于企业改进产品或服务、保持和发展客户以及把握新的市场商机。电子商务系统可以为用户提供方便的信息反馈功能,为企业提高售后服务水平创造了条件,有利于企业的市场运营保持良性循环,如Web页上的调查表单、客户服务中心的电子邮件、讨论组里的留言板等都是获得用户反馈信息的有效途径。用户可以通过简单的选择、发送、评论等方式表达对产品或服务的意见和建议。

8. 交易管理

整个交易的管理将涉及人、财、物多个方面,企业和企业、企业和客户及企业内部等各方面的协调和管理。因此,交易管理是涉及商务活动全过程的管理,电子商务的发展将会提供一个良好的交易管理的网络环境及多种多样的应用服务系统。这样,能保障电子商务获得更广泛的应用。

第二节 电子商务的产生与发展历程

一、电子商务的产生

(一)早期电子商务的雏形

从技术的角度来看,人类利用电子通讯的方式进行商务活动已有几十年甚至上百年的历史了。早在19世纪的60年代,人们就开始利用电报发送商务文件,利用电话进行商务洽谈。到了20世纪70年代,人们开始普遍采用方便、快捷的传真机来代替电报,但由于传真文件只是通过纸面打印来传递和管理信息,而不能将信息直接传入到信息系统中。当计算机进入商业应用以来,据测算,人工输入到一台计算机的数据几乎70%来自于另一台计算机输出的数据。而过多的人为操作在数据的准确性和工作效率等方面都会带来不必要的麻烦与错误。因而,人们开始尝试在贸易伙伴之间的计算机上使数据能够自动交换,以减少人为因素的影响,这样EDI技术应运而生。与此同时,银行之间也在利用自有的网络来做电子资金转账(EFT),从而也改变了金融市场。电子资金转账是利用电子设备所提供的缴付信息来将电子付款作最佳处理。如今已有许多类似的电子资金转账方式,例如在商店及零售等销售点(POS)普遍使用的银行卡的自动转账等。

综上所述,在20世纪70年代,人们开始采用电子数据交换和电子资金转账作为企业间电子商务的应用技术,这就是早期电子商务的雏形。

(二)现代电子商务的产生

到了20世纪90年代中后期,互联网的出现又把信息技术和网络技术的应用推向了一个新的阶段。有了网络之后,人们获取信息的能力大大增强,而且企业的经营范围不再受地域的约束和限制,这使得企业有可能把经营的触角深入到世界的任何一个角落,这一高新技术的产物逐渐演变成为经济的全球化。现代电子商务就是以互联网为平台,通过商业信息和业务平台、物流系统、支付结算体系的整合共同构建成的新的商业运作模式。

二、电子商务的发展历程

(一)基于EDI的电子商务

(1)1946年,世界上第一台计算机的诞生带来了席卷全球的信息技术革命。

(2)20世纪70年代,美国航空开发计算机联网订票系统(SABRE),银行间采用安全的专用网络进行电子资金转账(EFT)。

(3)20世纪70年代末80年代初,产生了基于电子数据交换(EDI)的国际贸易,被人们称

13

为"无纸贸易"的开始。电子数据交换(EDI,Electronic Data Interchange)是电子商务的前身,它是指有业务往来的公司机构通过计算机网络系统,以电子方式传商业交易资料。

(4)1990年3月,由联合国统一向全球颁布了电子数据交换的标准EDI,这个标准的产生和迅速推广加快了人类利用电子技术促进贸易发展的进程。

(5)1992年,联合国贸易发展大会第一次明确提出,要研究电子数据交换技术的应用,并要利用这种技术去提高贸易的效率。

(6)1994年,联合国贸易发展大会再一次召开,研究和总结了两年以来EDI应用技术的发展历程,并明确提出要开放EDI的概念。自此,EDI技术就迅速地从原来以广域网为基础的应用系统逐渐向Internet发展。

(二)基于Internet的电子商务

(1)1991年,因特网正式对商业活动开放。

(2)1993年,万维网(WWW)出现。

(3)1993年11月,美国国会正式讨论并通过了北美信息高速公路计划法案;随后,加拿大国会、日本议会和欧洲议会也先后通过了这个议案,并加入这套系统;同年,我国李鹏总理的工作报告中也提出我们要加入这套系统。于是,北美信息高速公路计划在不到一年的时间内就迅速地从美国国内的一个工程项目演变成全球的一致行动。

(4)1997年7月,克林顿政府明确宣布,暂时不对网络上从事贸易的公司增加任何新的税种。这意味着从此以后,电子商务已经变成美国政府的政府行为,美国政府开始采用政策和经济杠杆来推动电子商务事业的发展;随后,欧盟发起会议,邀请29个主要贸易国参加,原则通过类似的法案。这意味着在世界范围内,一个巨大的网络虚拟空间——自由贸易免税区正在酝酿形成。

(5)1997年12月,世界贸易组织(WTO)达成全球金融协议,协议明确提出,要利用电子技术去促进世界金融事业的发展,防范金融风险、促进电子商务事业的发展。

(6)1998年5月,世界贸易组织(WTO)正式达成了一项为期一年的对Internet贸易免税的临时性协议。

(7)1998年11月,亚太经济工作组织召开会议,专门就电子商务的发展以及国际协作问题展开讨论;同年,欧盟也开始敦促各成员国尽快讨论有关与电子商务相关的法律、税务以及国际合作问题。

第三节 电子商务的影响及在我国的发展

一、电子商务的影响

电子商务作为一种新型的商务活动,其魅力已经日渐显露出来,网络银行、虚拟企业、网络购物、网上支付、网络营销、网络广告等一大批新词汇已经走入人们的工作、生活与学习中,它对社会的经济效益、企业的经营管理、政府的经济政策和人们的日常生活等各个方面都产生了深远的影响,并将继续改变着人类生活的方方面面。

(一)电子商务对社会经济的影响

1. 电子商务加速并催化了经济发展

随着网络的普及与发展,企业实行信息化管理、开展电子商务将是必然趋势。电子商务作为新的经济运行方式将带来经济社会的巨变,许多新兴行业、新型企业将被催生,经济结构调整、产业结构重组也将淘汰一批不适应网络经济要求的企业。电子商务的发展推动了信息产业的发展和传统产业部门的信息化,而信息产业是国民经济中的先导性产业,因此电子商务在经济增长中的贡献将会继续逐年增加。

2. 电子商务降低了经济活动成本

对买方而言,电子商务可以通过互联网在全球市场寻求物美价廉的商品,通过批量订货或网上招标大幅度地降低采购成本;另外,对卖方而言,电子商务可以减少流通环节,节省促销费用,大幅度减少营销人员等开支,因此可以降低企业间的交易成本。

3. 电子商务提高了经济效率

电子商务充分发挥了先进的电子信息技术的优势,利用商务智能来自动处理业务,很多工作无需人工参与,既极大地减少了易出错的可能性,又克服了处理速度慢,极大地缩短了交易时间,提高了商务活动的运作效率以及资金的周转速度。

4. 电子商务实现了资源的最佳配置

电子商务有利于实现生产要素的最佳配置,并极大地节约能源。在商务活动的全过程中,电子商务通过将人与现代电子通讯技术的结合,极大地提高了商务活动的效率,减少很多中间环节,它使得传统的制造业逐渐实现多品种小批量,使"零库存"成为可能;使得传统的流通行业可以尝试"无实体店铺",开展"网络营销"的新模式;也使得传统服务业得以推出很多在线服务的新模式。

(二)电子商务对政府的影响

1. 电子商务促进政府转变角色

政府承担着大量的社会、经济、文化的管理和服务的功能,尤其作为"看得见的手"在调节市场经济的运行和防止市场失灵带来的不足方面有很大的作用。而电子商务时代的到来有利于将"有形的手"与"无形的手"相结合,共同促进经济的发展和繁荣。同时,对政府的管理行为也提出了新的要求,网上政府或称为电子政府,将随着电子商务发展而成为一个重要的社会角色。

2. 电子商务促进政府调整政策

电子商务的发展在货币政策、税收政策等方面都带来新的问题和影响。

电子商务的支付与结算需要电子化金融体系的密切配合,随着电子商务在电子交易环节上的突破,网上银行、银行卡支付系统、银行电子支付系统以及电子货币的使用已将传统的金融业带入一个全新的领域,极大地减少了现金的生产、存储、流通和管理,因此在制订货币政策时必须要考虑到电子货币带来的影响;在税收方面,由于电子商务使税收审计核查缺乏最直接的纸质证明而增加了税务机关获取信息的难度,同时由于互联网的全球互联,没有国界,因而容易发生跨国避税的问题,这些都要求税收政策的及时有效调整。

3. 电子商务促进政府调整法案

电子商务在给全世界带来全新的商务规则和方式的同时,也给传统法律带来了冲击和挑战,其特有的方式、手段与环境是传统法律所无法适应的。因为电子商务的交易过程涉及商家、电信经营者、消费者、金融管理者等诸多环节,其中任何一个环节出现问题,都可能会引发纠纷,这就需要相关法律法规来进行规范和约束。因此可以说电子商务掀起了一场在数字化市场中对法律框架的根本性反思,这就要求国家适时地调整其相关法案框架,使得适时的法律调整要跟上电子商务高速发展的步伐。电子商务的各个环节与问题都与相关法律法规的制定有着密切的联系。

(三)电子商务对商务贸易的影响

1. 电子商务改变了商务运作方式

传统的商务活动离不开费尽周折地各地推销与宣传、筋疲力尽的四处搜索与比较,即使双方已经坐到了谈判桌前,也还要唇枪舌剑地进行多达几轮的谈判。而现在借助电子商务的模式,可以足不出户,只需要点击鼠标动动脑动动手,买卖双方就可以各自实现自己的目的。

2. 电子商务形成了新的贸易机制

电子化信息对商品的描述是非常规范的,可以有效地实现商品的买卖。因此,电子商务这种新型的交易方式对规范贸易行为也是行之有效的。建立在电子商务基础上的管理体制有利于形成集中约束的贸易管理体制,确保集约而高效,并且有利于形成全球统一的大流通、大市场、大贸易。

(四)电子商务对企业经营管理方式的影响

1. 电子商务将改变企业的生产方式

电子商务条件下,企业不再受到原来的地域和时间限制,直接面对全球各地的用户,直接面对全球的竞争对手,每个企业都处在全方位的竞争环境之中。企业在这个环境中需要与其他企业共同发展,既有竞争,又有合作,变对手关系为合作关系,变"单赢"为"双赢",大家都来做赢家。

当今企业已经意识到信息在各组织机构和职能之中,发挥着越来越重要的作用。信息技术的作用不仅带来企业经营管理质量、效率的变化,同时也将带来工作流程、业务运作方式、组织机构、权力布局、人际关系以及思想观念等多方面的变化,其风险是极大的。

2. 电子商务将改变企业的营销理念

网络可以说为企业与消费者的直接沟通提供了一种快速的、即时的、低成本的交流方式,不必通过中间人,企业就可以直接、实时了解消费者的需求,消费者也可以与企业直接交流,这给传统的中间商带来了挑战与压力,同时又为企业开展一对一营销创造了可能。因此可以说,电子商务为企业提供了新的流通渠道,网络直销成为流通业发展的新领域,传统的营销管理将面临变革。另外,企业与企业之间的电子商务也将真正面向整个供应链管理,并带来供应链的变革,增加商业机会和开拓新的市场,改变过程质量、信息管理和决策水平,最终提高企业的竞争力。

3. 电子商务改变了企业的经营方式

企业无疑是电子商务实施的最重要的主体,作为一种革命性的信息搜集、传播、处理手段,电子商务将使企业的经营与管理发生根本性的变革,将经营与市场、市场与生产、生产与消费直接沟通,有利于生产企业更加了解市场,了解消费,生产适销对路的产品,及时转变经营方式。

(五)电子商务对人们生活方式的影响

1. 电子商务开辟了人们获取资讯的新渠道

有调查表明,大多数人上网是为了获取资讯。对年轻受众群而言,网络新闻的冲击更大,他们越来越依赖网络获取新闻。生活在21世纪的人们,不能不感受到这个网络时代,信息无处不在!网络世界让我们足不出户就能了解天下大事。很大程度上,网络新闻在人们信息获得中所扮演了"主角"。网络是继广播、电视、报纸、书籍和杂志之后的又一大媒体,其显著的优越性主要在于它的即时性、互动性、海量发布方式和比较容易检索。而且网络传播信息有着双向性的特点,任何人都可以"在任何时间、任何地点"获取自己感兴趣的信息。

未来的传播格局中,主流媒体一定是网络媒体,主流传播形态一定是多媒体融合的网络媒体传播形态。不管传统媒体在网络的冲击下会不会化为泡沫,不管网络自身的发展是不是处于冰点,网络新闻资讯实实在在地改写着受众的信息来源构成。在未来一个较长的时间之内,网络媒体将逐渐占据传媒的重要地位或主要地位,读者对纸质媒体的忠实度和亲近感正在大大降低,网络媒体开始吸引越来越多的受众,这可能是一个无法逆转的趋势。

2. 电子商务改变了人们的消费方式

如果说网络改变人们的生活方式,那么电子商务正逐步改变人们的消费习惯。以往,人们买IT、数码产品、手机都很喜欢逛商场、电脑城,然而,现在很多人选择在家里购买这些商品。电子商务使网络购物成为现实,从流程上看,消费者足不出户,只要打开电脑,敲敲键盘点击一番鼠标,就能进入网上商城,查看琳琅满目的商品目录,从中筛选自己想购买的商品,选定商品后填写订单,进行网上支付,发出订单,商家立即可以收到订单,随即就会送出或寄出顾客购买的商品,不出几日,消费者就可以如愿拿到所购买的商品。

网络购物的最大特征是消费者的主导性,购物意愿掌握在消费者自己手中;同时,消费者还能以一种异常轻松自如的自我服务方式来完成交易,消费者的消费主权可以通过网络购物充分体现出来。

3. 电子商务增添了人们休闲娱乐的内容

互联网的出现及普及，使得人们的生活乃至娱乐方式都发生了根本的变化，网上休闲娱乐已成为我们生活中必不可少的一部分。网上欣赏音乐、听广播、看电视、看动漫、影片欣赏、图片欣赏、文学欣赏等；网络聊天工具提供了联系老朋友、认识新朋友的机会，甚至网络可能成为红娘，帮助找到终身伴侣；网络论坛和社区使志趣相投的网友们在网络中相识相知；网络游戏更是令不同年龄、不同地域的人在虚拟空间中一决高下，打得昏天黑地；很多人在网络中养宠物、种植花草、打理农场，使得"偷菜"一词一度蹿红网络，席卷网民生活。大家在虚拟网络以一种不被现实社会认可的方式娱乐，在享受刺激的快感中缓解和释放压力，还满足了人们的某种好奇心和占有欲。这些新的娱乐、休闲方式成为电子商务的新兴行业，已经成为经济领域新的增长点。

二、电子商务在我国的发展

我国电子商务的发展开始于20世纪90年代初期，是以国家公共通信基础网络为基础，以国家"金关"、"金桥"、"金税"和"金卡"四个信息化工程为代表，以外经贸管理服务为重要内容逐步发展起来的。

随着互联网络演变成为一种新潮，网络开始蔓延到社会生活的各个层面，各种基于商务网站的电子商务业务和网络公司开始不断涌现，而电子商务在中国开始迅速发展。

(1) 1997年，各种网站广告和宣传大量出现，电子商务的名词和概念开始在中国传播。中国商品订货系统(CGOS)、中国商品交易中心、虚拟"广交会"等大型电子商务项目陆续推出，拉开了中国电子商务应用的序幕。

(2) 1998年，国家经贸委与信息产业部联合启动以电子贸易为主要内容的"金贸工程"，以推广网络和电子商务在经贸流通领域的应用。同年，北京、上海等城市启动了电子商务工程。

我国四部委共同宣布把1998年定义为中国电子商务年。自此，我国政府对电子商务也给予了空前的重视，各种各样的政府上网工程、企业上网工程，以及我国各级地方政府的电子商务示范工程等迅速在全国各地开展。所有这些举措都极大地促进了我国电子商务事业的发展。

(3) 1999年，中国电子商务开始进入以探索并推出大型电子商务项目为特征的新时期。消费类电子商务市场全面启动；当年消费类电子商务活动中网上购物总交易额达5 500万元。电子商务支撑环境初具体系；网上支付由1998年招商银行等的试行到1999年进入了多元化的实用阶段；电子商务的物流配送也出现可喜的突破。

(4) 2000年，中国经历了网络泡沫的破裂以及2003年的网络回潮，电子商务又进入了一个新的发展阶段。

2002年，电子商务交易额达1 809亿元，比2001年的1 088亿元增长66%。B2C交易额为25亿元,比2001年的13.15亿元增长90%;B2B交易额为1 784亿元,比上年增长60%。

到2002年底,各行各业电子商务总交易额约为10 242亿元。其中,证券公司网上交易总量达5 230亿元、外贸电子商务的总交易额达2 490亿元、电子行业B2B经营额在572亿元。

(5)2005年,中国首部关于电子签名的法律《中华人民共和国电子签名法》、《电子认证服务管理办法》生效,国务院办公厅发布了《关于加快电子商务发展的若干意见》,这些法律法规的颁布实施对于电子商务的发展推动极大,使电子商务获得切实的法律保障。2005年,全国企业网上采购商品和服务总额达16 889亿元,占采购总额的比重约8.5%,企业网上销售商品和服务总额为9 095亿元,占主营业务收入的比重近2%。

(6)2006年,我国进入"十一五"发展时期。《2006~2020年国家信息化发展战略》确立了电子商务的战略地位,国务院办公厅《关于加快电子商务发展的若干意见》和《电子商务发展"十一五"规划》明确了发展方向和重点。

(7)2007年,中国的B2B贸易总额达到24.5万亿,较2006年增长17.8%,其中69.3%来自国际贸易。预计未来5年中国的B2B贸易总额将保持12%的年增长率,2012年将突破52.4万亿元。中小企业成为电子商务的积极实践者,2007年使用第三方电子商务平台的中小企业总数已达到了1 181.4万家,较2005年增长63.8%,约占全国中小企业总数的28%。

(8)2008年,中国电子商务交易额达到3.15万亿元人民币,其中,B2B交易额达到3万亿元,网络购物交易额达到1 257亿元人民币。

(9)2009年,我国电子商务交易额达3.8万亿元,网络购物交易额达到2 586亿元人民币。

(10)2010年,中国电子商务市场交易额已达4.5万亿元人民币,同比增长22%。在电子商务整体交易额中,B2B电子商务交易额达到3.8万亿,同比增长15.8%;网上零售市场交易规模达5 131亿元,同比增长97.3%。

(11)截止到2010年底,我国网民总数达到4.57亿,我国网民规模已占全球网民总数的23.2%,亚洲网民总数的55.4%。互联网普及率攀升至34.3%,较2009年底提高5.4个百分点。全年新增网民7 330万,年增幅19.1%。

第四节 电子商务的发展趋势

一、向全程电子商务发展的趋势

"全程电子商务"是一个由电子商务延伸出来的概念。全程电子商务是以电子商务时代所需的管理模式为核心,通过网络技术和SaaS交付模式,为企业提供在线管理以及电子商务服务,实现企业内部管理以及企业之间的商务流程的有效协同。

全程电子商务是将企业的内部业务与电子商务完全融合,并与上游供应商、下游分销商和客户实现业务协同与信息共享,同时将各种商业活动与企业的品牌传播和产品推广紧密联系在一起,让企业的传统商业活动与电子商务、企业自身与外部合作伙伴、产品销售与品牌推广成为一个整体(如图1.4所示)。

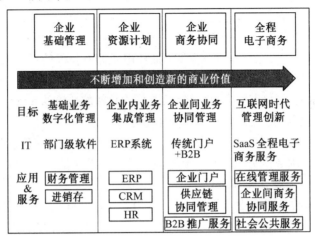

图1.4 全程电子商务架构图

全程电子商务不仅可以管理企业内部业务,同时也可以与对外的信息发布、信息搜索、信息匹配以及基于互联网的电子商务活动联为一体;不仅可以管理内部的销售流程,还可以获取更多的客户信息和销售渠道来扩大企业的销售;不仅可以准确管理企业内部的采购和库存信息,还可以获取更多的供应商信息,优化供应商结构,降低采购成本;不仅可以提高企业内部业务流程的运转效率,还可以与外部合作伙伴进行协同工作,确保外部流程的可管理性和高效运作;不仅可以对企业内部信息进行准确管理,还可以通过将必要的信息及时共享给外部合作伙伴,从而对整个供应链的信息进行准确管理。综上所述,我们可以发现全程电子商务是电子商务与企业管理的完美融合,将成为中小企业开展各种商业活动的一种全新的模式,是中小企业面对21世纪激烈竞争时的必然选择,是传统商业活动不可或缺的补充和延伸。

二、向移动电子商务发展的趋势

移动电子商务(M-Commerce 或 Mobile E-business)是指利用手机、传呼机、掌上电脑、笔记本电脑、PDA(个人数字助理)等移动通信设备与无线上网技术结合所构成的一个电子商务体系。它涵盖了原有电子商务的一个交易过程:营销、销售、采购、支付、供货和客户服务。移动电子商务不仅能提供互联网的直接购物,还是一种全新的销售与促销渠道。对于企业用户,移动电子商务可以帮助其降低成本,增加利润,获取竞争优势。对于个人用户,移动电子商务可以帮助其更加方便快捷、安全地进行商业交易。

移动电子商务作为新兴的商务活动模式,将先进的移动通信工具和无线上网技术应用到传统的商务交易活动中。它真正实现了以客户为中心,以现代无线通信网络为手段,以更高效、更方便及更低廉的成本完成传统商务模式下的一系列交易活动。

与传统的电子商务不同的是,在手机钱包、手机银行等移动电子商务发展进程中,移动运营商发挥着十分重要的作用。移动运营商不仅拥有庞大的用户群,而且拥有稳定的收费关系及收费渠道。更为重要的是,近几年来,国内移动运营商已经构建起了成熟的移动数据业务发展产业价值链以及与 SP 进行利润分成的商业运作模式,这为移动电子商务业务的发展创造了良好的条件。此外,在移动电子商务发展之初,将主要面向大众市场,这使得移动商务的发展从一开始就有了现实的支点。因此,在一定意义上说,移动商务可以避免传统电子商务所出现的泡沫和波折。

三、线上商务平台与线下实体平台呈相互融合趋势

近几年来,随着电子商务服务多元化发展以及产业链上下游控制的内在要求,逐渐呈现出线上商务平台向线下实体平台扩张的趋势,这一方面弥补了纯线上平台服务能力的不足,同时也使得电子商务平台的盈利模式由单一走向多元化,行业准入门槛也将随之而进一步提高。在 B2B 领域,多家 B2B 电子商务上市公司在线下展览或展开卖家见面会,并涉及认证服务,有些还在行业咨询调研服务、自办发行线下刊物等领域有所尝试。在 B2C 与 C2C 领域,一些行业领先的 B2C 企业,如当当网、京东商城等,也从单纯依托第三方物流开始逐渐加大对物流的资金投入,在主要城市自建物流,向线下实体扩张。

另一方面,传统产业的制造商(如家电领域的海信、创维等)与渠道商(如家电领域的苏宁、国美等)都大规模进入 B2C 市场,纷纷自建网上商城,进军网络直销领域。还比如,像慧聪网、环球资源网等,本身就是从线下商情刊物和行业发展公司向线上 B2B 转型发展而来,并且目前大部分收入还来自线下业务。

总之,那些能提供更为全面服务的电子商务平台,对于用户而言,会更有吸引力。当然,不论以何种方式提供服务,都想借此抢占更多的市场份额,加强自身核心竞争力。

四、手机支付成为新兴电子支付形式

手机支付也称为移动支付(mobile payment),就是允许移动用户使用其移动终端(通常是手机)对所消费的商品或服务进行账务支付的一种服务方式。继卡类支付、网络支付后,手机支付俨然成为新宠。2009 年中国手机支付市场规模达到 19.74 亿元,此外手机支付用户规模也在 2009 年内增长到 8 250 万人,2010 年以来国内的三家运营商都加大了在手机支付上的投入力度,但是行业标准的缺失让运营商在发展过程中存在盲目性,行业标准的尽早出台势必能够加快手机支付业务的普及速度,2010 年 4 月工信部科技司在"2010 第二届中国移动支付产业论坛"上透露,工信部有关部门正在着手小额手机支付标准的研究制订工作。

手机支付是支付方式发展的一种必然趋势,手机支付的推广和应用对于商户、服务提供商和消费者具有以下三点作用:对于商户而言,手机支付将为自身业务的开展提供没有空间和时

间障碍的便捷支付体系,在加速支付效率、减低运营成本的同时也降低了目标用户群的消费门槛,有助于进一步构建多元化的营销模式,进一步提升整体营销效果;从服务提供商角度来看,在完成规模化推广并与传统以及移动互联网相关产业结合后,手机支付所具备的独特优势和广阔的发展前景将为服务提供商带来巨大的经济效益。

对许多消费者来讲手机支付使得支付资金携带更加方便,消费过程更加便捷简单,消除了支付障碍之后,可以更好地尝试许多新的消费模式,同时如果配以适当的管理机制和技术管控,支付资金的安全性也会得到进一步提高。尽管手机支付优势明显,应用前景非常广阔,但据易观国际调研数据显示,由于对安全问题的担忧和缺乏吸引力较强的支付应用,用户目前对手机支付业务的使用率还处于较低水平,为进一步推进手机支付产业的迅速发展,相关服务提供商必须在手机支付业务的资金安全、产业链构建和商业模式等多个方面进行优化改进。

本 章 小 结

本章详细介绍了电子商务的一些基本概念和相关情况。通过典型的电子商务的几种定义,了解电子商务的内涵,电子商务就是通过电子信息技术、网络互联技术和现代通信技术使得交易涉及的各方当事人借助电子方式联系,而无需依靠纸面文件完成单据的传输,实现整个交易过程的电子化。并概括了电子商务的特点、分类及功能;介绍了电子商务的产生与发展、电子商务的影响,并介绍了电子商务在我国的发展情况。最后,对电子商务的未来趋势进行了展望。毫无疑问,电子商务相对于传统经济运行方式是一场革命,对企业的发展也起到巨大的推动作用。

思 考 题

1. 请你根据自己的理解给电子商务下一个定义。
2. 请举例说明电子商务都有哪些特点。
3. 电子商务可以从哪几种角度进行分类,内容是什么?
4. 请简述电子商务在国际上和国内的发展历程。
5. 请简述电子商务对社会的影响。
6. 请结合自己的亲身经历谈谈电子商务对你的生活与学习带来的影响与改变。
7. 请结合具体实例简述国内发达地区电子商务的发展状况与水平。

阅 读 资 料

【阅读资料一】

艾瑞咨询:2010 年中国电子商务年度数据发布

一、总结与展望

2010 年中国电子商务继续保持了快速发展,全年交易规模达 4.8 万亿元,同比增长

33.5%。艾瑞研究发现,中国电子商务行业近三年来正处在快速上升时期,整体发展环境利好。2010年电商发展呈现出诸多亮点,比如第一波B2C上市浪潮(由麦考林、当当的成功上市引发)、大型传统企业电子商务化、B2C的百货化和平台化等等。其中,以团购为代表的本地生活服务的电子商务化发展尤为显著。随着电子商务发展环境、配套服务体系的发展完善,企业及个人用户对电子商务认知及应用程度的加深,艾瑞预计未来三到五年内中国电子商务市场的快速增长态势仍将维持。

二、市场规模

2010年中国电子商务行业市场规模4.8万亿元。根据艾瑞咨询最新统计数据,2010年中国电子商务市场整体交易规模达到4.8万亿元,同比增长33.5%。预计未来3~5年内,中国电子商务市场仍将维持持续稳定的增长态势,同比增速稳中有升,2013年有望突破10万亿元。

艾瑞咨询分析认为,电子商务市场规模的快速增长主要有以下两大方面的原因:

第一,宏观经济为电子商务发展提供了有利契机。

2008~2009年的金融危机,给中国的中小企业及人们的日常生活造成了很大的影响,在此情形下,企业更愿意利用电子商务来开拓销售渠道,个人也倾向于通过网络购买性价比更高的产品,因此,金融危机给电子商务提供了发展机遇。另外,从2009年下半年开始,经济环境逐渐回暖,企业、个人信心都在增强,电子商务的发展势头更加良好。

第二,电子商务发展环境逐渐趋好。

近两年来,一方面政府对于电子商务越来越重视,出台一系列鼓励和扶持的政策,加快发展各地企业的电子商务化;一方面企业对于电子商务的认知和利用程度也在加深,网络成为企业营销及销售的新渠道之一;此外,个人消费者网络购买的习惯和理念正在形成;电子商务相关的配套设施也在完善当中。电商整体的发展环境十分利好。

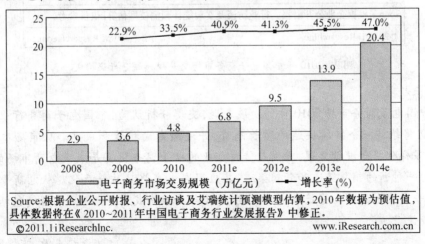

图1　2008~2014年中国电子商务市场交易规模

三、行业数据

2010年B2B电子商务交易额占比88.3%,2C占比11.7%。根据艾瑞统计数据,2010年电子商务市场细分行业构成中,针对企业级用户的2B类电子商务交易额占比88.3%,针对个人消费者的2C类电子商务交易额占比11.7%。其中,中小企业B2B电子商务交易规模占比最高,达52.8%,比2009年上升1.2个百分点;网络购物交易规模占比也由2009年的7.3%上升至10年的10.4%。艾瑞认为,中小企业占中国企业总量的99%,也是我国电子商务的应用主体,而电子商务可以帮助中小企业降低成本,扩大销售渠道,因此,中小企业的B2B将仍然是未来电子商务交易规模的最主要组成部分。此外,网络购物及机票酒店等个人用户网络消费的增长态势显著,未来将为电子商务市场贡献更多的交易额。

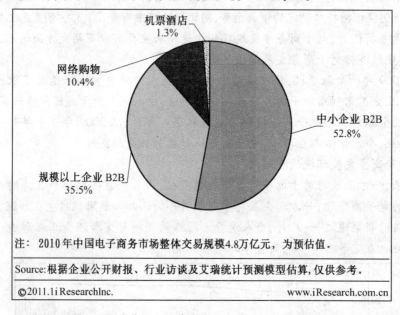

图2 2010年中国电子商务市场交易规模细分行业构成

四、未来趋势

结合中国电子商务市场2010年的发展表现,艾瑞分析认为,中国电子商务行业在未来的3~5年内仍将维持一个持续快速的增长态势,并逐渐走向稳健和成熟。从市场参与主体来看,主体的多样化将会继续显现,特别是传统企业的电子商务化将是未来电商市场的主力,电子商务作为一种新的销售渠道和营销渠道,其应用在未来将日益普及化。从电商平台的发展方向来看,平台化和品牌化将为未来的主流,开放与共赢将成为整个互联网经济包括电子商务市场的主旋律。

(资料来源:艾瑞网,2011.)

【阅读资料二】

放眼"十二五"电子商务如何闻"机"起舞

电子商务"十二五"规划初稿已草拟完毕,根据初稿,预计到 2015 年电子商务交易额将翻两番。

由工信部、发改委等九部委联合制定的电子商务"十二五"规划初稿已草拟完毕,根据规划初稿,预计到 2015 年,电子商务交易额将翻两番。"十二五"期间,电子商务将被列入战略性新兴产业,作为新一代信息技术的分支,它将是下一阶段信息化建设的重心,对转变经济发展方式、促进产业转型升级将发挥重要作用。推动电子商务的普及;推动大型工业、商贸物流、旅游服务等传统企业电子商务应用深化;提高网络采购、销售水平;促进移动电子商务市场发展;建立严谨电子商务规范体系都将成为电子商务"十二五"规划的重要内容。

一、电商服务业:拓展大型企业市场

近几年,我国电子商务服务商大量涌现,服务对象多集中于中小企业。一方面由于中小企业在发展过程中,资金、技术、人才匮乏,亟须能够提供成本低、性能高的电子商务平台;另一方面,电子商务服务商在市场秩序、信用等方面的欠完善,也使传统大型企业的商务交易应用不够广泛。中小企业电子商务的发展多靠外包的方式委托给电子商务服务商,而电子商务服务商也为中小企业提供了网站建设、包装、市场定位等网上服务。

"十二五"规划的制定,将进一步从政策层面和操作层面规范电子商务服务商市场秩序,引导电子商务服务商有序、健康发展。电子商务在降低企业成本、整合企业产业链上资源方面的优势日益显现。面对金融危机之后全球产业的深度调整和全球信息化的大趋势,我国传统大型企业对产业链的整合和成本降低的需求也日益显现,电子商务不仅仅是一种顺势而为的时尚,更为企业的战略转型和深度整合发挥至关重要的作用。2010 年,许多大型企业涉足电子商务市场并且发展迅猛,苏宁、李宁、银泰百货等传统企业或品牌在电子商务上的表现都令人注目。未来几年,大型企业借助传统实体的供应链资源和品牌优势,将会在电子商务应用的深度和广度上继续延伸,而电子商务服务商在对消费者在线购物需求和行为模式掌握中积累的经验,也将为传统大型企业发展电子商务提供有益的帮助。可以预见,"十二五"期间,电子商务服务商的服务对象将进一步拓展,有关部门预计,到"十二五"末期,网络购物交易额将达到我国社会消费品零售总额的 5%。这也预示着我国电子商务的市场规模在 2015 年之前将达到 1 万亿元以上,市场潜力巨大。

二、第三方支付:合作中寻求发展

2010 年,电信运营企业纷纷推出移动支付业务,积极与银联以及第三方支付平台合作;中国人民银行出台《非金融机构支付服务管理办法》,要求第三方支付企业申请取得《支付业务许可证》;被称为"超级网银"的央行互联网支付系统也于 2010 年 8 月份上线。可以看出,伴随电子商务的快速发展,第三方支付行业已经在逐渐形成一个可监管的多元化发展体系。

这套体系将为第三方支付企业在"十二五"期间的发展带来新挑战和机遇。门槛的设置和牌照的发放为符合资质的第三方支付企业提供了稳定、有保障的发展环境，使有实力的企业保留下来。没有取得牌照之前，很多非金融机构第三方支付企业担心政策的变动给公司的发展带来损失，或有患得患失的心理，牌照像一颗"定心丸"。而行业的多元化发展则有利于第三方支付企业各展所长，充分进行市场竞争，从而提高整个行业的水平。

挑战则在于对第三方支付行业的监管，在企业注册资金、托管资金余额、技术安全等方面设置了较高的门槛，一些资质过差的地方性小企业将面临被淘汰的局面。因此，地方性小企业与其花费大量资金去解决资金、技术方面的问题，不如根据自身特点与第三方支付企业直接合作，在合作中寻求发展，这或许成为这些企业的一条出路，将有效避免因一哄而上、恶性竞争而毁掉整个行业。

三、网络信息安全：保驾护航的使者

电子商务的高速发展在带来巨大商机的同时，也让网络和信息安全的保障问题被提升到了更加突出的位置。

电子商务网络信息安全标准、法规需进一步完善。《2010年度电子商务投诉统计报告》显示，我国电子商务投诉案件高发表明电子商务的发展仍有许多亟待规范的问题。比如，电子商务企业鱼龙混杂、企业服务质量良莠不齐；客服态度差、发货不及时时有发生；电子商务交易中诈骗案高发，假冒第三方支付链接、发送病毒盗取银行卡信息、发布虚假信息欺骗消费者等现象屡见不鲜。以团购网站为例，"货不对版"、"偷梁换柱"、"假冒伪劣"等现象不时发生。"十二五"期间，电子商务的发展需要在规范的制定和立法方面有所突破，对电子商务企业的管理要实现有法可依、有章可循，并能把措施落实到位。

电子商务网络信息安全平台建设要进一步推进。入网管理、软件测评、环境维护等要进一步加强。对恶意攻击、域名劫持等黑客行为要严厉打击，有效避免信息泄露、信息丢失、信息篡改等方面的问题。除保障传统互联网上电子商务交易的安全之外，新的移动电子商务终端的出现对网络安全的保障提出了新的要求，"移动无处不在"的同时如何做好"安全无处不在"，是对电子商务网络信息安全的重要考验，移动电子商务交易出现的认证安全、存储安全、传输安全等问题应及早引起我们的重视。只有这样，才能使电子商务在安全中保发展、在发展中求安全。

四、移动电子商务：不再是"配角"

移动性强、服务方式便捷、服务要求即时、服务终端隐私的移动电子商务已经成为传统电子商务的有益补充。早在"十一五"规划期间，移动电子商务就被作为重点引导工程之一探索试点模式。经过五年的探索实践，已显现出了巨大的经济效益和社会效益。

目前，移动电子商务已在与百姓日常生活紧密相关的消费购物、餐饮美食、水电燃气缴费等领域取得了突破。"十二五"期间，随着3G应用的更加普及，3G技术将创建一个更加个性化的信息交流平台，基于3G的WAP、Push Mail等技术的应用，将引领电子商务市场从个人电脑向掌中系统过渡。手机支付的优势将快速整合与百姓日常生活密切相关的小额支付消费市场,并可能延伸至传统行业企业中,使企业应用成为新的增长点。移动电子商务带宽的改善、终端界面的智能友好、安全性等的进一步优化,以及用户消费习惯的不断培养,将使移动电子商务在细分市场、盈利模式日渐明晰中高速发展。移动电子商务不只是充当传统电子商务的"配角",甚至会带来电子商务市场发展的新时代。移动电子商务作为新兴的电子商务模式,使人们可以在任何时间、任何地点进行各种商贸活动,实现随时随地的线上线下购物与交易、在线电子支付以及各种商务活动。据预测,未来两年,移动电子商务将呈现倍增态势,市场规模会突破百亿元。

(资料来源:中国信息产业网,2011.)

第二章 Chapter 2

电子商务的运行模式

【学习要点及目标】
1. 理解电子商务的概念模型。
2. 掌握电子商务的运行框架。
3. 掌握电子商务的交易模式。

第一节 电子商务的概念模型

电子商务的概念模型是对现实世界中电子商务活动的一般抽象描述，它是由电子商务交易主体、电子交易市场、交易事务和信息流、物流、资金流、商流等基本要素构成。如图2.1所示。

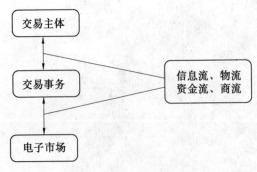

图2.1 电子商务概念模型

一、电子商务交易主体

电子商务交易主体是指能够从事电子商务活动的客观对象,包括消费者、企业、网上银行、认证中心、政府机构、物流中心和中介机构等。

(一)消费者

消费者是市场发展的第一推动力,是交易过程中占主导地位的主体。消费者需求是社会的主导需求,它的扩展速度直接决定交易规模的扩大和缩小。消费者在需求的基础上对自己的支付能力内的商品和劳务形成购买的想法,即购买动机。在购买动机的推动下产生购买行为,因此,消费需求、购买动机、购买行为的实施是消费者购买行为的三部曲。

(二)企业

企业具有稳定的组织结构与消费需求,有科学的管理系统,是最具灵活性及拓展能力的经济实体。企业既是生产者也是初次分配的承担者,同时又是生产和消费的主体,社会的一切交易关系(包括生产、分配、交换和消费)都通过企业纳入市场领域。

(三)网上银行

网上银行是指在互联网上实现传统银行的业务,为用户提供24小时实时服务;与信用卡公司合作,发放电子钱包,提供网上支付手段,为电子商务交易中的用户和商家服务。

(四)认证中心

认证中心是受法律承认的权威机构,负责发放和管理电子证书,使网上交易的各方能互相确认身份。它不仅要对进行网络交易的买卖双方负责,还要对整个电子商务的交易秩序负责。

(五)政府机构

政府在现代电子商务中扮演着越来越重要的角色。它是电子商务的推动者,政策的制定者,也是参与者。电子商务的应用发展不仅会建立起新型的规范的政府企业关系,也有利于政府在适当的时候实现宏观调控。在电子商务中,政府发挥何种作用,各国政府的态度也不尽相同。对于我国来说,政府在电子商务中扮演着双重角色,既是宏观政策的制定者和调控者,又是商业采购的积极参与者。

(六)物流中心

物流中心是指接受商家的送货要求,组织运送无法在网上直接得到的商品,跟踪产品的流向,并将商品送到消费者手中。

(七)中介机构

电子商务环境中的中介机构是指为完成一笔交易,在买方和卖方之间起桥梁作用的各种经济代理实体。大部分的金融性服务行业,如银行、保险公司、信用卡公司、基金组织、风险投资公司都是中介机构;其他的像经纪人、代理人、仲裁机构等也都是中介机构。大致来说,中介机构可以分为三大类：一类是为商品所有权的转移过程（即支付机制）服务的，像那些金融机构；另一类是提供电子商务软硬件服务、通讯服务的各种厂商，像 IBM、HP、微软这样的软硬件和解决方案提供商；还有一类是像 Yahoo、Aita Vista、Infoseek 这样的提供信息搜索服务的信息服务增值商。

二、电子交易市场

电子交易市场是指电子商务主体从事商品和服务交换的场所。在电子商务中，对于每个交易主体来说，所面对的是一个电子交易市场（Electronic Market，EM），它必须通过 EM 来选择交易的对象和内容。电子交易市场通常是由各种各样的商务活动参与者利用各种接入设备（计算机、个人数字助理等）和网络连成一个统一的整体。它是在 Internet 通信技术和其他电子化通信技术的基础上，通过一系列的动态 Web 应用程序和其他应用程序将交易的双方集中在一起的虚拟交易环境。EM 中众多的交易主体可以通过 EM 提供的电子化交易信息和交易工具建立点对点和一对多的交易通道。负责 EM 的建立、维护、运行等工作的中介服务机构被称为 EM 运营商。例如阿里巴巴就是国内一家著名的电子交易运营商。

三、交易事务

交易事务是指电子商务主体之间所从事的具体的商务活动的内容，如询价、报价、转账支付、广告宣传、商品运输等。

（一）交易前的准备

这一阶段主要是指买卖双方和参加交易的各方在签约前的各种准备活动。买方根据自己要买的商品，准备购货款，制定购货计划，进行货源市场调查和市场分析，了解各个卖方国家的贸易政策，反复修改购货计划和进货计划，确定和审批购货计划。尤其要利用 Internet 和各种电子商务网络寻找自己满意的商品和商家。卖方根据自己销售的商品，召开商品新闻发布会，制作广告进行宣传，全面进行市场调查和市场分析，制定各种销售策略和销售方式，了解各个买方国家的贸易政策，利用 Internet 和各种电子商务网站发布商品广告，寻求贸易伙伴和贸易机会，扩大贸易范围和商品所占市场的份额。

其他参加交易的各方，如中介方、银行金融机构、信用卡公司、海关系统、商检系统、保险公司、税务系统、运输公司等，也都要为电子商务的交易做好准备。

（二）交易谈判和签订合同

这一阶段主要是指买卖双方对所有交易细节进行谈判，将双方磋商的结果以文件的形式确定下来，即以书面文件和电子文件形式签订贸易合同。交易双方可以利用现代电子通信设备和通信方式，经过认真谈判和磋商后，将双方交易中的权利、所承担的义务以及对购买商品的种类、数量、价格、交货地点、交货期、交易方式和运输方式、违约和索赔等合同条款，全部以电子交易合同做出全面详细的规定。合同双方可以使用电子数据交换(EDI)进行签约,也可以通过数字签名等方式签约。

(三)办理交易进行前的手续

这一阶段主要是指买卖双方签订合同后到合同开始履行之前办理各种手续的过程,也是双方贸易前的交易准备过程。交易中要涉及有关各方,即可能要涉及中介方、银行金融机构、信用卡公司、海关系统等,买卖双方要使用 EDI 与有关方进行各种电子票据和电子单证的交换,直到办理完毕,以将所购商品从卖方按合同规定开始向买方发货的一切手续为止。

(四)交易合同的履行和索赔

这一阶段是从买卖双方办完所有手续之后开始,卖方要备货、组货,同时进行报关、保险、取证等,然后将商品交付给运输公司包装、起运、发货。买卖双方可以通过电子商务服务器(sever)跟踪发出的货物,银行和金融机构也按照合同处理双方收付款,进行结算,出具相应的银行单据等,直到买方收到自己所购的商品,才完成了整个交易过程。索赔是在买卖双方交易过程中出现违约时,需要进行违约处理的工作,受损方要向违约方索赔。

四、电子商务中的"四流"

电子商务中的任何一笔交易,都包含着信息流、物流、资金流和商流。

(一)信息流、物流、资金流和商流的概念

1. 信息流

信息流是电子商务交易各个主体之间的信息传递与交流的过程,是服务于商流和物流所进行的信息活动的总称,既包括商品信息的提供、促销营销、技术支持、售后服务等内容,也包括诸如询价单、报价单、付款通知单、转账通知单等商业贸易单证,还包括交易方的支付能力、支付信誉、中介信誉等。

2. 物流

物流是指因人们的商品交易行为而形成的物质实体(商品或服务)的流动过程,它由一系列具有时间和空间效用的经济活动组成,包括运输、储存、包装、配送、装卸、保管、物流信息管理等。

3. 资金流

资金流主要是指资金的转移过程,包括付款、转账、兑换等过程。它开始于消费者,终于商家账户,中间可能经过银行等金融部门。

4. 商流

商流是指商品在购、销之间进行交易和商品所有权转移的运动过程。具体指商品交易的一系列活动,包括交易前的商品宣传,用户选择及双方的谈判磋商,交易中的规则确认(合同)及订货、发货过程,交易后的服务行为等,往往涉及商检、税务、海关、运输等各行业。

(二)四者的关系

电子商务中的任何一笔交易都包含四种基本的"流",即信息流、物流、资金流、商流,资金流、信息流、商流的处理可以通过计算机和网络通信设备来实现,而物流作为电子商务四种流中最为特殊的一种,是指物质实体(商品和服务)的流动。它们之间的关系如图2.2所示。

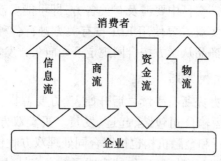

图2.2 "四流"之间的关系

从流动方向看,信息流和商流在商家和消费者之间传递和交互,是双向的;而资金流和物流的流向是单向的、相逆的。它们相互之间的关系可以表述为:以信息流为依据,通过资金流实现商品的价值,通过物流实现商品的使用价值,通过商流实现商品交易和商品所有权的转移。物流应以资金流为前提和条件;资金流则是物流的依托和价值保证,并为适应物流的变化而不断进行调整;信息流对资金流和物流运动起指导和控制作用,并为资金流和物流活动提供决策的依据。基本流的形成是商品流通不断发展的必然结果,它们共同完成商品的生产—分配—交换—消费—生产的循环,是商务活动中不可分割的整体,共同完成商品流通的全过程。

第二节 电子商务的运行框架

电子商务的运行体系框架结构是指实现电子商务从技术到一般服务所应该具备的完整的运行结构。它基本上描绘出了电子商务环境的主要因素(如图2.3所示)。

从图中可知,电子商务系统框架由五个层次和两个支柱构成。五个层次自下而上分别是:网络层、多媒体内容和网络表示层、信息发布与传输层、一般商业服务层及电子商务应用层,五个层次依次代表电子商务设施的各级技术及应用层次。两个支柱分别是公共政策及法律规范和网络安全及技术标准,这是电子商务顺利应用的坚实基础。电子商务各类应用都是建立在两大支柱和五个相互支持的层次基础设施之上的。

一、网络层

网络层是电子商务的网络基础设施,是实现电子商务最底层的硬件基础设施,是电子商务信息传递的载体和用户接入的手段,主要包括:远程通信网(Telecom)、有线电视网(Cable

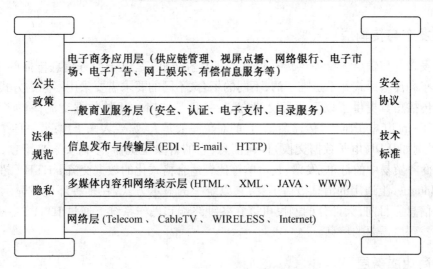

图 2.3　电子商务运行体系框架结构

TV)、无线通信网(Wireless)和互联网(Internet)。远程通信网包括公用交换电话网(PSTN)、公用数据网(PDN)、综合业务数字网(ISDN)等;无线通信网包括移动通信系统、微波通信系统和卫星通信系统;互联网是计算机网络,由骨干网、城域网、局域网等层层搭建而成。这些不同的网络都可提供电子商务信息传输的线路,但是,当前大部分的电子商务应用还是基于Internet。互联网上包括的主要硬件设备有:数字交换机、路由器(Route)、集线器(Hub)、调制解调器、电缆调制解调器(cable modem)。

经营计算机网络服务的是 Internet 服务提供商(Internet Service Provider,简称ISP),它包括 Internet 上的接入服务供应商(Internet Access Provider,简称IAP)和内容服务供应商(Internet Content Provider,简称ICP)。IAP 只向用户提供拨号入网服务,它的规模一般较小,向用户提供的服务有限,一般没有自己的骨干网络和信息源,用户仅将其作为一个上网的接入点看待。ICP 能为用户提供全方位的服务,可以提供专线、拨号上网,提供各类信息服务和培训等,拥有自己的特色信息源,它是 ISP 今后发展的主要方向,也是发展电子商务的重要力量。

二、多媒体内容和网络表示层

目前,网上最流行的发布信息的方式是以 HTML(超文本链接语言)的形式将信息发布在 WWW(万维网)。网络上传播的信息包括文本、图片、声音、图像等内容,HTML 将这些多媒体信息组织的易于检索并富有表现力。应用 JAVA(Internet 环境编程语言)能更方便地使这些传播适用于各种网络(有线、无线、光纤、卫星通信……)、各种设备(PC、工作站、各种大中型计算机……)和各种操作系统(Windows、NT、UNIX……)及界面等。

三、信息发布与传输层

信息发布与传输层主要提供传播信息的工具和方式,是电子商务信息传播的主要工具。信息的发布和传输形式并不是唯一的,不同的场合、不同的要求需要采用不同的方式。互联网上的信息传播工具提供了以下两种交流方式:一种是非格式化的数据交流,例如,使用 FAX (传真)和 E-mail(电子邮件)传递消息,它的对象一般是人,需要人来干预;另一种是格式化的数据交流,例如,EDI(电子数据交换)传递消息,它的对象是机器,不需要人来干预,可以全部自动化。商务贸易中的订单、发票、装运单等比较适合格式化的数据交流。HTTP(超文本传输协议)是 Internet 上通用的消息传播工具,它以统一的显示方式,在多种环境下显示非格式化的多媒体信息。目前,大部分的网民可以在各种终端和操作系统下通过 HTTP 统一资源定位器(URL)找到所需要的信息。

四、一般商业服务层

这一层次主要是实现标准的网上商务活动服务,以方便网上交易。这个层次是所有企业、个人在网上进行贸易时都会用到的服务。主要包括:商业信息的安全传送、认证买卖双方的合法性方法、电子支付工具与商品目录服务等。

对于电子商务来说,消息的传播要适合电子商务的业务要求,必须通过提供安全和认证机制来保证信息传递的可靠性、不可篡改性和不可抵赖性,且在有争议的时候能够提供适当证据。商务服务的关键问题就是安全的电子支付。目前的做法是采用信息加密技术(非对称密钥加密、对称密钥加密)、安全认证技术(数字签名、数字证书、CA 认证等)和安全交易协议(SET、SSL 等)来提供端到端的安全保障。商品目录服务是将信息妥善组织、使之能方便地增、删、改,并建立标准的商品目录/价格表。目录服务还支持市场调研、咨询服务、商品购买指南等,是电子交易的基础,是客户关系解决方案的一部分。

五、电子商务应用层

在上述基础上,可以一步一步地建设实际的电子商务应用。如:供应链管理、视频点播、网上银行、电子市场及电子广告、网上娱乐、有偿信息服务等。

六、公共政策、法律规范、隐私

(一)公共政策

公共政策是指政府制定的促进电子商务发展的宏观政策,包括互联网络的市场准入管理、内容管理、电信及互联网络收费标准的制定、电子商务的税收政策等。其中税务制度如何制定是一个至关重要的问题。例如,对于咨询信息、电子书籍、软件等无形商品是否征税,如何征税;对于汽车、服装等有形商品如何通关,如何征税;税收制度是否应与国际惯例接轨,如何接轨等等。若处理不好,将严重制约电子商务的发展。

（二）法律规范

法律维持着电子商务活动的正常运作,违规活动必须受到法律制裁。从法律角度考虑,电子商务安全认证是指进行商务活动的双方资料与产品的真实性和安全性。电子商务和传统商务一样,是一种严肃的社会行为,为了从法律上保证买卖双方的权益,电子商务双方必须以真实的身份进入市场、提供真实的信息。这就是电子商务的真实性。但由于电子商务是在虚拟的网络空间中进行,涉及非基于纸张的通信和信息存储办法。引发了种种新的法律问题,如电子合同、电子签名、电子商务认证、电子数据证据、网上交易与支付、电子商务管辖权及在线争议解决等。现有法律存在着不适用或难以解决的问题。如何运用法律手段调整、促进新经济,已成为国际社会不容忽视的重要任务。因此,对民法、刑法、经济法、科技法、知识产权法、行政法等一部分法律法规应根据电子商务的发展情况加以补充、修改和完善。

（三）隐私问题

电子商务交易过程中,企业的隐私一般为商品价格的隐私、货物进出渠道的隐私、商品促销手段的隐私等,对于个人的隐私一般为个人的姓名隐私、肖像隐私、性别隐私、身份隐私等。

随着电子商务的发展,商家不仅要抢夺已有的网上客户,还要挖掘潜在的客户,于是人们在网上的各种商务活动和个人信息都在不知不觉中被商家记录。商家可以有的放矢,大量的宣传广告会充斥用户的电子信箱。个人秘密信息的安全得不到保障,这必然使用户对电子商务望而却步,阻碍电子商务的发展。因此,为保障网上的个人隐私权,促进电子商务的发展,应该对此进行立法或对相应的法规进行必要的修改。

七、网络安全和技术标准

（一）网络安全

安全问题可以说是电子商务的中心问题。如何保障电子商务活动的安全,一直是电子商务能否正常开展的核心问题。作为一个安全的电子商务系统,首先必须具有一个安全、可靠的通信网络,以保证交易信息安全、迅速地传递;其次必须防止网络黑客闯入系统,盗取公众的隐私信息。目前,电子签名和认证是网上比较成熟的安全手段。同时,人们还制定了一些安全标准,如安全套接层协议(Secure Sockets Layer)、安全HTTP协议(Secure-http)、安全电子交易协议(Secure Electronic Transaction)等。

（二）技术标准

技术标准是信息发布和传递的基础,是网络上信息一致性的保证。技术标准定义了用户接口、传输协议、信息发布标准、安全协议等技术细节。就整个网络环境来说,标准对于保证兼容性和通用性是十分重要的。这就像不同的国家使用不同的电压传输电流,用不同的制式传输视频信号,限制了许多产品在世界范围的使用。目前许多企业和厂商、国际组织都意识到技术标准的重要性,正致力于联合起来开发统一标准,如 EDI 标准,电子商务数据交换标准 ebXML,一些像 VISA、Mastercard 这样的国际信用卡组织已经同各界合作制定出用于电子商务安全支付的 SET 协议等。

第三节 电子商务的交易模式

电子商务可以按照不同的标准划分为不同的类型,按实质内容和交易对象来分,电子商务可以分为 4 类:企业与企业之间的电子商务模式(Business to Business,BtoB 或 B2B),企业与消费者之间的电子商务模式(Business to Consumer,BtoC 或 B2C),企业与政府之间的电子商务模式(Business to Government,BtoG 或 B2G)和消费者与消费者之间的电子商务模式(Consumer to Consumer,CtoC 或 C2C)。

一、B2B 电子商务模式

企业与企业之间的电子商务模式(B2B)是指企业通过内部信息系统平台和外部网站将面向上游供应商的采购业务和下游代理商的销售业务有机地联系在一起,从而降低彼此之间的交易成本,提高客户满意度的商务模式。例如谈判、订货、签约、付款以及索赔处理、商品发送管理等。

企业与企业之间的电子商务是电子商务业务的主体,约占电子商务总交易量的 90%。就目前看,电子商务在供货、库存、运输、信息流通等方面大大提高了企业的效率,电子商务最热心的推动者也是企业。企业和企业之间的交易是通过引入电子商务能够产生大量效益的地方。对于一个处于流通领域的商贸企业来说,由于它没有生产环节,电子商务活动几乎覆盖了整个企业的经营管理活动,是利用电子商务最多的企业。通过电子商务,商贸企业可以更及时、准确地获取消费者信息,从而准确订货、减少库存,并通过网络促进销售,以提高效率、降低成本,获取更大的利益。

(一)B2B 电子商务交易模式分类

按照不同的分类标准,B2B 可以分为以下几种模式。

1. 按 B2B 网站的内容划分

(1)综合式的 B2B。综合式的 B2B 网站指这样一些网站的集合:它们为买卖双方创建起一个信息和交易的平台,买者和卖者可以在此分享信息、发布广告、竞拍投标、进行交易。之所以称这些网站为"综合式网站",是因为它们涵盖了不同的行业和领域,服务于不同行业的从业者。综合式的 BtoB 模式追求的是"全",这一模式能够获得收益的机会很多,而且潜在的用户群落也比较大,所以它能够迅速地获得收益。但是其风险主要体现在用户群是不稳定的,被模仿的风险也很大。BtoB 综合式网站如国内的阿里巴巴全球贸易信息网(http://www.alibaba.com.cn)和环球资源(www.globasources.com.cn)。

(2)垂直型的 B2B。垂直网站也可以将买方和卖方集合在一个市场中进行交易。之所以称之为"垂直"网站。是因为这些网站的专业性很强,它们将自己定位在一个特定的专业领域内,如 IT、化学、钢铁或农业。垂直网站是将特定产业的上下游厂商聚集在一起,让各阶层的厂商都能很容易地找到原料供应商或买主。在美国由三大汽车厂所形成的汽车零件交易网便是一种垂直市场,汽车厂不但能很快地找到有足够货源的零件供应商,供应商也可更迅速地将产品销售出去,甚至库存品也可通过拍卖的方式售出。在国内也有不少垂直型 B2B 网站,如汽配专线(www.qpzx.com)、中国纺织在线(www.chinatextileonline.net)、中国粮食贸易网(www.cctn.net.cn)等。垂直型 B2B 模式追求的是"专"。垂直网站吸引的是针对性较强的客户,这批针对性较强的客户是这些网站最有价值的财富,是真正的潜在商家,这种市场一旦形成,就具有极大的竞争优势。所以垂直网站更有聚集性、定向性,它们较喜欢收留团体会员,易于建立起忠实的用户群体,吸引着固定的回头客。结果是垂直网站形成了一个集约化市场,它拥有真正有效的客户。

2. 按交易的控制权划分

(1)销售方控制的商业模式。销售方控制的商业模式是指由供应商建立的网上销售平台,提供信息让广大客户通过其销售平台进行网络订货。绝大多数制造企业的电子商店属于这种类型,典型代表是 DELL 模式(www.dell.com)。

(2)购买方控制的商业模式。购买方是指由一家或几家采购商(包括政府部门)合作投资建设的专为采购设计的网络平台,通过网络发布采购信息。网上采购已经成为现代企业寻求合作供应商,购买大宗原材料和其他商品的主流市场,如沃尔玛(www.wal-martchina.com)、中国医药网(www.pharmnet.com.cn)

(3)中立的第三方交易平台模式。中立的第三方交易平台模式是指由买卖双方之外的第三方投资建立的网上交易网站。这类网站本身并不是提供任何交易的商品,而是为买家和卖家提供贸易平台。由于这类网站往往集中了大量的采购商和供应商,构建了包括众多卖主的店面在内的企业广场和拍卖场,因此交易非常活跃。典型代表是阿里巴巴(www.alibaba.com.cn)、中国商品交易市场等(www.chinamarket.com.cn)。

(二)B2B 电子商务模式的特点

B2B 不仅仅是建立在一个网上的买卖者群体,它也为企业之间的战略合作提供了基础。任何一家企业,无论它具有多强的技术实力或好多的经营战略,要想单独实现 B2B 是完全不可能的。单打独斗的时代已经过去了,企业间建立合作联盟逐渐成为发展趋势。网络使得信息通行无阻,企业之间可以通过网络在市场、产品或经营等方面建立互补互惠的合作,形成水平或垂直形式的业务整合,以更大的规模、更强的实力、更经济的运作真正达到全球运筹管理的模式。

与其他电子商业模式相比较,B2B 电子商务具有以下特点。

1. 交易次数少且交易金额大

B2B 一般涉及企业与客户、供应商之间的大宗货物交易，其交易的次数较少，交易金额远大于 B2C 和 C2C。

2. 交易对象广泛

交易对象可以是任何一种产品，可以是原材料，也可以是半成品或产成品。相对而言，B2C 和 C2C 较集中在生活消费用品。

3. 交易操作规范

与其他电子商务模式相比较，B2B 电子商务的交易过程最复杂，从查询到谈判，尤其是结算，要经历最严格和规范的流程，包括合同和 EDI 标准等。

（三）企业开展 B2B 电子商务的基础

B2B 电子商务是电子商务的主流模式，但是企业是否需要开展 B2B 电子商务，或者在何种情况下开展 B2B 电子商务，需要考虑以下几个方面的问题。

1. 企业的信息化水平

B2B 电子商务的开展不仅需要企业拥有基本的网络基础设施和电子商务平台，还需要有信息化、自动化的后台系统为其提供支持，包括企业资源计划（ERP）、计算机集成制造系统（CIMS）、供应链系统（SCM）等。这些先进的管理和制造系统是顺利实现 B2B 电子商务的重要条件，也是企业信息化水平的集中体现。缺少这些条件，企业即使能够利用 B2B 电子商务平台获得订单，也无法完全发挥 B2B 电子商务快速、高效、低成本、高集成性的优势。

2. 企业现有的市场框架

企业在决定是否采用 B2B 电子商务模式时，需要认真研究企业现有的业务体系，要分析 B2B 电子商务对企业现有的商务模式将产生怎样的影响。一般来说，如果 B2B 电子商务能够与现有商务模式形成良性互补，共同占领市场，则企业应当考虑开展 B2B 电子商务。例如，全球最大的计算机芯片制造商 Intel 公司针对中国的经销商提供传统订货方式和 B2B 电子商务平台两种订货渠道，这两种模式很好地结合在一起，为 Intel 公司的销售伙伴提供了强有力的支持。如果 B2B 电子商务与现有商务模式存在严重冲突，导致销售渠道混乱，则企业就要慎重考虑开展 B2B 电子商务。

3. 企业的贸易伙伴应用 B2B 电子商务的状况

企业开展 B2B 电子商务不仅取决于企业的意愿，还取决于企业供应链的上下游贸易伙伴对于 B2B 电子商务的应用状况。如果贸易伙伴缺乏开展 B2B 电子商务的基本条件或还未开展任何形式的电子商务活动，则企业也无法应用 B2B 电子商务与其进行交易。从这个角度来看，电子商务效益的发挥在很大程度上取决于电子商务在企业中的推广应用程度和普及性。

二、B2C 电子商务模式

企业与消费者之间的电子商务模式（B2C）是指企业与消费者之间依托互联网等现代信息

技术手段进行的商务活动。B2C 模式是一种电子化的零售，主要采取在线销售形式，以网络手段实现公众消费或向公众提供服务，并保证与其相关的付款方式的电子化。目前有各种类型的网上商店或虚拟商业中心，向消费者提供从鲜花、书籍、食品、饮料、玩具到计算机、汽车等各种商品和服务，几乎包括了所有的消费品。目前，已有很多这一类型电子商务成功应用的例子，如网上书店 Amazon，以及可以网上预订电脑的 Dell。为了方便消费者，网上商品做成了电子目录，里面有商品的图片、详细说明书、尺寸和价格信息等。网上购买引擎或购买指南可以帮助消费者在众多的商品品牌之间做出选择，消费者对选中的商品只要用鼠标点击，再把它拖到虚拟购物车里就可以了。在付款时消费者需要输入自己的姓名、家庭住址以及信用卡号码，网上购物就算完成。

（一）B2C 电子商务模式分类

1. 门户网站

门户网站是在一个网站上向用户提供功能强大的搜索工具，以及集成为一体的内容与服务提供者。在网络发展的初期，网站的数量比较少，特别是人们对网上信息的搜寻能力较低、搜寻成本较高的时候，门户网站为人们获得更多的网络信息提供了方便。随着网络经济的不断发展，尤其是信息搜索技术的不断提高，门户网站在保持了强大的网络搜索功能以外，还可向人们提供一系列高度集成的信息内容与服务，例如新闻、电子邮件、即时信息、购物、软件下载、视频等。从广义来理解，门户网站是搜索的起点，向用户提供易用的个性化界面，帮助用户找到相关的信息。目前，新浪网、搜狐网、网易已成为国内知名度较高、浏览量较大的门户网站。

门户网站的利润主要来源于广告费、订阅费以及交易费等，但并非每个门户网站都能够有很好的收益。事实上，网络中虽然有大量的门户型网站，但排名前 10 位的门户网站所拥有的浏览量占整个门户网站浏览量的 90% 以上。究其原因，很多排名靠前的门户网站都是最早开展网上业务，所以具有先行者的优势，积累了较高的品牌知名度，也拥有了大批量稳定的浏览者。消费者信任可靠的网络服务提供商，如果要转移到其他网络服务商的网站，将会改变他们的浏览习惯，并承担一定的转移成本，可见，消费者对品牌门户网站更为偏好。

2. 电子零售商

电子零售商是指在线的零售店，其规模各异，内容相当丰富，既有像当当网一样大型的网上购物商店，也有一些只有一个 Web 界面的本地小商店。由于电子零售可以为消费者节省时间、给消费者带来方便、向消费者传递信息等优势，因此，对于这种新的零售形式的诞生，无论国内还是国外，消费者都表现出相当的热情。目前，电子零售商主要有两大类：第一类是将传统实体商店与网络相结合形成的网络销售商店；第二类是纯粹由网络公司经营的网络销售商店，没有离线的实体商店的支持与配合。

3. 内容提供商

内容提供商是通过信息中介商向最终消费者提供信息、数字产品、服务等内容，或直接给专门信息需求者提供定制信息的信息生产商。内容提供商通过网络发布信息内容,如数字化新闻、音乐、流媒体等。内容提供商将市场定位在信息内容的服务上,因此,成功的信息内容是内容提供商模式的关键因素。信息内容的定义很广泛,包含了知识产权的各种形式,即以有形媒体(如书本、光盘或者网页等)为载体的各种形式的人类表达。

内容提供商的赢利方式主要是收取内容订阅费、会员推荐费以及广告费用等。由于内容服务的竞争日趋激烈,一些内容服务商的网络内容并不收费,如一些报纸和杂志的在线版纷纷推出了免费的举措,它们主要通过网络广告或者借助网络平台与其他企业进行合作促销、产品销售链接以及网友自助活动等获得收入。

4. 交易经纪人

交易经纪人是指在 B2C 交易中承担信息中介服务的网站,即通过电话或电子邮件为消费者处理个人交易的网站。采用这种模式最多的是金融服务、旅游服务以及职业介绍服务等。

目前,在我国的金融服务方面,招商银行、工商银行等推出的网上银行服务成为金融个人服务的亮点;旅游服务方面,携程网、春秋旅行网等为代表的旅游电子商务也纷纷通过电话或者电子邮件形式为旅游者提供便利;在职业、介绍服务方面,中华英才网、前程无忧等是网上职业经纪人的典型代表。

交易经纪人的盈利方式主要是通过在每次交易中收取佣金。例如,网上股票交易中,无论是按单一费率还是按与交易规模相关的浮动费率,每进行一次股票交易,交易经纪人就获得一次收入;在旅游电子商务中,每在线成交一次机票、景点门票以及酒店客房的预定,旅游电子商务企业便按一定比例获得提成;职业介绍网站一般是预先向招聘企业收取招聘职位排名的服务费,然后向求职者收取会员注册费用等,再对招聘企业和求职者进行撮合、配合等服务。

5. 社区服务商

社区服务商是指那些创建数字化在线环境的网站,有相似兴趣、经历以及需求的人们可以在社区中交易、交流以及相互共享信息。

网络社区服务商的构想来源与现实的社区服务,但实际的社区服务通常受到地域限制,并不能够很好地整合需求,从而无法实现个性化的服务。而网络社区服务商通过构建数字化的在线环境,将有相似需求的人联系在一起,甚至利用在线身份扮演一些虚幻的角色。社区服务商的关键价值在于建立一个快速、方便、一站式的网站,使得用户可以在这里面关注他们最感兴趣、最关心的事情。社区服务商的利润来源较为多样化,包括收取信息订阅费,获得销售收入,收取交易费用、会员推荐费用与广告费用等。从目前网络的发展来看,消费者对网络社区兴趣不断提高,网络社区的市场机会相应增加,网络社区不断增多,但面对同一个或者相似市场的社区重复现象较为严重,网络社区的市场细分没有深入化。目前,网络社区面临的最大挑战是如何在提供高质量信息内容所付出的成本和通过各种方式获得的收入之间寻求平衡,以求得赢利空间。网络社区服务商的发展处于探索阶段,许多网络社区都面临如何稳定赢利的问题。目前大的网络社区整合小的网络社区的现象时有发生。

B2C 电子商务的模式类型如表 2.1 所示。

表 2.1 B2C 电子商务的模式类型

模式类型	特点	举例	赢利来源
门户网站	提供集成的综合性服务与内容,例如搜索、新闻、购物、娱乐等	www.163.com www.sina.com www.sohu.com	广告费、订阅费、交易费等
电子零售商	在线的零售商店,提供在线的零售服务	www.dangdang.com www.joyo.com	广告费、订阅费、交易费、产品销售等
内容提供商	以提供信息和娱乐服务为主,是网络中的传媒资讯提供商	www.cctv.com www.xinhuanet.com	广告费、订阅费、会员推荐费等
交易经纪人	提供在线的交易处理,帮助客户完成在线交易	www.51job.com www.ctrip.com	交易费等
社区服务商	建立网上平台,集中有特定兴趣、爱好、需求的人交流、交易	www.ivillage.com	广告费、订阅费、会员推荐费等

(二) B2C 电子商务的收益模式

B2C 电子商务企业的经营模式主要有以下两种:经营无形产品和劳务的电子商务模式和经营实物商品的电子商务模式。两种类型电子商务的收益模式如下:

1. 经营无形产品和劳务的电子商务收益模式

(1)网上订阅模式。网上订阅模式是指企业通过网页向消费者提供网上直接订阅、直接信息浏览的电子商务模式。消费者通过网络订阅相关信息服务,并在网上支付相关费用,企业按用户要求的时间,将相关的信息发送到用户指定的地点,通常是用户的邮箱。该模式主要用来销售报纸杂志、有线电视节目等,主要包括在线服务和在线出版、在线娱乐等。网上订阅模式主要有以下几种。

①在线出版(Online Publications)。出版商通过 Internet 向消费者提供除传统印刷出版物之外的电子刊物。在线出版一般不提供 Internet 的接入服务,只在网上发布电子刊物,消费者通过订阅下载有关的刊物。这种模式并不是一种理想的信息销售模式。在当今信息大爆炸的时代,普通用户获取信息的渠道很多,因而对本来已很廉价的收费信息服务敬而远之,因此,有些在线出版商采用免费赠送和收费订阅相结合的双轨制,从而吸引了一定数量的消费者。并保持了一定的营业收入。

②在线服务(Online Services)。在线服务商通过每月收取固定的费用而向消费者提供各种形式的在线信息服务。在线服务商一般都有自己特定的客户群体。如美国在线(AOL)的主要客户群体是家庭用户,而微软网络(Microsoft Network)的主要客户群体是 Windows 的使用者,订阅者每月支付固定的费用,从而享受多种信息服务。在线服务一般是针对一定的社会群体提供的,以培养消费者的忠诚度。

③在线娱乐(Online Entertainment)。在线娱乐商通过网站向消费者提供在线游戏,并收取一定的订阅费,这是无形商品和服务在线销售中令人关注的领域。当前,网络游戏已成为网络会战的焦点之一,Microsoft、Excite、Infosec 等纷纷在网络游戏方面强势出击。事实上,网络经营者已将眼光放得更远,通过一些免费或价格低廉的网上娱乐换取消费者的访问率和忠诚度。

(2)付费浏览模式。付费浏览模式指的是企业通过网站向消费者提供计次收费的信息浏览和信息下载的电子商务模式。付费浏览模式让消费者根据自己的需要,在网站上有选择地购买一篇文章、一章书的内容或者参考书的一页。数据库里的内容也可付费获取。

付费浏览模式是目前电子商务中发展较快的模式之一。该模式的成功要具备如下条件:首先,消费者必须事先知道要购买的信息,并且该信息值得付费获取;其次,信息出售者必须有一套有效的交易方法,而且该方法可以处理较低的交易金额。

(3)广告支持模式。在线服务商免费向消费者提供在线信息服务,其营业收入完全靠网站上的广告来获得。这种模式虽然不直接向消费者收费,但却是目前最成功的电子商务模式之一。Yahoo 等在线搜索服务网站就是依靠广告收入来维持经营活动的。信息搜索是网站提供给用户在 Internet 的信息海洋中寻找所需信息最基础性的服务。因此,企业也最愿意在信息搜索网站上设置广告,通过单击广告可直接到达该企业的网站。采用广告支持模式的在线服务商能否成功的关键是其网页能否吸引大量的广告,能否吸引广大消费者的注意。

(4)网上赠与模式。网上赠与模式是指一些软件公司将测试版软件通过 Internet 向用户免费发送,用户自行下载试用,如果满意则有可能购买正式版本的软件。采用这种模式,软件公司不仅可以降低成本,还可以扩大测试群体,改善测试效果,提高市场占有率。美国的网景公司(Netscape)在其浏览器最初推广阶段采用的就是这种方法,从而使其浏览器软件迅速占领市场,效果十分明显。

2. 经营实物商品的电子商务收益模式

实物商品指的是传统的有形商品,这种商品和劳务的交付不是通过计算机作为信息载体,而是通过传统的方式来实现。实际上,大多数企业的经营模式并不是单一的,而是将各种模式综合起来实施电子商务。例如:网上拍卖、产品租赁、销售衍生产品等等。不同类型的 B2C 电子商务通过网络平台销售自己生产的产品或加盟厂商的产品,商品制造企业主要是通过这种模式扩大销售,从而获取更大的利润,如海尔电子商务网站。

(三)B2C 电子商务的交易流程

B2C 电子商务主要是网上消费者与网上商店之间进行的电子商务,消费者通过 B2C 进行网上商店购物,其主要流程一般可以分为以下三大步骤。

1. 浏览信息选购商品

消费者通过 Internet 上的广告、产品目录、搜索引擎检索等方式得到感兴趣的信息,进入有关的电子商务网站并注册成为会员;消费者可以通过网上商店提供的多种搜索方式,例如产品组合、关键字、产品分类、产品品牌等,对所需商品或服务的信息进行查询和浏览,挑选所要购买的商品或服务。选定后,消费者可以在网站提供的订单中填入欲购的商品或服务的内容,包括商品品种、规格、数量、价格等等,通过生成订单来完成商品的选购。

2. **用户注册**

网上商店一般采取注册会员制的方式对消费者进行管理。在消费者生成订单的同时,对于未注册的消费者,系统会要求其注册,提供基本信息,成为注册会员;对于已注册但未登录的用户,系统会要求其登录。成为注册用户或登录后,即可进行结算。

3. **付款与配送**

在消费者进行结算时,网上商店往往提供多种支付方式供消费者选择。如果消费者选择在线支付,系统会直接转入在线支付系统,让用户使用网上银行来完成在线支付;如果消费者不选择在线支付,网上商店还提供邮局汇款、电汇等支付方式;在同城 B2C 交易中,货到付款也是极为常见的支付方式,即消费者在收到货物的同时将货款交付给配送人员。

在选择支付方式后,消费者可以选择货物配送的方式,包括快递、邮寄、送货上门等,并将地址、联系方式等信息提供给网上商店,以完成 B2C 交易的最后一个环节。网上消费者在B2C 电子商务中的流程如图 2.4 所示,网上商店在 B2C 电子商务中的流程如图 2.5 所示。

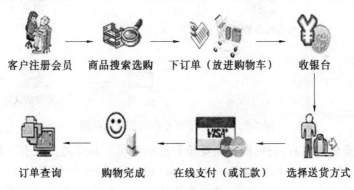

图 2.4　B2C 电子商务购物流程图

在设计网上购物流程时应注意:尽力使客户在购物时感到方便;使客户对商店产生强烈的第一印象;把干扰减少到最小,广告不一定总是必须的;个性化的问候语;避免冗长的说明,力求简洁明了;提供可视化的线索以及与购物车链接;在长列表中使用交替背景色等。

三、C2C 电子商务模式

消费者与消费者之间的电子商务模式(C2C)是消费者与消费者之间通过互联网进行的个人交易,例如网上拍卖等。这种模式使卖方可以主动提供商品上网拍卖,而买方可以自行选择商品进行竞价,为消费者提供了便利与实惠。自 1999 年网上拍卖开始盛行,易趣、淘宝等专业竞买网站相继开通,并得到网民的青睐。

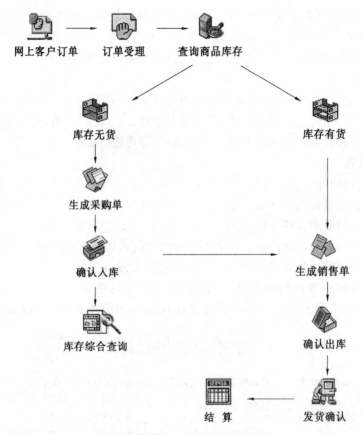

图 2.5　B2C 电子商务后台管理流程图

网络拍卖的竞价形式有两种,即正向竞价和逆向竞价。其交易方式有三种:竞价拍卖(如易趣、网易)、竞价竞买(如八佰拜 800buy.com.cn)和集体议价(如酷必得 www.coolbid.com),有的网站可能同时兼有几种交易方式,其中竞价拍卖为正向竞价模式,而竞价竞买和集体议价为逆向竞价模式。

(一)C2C 电子商务模式的经营模式

1. 平台式拍卖网站

平台式拍卖网站是指其利用多媒体手段提供产品资讯,供买方参考和竞价,最后卖家再根据买家信誉和出价拍出货品。平台式拍卖网站的经营目标是促成用户之间的在线交易,而网站本身并不参与买卖,免除繁琐的采购、销售和物流业务,只利用网络提供信息传递服务,并向卖方收取中介费用。

电子拍卖是传统拍卖形式的在线实现。卖方可以借助网上拍卖平台运用多媒体技术来展示自己的商品,这样就可以免除传统拍卖中实物的移动;竞拍方也可以借助网络,足不出户进行网上竞拍。其优势就是:价廉物美与即买即得。选购的物品多集中在手机、计算机和女性用品(服装、化妆品)等。

目前,这类网站的经营服务方式主要有以下三种:

(1)介绍买卖双方相识后马上撤出,由买卖双方自己磋商达成交易,网站从成交后的某一方或双方收取一定的服务费。

(2)网站作为中介服务商先将拍卖品买下,然后通过网站拍卖出去,从中获取差价。

(3)采取完全中间商的方式,即买卖双方的竞价、销售、付款、发货等环节均以匿名的方式进行,网站从中收取中介服务费。收费标准也不尽相同,一般是以商品数量和拍卖成交额为基数按照一定的收费比率来计算。

平台式拍卖网站最终的赢利一般取决于物流是否顺畅以及价格是否合理。物流顺畅就是快速高效地将成交的商品转交给购买者,这需要精确的设计和规划。从技术角度看,提供竞买过程的跟踪和管理是网上拍卖的关键。

2. 专业拍卖网站

专业拍卖网站主要经营那些种类少而属于特殊的商品。由于针对的是目标群体,可以吸引专家和玩家的猎杀。因此它们比平台式拍卖网站更具优势。在这些特别针对某一种类商品的拍卖网站,其拍卖物通常具有价格不菲、需要专家鉴定、或有一群对该物品狂热的社群等特点,因而物以类聚形成线上虚拟社群,不仅在线上拍卖、交易商品,也借此形成了讨论区等等。调查表明,目前在全球成功拍卖的记录中,对于相同的拍卖品,在专业拍卖网站的成交率比平台式拍卖网站要高出30%~40%。

这类网站也有三种拍卖模式:

(1)独立拍卖。买卖双方委托拍卖网站为其创建一个相对独立的拍卖系统,并通过该网站进行交易。它相当于电子索斯比拍卖行,网站从成交额中提取一定比例的佣金作为服务费用。例如:中拍在线(www.a123.com.cn)、博宝艺术品拍卖网(auction.artxun.com)等。

(2)商品拍卖。它有点类似于芝加哥贸易局的服务,即买卖双方聚集到某个第三方的网站上,对买卖的商品进行快速交易和换手。该方式的主要特点是交易商品特别多,一宗买卖在几分钟内敲定后,马上拍卖另一种。

(3)资格限制方式。这类网站对参加拍卖的竞买人进行了限制,未经注册的用户不能参加。与前两种方式不同的是,这种方式往往是卖货人自己设立拍卖网站,拍卖自己的货物。例如,美国一家从事计算机设备销售的公司在1997年建立了auctionblock.com网站,向2万多授权用户在线拍卖他们的存货。对他们来说,建立网站的目的不是要赢利,而是要减少存货造成的损失。

以B-B方式进行的网上拍卖对于企业来说不仅提高了效率,拓展了销售渠道,节省了时间和销售成本,更重要的是它开辟了一种全新的经营模式。企业可通过这类拍卖网站处理积压的产品、不合格的次品、陈旧的设备等传统销售渠道难以处理的商品,还可以在网上预先发布新产品,这不仅能够预测产品的市场趋势,还能保留竞价的记录为新产品正式发布提供价格参考。

(二) C2C 电子商务模式的特点

C2C 模式具有买卖双方直接互动、交易成本低和快速便捷等特点,其发展受到互联网用户群体数量、用户购物习惯、物流和资金流,尤其是网络交易的信任度等因素的影响。C2C 模式拥有的特点显而易见,主要有以下几点。

(1) 交易双方不受时间、地域的限制。个人可以自由出入随时买卖各种物品,无须支付中间人费用。这是一种大众化的交易方式,有人称之为"平民之间的自由交易"。

(2) 拍卖网站不一定是拍卖人,卖方也不一定是委托人。许多拍卖网站只是提供一个虚拟的交易场所,所有人都可以在此进行拍卖活动。

(3) 不必事先缴付保证金,凭借网站自建的信用评价系统,借助所有的用户的监督力量来营造一个相对安全的交易环境,买卖双方都能找到可信赖的交易伙伴。

(4) 买卖各方在竞价的过程中可以自由交流。如对拍卖品进行提问、回答、讨论与留言等。拍卖网站一般能提供网页供用户登录求购讯息,或协助寻找厂商或卖方。

(5) 卖方可根据买方的信用情况,选择出价者中的任何一方成交,而非一定是"价高者得"。

(三) C2C 电子商务的交易流程

下面以淘宝网为例,说明 C2C 电子商务的交易流程。由于淘宝网采用会员制,因此,无论是买家还是卖家都需要在淘宝上进行注册,用户需要填写包括会员名、E-mail 地址等信息进行注册。

1. 买家交易流程

(1) 搜索、浏览商品。买家可以利用淘宝网提供的关键词搜索、类目搜索和高级搜索等方式,搜索所需商品和店铺,并可以对感兴趣的商品进行收藏。与此同时,买家还可以利用淘宝旺旺、站内信、E-mail 等多种工具与卖家就交易条件进行协商。

(2) 购买商品。买家在淘宝网上找到所需商品后,可以单击"立即购买",或者将所选商品放到"购物车"中,进入"确认购买信息"页面,买家可以输入购买数量、选择送货方式、选择收货地址、核对信息无误后,确认购买。

(3) 付款。在买家确认购买后,即进入支付页面。买家可以利用淘宝网提供的第三方支付平台——支付宝的账户余额进行付款;当支付宝账户余额不足时,也可以利用网上银行付款。买家付款后,等待卖家发货。

(4) 收货、评价。买家收到货物并确认无误后,可以单击"确认收货",同时,在支付宝交易管理页面,将货款由支付宝转入卖家账户。交易完成后,买家可以就卖家的产品、服务质量和物流服务等对卖家进行评价,评价纪录将计入卖家信用等级。

买家交易的基本流程如图2.6所示。

图2.6　淘宝网买家交易流程示意图

2. 卖家交易流程

（1）开设店铺并发布商品。通过支付宝实名认证后的卖家，可以在淘宝网上发布欲出售的商品。卖家可以选择一口价或者拍卖的方式出售商品。卖家需要提供商品的基本信息，包括商品的标题、图片、类别、价格、数量、送货方式、运费以及有无发票和保修等，成功发布上架10件以上可售商品后，即可登录"我的淘宝"中"我是卖家"的"免费开店"页面进行店铺开设操作。卖家可以利用淘宝网提供的店铺模板对店铺进行装修。所有操作完成后，卖家就会拥有属于自己的淘宝店铺和相应地址，同时，店铺中的商品信息也会出现在淘宝店铺中。

（2）发货。商品销售后，在收到支付宝提示的"买家已付款"的信息后，卖家可按照买家要求的送货方式将商品寄送到买家提供的送货地址，并将发货情况（例如物流订单等）告知买家。

（3）收款、评价。在买家收到商品并付款成功后，卖家的支付宝账户会收到买家支付的货款。交易完成后，卖家可以就买家的付款情况对买家进行评价，评价信息将计入买家的信用等级。

（4）提现。卖家可以在支付宝账户管理中进行提现操作，将支付宝账户中的资金转到卖家指定的银行账户中。

卖家交易的基本流程如图2.7所示。

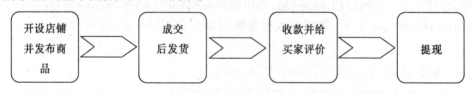

图2.7　淘宝网卖家交易流程示意图

四、B2G 电子商务模式

企业与政府之间的电子商务模式（B2G）指的是企业与政府机构之间进行的电子商务活动。企业与政府之间的电子商务（B2G）主要包括三种：一是企业通过网络向政府管理部门办理各种手续，如工商注册、办证、报关、出口退税；二是政府管理部门对企业进行征税和监管（如商检、审核）；三是政府部门进行工程的招投标或政府采购。这样可以提高政府机构的办事效率,使政府工作更加透明、廉洁。

总之,在电子商务中,政府有着双重角色:既是电子商务的使用者,进行购买活动,属于商业行为;又是电子商务的宏观管理者,对电子商务起着扶持和规范的作用。对企业而言,政府既是电子商务的消费者,又是电子商务中企业的管理者。

企业与政府之间的电子商务应用举例如下:

(一)政府网上招标

招标是由采购方或主办单位发出通知,说明准备采购的商品或兴办工程的要求,提出交易条件,邀请卖主或承包人在指定的期限内提出报价。投标是一种严格按照招标方规定的条件,由卖主或承包人在规定的期限内提出报价,争取中标达成协议的一种商务方式。网络招投标是通过互联网完成招标和投标的全过程,它的优点是:

(1)网络招投标体现了"公开、公平、竞争、效益"的原则。电子招标网络系统的可靠性和安全性可以避免招投标过程中的暗箱操作现象,使不正当交易、招标人虚假招标、私泄标底、投标人串通投标、贿赂投标等腐败现象得以制止。

(2)网络招投标减轻了招投标过程中的信息发布、信息交换等方面的负担,提高了工作效率,缩短了招投标周期,降低了招投标过程中的成本,节约了资源。

(3)实行网络招投标可以实现标书审核的电子化,既可以扩大招标范围,获得更大的主动权,又充分体现了"择优录取"的原则。

为了加强对政府采购的管理,提高财政性资金的使用效益,促进交易的公开性,我国一些地方政府的国家机关、事业单位和其他社会组织财政性资金采购物资和服务的行为都受到法律的约束和规范,不少省市已陆续开始实行"政府采购"政策。随着政府对电子商务的重视,企业与政府间的电子商务活动将越来越广泛。

我国已建立了一些网络招投标网站,如中国国际招标网(www.chinabidding.com)、中国招标投标网(www.cec.gov.cn)。网络招投标系统包括公布招标信息、投标模块、开标评标模块等部分。

(二)电子海关

中国电子口岸运用现代信息技术,将国家各行政管理机关分别管理的进出口业务信息流、资金流、物流电子底账数据集中存放到公共数据中心,在统一、安全、高效的计算机物理平台上实现数据共享和数据交换。每个进出口企业可以在网上直接向海关、检疫、外贸、工商、税务等政府机关申办各种进出口和行政管理手续,从而彻底改变了过去企业为了办理一项进出口业务而往返于各部门的状况,实现了政府对企业的"一站式"服务。

电子海关有如下优点:

(1)提高海关的管理效率,减轻工作强度,改善通关质量,减少通关时间。

(2)促进企业进出口贸易,杜绝逃税现象;如果海关和银行能够联网,就可以掌握进出商品的真实价格和交易额,有效制止用假发票欺骗海关的行为。

(3)提高行政执法透明度,是政府部门行政执法公平、公正、公开的重要途径。

在我国一些海关(如上海、青岛、南京、杭州、宁波、深圳、拱北、黄埔)已经率先实行了电子报关,凡是有报关权的企业并具有联网条件的,均可向海关进行电子申报。

五、基本电子商务模式的衍生

(一)消费者与企业之间的电子商务模式(C2B)

消费者与企业之间的电子商务模式(Customer to Business,CtoB 或 C2B)是从客户到商家的电子商务模式,这种模式也称作"集体议价"、"手拉手"或"联合购买"。在这种模式下,不同地区购买同一物品的不同消费群体通过电子商务网站集合起来,由网站去和商家议价。由于是大量购买,因而消费者可以获得批量购买的优惠条件。集体议价的好处是消费者通过亲自参与,能够购买到实惠的商品,而商家也可以通过这种形式了解到客户对商品的需求,从而更合理地配置各种资源。这种电子商务模式唯一的缺点是由于建立在数量的基础上,所以如果客户需要一些特殊的个性化商品,就无法享受这种便利。也就是说,这种方式适合于无差异性的(或差异较小)产品和服务,如演出门票等。

(二)企业—企业—消费者之间的电子商务模式(B2B2C)

B2B2C 电子商务模式是 B2C 和 B2B 两种电子商务模式的整合。这种模式的思想是以 B2C 为基础,以 B2B 为重点,将两个商务流程衔接起来,从而形成一种新的电子商务模式。产生这种模式的原因是由于在 B2C 这种商务模式中,零售的特点决定了商家的配送工作十分繁重,而个体消费者又不肯为原本低额的商品付出相对高额的配送费用,这种特性使得 B2C 模式面临着巨大的挑战。面对这种现实,在 B2C 这种模式中引入 B2B 模式,即把经销商作为销售渠道的下游引进,从而形成了 B2B2C 电子商务模式。这种模式一方面可以减轻配送的负担;另一方面也能减轻库存问题所带来的压力,从而降低成本,增强网上购物的快速、低价格的优势。另外,该模式中的两家上下游企业也能够发挥各自的优势,各尽所能、共同受益。"书生之家"网站采用提供开架浏览服务吸引读者,把读者订单推送给书店,执行并从中收取押金的商业运作模式,即充分发挥了自己的特长,又与其他书店结成了战略联盟,各司其职,各尽所能,互不冲突,共同获益。

(三)企业—企业—企业之间的电子商务模式(B2B2B)

企业—企业—企业之间的电子商务模式实质上是电子商务代理协作模式。与常规的 B2B 电子商务模式相比,商务代理协作模式增加了一个中间环节。这个中间环节相对于整个社会来说是集成化运作,将众多企业分散执行的销售功能集中地由商务代理协作商来完成,降低了社会商品流通的交易费用,市场的无形之手自然会向有利于商务代理协作商的方向调节,因而商务代理协作商就获得了盈利空间。

（四）政府与个人之间的电子商务模式（G2C）

政府对个人电子商务模式的主要运作方式就是政府将政府职能上网，在网络上成立一个虚拟的政府，在 Internet 上实现政府的职能工作。政府上网一般在 Internet 上发布政府部门的名称、职能、机构组成、工作章程以及各种资料、文档等，并公开政府部门的各项活动，增加办事机构的透明度，为公众与政府打交道提供便利，同时也接受公众的民主监督，提高公众参政议政的意识。此外，由于 Internet 是跨国界的，政府上网能够让各国政府相互了解，加强交流，适应全球一体化的趋势。

目前 G2C 主要有三种方式：电子福利支付、电子资料库和电子身份验证的资料。电子福利支付是指运用电子数据交换、磁卡、智能卡等技术处理政府各种社会福利作业，直接将政府的各种社会福利交付受益人，如民政部门发放困难补贴和各种抚恤金等。电子资料库用来汇聚各种资料，包括一些法律法规、办事程序、发展计划和政府报告等，以方便人们通过网络查看与获得。电子身份认证提供对个人身份的电子证明。目前是以一张智能卡机和个人的医疗资料、个人身份证明、工作情况、个人信用、个人经历、收入及纳税状况、公积金、养老保险、房产资料和指纹身份识别等信息，通过网络实现政府部门的各项便民服务程序。

电子商务发展到现在，多数企业网上销售已不仅仅采用一种电子商务模式，以后还会出现更多更新的电子商务模式。商务的复杂性和不断变化发展决定了电子商务没有一种或哪几种固定模式，各种各样的电子商务模式充分反映了市场变化的需要，盈利空间是判断电子商务模式好坏的基本依据。

本章小结

本章主要介绍了电子商务的概念模型，它是由电子商务交易主体、电子交易市场、交易事务和信息流、物流、资金流、商流等基本要素构成。分析了电子商务的运行框架所包含的五个层次和两个支柱，五个层次自下而上分别是：网络层、多媒体内容和网络表示层、信息发布与传输层、一般商业服务层及电子商务应用层，五个层次依次代表电子商务设施的各级技术及应用层次。两个支柱分别是公共政策及法律规范和网络安全及技术标准，这是电子商务顺利应用的坚实基础。重点介绍了 B2B、B2C、C2C、B2G 几种典型的电子商务模式。

思 考 题

1. 电子商务的交易主体包括哪些？
2. 电子商务系统框架由几部分组成？
3. B2B 电子商务交易模式分为几类？
4. B2C 电子商务模式分为几类？
5. B2C 电子商务的收益模式包括几种？
6. C2C 电子商务模式的特点包括哪些？

阅 读 资 料

【阅读资料一】

"大阿里"战略让淘宝"比较干净"

阿里巴巴集团董事局主席马云昨日通过内部电子邮件宣布将淘宝分拆为三个公司,并在该邮件中称"我们相信淘宝分拆能创造更大的产业价值、公司价值和股东利益。"这距离马云于本月 14 日为支付宝股权转让事宜召开发布会,仅两天时间。马云在邮件中表示,"我们不排除未来集团整体上市的可能性,让一直相信和支持我们的员工和股东们分享成果。"

eBay 前高管,金光集团(APP)旗下电子商务平台——大货栈网站总经理胡兴民表示,对淘宝做出这样的选择并不意外。淘宝前面几年能击败 eBay,当然是采用了一些更本土化的策略,但与此同时也产生了一些弱点。一是不收费,从而把这个生意变成"免费午餐",整个行业规则被破坏了;其次,淘宝在发展初期对卖家的政策管制没有那么严格,助长了一些假冒伪劣,把淘宝做成了一个类似襄阳路市场的地方。

这样的扩张方式快速催生了中国的电子商务市场。根据艾瑞发布的 2010 年 B2C 在线零售商 30 强排名,淘宝商城以年交易额 300 亿元名列第一。易观最新数据显示,一季度中国 B2C 市场规模达 471 亿元,淘宝商城和京东商城的市场份额分列前两位,分别为 31.4% 和 10.2%。

胡兴民说,中国电子商务很吊诡的现象是,没有人能盈利。这种差别非常直接地体现在一点上——他曾经任职的新蛋网在中美市场的不同盈利状况。"大家都拼命砸钱,比价格,在美上市以后再拿钱做业绩,局已经被人打破了。"中国电子商务研究中心分析师方盈芝说,淘宝之前更像个奥特莱斯,一直想往百货商城发展。"本来淘宝商城做的是品牌商,强调的是品牌、体验,但目前看来品牌效应还没有显现。"

胡兴民透露,之前易趣在中国也曾考虑推出品牌旗舰,类似于淘宝商城,但当时管理层在方向上有争议,认为 eBay 是 C2C 起家的,是个拍卖网站,不能往 B2C 方向发展,"最终没有继续下去"。现在看来,淘宝商城是一种可行的盈利模式。但值得注意的是,虽然淘宝商城现在吸引了众多想电子商务化的传统企业,这些企业初步电子商务化的一个捷径就是在淘宝上开网店,但这些传统电子商务企业在电子商务的第二阶段,将寻求供应链的整合等多方面问题,后台的整合难题制约着这些品牌卖家继续使用这个平台。

胡兴民认为,淘宝商城的模式介于 B2C 和 C2C 之间,"两者之间有一个淘宝商城的中介,只是把卖家 C 放大成为 B",消费者不是直接和淘宝商城在交易。这势必会产生很多问题,比如当你同时在淘宝商城的不同商家买了多种产品,运费怎么付?物流怎么配送?这需要一系列的后台整合,是个很复杂、很大的问题。而当你在垂直类的电子商务网站订购产品,则不会存在这些问题。"但不可否认的是,淘宝目前在品类上是最全的。"方盈芝表示,垂直类的电子商务网站也正在向大而全发展,但这需要时间。

马云表示，虽然今天的分拆看起来似乎令淘宝失去规模优势，但将淘宝融入到大阿里战略的核心，将为行业和集团的发展创造巨大的价值。根据规划，"大阿里"战略的核心，是和所有电子商务的参与者分享阿里集团的所有资源，包括其所服务的消费者群体、商户、制造产业链，整合信息流、物流、支付、无线，以及提供数据分享为中心的云计算服务等，"为中国电子商务的发展提供更好，更全面的基础服务"。

胡兴民认为，此次把淘宝一分为三，正如马云所言，可以提升公司价值。"在原有的'大淘宝'战略下，淘宝网不可能上市。因为淘宝网上充斥着太多假货，一旦上市其合法性马上会被质疑。将淘宝一分为三，把鱼龙混杂的分开，是个正确的决定。"一位接近阿里巴巴的电子商务资深人士表示，这对淘宝商城而言是好事，"比较干净"。

（资料来源：www.ebrun.com：http://www.ebrun.com/ebnews/22854.html.）

【阅读资料二】

eBay怎样找到打入中国的途径

很多人都知道，eBay在中国市场的业绩一直是不太理想的。2003年，eBay用1.5亿美元收购了中国当时最好的电子商务网站——易趣网，之后又投资了一亿美元来进行后期运作，但由于管理上的失误——例如没能给予地方高管足够的权力，不了解中国市场等等，最后在跟淘宝的残酷竞争惨败而归。淘宝跟eBay最大的不同就是，淘宝不收取提成，所以它在中国市场一直处于领先地位。eBay自己也承认在电子商务C2C这一块，的确不如淘宝。加上现在京东，新蛋等新兴网站的迅猛发展，eBay在国内市场更是难以立足。

eBay是许多面临中国企业挑战的跨国公司之一，谷歌、微软、雅虎和亚马逊，在中国都受到了阻碍，一方面是因为是我们及其严格的互联网审查制度（比如YouTube和Twitter都被屏蔽），另一方面在中国的跨国公司有很多也没能很好地适应市场需求的迅速变化。eBay的亚洲区总裁J.H.Lee说："中国市场非常重要，我们不愿意放弃，但是我们需要一个与以往不同的方式来经营它"。

虽然eBay在国内竞争不过淘宝和京东等电子商务网站，但他们现在的目的也不是为了挑战淘宝，对于中国市场，eBay还有其他的计划：在中国的企业，出口商和其他国家的eBay消费者之间搭一座桥。为了达到这个目标，eBay在中国寻找淘宝和阿里巴巴之外的电子商务市场。虽然淘宝在中国处于主导地位，但却只拥有极少数的国外消费者；而阿里巴巴，一个连接全球范围内的中小型进出口商的网站，是并不怎么迎合买家的。跟全球70多亿的人比起来，中国内部的市场其实也不算大，eBay从此看到了商机——为中国卖家的全球交易提供帮助，目前eBay拥有150个服务代理为中国卖家提供服务。去年，eBay与中国邮政及美国邮政服务公司又合作推出了一项服务，这项服务使得国外买家能够跟踪他们在中国的订单，大陆卖家也可以提供免费送货服务。

现在看来，eBay这个以卖家为中心的计划是比较成功的。有很多中国人开始在eBay上做生意，比如一位名叫李兰的卖家三年前决定开始自己的服装事业，她选择了 eBay 这一渠道去卖她 50 美元/件的衣服，就在去年她的销售额已达到了 50 万美元。虽然 eBay 在国内似乎并不流行，但对她并没有影响，因为她针对的是全球客户，而 eBay 是依然是全球最流行的电子商务销售平台。2010 年，来自中国内地和香港的 eBay 交易及其 PayPal 总额高达 40 亿美元，使中国一跃成为 eBay 公司的第五大市场，仅次于美国，英国，德国，和韩国。以后像李兰这样的出口商肯定会是越来越多的，大量的中国卖家都想把产品卖到国外去，而现在越来越方便的国际快递服务也给卖家们的这一想法提供了更多的可能性，eBay 的中国业务势必会逐步的发展起来。

现在无论是生活还是经济，都在朝着越来越全球化的方向发展，只盯着某一个地方，是远远不够的，因为市场就那么大，要想获得更多，就必须要走国际化的道路。

（资料来源：www.ebrun.com；http://www.ebrun.com/online_retail/22828.html.）

Chapter 3

电子商务的网络技术基础

【学习要点及目标】
1. 了解计算机网络的含义与分类。
2. 理解计算机网络的体系结构与通信协议。
3. 掌握 Internet 的主要功能与应用。
4. 掌握 Internet 与 Intranet 及 Extranet 的区别与联系。
5. 掌握 Web 技术的含义和特点。
6. 掌握 EDI 的概念及工作原理。

第一节 网络与通信技术

一、计算机网络的含义与分类

(一)计算机网络的含义

计算机网络是指将地理位置不同的具有独立功能的多台计算机及其外部设备,通过通信线路连接起来,在网络操作系统、网络管理软件及网络通信协议的管理和协调下,实现资源共享和信息传递的计算机系统。

(二)计算机网络的拓扑结构分类

拓扑结构一般指点和线的几何排列或组成的几何图形。计算机网络的拓扑结构是指一个网络的通信链路和结点的几何排列或物理布局图形。链路是网络中相邻两个结点之间的物理通路,结点指计算机和有关的网络设备,甚至指一个网络。按拓扑结构,计算机网络可分为以下五类。

1. 星形拓扑结构

星形拓扑是由中央结点为中心与各结点连接组成的,多结点与中央结点通过点到点的方式连接。拓扑结构如图 3.1 所示,中央结点执行集中式控制策略,因此中央结点相当复杂,负担比其他各结点重得多。

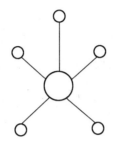

图 3.1 星形拓扑结构

星形拓扑结构的主要特点是:网络结构简单,便于管理;控制简单,建网容易;网络延迟时间较短,误码率较低;网络共享能力较差;通信线路利用率不高;中央结点负荷太重。

2. 树形拓扑结构

在实际建造一个大型网络时,往往是采用多级星形网络,将多级星形网络按层次方式排列即形成树形网络,其拓扑结构如图 3.2 所示。我国电话网络即采用树形结构,其由五级星形网构成。著名的因特网(Internet)从整体上看也是采用树型结构。

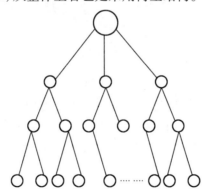

图 3.2 树形拓扑结构

树形拓扑结构的主要特点是:结构比较简单,成本低。在网络中,任意两个结点之间不产生回路,每个链路都支持双向传输。网络中结点扩充方便灵活,寻找链路路径比较方便。但在这种网络系统中,除叶结点及其相连的链路外,任何一个结点或链路产生的故障都会影响整个网络。

3. 总线形拓扑结构

由一条高速公用总线连接若干个结点所形成的网络即为总线形拓扑结构,总线形拓扑结构如图3.3所示。

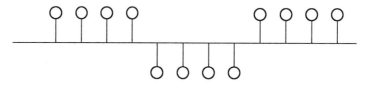

图3.3　总线形拓扑结构

总线形拓扑结构的主要特点是:结构简单灵活,便于扩充,是一种很容易建造的网络。由于多个结点共用一条传输信道,故信道利用率高,但容易产生访问冲突;传输速率高,可达1~100 Mbps;但总线形网常因一个结点出现故障(如接头接触不良等)而导致整个网络不通,因此可靠性不高。

4. 环形拓扑结构

环形网中各结点通过环路接口连在一条首尾相连的闭合环形通信线路中,拓扑结构如图3.4所示,环上任何结点均可请求发送信息。

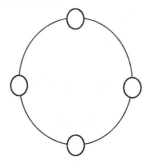

图3.4　环形拓扑结构

环形拓扑结构的主要特点是:信息在网络中沿固定方向流动,两个结点间仅有唯一的通路,大大简化了路径选择的控制;某个结点发生故障时,可以自动旁路,可靠性较高;由于信息是串行穿过多个结点环路接口,当结点过多时,网络响应时间变长。但当网络确定时,其延时固定,实时性强。

5. 网状形拓扑结构

网状形拓扑结构如图3.5所示,为分组交换网示意图。图中虚线以内部分为通信子网,每个结点上的计算机称为结点交换机。图中虚线以外的计算机和终端设备统称为数据处理子网或资源子网。

网状形拓扑结构的主要特点是:网络可靠性高,一般通信子网任意两个结点交换机之间,存在着两条或两条以上的通信路径。这样,当一条路径发生故障时,还可以通过另一条路径把

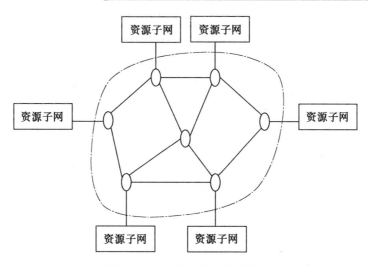

图 3.5 网状形网络拓扑结构

信息送到结点交换机。另外,可扩充性好,该网络无论是增加新功能,还是要将另一台新的计算机入网,以形成更大或更新的网络时,都比较方便;网络可建成各种形状,采用多种通信信道,多种传输速率。

二、计算机网络体系结构与通信协议

计算机网络体系结构是指计算机网络层次结构模型和各层协议的集合。结构化是指将一个复杂的系统设计问题分解成一个个容易处理的子问题,然后加以解决。层次结构是指将一个复杂的系统设计问题分成层次分明的一组组容易处理的子问题,各层执行自己所承担的任务。

(一)计算机网络体系结构 OSI 参考模型

OSI 参考模型的体系结构如图 3.6 所示,由低层至高层分别称为物理层、数据链路层、网络层、运输层、会话层、表示层和应用层。

各层主要功能如下:

1. **物理层**(Physical Layer,PH)

传送信息要利用物理媒体,如双绞线、同轴电缆、光纤等。但具体的物理媒体并不在 OSI 的七层之内。有人把物理媒体当做第 0 层,因为它的位置处在物理层的下面。物理层的任务就是为其上一层(即数据链路层)提供一个物理连接,以便透明地传送比特流。在物理层上所传数据的单位是比特。

2. **数据链路层**(Data Link Layer,DL)

数据链路层负责在两个相邻结点间的线路上无差错地传送以帧为单位的数据。帧是数据的逻辑单位,每一帧包括一定数量的数据和一些必要的控制信息。和物理层相似,数据链路层

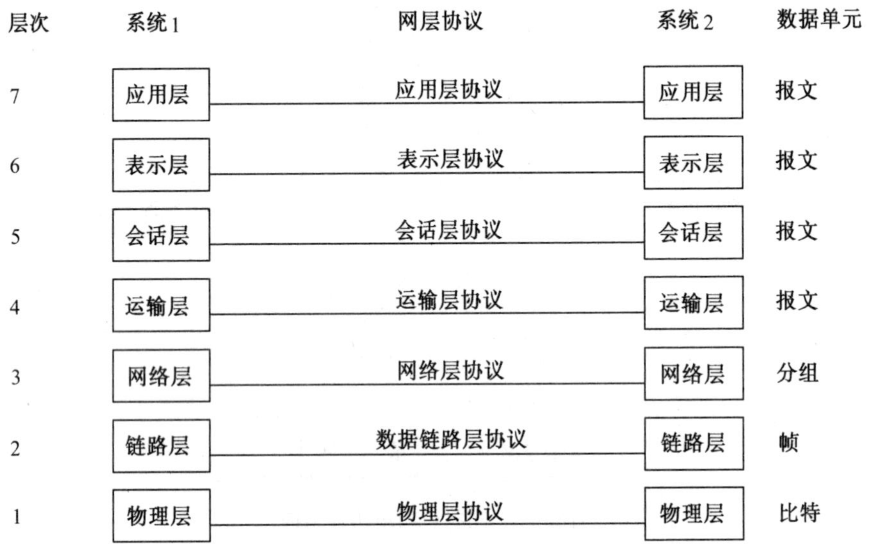

层次	系统1	网层协议	系统2	数据单元
7	应用层	应用层协议	应用层	报文
6	表示层	表示层协议	表示层	报文
5	会话层	会话层协议	会话层	报文
4	运输层	运输层协议	运输层	报文
3	网络层	网络层协议	网络层	分组
2	链路层	数据链路层协议	链路层	帧
1	物理层	物理层协议	物理层	比特

图 3.6 OSI 网络系统结构参考模型及协议

要负责建立、维持和释放数据链路的连接。在传送数据时,若接收结点检测到所传数据中有差错,就要通知发送方重发这一帧,直到这一帧正确无误地到达接收结点为止。在每帧所包括的控制信息中,有同步信息、地址信息、差错控制以及流量控制信息等。这样,链路层就把一条有可能出差错的实际链路,转变成让网络层向下看起来好像是一条不出差错的链路。

3. **网络层**(Network Layer,NL)

在计算机网络中进行通信的两个计算机之间可能要经过许多个结点和链路,也可能还要经过一些通信子网。在网络层,数据的传送单位是分组或包。网络层的任务就是要选择合适的路由,使发送站的运输层所传下来的分组能够正确无误地按照地址找到目的站,并交付给目的站的运输层。这就是网络层的寻址功能。

4. **运输层**(Transport Layer,TL)

这一层有几个译名,如传送层、传输层或转送层,现在多称为运输层。在运输层,信息的传送单位是报文。当报文较长时,先要把它分割成几个分组,然后交给下一层(网络层)进行传输。

运输层的任务是根据通信子网的特性最佳地利用网络资源,并以可靠和经济的方式,为两个端系统(即源站和目的站)的会话层之间,建立一条运输连接,透明地传送报文。或者说,运输层向上一层(会话层)提供一个可靠的端到端的服务。它屏蔽了会话层,使它看不见运输层以外的数据通信的细节。在通信子网中没有运输层。运输层只能存在于端系统(即主机)之中。运输层以上的各层就不再管信息传输的问题了。正因为如此,运输层就成了计算机网络体系结构中最为关键的一层。

5. **会话层**(Session Layer,SL)

这一层也称为会晤层或对话层。在会话层及以上的更高层次中,数据传送的单位没有另外再取名字,一般都可称为报文。

会话层虽然不参与具体的数据传输,但它却对数据传输进行管理。会话层在两个互相通信的应用进程之间,建立、组织和协调其交互(interaction)。例如,确定是双工工作(每一方同时发送和接收)还是半双工工作(每一方交替发送和接收)。当发生意外时(如已建立的连接突然断了),要确定在重新恢复会话时应从何处开始。

6. **表示层**(Presentation Layer,PL)

表示层主要解决用户信息的语法表示问题。表示层将欲交换的数据从适合于某一用户的抽象语法(abstract syntax),变换为适合于 OSI 系统内部使用的传送语法(transfer syntax)。有了这样的表示层,用户就可以把精力集中在他们所要交谈的问题本身,而不必更多地考虑对方的某些特性。例如,对方使用什么样的语言。此外,对传送信息加密和解密也是表示层的任务之一。

7. **应用层**(Application Layer,AL)

应用层是 OSI 参考模型中的最高层。它确定进程之间通信的性质以满足用户的需要(这反映在用户所产生的服务请求);负责用户信息的语义表示,并在两个通信者之间进行语义匹配,也即应用层不仅要提供应用进程所需要的信息交换和远地操作,而且要作为互相作用的应用进程的用户代理(user agent),来完成一些为进行语义表示有意义的信息交换所必需的功能。

为了对 ISO/OSI/RM 有更深刻的理解,表 3.1 给出了两个主机用户 A 与 B 对应各层之间的通信联系以及各层操作的简单含义。

表 3.1 主机间通信以及各层操作的简单含义

主机 HA	控制类型	对等层协议规定的通信联系	简单含义	数据单位	主机 HB
应用层	进程控制和用户进程	用户进程之间的用户信息交换	做什么	用户数据	应用层
表示层	表示控制	用户数据可以编辑、交换、扩展、加密、压缩或重组为会话信息	对方看起来像什么	会话报文	表示层
会话层	会话控制	建议和撤出会话,如会话失败应有秩序地恢复或关闭	轮到谁讲话和从何处讲	会话报文	会话层
运输层	传输端-端控制	会话信息经过传输系统发送,保持会话信息的完整	对方在何处	会话报文	运输层
网络层	网络控制	通过逻辑链路发送报文组,会话信息可以分为几个分组发送	走哪条路可到达该处	分组	网络层
数据链路层	链路控制	在物理链路上发送帧及应答	每一步应该怎样走	帧	数据链路层
物理层	物理控制	建立物理线路,以便在线路上发送位(比特)	对上一层的每一步怎样利用物理媒体	位(比特)	物理层

（二）TCP/IP 协议

TCP/IP 是一整套数据通信协议，其名字是由这些协议中的两个协议组成的，即传输控制协议（Transmission Control Protocol，TCP）和互联网协议（Internet Protocol，IP）。

1. TCP/IP 协议简介

TCP/IP 的最高层是应用层。在这层中有许多著名协议，如远程登录协议 Telnet，文件传输协议 FTP，简单邮件传送协议 SMTP 等。

再往下的一层是 TCP/IP 的传输层，也叫主机到主机层。这一层可使用两种不同的协议：一种是面向连接的传输控制协议，另一种是无连接的用户数据报协议（User Data Protocol，UDP）。传输层传送的数据单位是报文（message）或数据流（stream）。报文也常称为报文段（segment）。

传输层下面的是 TCP/IP 的互连层，其主要的协议是无连接的网络互连协议。该层传送的数据单位是分组（packet）。与 IP 协议配合使用的还有三个协议：Internet 控制报文协议（Internet Control Message Protocol，ICMP）、地址解析协议（Address Resolution Protocol，ARP）和逆地址解析协议（Reverse Address Resolution Protocol，RARP）。

处于最底层的网络接口层支持所有流行的物理网络协议，如 IEEE802 系列局域网协议、BSC、HDLC 等系列广域网协议以及各种物理网产品，如以太网、ATM 网等。

2. TCP/IP 协议分层

OSI 模型最基本的技术就是分层，TCP/IP 也采用分层体系结构，每一层提供特定的功能，层与层间相对独立，因此改变某一层的功能就不会影响其他层。这种分层技术简化了系统的设计和实现，提高了系统的可靠性及灵活性。

TCP/IP 也采用分层体系结构，共分四层，即网络接口层、Internet 层、传输层和应用层。每一层提供特定功能，层与层之间相对独立，与 OSI 七层模型相比，TCP/IP 没有表示层和会话层，这两层的功能由应用层提供，OSI 的物理层和数据链路层功能由网络接口层完成。TCP/IP 参考模型及协议族如图 3.7 所示。

（1）网络接口层。网络接口层是 TCP/IP 参考模型的最低层，它负责通过网络发送和接收 IP 数据报。TCP/IP 参考模型允许主机连入网络时使用多种应用协议，例如局域网协议或其他一些协议。

（2）Internet 层。Internet 层也叫互连层，是 TCP/IP 参考模型的第二层，它相当于 OSI 参考模型的网络层的无连接网络服务。Internet 层负责将源主机的报文分组发送到目的主机，源主机与目的主机可以在同一个网上，也可以在不同的网上。

（3）传输层。传输层是 TCP/IP 参考模型的第三层，它负责在应用进程之间的"端-端"通信。传输层的主要目的是，在互联网中源主机与目的主机的对等实体间建立用于会话的"端-端"连接。从这一点上看，TCP/IP 参考模型的传输层与 OSI 参考模型的传输层功能是相似的。

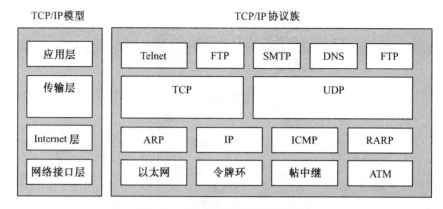

图 3.7 TCP/IP 参考模型及协议族

(4)应用层。应用层是 TCP/IP 参考模型的最高层,它包括所有的高层协议,并且不断有新的协议加入。

三、Internet 概述

(一)Internet 的基本概念

1. Internet 的含义

1995 年 10 月 24 日,"联合网络委员会"通过了一项有关决议:将"Internet"定义为全球性的信息系统:

(1)通过全球性的唯一的地址逻辑链接在一起。这个地址是建立在互联网协议(IP)或今后其他协议基础之上的。

(2)可以通过传输控制协议和互联协议(TCP/IP),或者今后其他接替的协议或与互联协议(IP)兼容的协议来进行通信。

(3)可以让公共用户或者私人用户使用高水平的服务。这种服务是建立在上述通信及相关的基础设施之上的。

总之,Internet,中文正式译名为因特网,又叫做国际互联网。它是通过 TCP/IP 协议将世界各地网络链接起来,实现资源共享、提供各种应用服务的全球性计算机网络。

2. Internet 逻辑结构

Internet 使用路由器将分布在世界各地数以千计的规模不一的计算机网络互连起来,成为一个超大型国际网,网络之间通信采用 TCP/IP 协议,屏蔽了物理网络连接的细节,使用户感觉使用的是一个单一网络,可以没有区别地访问 Internet 上任何主机。Internet 逻辑结构如图 3.8 所示。

3. Internet 的特点

Internet 的特点主要有开放性、共享性、平等性、低廉性、交互性、合作性、虚拟性、个性化和

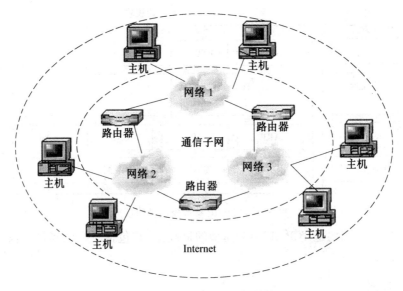

图 3.8　Internet 的逻辑结构

全球性。

(1)开放性。Internet 是开放的,可以自由连接,而且没有时间和空间的限制,没有地理上的距离概念,任何人可随时随地地加入 Internet,只要遵循规定的网络协议。

(2)共享性。Internet 上的资源是共享的,所有用户都可以分享 Internet 上的资源。

(3)平等性。Internet 上是"不分等级"的,一台计算机与其他任何一台计算机具有同等权利。

(4)低廉性。网络服务供应商(ISP)一般采用低价策略占领市场,使用户支付的通讯费和网络使用费等大为降低,增加了网络的吸引力。

(5)交互性。交互性是指 Internet 上的信息具有双向传递能力。

(6)合作性。Internet 是一个没有中心的自主式的开放组织。Internet 强调的是资源共享和双赢发展的发展模式。

(7)虚拟性。Internet 的一个重要特点是通过对信息的数字化处理和信息的流动来代替传统实物流动,使 Internet 通过虚拟技术实现许多实际中才具有的功能。

(8)个性化。Internet 作为一个新的沟通虚拟社区,可以突出个人鲜明的特色。

(9)全球性。Internet 从一开始进行商业化运作,就表现出了无国界性。

(二)Internet 发展历程

1. Internet 发展阶段

Internet 的发展经历了研究实验、实用发展和商业化三个阶段。

(1)1968～1983 年为研究实验阶段。此阶段也是 Internet 的产生阶段。Internet 起源于

1969 建成的 ARPANET,它最初采用"主机"协议,后改用"网络控制协议(NCP)"。直到 1983 年,ARPANET 上的协议才完全过渡到 TCP/IP。美国加利福尼亚伯克利分校把该协议作为其 BSD UNIX(Berkeley Software Distribution UNIX)的一部分,使得该协议流行起来,从而诞生了真正的 Internet。

(2)1984~1991 年为实用发展阶段。在此阶段,Internet 以美国国家科学基金网(NSF-NET)为主干网。1986 年,美国国家科学基金会(National Science Foundation,NSF)利用 TCP/IP 协议,在五个科研教育服务超级电脑中心的基础上建立了 NSFNET 广域网。其目的是共享它拥有的超级计算机,推动科学研究发展。随后,ARPANET 逐步被 NSFNET 替代。到 1990 年,ARPANET 退出了历史舞台,NSFNET 成为 Internet 的骨干网。

(3)1991 年至今为商业化阶段。1991 年,美国的三家公司 GenelraI Atomics,Performance Systems lnternational,UUnet Telchnologies 开始分别经营自己的 CERFNET、PSINET 及 ALTER-NET 网络,可以在一定程度上向客户提供 Internet 联网服务和通信服务。他们组成了"商用 Internet 协会"(Commercial Internet Exchange Association,CIEA),该协会宣布用户可以把它们的 Internet 子网用于任何的商业用途。由此,商业活动大面积展开。

1995 年 4 月 30 日,NSFNET 正式宣布停止运作,转为研究网络,代替它维护和运营 Internet 骨干网的是经美国政府指定的三家私营企业:Pacific Bell、Ameritech Advanced Data services and Bellcore 以及 Sprint。至此,Internet 骨干网的商业化彻底完成。

2. 中国 Internet 发展阶段

Internet 引入我国的时间不长,但发展很快,总体分为三个阶段:

(1)1986~1993 年,研究试验阶段(E-mail Only)。1986 年,北京市计算机应用技术研究所实施的国际联网项目——中国学术网(Chinese Academic Network,CANET)启动,其合作伙伴是德国卡尔斯鲁厄大学(University of Karlsruhe)。

1987 年 9 月,CANET 在北京计算机应用技术研究所内正式建成中国第一个国际互联网电子邮件节点,并于当月 14 日发出了中国第一封电子邮件:"Across the Great Wall, we can reach every corner in the world.(越过长城,走向世界)",揭开了中国人使用互联网的序幕。

1989 至 1993 年,世界银行贷款项目中关村地区教育与科研示范网络(National Computing and Networking Facility of China,NCFC)工程建成,包括一个主干网和三个院校网——中科院院网(CASNET)、清华大学校园网(TUNET)、北京大学校园网(PUNET)。

1990 年 11 月 28 日,钱天白教授代表中国正式在 SRI-NIC(Stanford Research Institute´s Network Information Center)注册登记了中国的顶级域名 CN,并且开通了使用中国顶级域名 CN 的国际电子邮件服务,从此中国的网络有了自己的身份标识。

(2)1994~1996 年,起步阶段(Full Function Connection)。这一阶段主要为教育科研应用。1994 年 1 月,美国国家科学基金会同意了 NCFC 正式接入 Internet 的要求。同年 4 月 20 日,NCFC 工程通过美国 Sprint 公司连入 Internet 的 64K 国际专线开通,实现了与 Internet 的全功能连接,从此我国正式成为有 Internet 的国家。1994 年 5 月,开始在国内建立和运行我国的域名体系。

随后几大公用数据通信网——中国公用分组交换数据通信网(ChinaPAC)、中国公用数字数据网(ChinaDDN)、中国公用帧中继网(ChinaFRN)建成,为我国 Internet 的发展创造了条件。同一时期,我国相继建成四大互联网——中国科学技术网(CSTNET)、中国教育和科研网(CERNET)、中国公用计算机网(CHINANET)、中国金桥信息网(CHINAGBN)。

(3)1997 年至今,快速增长阶段。1997 年 6 月 3 日,根据国务院信息化工作领导小组办公室的决定,中国科学院在中科院网络信息中心组建了中国互联网络信息中心 CNNIC,同时,国务院信息化工作领导小组办公室宣布成立中国互联网络信息中心工作委员会。在这一阶段我国的 Internet 沿着两个方向迅速发展,一是商业网络迅速发展,二是政府上网工程开始启动。

2012 年 1 月 16 日,中国互联网络信息中心(CNNIC)在北京发布了《第 29 次中国互联网络发展状况统计报告》,截至 2011 年 12 月底,中国网民规模突破 5 亿大关,达到 5.13 亿,全年新增网民 5 580 万;互联网普及率较 2010 年底提升 4 个百分点,达到 38.3%。中国手机网民规模为 3.56 亿,同比增长 17.5%,手机网民在总体网民中的比例达到 69.4%,成为中国网民的重要组成部分(如图 3.9 所示)。

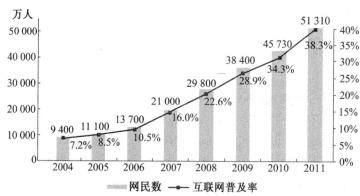

图 3.9　2011 年中国网民规模与增长率

四、Internet 的主要功能与应用

(一)文件传输 FTP

FTP 是 File Transfer Protocol(文件传输协议)的英文简称,其中文简称为"文传协议",用于 Internet 上的控制文件的双向传输。同时,它也是一个应用程序(application)。用户可以通过它把自己的 PC 机与世界各地所有运行 FTP 协议的服务器相连,访问服务器上的大量程序和信息。FTP 的主要作用,就是让用户连接上一个远程计算机(这些计算机上运行着 FTP 服务器程序),查看远程计算机有哪些文件,然后把文件从远程计算机上拷到本地计算机,或把本

地计算机的文件送到远程计算机去。

FTP 服务器系统是典型的客户机/服务器工作模式。只要在网络中的两台计算机上分别安装 FTP 服务器和客户端软件,就可以在这两台计算机之间进行文件传输。如果用户有足够的权限,还可以在客户端对服务器上的文件进行管理,如文件重命名、文件删除以及目录的建立删除等。利用 FTP 传输的文件可以是数据、图形或文本文件。把文件从远程服务器上拷贝到本地主机的过程称为"下载",把本地主机上的文件拷贝到远程服务器上称为"上传"(要求远程计算机上的 FTP 配置允许存储客户文件,并预留必要的空间)。

要登录 FTP 服务器,必须要有该 FTP 服务器的账号。如果已是该服务器主机的注册客户,用户就会拥有一个 FTP 登录账号和密码,并以该账号和密码连上服务器。但 Internet 上有很大一部分 FTP 服务器被称为"匿名"(anonymous)FTP 服务器。这类服务器向公众提供文件拷贝服务,但不要求用户事先在该服务器进行登记注册。

目前常用的 FTP 客户端程序可分为三类:传统 FTP 命令行、浏览器和专用 FTP 工具。

1. 传统 FTP 命令行

传统的 FTP 命令行是最早的 FTP 客户端程序,需要在 MS-DOS 环境中运行。对初学者来说较难掌握。

2. 浏览器

启动 FTP 客户程序工作的另一个途径是使用 IE 浏览器,用户只需要在 IE 地址栏中输入如下格式的 URL 地址:FTP://[用户名:口令@]FTP 服务器域名[:端口号]。通过 IE 浏览器启动 FTP 的方法尽管可以使用,但是速度较慢,还会将密码暴露在 IE 浏览器中而不安全。

3. 专用 FTP 工具

用户在使用 FTP 命令行或浏览器下载文件时,如果在下载过程中网络连接意外中断,那么已经下载完的那部分文件也会被丢弃,一切前功尽弃。而专用 FTP 工具具有断点续传功能,可以在网络重新连接后继续进行剩余文件部分的传输。目前常用的 FTP 工具有 CuteFTP、LeapFTP(如图 3.10 所示)、FlashFXP 等等。

(二)远程登录 Telnet

Telnet 服务属于客户机/服务器工作模式,其意义在于实现了基于 Telnet 协议的远程登录。所谓登录是指分时系统允许多个用户同时使用一台计算机,为了保证系统的安全和记帐方便,系统要求每个用户有单独的账号作为登录标识,系统还为每个用户指定了一个口令。用户在使用该系统之前要输入标识和口令,这个过程被称为"登录"。

远程登陆是指用户使用 Telnet 命令,使自己的计算机暂时成为远程主机的一个仿真终端的过程。仿真终端等效于一个非智能的机器,它只负责把用户输入的每个字符传递给主机,再将主机输出的每个信息回显在屏幕上。

Telnet 协议进行远程登陆时需要满足以下条件:在本地计算机上必须装有包含 Telnet 协议的客户程序;必须知道远程主机的 IP 地址或域名;必须知道登录标识与口令。

电子商务概论

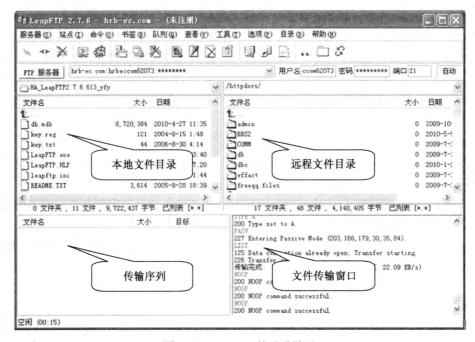

图3.10　LeapFTP的登录界面

Telnet远程登录服务分为以下四个过程：

第一，本地与远程主机建立连接。该过程实际上是建立一个TCP连接，用户必须知道远程主机的IP地址或域名。

第二，将本地终端上输入的用户名和口令及以后输入的任何命令或字符以NVT(Net Virtual Terminal)格式传送到远程主机。该过程实际上是从本地主机向远程主机发送一个IP数据报。

第三，将远程主机输出的NVT格式的数据转化为本地所接受的格式送回本地终端，包括输入命令回显和命令执行结果。

第四，本地终端对远程主机进行撤销链接。该过程是撤销一个TCP链接。

远程登录有两种形式：

第一种是远程主机有你自己的账号，你可用该账号和口令访问远程主机。

第二种形式是匿名登录，一般Internet上的主机都为公众提供一个公共账号，不设口令。大多数计算机仅需输入"guest"即可登录到远程计算机上。这种形式在使用权限上受到一定限制。Telnet命令格式如下：

Telnet<主机域名><端口号>

主机域名可以是域名方式，也可以是IP地址。一般情况下，Telnet服务使用TCP端口号23作为默认值，使用默认值的用户可以不必输入端口号。但当Telnet服务设定了专用的服务

66

器端口号时,必须输入端口号才能使用该命令登录。

Telnet 在运行过程中,实际上启动的是两个程序,一个是 Telnet 客户程序,运行在本地机上;另一个叫 Telnet 服务器程序,运行在需要登录的远程计算机上。执行 Telnet 命令的计算机是客户机,连接到上面的那台计算机是远程主机。

在开始菜单→运行→输入 Telnet:bbs.tsinghua.edu.cn。如图 3.11 所示。

图 3.11　Telnet 的登录界面

(三)电子邮件服务

电子邮件(Electronic Mail,简称 E-mail,标志:@,也被大家昵称为"伊妹儿")又称电子信箱,它是一种用电子手段提供信息交换的通信方式,是 Internet 应用最广的服务。通过网络的电子邮件系统,用户可以用非常低廉的价格(不管发送到哪里,都只需负担电话费和网费即可),以非常快速的方式(几秒钟之内可以发送到世界上任何你指定的目的地),与世界上任何一个角落的网络用户联系,这些电子邮件可以是文字、图像、声音等各种方式。同时,用户可以得到大量免费的新闻、专题邮件,并实现轻松的信息搜索。

1. 电子邮件的发送和接收

电子邮件在 Internet 上发送和接收的原理可以很形象地用我们日常生活中邮寄包裹来形容:当我们要寄一个包裹的时候,我们首先要找到任何一个有这项业务的邮局,在填写完收件人姓名、地址等之后包裹就寄出而到了收件人所在地的邮局,那么对方取包裹的时候就必须去这个邮局才能取出。同样的,当我们发送电子邮件的时候,这封邮件是由邮件发送服务器(任何一个都可以)发出,并根据收信人的地址判断对方的邮件接收服务器而将这封信发送到该服务器上,收信人要收取邮件也只能访问这个服务器才能够完成。

2. 电子邮件地址的构成

电子邮件地址的格式是"USER@SERVER.COM",由三部分组成。第一部分"USER"代表用户信箱的账号,对于同一个邮件接收服务器来说,这个账号必须是唯一的;第二部分"@"是分隔符;第三部分"SERVER.COM"是用户信箱的邮件接收服务器域名,用以标志其所在的位置。

3. 电子邮件的工作过程

电子邮件的工作过程遵循客户-服务器模式,每份电子邮件的发送都要涉及发送方与接收方,发送方构成客户端,而接收方构成服务器,服务器含有众多用户的电子信箱。发送方通过邮件客户程序,将编辑好的电子邮件向邮局服务器(SMTP 服务器)发送。邮局服务器识别接收者的地址,并向管理该地址的邮件服务器(POP3 服务器)发送消息。邮件服务器将消息存放在接收者的电子信箱内,并告知接收者有新邮件到来。接收者通过邮件客户程序连接到服务器后,就会看到服务器的通知,进而打开自己的电子信箱来查收邮件。如图 3.12 所示。

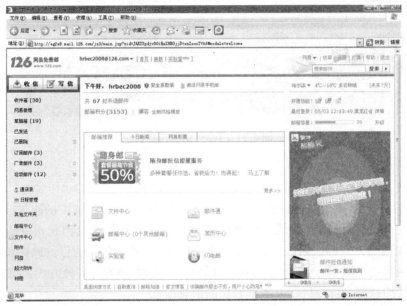

图 3.12　电子邮件的登录界面

(四)电子公告牌 BBS

BBS(Bulletin Board Service,公告牌服务)是 Internet 上的一种电子信息服务系统。BBS 最早起源于美国,1978 年在芝加哥地区的计算机交流会上,克瑞森(Krison)和苏斯(Russ Lane)两人因为经常在各方面进行合作,但两个人并不住在一起,只能使用电话进行语言的交流,而有些问题语言是很难表达清楚的,所以,他们就借助于当时刚上市的 Hayes 调制解调器(Modem)将他们家里的两台苹果Ⅱ通过电话线连接在一起,实现了世界上的第一个 BBS,这样他们就可以互相通过计算机聊天、传送信息了。他们把自己编写的程序命名为计算机公告牌系统(Computer Bulletin Board System),这就是第一个 BBS 系统的开始。当时,有一位软件销售商考尔金斯看到这一成果,立即意识到它的商业价值,在他的推动下,CBBS 加上调制解调器组成的第一个商用 BBS 软件包于 1981 年上市。

早期的 BBS 是一些电脑爱好者团体自发组织的,以讨论计算机或游戏问题为多,后来 BBS 逐渐进入 Internet,出现了以 Internet 为基础的 BBS,政府机构、商业公司、计算机公司也逐渐建立自己的 BBS,使 BBS 迅速成为全世界计算机用户的交流信息的园地。

在 Internet 上有许多 BBS 服务器,每一个服务器由于发布的信息内容不同而各有特色,但大多具有以下基本功能。

1. 传递信息

这是 BBS 最基本的功能之一。用户使用 BBS 的目的在于通过阅读和撰写文章以及收发信件来互相交流信息。

2. 邮件服务

BBS 一般都提供了邮件服务功能,用户可以在站点上给其他的用户发信,而不管对方是否在站点上;同样,用户也可以在站点上收到其他人发来的邮件。有些 BBS 站还提供在不同的 BBS 站点之间通过某种程序相互转信的功能。Internet 上的 BBS 有时还提供在站点上收发 E-mail 的功能。

3. 在线交谈

这是 BBS 最为吸引人的一个功能,站点上的用户可以通过键盘的输入进行实时对话。在线交谈时面对的只是对方的账号,交谈的双方是隐蔽的,这使得交谈的双方感觉彼此平等、安全。

4. 文件传输

在不同的计算机用户之间,经常需要传输大量的数据和资料,这也是 BBS 的主要用途之一。大多数计算机软件公司都有自己的 BBS 系统,用户可以通过 BBS 购买并下载各种软件产品,获取软件的升级版本,寻求技术支持等。在许多电脑爱好者所建立的业余 BBS 站点上,用户不仅可以从站点上下载自己所需要的文章,而且还可以获取一些常用的免费软件或试用软件。有些 BBS 站点还提供上传功能,用户可以将自己编制的程序或自己得到的一些免费软件与别人共享。

5. 网上游戏

这是 BBS 提供的网上互动功能。大多数站点都提供网络游戏,用户可以找个网友在 BBS 上打牌、下棋或玩更新颖的游戏。如图 3.13 所示。

图 3.13　BBS 的登录界面

第二节　Intranet 和 Extranet

一、Intranet 概述

（一）Intranet 的定义

所谓 Intranet 是指采用 Internet 技术（软件、服务和工具），以 TCP/IP 协议作为基础，以 Web 作为核心应用，服务于企业内部事务，将企业内部作业计算机化，以实现企业内部资源共享的网络。简言之，Intranet 是使用企业自有网络来传送信息的私有互联网。

（二）Intranet 的发展过程

Intranet 的发展可以分为四代。

1. 第 0 代 Intranet

最早的 Intranet 依赖 Internet 存在，还未成为一个独立的实体。第 0 代 Intranet 的特征是 Internet/Intranet 并存。Intranet 是建立在 Internet 之上的公司广域网。

2. 第一代 Intranet

与第 0 代 Intranet 相比，第一代 Intranet 实施的主体不再局限于大型企业，中小型企业是 Intranet 实施的主要对象。而且 Intranet 主要不是用来构建广域网，而是用来构建局域网。这时构筑 Intranet 不一定先上 Internet。所以，从此以后 Intranet 成为一个独立的概念。第一代

Intranet 的特征是将 Internet 技术部署在企业内部,而其主要的应用是实现企业内部的信息发布。

3. 第二代 Intranet

第二代 Intranet 的主要特征是 Web+DB(网络+数据库)。早期的信息发布主要是使用 HTML 语言编写静态的 Web 页面。随着应用的深入,用户有两方面的要求:

第一,需要查询公司内部的信息;

第二,有许多信息需要动态发布。

如果采用传统的手工方法来更新必然存在效率低和一致性差的问题。因此,在浏览器一端提出了采用交互式 Web 页面,在服务器端出现了连接数据库服务器的要求。第二代 Intranet 的特点是实现了交互式和动态的页面。

4. 第三代 Intranet

所谓第三代 Intranet,实际就是指当前和未来的 Intranet。由于有了第二代 Intranet 的技术基础,人们把目光投向更为深远的应用领域。应用+信息是第三代 Intranet 的特征,其代表是 Java 计算、"瘦"客户、网络计算(Network Computing,NC)和集成企业内部的关键任务。Java 的出现,使得我们不仅可以从服务器端下载 Web 服务器上的内容,还可以下载服务器端的应用。有了这种机制,Intranet 的计算模式从传统的客户机/服务器的两层模型演变为 Intranet 环境下的多层模型。

未来企业 Intranet 应用的发展趋势是:从人与计算机打交道向人员之间的交流与合作发展,即在 Intranet 中集成群件技术;从面向操作员的管理信息系统向面向技术、管理和决策人员的数据仓库系统发展,即在 Intranet 中集成数据仓库技术和决策支持系统。

(三)Intranet 的功能与服务

1. Intranet 的功能

Intranet 已经成为连接企、事业内部部门并与外界交流信息的重要基础设施。它使企业的信息管理进入更高阶段。在市场经济和信息社会中,企业要增强对市场变化的适应能力,提高管理效益,必将 Intranet 技术引入企业管理之中。Intranet 对企业的综合竞争能力起着十分重要的作用。一般来说,Intranet 具有以下功能。

(1)增进企业内部员工的沟通、合作及协商:企业内部可以通过 Intranet 快速有效地交流信息,增强了企业内部的通信能力,提高了部门之间的协作效率。Intranet 还可以为不同地点的同一项目组的人员提供一种通信、讨论和共享成果的方式。这对于在不同地点都具有分支结构的大型企业来说,显得尤为重要。

(2)提高系统开发人员的生产力:Intranet 网络是基于标准性和开放性的,产品供应商提供了各种基于开放标准的应用开发系统工具,可以缩短应用开发的时间和复杂程度,提高系统开发人员的生产力。

(3)节省培训、软件购置、开发及维护成本:Intranet 使用和 Internet 相同的技术,基本上不需要经过专业的培训,企业员工就可以使用,所需的软件一般是低价的,还有许多软件是开发者免费提供的。由于 Intranet 的标准性和开放性,其开发及维护成本也较低。

(4) 节约办公费用,提高办公效率:Intranet 可以实现无纸化办公,减少印刷费用,同时通过 Intranet,企业内部可以通过信息发布、电子邮件等方式方便地传送信息,提高办事效率。有了 Intranet,可以在任何时间、任何地点获取所需的信息,得到的信息是最新、最及时、最准确的。

(5) 为建立呼叫中心、客户关系管理等打下了基础:利用 Web 服务器,企业可以通过 Intranet 向外部客户提供产品订单、产品知识、售后服务等信息,为客户关系的管理打下基础;外部客户可以访问企业的 Web 服务器,了解产品使用知识和一般维护、保养知识。Intranet 可以帮助客户解决一些与产品有关的简单问题。

(6) 业务流程重组:传统的企业流程一般都是线性的,如从市场促销、订单承接,到各部门相对独立的市场业务环节,直至产出,将产品递交客户。但采用了 Intranet,便能使企业的内部信息共享模式发生根本的改变,能使企业各部门或生产实体之间、企业和客户、供应商,以至有关合作者之间建立有机的联系,进行信息交流,突破时间、地点、角色的限制,体现客户至上的原则,以客户的需求为中心,全面开展工作。

2. Intranet 提供的应用服务

Intranet 主要提供了以下应用服务。

(1) 信息发布:现代企业规模不断扩大,企业员工可能分散于不同的地域。企业可以通过 Intranet,进行各种可分级别的公文等信息的发布。这样不仅可以节省大量的文本印刷费用,同时又能节约宝贵的时间,使分布各地的企业员工能全面了解相关的信息,实现无纸化办公。

(2) 管理和操作业务系统:在建立企业内部管理和业务数据库服务器后,企业员工在浏览器上通过 Web 服务器访问数据库,并进行有关业务操作,从而实现传统管理系统的全部功能,包括办公自动化系统、人事管理系统、财务系统等。

(3) 用户组和安全性管理:可以建立用户组,在每个用户组下再建立用户。对于某些需要控制访问权限的信息,可以对不同的用户组或用户设置不同的读、写权限,对于需要在传输中保密的信息,可以采用加密、解密技术。

(4) 远程操作:企业分支机构通过专线或电话线路远程登录访问总部信息,同时,总部信息也可传送到远程用户工作站进行处理。

(5) 电子邮件:在企业 Intranet 系统中设置 Mail Server,为企业的每个员工建一个账号,这样员工不仅可以相互通信,而且可以使用统一的 E-mail 账号对外收发 E-mail。

(6) 网上讨论组和视频会议:在企业 Intranet 系统中设置 News Server,根据需要建立不同主题的讨论组。在讨论组中可以限制哪些人能够参加、哪些人不能参加,有相应权限的企业员工可以就某一事件进行深入的讨论。另外,企业还可通过 Intranet 召开视频会议。

(四)Intranet 网络组成

通常把 Intranet 分成几个子网。不同子网扮演不同角色,实现不同的功能,子网之间用防火墙隔开。子网的划分除了安全因素之外,还与用户数量、服务种类、工作负载等多种因素有关。一般来说,可把 Intranet 划分为接入子网、服务子网和内部子网。图 3.14 是一个典型 Intranet 的网络组成结构示意图。

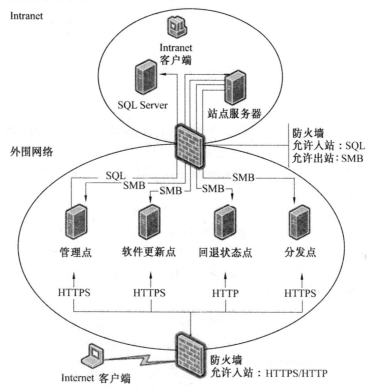

图 3.14　Intranet 的网络组成

1. 接入子网

接入子网也叫访问子网。接入子网的作用是提供拨号用户和 Intranet 用户到 Internet 的连接,以及拨号用户到 Internet 之间的路由。

接入子网的核心是路由器,来往于 Internet 的信息都要经过路由器。接入子网与服务子网之间用防火墙隔开,保证所有进入 Intranet 的信息都要通过防火墙的过滤。

2. 服务子网

服务子网的作用是提供信息服务,主要用于企业向外部发布信息。在服务子网上有 Web 服务器、域名服务器、电子邮件服务器、新闻服务器等,服务子网通过防火墙与内部子网连接。外部用户可以访问服务子网了解企业动态和产品信息。

3. 内部子网

内部子网是企业内部使用的网络,是 Intranet 的核心。内部子网包含支持各种服务的企业数据,主要用于企业内部的信息发布与交流、企业内部的管理。内部子网上有企业的各种业务数据库,运行着各种应用程序,网络管理也在内部子网上,所以必须采取很强的安全措施。

在内部子网上,除有管理数据库的数据库服务器,还可以有用于内部信息发布和交流的电子邮件服务器、Web 服务器等。

如果企业在其他地区有分支机构,则需要通过广域网互连,内部子网与广域网之间也要用防火墙隔离。

二、Extranet 概述

(一) Extranet 的定义

目前,对 Extranet(外联网)还没有一个严格的定义,但大多数人都能接受的定义为:Extranet 是一个使用 Internet/Intranet 技术使企业与其客户、其他企业相连来完成其共同目标的合作网络。它通过存取权限的控制,允许合法使用者存取远程公司的内部网络资源,达到企业与企业间资源共享的目的。

Extranet 将利用 WWW 技术构建的信息系统的应用范围扩大到特定的外部企业。企业通过向一些主要贸易伙伴添加外部链接来扩充 Intranet,从而形成外联网。这些贸易伙伴包括用户、销售商、合作伙伴或相关企业,甚至政府管理部门。Extranet 可以作为公用的 Internet 和专用的 Intranet 之间的桥梁,也可以被看做是一个能被企业成员访问或与其他企业合作的内联网 Intranet 的一部分,如图 3.15 所示。

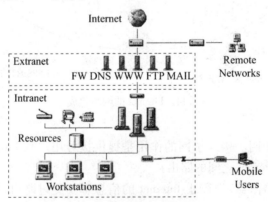

图 3.15 Extranet 网络组成

(二) Extranet 的作用

总地来说,基于以下因素,企业纷纷致力于 Extranet 的规划及建设:

(1) 使用现有的技术投资,降低建设成本。

(2)创造上、中、下游公司信息资源共享的虚拟企业,缩短前置时间,提供更良好的上下游关系。

(3)改进核心营运,快速回应消费者的需求,提升消费者的满意度。

(4)提高沟通效率,节省时间成本。

(5)资源重新分配与整合,降低成本。

(6)改善工作流程,降低操作成本,提高生产力与产品质量。

(三)Extranet 的分类

按照网络类型,Extranet 可分为三类:公共网络、专用网络和虚拟专用网络 VPN(Virtual Private Network)。

1. 公共网络

公共网络外部网是指一个组织允许公众通过任何公共网络(如 Internet)访问该组织的 Intranet,或两个以致更多的企业同意用公共网络把它们的 Intranet 连在一起。

2. 专用网络

专用网络是两个企业间的专线连接,这种连接是两个企业的 Intranet 之间的物理连接。专线是两点之间永久的专用电话线连接。与一般的拨号连接不同,专线是一直连通的。

3. 虚拟专用网络

虚拟专用网络外部网是一种特殊的网络,它采用一种叫做"通道"或"数据封装"的系统,用公共网络及其协议向贸易伙伴、顾客、供应商和雇员发送敏感的数据。这种通道是因特网上的一种专用通路,可保证数据在 Extranet 上的企业之间安全的传输。

三、Internet 与 Intranet 及 Extranet 的比较

Intranet 是利用 Internet 各项技术建立起来的企业内部信息网络。与 Internet 相同,Intranet 的核心是 Web(WWW)服务。Extranet 是利用 Internet 将多个 Intranet 连接起来。Internet 与 Intranet 及 Extranet 的关系如图 3.16 所示。

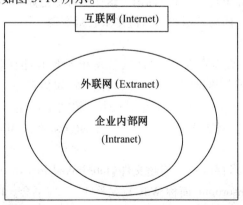

图 3.16　Internet 与 Intranet 及 Extranet 的关系

它们三者的区别如表3.2所示。

表3.2 Internet 与 Intranet 及 Extranet 的比较

	Internet	Intranet	Extranet
参与人员	一般大众	公司内部员工	公司内部员工、顾客、战略联盟厂商
存取模式	自由	授权	授权
可用带宽	少	多	中等
隐私性	低	高	中等
安全性需求	高	较低	较高

具体地说,三者的区别与联系是:

(1)Extranet 是在 Internet 和 Intranet 基础设施上的逻辑覆盖。它主要通过访问控制和路由表逻辑连接两个或多个已经存在的 Intranet,使它们之间可以方便安全地通信。

(2)Extranet 可以看做是利用 Internet 将多个 Intranet 连接起来的一个大的网络系统。Internet 强调网络之间的互联,Intranet 是企业内部之间的互联,而 Extranet 则是把多个企业互联起来。

第三节 Web 技术

一、Web 的定义

WWW 是指 World Wide Web,即万维网(亦作"网络"、"WWW"、"3W",英文"Web"或"World Wide Web"),是一个资料空间。在这个空间中,一样有用的事物,称为一样"资源";并且由一个全域"统一资源标识符"(URL)标识。这些资源通过超文本传输协议(hypertext transfer protocol)传送给使用者,而后者通过点击链接来获得资源。

URL 的地址格式如下:

应用协议类型://信息资源所在主机名(域名或 IP 地址)/路径名/…/文件名

对于 Internet 服务器或万维网服务器上的目标文件,可以使用"统一资源定位符(URL)"地址(该地址以"http://"开始)。Web 服务器使用"超文本传输协议(HTTP)",一种"幕后的"Internet 信息传输协议。例如,http://www.microsoft.com/ 为 Microsoft 网站的万维网 URL 地址。

万维网是一个通过网络存取的互连超文件(interlinked hypertext document)系统。万维网联盟(World Wide Web Consortium,简称 W3C),又称 W3C 理事会。1994年10月在拥有"世界理工大学之最"称号的麻省理工学院(MIT)计算机科学实验室成立。

万维网的发明者是蒂姆·伯纳斯·李。万维网常被当成因特网的同义词,不过其实万维网是靠着因特网运行的一项服务。蒂姆·伯纳斯·李于 1991 年 8 月 6 日建立了世界上第一个网站(http://info.cern.ch/)。它解释了 Web 是什么,如何使用网页浏览器和如何建立一个网页服务器等。蒂姆·伯纳斯·李后来在这个网站里列举了其他网站,因此它也是世界上第一个 Web 目录。

二、Web 的表现形式

(一)超文本(hypertext)

超文本是超级文本的简称,它是一种全局性的信息结构,将文档中的不同部分通过关键字建立链接,使信息得以用交互方式搜索。

(二)超媒体(hypermedia)

超媒体是超级媒体的简称,它是超文本和多媒体在信息浏览环境下的结合。用户不仅能从一个文本跳到另一个文本,而且可以激活一段声音,显示一个图形,甚至可以播放一段动画。

Internet 采用超文本和超媒体的信息组织方式,将信息的链接扩展到整个 Internet 上。Web 就是一种超文本信息系统,Web 的一个主要的概念就是超文本链接,它使得文本不再像一本书一样是固定的线性的,而是可以从一个位置跳到另外的位置,可以从中获取更多的信息,可以转到别的主题上。想要了解某一个主题的内容,只要在这个主题上点一下,就可以跳转到包含这一主题的文档上。正是由于这种多链接性,所以把它称为 Web。

(三)超文本传输协议(HTTP)

HTTP 是 Hypertext Transfer Protocol 超文本在互联网上的传输协议,是因特网上应用最为广泛的一种网络传输协定。所有的 WWW 文件都必须遵守这个标准。设计 HTTP 最初的目的是提供一种发布和接收 HTML 页面的方法。

三、Web 的特点

(一)Web 是图形化的和易于导航的

Web 非常流行的一个很重要的原因就在于它可以在一页上同时显示色彩丰富的图形和文本。在 Web 之前 Internet 上的信息只有文本形式。Web 可以提供将图形、音频、视频信息集合于一体的特性。同时,Web 是非常易于导航的,只需要从一个链接跳到另一个链接,就可以在各页各站点之间进行浏览了。

(二)Web 与平台无关

无论用户的系统平台是什么,都可以通过 Internet 访问 WWW。浏览 WWW 对用户的系统平台没有什么限制。无论从 Windows 平台、UNIX 平台、Macintosh 还是别的什么平台用户都可以访问 WWW。对 WWW 的访问是通过一种叫做浏览器(browser)的软件实现的。如 Netscape 的 Navigator、NCSA 的 Mosaic、Microsoft 的 Explorer 等。

（三）Web 是分布式的

大量的图形、音频和视频信息会占用相当大的磁盘空间,我们甚至无法预知信息的多少。对于 Web 没有必要把所有信息都放在一起,信息可以放在不同的站点上,只需要在浏览器中指明这个站点就可以了。这样使在物理上并不一定在一个站点的信息在逻辑上一体化,从用户角来来看这些信息是一体的。

（四）Web 是动态的

由于各 Web 站点的信息包含站点本身的信息,信息的提供者可以经常对站上的信息进行更新。如某个协议的发展状况、公司的广告等等。一般各信息站点都尽量保证信息的时间性。所以 Web 站点上的信息是动态的、经常更新的。这一点是由信息的提供者保证的。

（五）Web 是交互的

Web 的交互性首先表现在它的超链接上,用户的浏览顺序和所到站点完全由他自己决定。另外,通过 form 的形式可以从服务器方获得动态的信息。用户通过填写 form 可以向服务器提交请求,服务器可以根据用户的请求返回相应信息。

四、Web 各版本之间的区别

（一）Web 1.0:任何人可以交易

Web 1.0 来自一些门户网站,如:eBay,Amazon.com,Google 的应用程序的出现。人们一直认为它们仅仅是网站,但它们实际上是一些令人惊讶的应用程序:功能丰富,容易上手,扩展性强,这些特性以前很少被普通消费者看到过。

web1.0 基本采用的是技术创新主导模式,信息技术的变革和使用对于网站的新生与发展起到了关键性的作用。新浪最初就是以技术平台起家,搜狐以搜索技术起家,腾讯以即时通讯技术起家,盛大以网络游戏起家,在这些网站的创始阶段,技术性的痕迹相当之重。Web 1.0 在今天依旧是很大的推动力并且会在将来持续很长时间。

（二）Web 2.0:任何人可以参与

Web 2.0 是互联网上的第二代应用程序,由用户产生内容,具有合作化、社区化特点,任何人可以参与到内容的创建中。在 YouTube 上上传一个视频,在 Flickr 上上传参加聚会的照片,或者在 Blogspot 上写自己的政治见解,所有这些都不需要专门技术,仅仅需要连接上互联网。参与改变了用户对于内容的理解:内容不是固定在发布商那里,它是活动在任何地方的。Google 的 AdSense 带来了一个即时的商业模式,尤其对于博客作者,并且视频共享网站已经重写了流行文化和内容过滤的规则。

当你围绕 Web1.0 或者 2.0 创业的时候,建设一个安全的、可扩展的数据中心并不是一项容易的工作。对于把软件当成服务的行业,大量的时间和资本依旧是进入的一个门槛。而且,传统的客户端-服务器的软件开发依然复杂,并且创建一个成功的应用程序还需要辛勤的部署和维护。

(三) Web 3.0:任何人都可以创新

Web 3.0 通过改变传统软件行业的技术和经济基础来改变现有的一切。新的 Web 3.0 强调的是任何人,在任何地点都可以创新。代码编写、协作、调试、测试、部署、运行都在云计算上完成。当创新从时间和资本的约束中解脱出来,它就可以欣欣向荣。

对于企业来说,Web 3.0 意味着 SaaS 程序可以比传统的 C-S 软件更快、更高效地开发、部署、升级。

对于开发者来说,Web 3.0 意味着他们创建一个理想的应用程序需要的仅仅是一个想法、一个浏览器。因为世界上的每一个开发人员都可以访问强大的云计算,Web 3.0 是全球经济的推动力。

对于独立软件开发商,Web 3.0 意味着他们可以花费更多的时间专注于提供给客户的核心价值上,而不是支持它的基础架构。因为代码生长在云计算上,全球的精英可以为它做贡献。因为代码运行在云计算上,全球的市场都可以把代码作为服务来订阅。

第四节 电子数据交换技术(EDI)

一、EDI 的概念及工作原理

(一) EDI 的基本概念

EDI 是 Electronic Data Interchange 的缩写,联合国标准化组织将 EDI 描述为"将商业或行政事务处理按照一个公认的标准,形成结构化的事务处理或报文数据格式,从计算机到计算机的电子传输方法"。

电子数据交换系统(EDI)是指将企业间交易往来的资料由从前的文书、传票等传统的交换方式改变成依循标准的表格及规约,利用电脑网络传送的表达方式。EDI 是一种对处理数据格式要求很严的报文处理系统。它通过通信网络、按照协议在商业贸易伙伴的计算机系统之间快速传送和自动处理订单、发票、海关申报单、进出口许可证等规范化的商业文件。

EDI 的应用包括两方面的标准:

第一是经济信息的格式标准。

第二是网络通讯的协议标准。

EDI 可以使其他公司的计算机处理结果直接透过网络传送至自己的计算机中。产生的效益有以下几点：

第一，缩短信息传达的时间。

第二，免纸张式的传票处理作业，削减转记作业等流程。

第三，减少转记所造成的失误。

第四，使资料输入合作更省略、更迅速并提高资料的精确度。

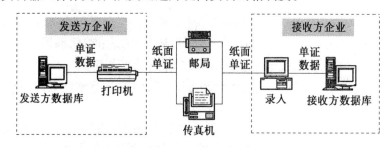

图 3.17 手工方式系统模型

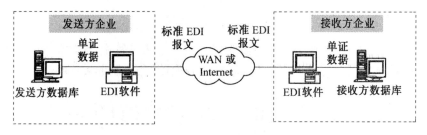

图 3.18 EDI 方式系统模型

(二) EDI 的基本工作原理

EDI 将所有贸易单证的传送由 EDI 通信网络实现，并且买卖双方单证的处理全部（或大部分）由计算机自动完成。EDI 的工作原理可以划分为三大部分：

1. 文件的结构化和标准化处理

用户首先将原始的纸面商业或行政文件，经计算机处理，形成符合 EDI 标准的、具有标准格式的 EDI 数据文件。

2. 传输和交换

用户用自己的本地计算机系统将形成的标准数据文件，经过 EDI 数据通信和交换网，传送到登录的 EDI 服务中心，继而转发到对方用户的计算机系统。

3. 文件的接收和自动处理

对方用户计算机系统收到发来的报文之后，立即按照特定的程序自动进行处理，愈是自动化程度高的系统，人的干预愈少，如有必要，则输出纸面文件。

由此可以归纳出 EDI 概念的四个要点：

（1）定义的主体是行政、商业、运输等方面的格式化信息。
（2）文件特征是标准化的结构性文件。
（3）文件传输路径是计算机→通信网络→计算机。
（4）信息的最终用户是计算机应用软件系统,从标准格式转换为工作文件是自动处理的。
EDI 的工作原理如图 3.19 所示。

图 3.19　EDI 的工作原理

二、EDI 的应用

一般说来,通信模块和格式转换模块对于所有的 EDI 系统应该是相同的,而联系模块、报文生成和处理模块,因不同国家、地区和行政单位而有所不同,但是随着 EDI 标准化技术的发展,这些功能也将逐渐规范化。EDI 技术实现的是结构化标准报文在计算机应用系统之间的自动交换和处理。如图 3.20 所示。

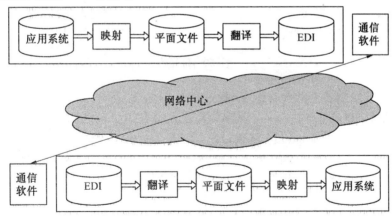

图 3.20　EDI 单证处理过程

EDI 的单证处理过程如下：

（一）生成 EDI 平面文件

用户应用系统将用户的应用文件(如单证、票据等)或数据库中的数据取出,通过映射(mapping)程序把用户格式的数据变换为一种标准的中间文件。这个中间文件称为平面文件(flat file),这一过程称为映射。

平面文件是一种普通的文本文件,其作用在于生成 EDI 电子单证,以及用于内部计算机系统的交换和处理等。应用文件是用户通过应用系统直接编辑、修改和操作的单证和票据文件,可直接阅读、显示和打印输出。

(二)翻译生成 EDI 标准格式文件

将平面文件通过翻译软件生成 EDI 标准格式文件。EDI 标准格式文件,就是所谓的 EDI 电子单证,或称电子票据。它是 EDI 用户之间进行贸易和业务往来的依据,具有法律效力。它是按照 EDI 数据交换标准(即 EDI 标准)的要求,将单证文件(平面文件)中的目录项,加上特定的分隔符、控制符和其他信息,生成的一种包括控制符、代码和单证信息在内的只有计算机才能阅读的 ASCII 码文件。

(三)通信

这一步由用户端计算机通信软件完成。通信软件将已转换成标准格式的 EDI 报文,经通信线路传送至网络中心,将 EDI 电子单证投递到对方的信箱中。信箱系统自动完成投递和转接,并按照 X.400(或 X.435)通信协议的要求,为电子单证加上信封、信头、信尾、投送地址、安全要求及其他辅助信息。

(四)EDI 文件的接收和处理

接收和处理过程是发送过程的逆过程。用户首先需要通过通信网络接入 EDI 信箱系统打开自己的信箱,将 EDI 报文接收到自己的计算机中,经格式检验、翻译和映射,还原成应用文件,最后对应用文件进行编辑、处理。

本 章 小 结

本章比较详细地阐述了电子商务的网络技术中的基础知识。首先,介绍了网络与通信技术,包括计算机网络以及计算机网络体系结构与通信协议,Internet 的含义和主要功能与应用。其次,介绍了 Intranet 和 Extranet,包括 Intranet 及 Extranet 概述、Internet 与 Intranet 及 Extranet 的比较。然后,介绍了 Web 技术的含义、表现形式和特点,还有 Web 各版本之间的区别。最后,介绍了电子数据交换技术 EDI 的概念及工作原理和应用。

思 考 题

1. 什么是计算机网络,计算机网络的拓扑结构分类有哪些?
2. 什么是计算机网络体系结构 OSI 参考模型和 TCP/IP 协议?请图示说明。
3. 什么是 Internet,其特点有哪些?
4. Internet 的主要功能有哪些?
5. 什么是 Internet 和 Extranet?
6. Internet 与 Intranet 及 Extranet 的区别与联系有哪些?

7. 什么是 EDI，其基本工作原理分为几个部分？

阅读资料

2012 年十大网络科技趋势预测

像前些年一样，对新一年网络科技可能的发展趋势，全球知名社群网络信息部落 Mashable 创办人兼首席执行官 Pete Cashmore 又做出了预测，并且不多不少又是 10 个。对这位苏格兰 "80 后" IT 精英的预测，人们绝不敢小视，业内人士期待从中捕捉创造新商业传奇的机会，广大消费者希望看到自己即将获得哪些令人欣喜的体验。

一、触控电脑

新输入模式将成为主流，触控科技可能取代鼠标。如近年兴起的触控一体电脑，它在原有基础上将动辄 20 几寸的液晶屏幕加上了触控功能，用户不再需要将光标挪来挪去，而是直接对屏幕"指指点点"，简单痛快。也有电脑厂商大胆放弃了笔记本上的键盘和触控板，并以第二块触控屏幕代替，不仅使用方式新颖，同时也提供了多一倍的显示内容。因此，触控平板电脑如雨后春笋般层出不穷，也是这两年最热的话题。另外，Windows 8 与 Mac OS XLion 已应用于移动设备，采用触控屏幕来取代传统界面。

二、社交分享

社交媒体的沟通模式将成为主流。全球最著名的社区服务网站之一 Facebook 在 2011 年 9 月推出自动分享功能，一旦用户授权相关应用程序，无须按键就可以将所观赏的音乐或影片自动存入个人页面。不过，自动分享功能也可能让用户望而却步。

三、NFC 及移动支付

NFC 是 Near Field Communication 缩写，即近距离无线通讯技术。由飞利浦公司和索尼公司共同开发的 NFC 是一种非接触式识别和互联技术，可以在移动设备、消费类电子产品、PC 和智能控件工具间进行近距离无线通信。NFC 提供了一种简单、触控式的解决方案，可以让消费者简单直观地交换信息、访问内容与服务。移动支付(Mobile Payment)，也称为手机支付，就是允许用户使用其移动终端(通常是手机)对所消费的商品或服务进行账务支付的一种服务方式。整个移动支付价值链包括移动运营商、支付服务商(比如银行、银联等)、应用提供商(公交、校园、公共事业等)、设备提供商(终端厂商、卡供应商、芯片提供商等)、系统集成商、商家和终端用户。随着移动支付技术不断创新崛起，2012 年将成为 NFC 大放异彩的一年，用户只要在商店或出租车的刷卡机上刷手机，消费金额就可自动从账户中扣除。

四、亚马逊有望超越 iPad

假如触控电脑代表未来，iPad 无疑是王者，但 2011 年底却出现强大竞争对手，即亚马逊 (Amazon)的 Kindle Fire(烈火)平板电脑。Kindle Fire 是 Amazon 亚马逊于 2011 年 9 月 28 日发布的一款平板电脑，拥有一块 7 英寸的多点触摸 IPS 电容显示屏，并且搭载一个深度定制的谷歌 Android 操作系统。Kindle Fire 内置亚马逊的应用程序商店，流媒体电影和电视节目以及电子书。Kindle Fire 的销售可望在 2012 年超越 iPad,因为 Kindle Fire 与 iPad 相比除了具有价格优势之外,还拥有完整的数字内容商店,涵盖电影、电子书、电视节目与其他媒体。

五、电视无所不在

随着移动设备的普及,掌上电视需求将大增,人们将能实现随时上网看电视。掌上电视是指一种可以在各种终端上实现收看到电视节目的新媒体。掌上电视业务主要包括移动数字多媒体广播(视频)、数字音频广播业务(音频)和数据业务,也就是说,掌上电视不但能看电视,还可以当作 MP4、收音机使用。目前,掌上电视最大的特点就是可以让用户像现在随处听广播一样,随时随地接收电视信号。当然,用户将为此支付费用。

六、声控技术

声控技术是随着电脑的广泛应用出现的,例如 Siri。Siri 是苹果公司在其产品 iPhone 4S 上应用的一项语音控制功能。Siri 可以令 iPhone 4S 变身为一台智能化机器人,让用户以声控来发送简讯、介绍餐厅、询问天气、提醒记事、语音设置闹钟并搜寻网络。Siri 还可以支持自然语言输入并能够不断学习新的声音和语调,提供对话式的应答。Siri 开启了声控装置的新趋势,让移动设备理解人类的话。其他设备可能陆续效法。

七、体感动作

体感动作一般需要借助体感设备,如手柄、脚带、感应帽等完成人体动作、表情的捕捉,但是目前也已经有了更尖端的技术,不需要借助设备,只需动手、动脚,即能通过识别器捕捉人体的运动线程,如摩比源公司的"人体动作跟踪及分析技术"(H. E. A. R. T-Human Expression Analysis and Rendering Technology),从普通的网络摄像头直接捕捉人脸部表情及身体动作。这项技术已经应用于 IM 软件、电脑游戏等。最为大众熟悉的就是久游网推出的《劲秀团》。微软的 Kinect 也研发出体感动作介面,宛如电影关键报告,人们挥挥手就可以控制各项装置。

八、第二屏幕体验

随着移动互联网时代的来临,在电视这个主屏幕之外,人们开始将一部分的注意力放在被称为"第二屏幕"的笔记本电脑、智能手机、平板电脑上。因此,电视及电影业者高层近来纷纷提倡"第二屏幕体验",也就是让用户边看电视、边通过移动设备显示相关内容的信息,为观赏影片增加新的互动方式。现在越来越多的智能手机及平板电脑用户会在观看电视的同时使用他们的手持设备。

九、可折叠屏幕

许多人已迫不及待拿着可折叠屏幕来放大或缩小画面。诺基亚与三星双双暗示,将在 2012 年发表可折叠屏幕的手机。据国外媒体消息,三星公司正准备为旗下手机安装可折叠显示屏,并在官网上正式展出了该款显示屏,定名为"YOUM",不过具体有哪些手机将应用 YOUM 显示屏,三星公司尚未公布细节。所以要看到薄如纸、可卷曲收进口袋的设备,恐怕要再耐心等一等了。

十、HTML 5

第五代超文本标记 HTML 标准是用于取代 1999 年所制定的 HTML 4.01 和 XHTML 1.0 标准的 HTML 标准版本,将让开发商创造更丰富、互动性更高的应用程序。HTML 5 现在仍处于发展阶段,但大部分浏览器已经支持某些 HTML 5 技术。HTML 5 有两大特点:首先,强化了 Web 网页的表现性能。其次,追加了本地数据库等 Web 应用的功能。广义论及 HTML 5 时,实际指的是包括 HTML、CSS 和 JavaScrip 在内的一套技术组合。它希望能够减少浏览器对于需要插件的丰富性网络应用服务(plug-in-based rich internet application,RIA),如 Adobe Flash、Microsoft Silverlight,与 Oracle JavaFX 的需求,并且提供更多能有效增强网络应用的标准集。

(资料来源:《2012 十大网络科技趋势预测》,人民日报海外版,2012-02.)

第四章 Chapter 4

网络营销

【学习要点及目标】
1. 理解网络营销的基本概念。
2. 掌握网络消费者行为。
3. 掌握网络营销的策略。
4. 掌握网络广告的相关知识。

第一节 网络营销的基本概念

一、网络营销的概念

网络和电子商务的出现彻底改变了原有市场营销理论和实务存在的基础。基础变了,环境变了,市场变了,随之而来的营销和管理模式也将发生根本的改变。网络营销是以互联网络为媒体,以新的方式、方法和理念实施营销活动,更有效促成个人与组织交易活动的实现。从"网络"角度定义:企业以计算机网络(包括企业内网、行业系统、专线网及因特网)为主要营销手段,为达到一定营销目标而开展的营销活动,都可称之为网络营销。从"营销"角度定义:网络营销是指个人或组织借助互联网创造、提供并与他人交换有价值的商品以满足各自需要和欲望的一种社会活动和管理过程。对于企业来说,网络营销是企业整体营销战略的一个组成部分,是为实现企业总体经营目标所进行的,以互联网为基本手段营造网上经营环境的各种活动的总称。

网络营销在美国有许多表述,如 Cyber Marketing,Internet Marketing,Network Marketing,

E-Marketing 等,不同的词组有着不同的含义,Cyber Marketing 主要是指在计算机构成的虚拟空间上进行的营销活动;Internet Marketing 是指在 Internet 上开展的营销活动;Network Marketing 是指在各种网络上进行的营销活动(Internet、VAN 等),目前,比较习惯的翻译方法是 E-Marketing,E 即 Electronic,表示电子化、信息化、网络化的含义,与电子商务(E-Commerce)、电子邮件(E-Mail)、电子虚拟市场(E-Market)等约定俗成的翻译相对应。

二、网络营销的产生与发展

网络营销的产生,是科学技术的发展、客户价值观的变革和商业竞争等综合因素所促成的,其中,科技是首要因素。21 世纪是信息世纪,计算机网络的发展,使信息社会的内涵得到了进一步发展。网络技术的应用改变了信息的分配和接收方式,改变了人们传统的生活、工作和交流的环境。企业也正在利用网络新技术促进自身的发展。网络营销是以互联网为媒介,以新的方式、方法和理念实施营销活动,更有效地促进交易的实现。如果入网用户以指数倍增加,网络的效益也随之以更大的指数倍增加。随着宽带网工程的快速发展和入网费用的下降,我国网上市场正成为潜力巨大的新兴市场。在这样的市场上开展营销活动、占领市场,对企业来说既是机遇又是挑战。

网络营销也产生于客户价值观的变革。满足客户的需求,是企业经营永恒的核心。利用网络这一科技制高点为消费者提供各种类型的服务,是取得未来竞争优势的重要途径。市场经济发展到今天,多数产品无论在数量还是在品种上都已极为丰富。客户的个性化需求更多,变化更快。客户的选择不单是商品的使用价值,还包括其他的"延伸价值",这些"延伸价值"及其组合可能各不相同,每一个客户都是一个细分市场。在社会分工日益细化、专业化的趋势下,客户对单向"填鸭式"营销沟通感到厌倦和不信任,而会主动通过各种可能的渠道获取与商品有关的信息进行比较,以增加对产品的了解和争取心理上的满足感。这时,网络就成为客户主动了解产品的主要手段。

网络营销还产生于商业竞争。随着市场竞争的日益激烈化,为了在竞争中占有优势,各企业都使出了浑身解数想方设法地吸引客户。一些营销手段即使能在一段时间内吸引客户,也不一定能使企业赢利增加。市场竞争已不再停留在表层,更深层次的经营组织形式上的竞争已经开始。经营者尽可能地降低商品从生产到销售的各个环节所用的成本,缩短运作周期。开展网络营销,可以节约大量销售成本,可以减少库存商品对资金的占用,可使经营规模不受场地的限制,可便于采集客户信息等等。这些都可以使得企业经营的成本和费用大大降低,运作周期缩短,从根本上强化企业的竞争优势。

网络营销已成为互联网未来发展的主要趋势,它是对传统销售模式的挑战。对于那些网络营销还不成熟的企业来说是非常好的学习和发展的机会,它可以帮助企业通过网络寻找更多的商机。此外,网络是国内企业和国外客商寻找商业信息的最佳途径。例如,诸暨的电脑绣花机刚开始出口时就完全是靠"阿里巴巴"网站找到国外买家的。

三、网络营销的特点

由于互联网络技术发展的成熟以及联网成本的低廉,互联网络如同一种"万能胶",将企业、团体、组织以及个人跨时空联结在一起,使得相互之间信息的交换变得"唾手可得"。市场营销中最重要也最本质的是组织与个人之间进行信息传播和交换,如果没有信息交换,交易也就是无本之源,正因为如此,互联网络具有营销所要求的某些特性,使得网络营销呈现出以下一些特点:

（一）跨时空

营销的最终目的是占有市场份额,互联网络具有的超越时间约束和空间限制进行信息交换的特点,使得脱离时空限制达成交易成为可能,企业能有更多的时间和更大的空间进行营销,可每周 7 天、每天 24 小时随时随地提供全球性营销服务。

（二）交互式

互联网络可以展示商品目录,联结资料库,提供有关商品信息的查询,可以与顾客双向沟通、收集市场情报,也可以进行产品测试与消费者满意调查等,是产品设计、商品信息提供以及服务的最佳工具。因此,在网络中企业和顾客的信息沟通是互动的、即时的。

（三）整合性

互联网络上的营销可由商品信息至收款、售后服务一气呵成,是一种全程的营销渠道。因此网络营销具有整合的特点。企业可以借助互联网络将不同的营销活动进行统一规划和协调实施,以统一的传播资讯向消费者传达信息,避免不同传播渠道中的不一致性产生的消极影响,如网上广告和电视广播广告相结合。

（四）拟人化

互联网络上的促销是一对一的、理性的、消费者主导的、非强迫性的、循序渐进的,而且是一种低成本与人性化的促销,避免推销员强势推销的干扰,并通过信息提供与交互式交谈,与消费者建立长期良好的关系。

（五）经济性

在互联网上获得信息、储存信息、处理信息、发布信息,渠道费用与传统方式进行比较,其成本都是非常低廉的。因此,网络技术的应用为企业营销活动和消费者购买商品提供了降低成本的基础。通过互联网络进行信息交换,代替以前的实物交换,一方面可以减少印刷与邮递成本,可以无店面销售,免交租金,节约水电与人工成本,另一方面可以减少由于来回交换带来的实物损耗。

（六）多媒体

互联网络被设计成可以传输多种媒体的信息,如文字、声音、图像等信息,同时交易的信息可以是多种形式进行，能充分发挥营销人员的创造性和能动性。

（七）高效性

网络营销的高效性主要表现在网络海量的数据存储能力，具有快速准确的数据处理和传输能力以及信息的可测量性和交互能力。电脑可储存大量的信息供消费者查询，利用软件工具可以快速地查询产品信息，简化交易和支付过程。同时现代银行电子支付技术的不断完善，使整个交易过程更加简单、高效，以适应电子商务和网络营销的发展。另一方面，现在的企业竞争要求企业必须对市场变化做出快速反应，及时更新产品或调整价格，因此能及时有效地了解并满足顾客的需求。

（八）成长性

互联网络使用者数量快速成长并遍及全球，使用者多半是年轻人，属于中产阶级，具有较高教育水平，同时这部分群体购买力强而且具有很强的市场影响力，因此是一个极具开发潜力的市场。

（九）技术性

网络营销是建立在高技术作为支撑的互联网络的基础上的，企业实施网络营销必须有一定的技术投入和技术支持，改变传统的组织形态，提升信息管理部门的功能，引进懂营销与电脑技术的复合型人才，在未来才能具备市场竞争优势。

第二节　网络消费者分析

一、我国 Internet 用户及其特点

2011 年 1 月 19 日，CNNIC 发布了《第 27 次中国互联网络发展状况统计报告》，截至 2010 年 12 月，我国网民规模达到 4.57 亿人，较 2009 年底增加 7 330 万人；互联网普及率攀升至 34.3%，较 2009 年提高 5.4 个百分点。全年新增网民 7 330 万人，年增幅 19.1%。截至 2010 年底，我国网民规模已占全球网民总数的 23.2%，亚洲网民总数的 55.4%。

截至 2010 年 12 月，我国手机网民规模达 3.03 亿人，较 2009 年底的 2.33 亿人增加 6 930 万人，同比增长 29.6%。手机网民在总体网民中的比例进一步提高，从 2009 年末的 60.8% 提升至 66.2%。但经历了 2009 年的爆炸式增长之后，手机网民增幅已趋缓。

2010 年，我国宽带基础服务覆盖率继续扩大，带动了宽带用户规模的增长。宽带网民（宽带网民指过去半年使用过宽带服务接入互联网的网民，与工信部"宽带接入用户数"统计口径不同）规模达到 4.5 亿人，年增长 30%，有线（固网）用户中的宽带普及率达到 98.3%。同时，只使用手机上网的网民规模为 4 299 万人，占整体网民的 9.4%。

报告中统计，男性网民所占比重进一步提升。2010 年，我国网民男女性别比例为55.8：

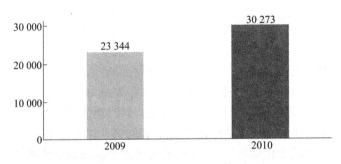

图 4.1　手机上网网民规模

44.2,男性群体占比高出女性近 11.6 个百分点。

2010 年,我国网民规模超千万的省(市)数量进一步增加,达到 19 个,较 2009 年增加 3 个。

二、网络消费者行为分析

电子商务的出现使消费者的消费观念、消费方式和地位都发生了重要变化,要做好网络营销工作,就必须对网上消费者的行为特征进行分析,以便采取相应的对策。

(一) 个性化消费的回归

在近代,由于工业化和标准化的生产方式,使得消费者的个性被淹没于大量低成本、单一化的产品洪流之中。然而没有一个消费者的心理是完全一样的,每一个消费者其实都是一个细小的消费市场。网络营销使得个性化消费再度成为消费主流。

(二) 消费需求的差异性

不仅仅是消费者的个性消费使网络消费需求呈现出差异性,对于不同的网络消费者因其所处的时代环境不同,也会产生不同的需求,不同的网络消费者,即使在同一需求层次上,他们的需求也会有所不同。因为网络消费者来自世界各地,有不同的国别、民族和生活习惯,因而会产生更加明显的需求差异性。

(三) 消费主动性增强

网络为消费者提供了大量的信息,消费者不再被动地接受厂商提供的产品或服务,而是根据自己的需要主动上网寻求,购物的主动性大大增强。这种主动性表现在他们开始提出自己的各种要求:在需求方面,消费者开始要求企业的商品满足他们的每一个要求;在质量方面,由消费者而不是企业确定产品的最佳质量;在价格方面,消费者要求全球范围内的最优价格;在服务时间方面则要求更加快捷,他们甚至会通过网络主动参与新产品的开发与研究,这些都表明消费者已从被动消费转变为主动消费。

(四) 消费趋于理性化

网络营销系统巨大的信息处理能力,为消费者挑选商品提供了前所未有的选择空间和大量的商品信息,消费者会利用在网上得到的信息对商品进行反复比较,以决定是否购买,购买的理性程度大大增加。

（五）追求消费过程的方便和享受

在网上消费者中,一部分因为工作压力较大,紧张度高,为追求购物的方便性进行网上购物,以节省时间、精力和劳动成本。但也有一些消费者,由于劳动生产率的提高,自由支配的时间增多,他们希望通过消费来享受生活的乐趣。今后这两种相反的消费心理将较长时间地并存。

（六）价格仍然是影响消费心理的重要因素

从消费的角度来说,价格不是决定消费者购物的唯一因素,但却是他们购买时肯定要考虑的因素。网上购物之所以具有生命力,重要的原因之一是网上销售的商品价格普遍低廉。尽管经营者都倾向于以各种差别化来减弱消费者对价格的敏感度,避免恶性竞争,但价格始终对消费者的心理产生重要影响。

（七）网络消费具有一定的层次性

在网络消费的开始阶段,消费者侧重于精神产品的消费;到了网络消费的成熟阶段,等消费者完全掌握了网络消费的规律和操作,并且对网络购物有了一定的信任感,消费者才会从侧重于精神消费品的购买转向日用消费品的购买。

三、网络消费者的购买过程

网上消费者的购买过程,也就是网上消费者购买行为形成和实现的过程。网上消费者的购买过程可以粗略地分为五个阶段:诱发需求、收集信息、比较选择、购买决策和购后评价。

（一）诱发需求

网络购买过程的起点是诱发需求,只有当消费者对市场中出现的某种商品或某种服务发生兴趣后,才能产生购买欲望。在传统购物过程中,消费者的需求是在内外因素的刺激下产生的。对于网络营销来说,诱发需求的动因只能局限于视觉和听觉。文字的表述、图片的设计、声音的配置是网络营销诱发消费者购买的直接动因。从这方面讲,网络营销对消费者的吸引具有相当的难度。这要求从事网络营销的企业或中介商注意了解与自己产品有关的实际需求和潜在需求,了解这些需求在不同时间的不同程度,了解这些需求是由哪些刺激因素诱发的,进而巧妙地设计促销手段,去吸引更多的消费者浏览网页,诱导他们的需求欲望。

（二）收集信息

当需求被唤起后,消费者就会希望自己的需求能够得到满足,这时他们就会收集信息,了解行情,进入购买过程的第二个环节。在购买过程中,收集信息的渠道主要有两个——内部渠道和外部渠道。内部渠道是指消费者个人所储存、保留的市场信息,包括购买商品的实际经验、对市场的观察以及个人购买活动的记忆等；外部渠道则是指消费者可以从外界收集信息的通道，包括个人渠道、商业渠道和公共渠道等。

与传统购买时信息的收集不同，网络购买的信息收集带有较大主动性。在网络购买过程中，商品信息的收集主要是通过因特网进行的。一方面，上网消费者可以根据已经了解的信息，通过因特网跟踪查询；另一方面，上网消费者又不断地在网上浏览，寻找新的购买机会。上网消费者大都具有敏锐的购买意识，始终领导着消费潮流。

（三）比较选择

消费者需求的满足是有条件的，这个条件就是实际支付能力。为了使消费者需求与自己的购买能力相匹配，比较选择是购买过程中必不可少的环节。

一般说来，消费者的综合评价主要考虑产品的功能、可靠性、性能、样式、价格和售后服务等。通常一般消费品和低值易耗品较易选择，而对耐用消费品的选择则比较慎重。

网络购物不直接接触实物。消费者对网上商品的比较依赖于厂商对商品的描述，包括文字的描述和图片的描述。网络营销商对自己的产品描述不充分，就不能吸引众多的顾客。而如果对产品的描述过分夸张，甚至带有虚假的成分，则可能永久地失去顾客。因此，网络营销人员必须掌握好对商品宣传的尺度，要做到恰如其分、真实可信。

（四）购买决策

网络消费者在完成了对商品的比较选择之后，便进入到购买决策阶段。与传统的购买方式相比，网络购买者的购买决策有许多独特的特点。首先，网络购买者理智动机所占比重较大，而感情动机的比重较小。其次，网络购买受外界影响较小，大部分的购买决策是自己做出的或是家人朋友商量后做出的。第三，网上购物的决策行为较之传统的购买决策要快得多。

网络消费者在决策购买某种商品时，一般必须具备三个条件：第一，对厂商有信任感；第二，对支付有安全感；第三，对产品有好感。所以，树立企业形象，改进货款支付办法和商品邮寄办法，全面提高产品质量，是每一个参与网络营销的厂商必须重点抓好的三项工作。这三项工作抓好了，才能促使消费者毫不犹豫地做出购买决策。

（五）购后评价

消费者购买商品后，往往通过使用，对自己的购买选择进行检验和反省，重新考虑这种购买是否正确、效用是否理想、服务是否周到等。这种购后评价往往决定了消费者今后的购买动向。

为了提高企业的竞争力，最大限度地占领市场，企业必须虚心倾听顾客反馈的意见和建议。因特网为网络营销者收集消费者购后评价提供了得天独厚的优势。方便、快捷、便宜的电子邮件紧紧连接着厂商和消费者。厂商可以在订单的后面附上一张意见表，消费者购买商品的同时，就可以同时填写自己对厂商、产品及整个销售过程的评价。厂商从网络上收集到评价之后，通过计算机的分析、归纳，可以迅速找出工作中的缺陷和不足，及时了解到消费者的意见和建议,随时改进自己的产品性能和售后服务。

第三节　网络营销策略

开展网络营销,必须采取切实可行的营销策略,这是开拓市场、竞争取胜的关键。作为信息时代市场营销的发展趋势,网上市场还处于发育阶段,网络营销无论从理论上还是实践上都在进行研究和探索,然而无论今后网络营销如何发展,它的相关理论仍属于市场营销理论的范畴,因此,本节按照市场营销组合中的产品、价格、分销渠道和促销四大要素,分别介绍网络营销中的产品策略、价格策略、渠道策略以及促销策略。

一、网络营销产品策略

(一)网络营销产品特征

传统的市场营销理论要求企业根据消费者的需求开发和销售产品或服务,而网络营销对企业提出了更高的要求,即其产品还必须适合利用 Internet 进行推广和销售。从目前国内外的情况看,在网络上销售的商品与传统方式销售的商品比较呈现出一定独特的特点。

1. **产品性质**

目前在网上销售最多的企业大多是信息技术类企业,如美国 Intel 公司、Dell 公司,中国的联想等。由于数字化技术和信息化技术的发展,网络可以对许多数字化的产品直接进行配送,因此一些信息类产品如图书、音乐等比较适合网上销售。另外无形产品如服务也可以借助网络的作用实现远程服务,如远程医疗、远程教育等。

2. **产品质量**

顾客可以突破时间和空间的限制,实现远程购物和在网上直接购物,但是消费者无法像亲临现场购物那样亲身体验,消费者也不可能在购买前通过网络尝试产品。因此产品质量就显得尤为重要。这就使得那些标准化的商品更容易在网上销售,如图书等。

3. **产品样式**

网上销售面对的是全球性市场,是对不同国家和不同地区进行销售。因此,产品的样式要符合该地区的风俗习惯、宗教信仰和教育水平,同时在注意全球性的同时也要注意产品的本地化,如黄色在泰国是吉祥的意思,在埃及与埃塞俄比亚表示死亡的意思。除此之外,网络营销产品的式样还必须满足购买者的个性化需求。

4. **目标市场**

网上营销覆盖的地理范围大,但是顾客群体的数量较之传统营销的顾客群体的数量要少得多,这主要是目前我国网络的实际情况决定的。这就导致网上营销的产品目标市场比较狭窄。随着我国经济水平的进一步提高,网络技术的进一步发展和普及,这种情况也会随之有所改变。

(二)网络营销产品的分类

上述网络营销的产品的特点事实上是受网络的限制,使得只有部分产品适合在网上销售。随着网络技术的发展和其他科学技术的进步,会有越来越多的产品在网络上销售。从目前国内外的情况看,在网络上销售的商品从其性质看可以分成两类:

1. 实体产品

实体产品是指具有物理形态的物质产品,是人可以通过视觉和触觉所能感觉得到的。网络营销是直销方式的一种,从理论上说任何一种实体产品都可以通过这种方式进行交易,但在生活中,仍有许多产品并不适合网上销售。如衣服的手感和做工以及食物的味道都是难以通过文字和图片来描述的。只有易于数字化和标准化的实体产品才适合在网上销售。

2. 虚拟产品

虚拟产品一般是无形的,即使表现出一定形态也是通过其载体体现出来的。如计算机软件是有规则的数字编码存储在磁盘上,磁盘是软件的载体。在网络上销售的虚拟产品分为软件和服务。到目前为止,我国网络营销的发展仍以在网上提供服务为主。

(三)网络营销产品策略

1. 网络营销产品组合策略

企业的营销活动以满足需求为中心,而需求的满足只能通过提供某种产品或服务来实现。因此,产品是企业营销活动的基础,产品策略直接影响和决定着其企业营销活动的成败。产品组合是指一个企业所生产和销售的全部产品大类、产品项目的组合。它包括四个因素,即产品组合的宽度、长度、深度和关联度,这四个因素的不同构成不同的产品组合。产品组合策略是指企业根据其经营目标、自身实力、市场状况和竞争态势,对产品组合的宽度、长度、深度和关联度进行不同的组合。如新浪公司有新闻、娱乐、游戏、旅游、体育等55条产品线,称之为宽度,其中娱乐这条产品线的长度为12,包括明星、电影、电视、音乐、综艺等等,而其中的电影又由热门电影、华语片场、环球影院等构成它的深度。至于产品组合的关联度则是指不同产品线在最终用途、生产条件、分销渠道或其他方面可能有某种程度的关联。由于产品组合的宽度、长度、深度和关联度同销售业绩有密切的关系,因此,在网络营销中,确定经营哪些产品或服务,明确产品之间的相互关系,是企业产品组合策略的主要内容。

(1)扩大产品组合策略。该策略也称全线全面型策略,即扩展产品组合的宽度、长度、深度和关联度,增加产品系列或项目,扩大经营范围,以满足市场需要。这将有利于综合利用企业的人、财、物资源,扩大经营规模,降低经营成本,分散风险,提高企业竞争能力;有利于减少季节性与市场需求波动的影响,增强企业经营的稳定性;有利于充分利用商誉和商标,可获得大量采购同类原材料的折价优惠,提高企业的营销效率;有利于满足客户的多种需求,进入和占领多个细分市场。

如亚马逊书店(Amazon.com)在稳稳占领了图书这个主营商品市场后,开始增加新的经营品种,其业务范围已经从图书和音像制品成功地拓展到其他利润丰厚的商品中去。1998年11月,Amazon开通音像和礼品商店,商品从游戏盘、索尼随身听到手表和芭比娃娃,无所不有。1998年底,Amazon以2.8亿美元并购了加州和波士顿的两家拥有网络新技术的公司,以协助其扩展网络营销业务。

但扩大产品组合策略要求企业具有多条生产或分销渠道,采用多种促销方式,这会使生产成本和销售费用增加,对企业资源条件要求较高。

(2)缩减产品组合策略。缩减产品组合策略是指降低产品组合的宽度、长度、深度和关联度,减少一些产品系列或项目,集中力量经营一个系列的产品或少数产品项目,提高专业化水平,以求从经营较少的产品中获得较多的利润,故也称市场专业型策略。当市场繁荣时,扩大产品组合会带来较多的盈利机会,但当市场不景气或原料、能源供应紧张时,缩减产品组合反而可能使企业的总利润上升。这是因为从产品组合中剔除了那些获得利润很少的产品大类或产品项目。使企业有利于集中资源、技术于少数产品,提高产品质量;企业减少资金占用,加速资金周转;有利于广告促销、分销渠道等的目标集中,提高营销效率。

(3)产品延伸策略。每一个企业所经营的产品都有其特定的市场定位。产品延伸策略是指全部或部分地改变企业原有产品的市场定位。具体做法如下:

①向上延伸。由原来经营低档产品,改为增加经营高档产品。可提高企业及现有产品的声望。消费者购买商品,不但取得了产品的所有权及其附加的当期收益,而且包括各种远期收益。如现在大多数电脑公司,联想、方正等提供计算机或其他一些电子设备,同时配送软件和提供长期的售后服务。

②向下延伸。由原来经营高档产品,改为增加经营低档产品。可吸引受经济条件限制的消费者,扩大企业的市场规模。总资产和年销售额都曾创造过世界第一的美国通用汽车公司的网站(www.gm.com)上不仅销售新车,同时还提供旧车交易。对购二手车者,可进入标有"经GM认可确保质量的二手车"字样的网页进行选择。此举如今已被其他厂商以及日本、新西兰、新加坡等国的汽车经销商或网络公司仿效,纷纷利用网站进行旧车交易,另外,随着网上金融服务体系的逐步建立,网络银行的业务也会由传统的银行业务,延伸到电信、税务、水电、交通等行业,完成诸如代收电话费、传呼费、水电费、税费、交通罚款等代理业务。

③双向延伸。原定位于中档产品市场的企业掌握了市场优势后,采取双向延伸策略,由原经营中档产品,改为增加经营高档和低档产品。可使企业同时获得上述两种延伸所产生的效果。对于开展网络营销的企业来说,产品不但包括要出售的货物,还包括各种服务、各种商业过程以及可增值的信息,因此双向延伸不仅仅是增加传统意义上的高档或低档产品,而是要在产品的各个组成部分中进行延伸。如企业可以为每个产品的客户制定一种相应的服务方案,包括送货服务方式、安装和培训服务以及维修服务等,以增加服务的价值;为所有客户提供一系列可增值的信息,如供应商的生产能力、产品前景预测、产品设计、产品的运输、保修、交易条款等。通过这些延伸达到提高产品的附加值和市场占有率的目的。

2. 新产品的开发策略

所谓新产品,是指企业一切创新的产品,包括全新产品、换代新产品、改进新产品、仿制新产品。企业必须根据市场需要、竞争态势和自身能力,正确选择开发新产品的策略。

在网络营销中,企业的新产品开发策略不仅是指对现有产品进行改进、扩大产品或劳务的花色品种、扩大产品线、仿制等传统的策略,更重要的是,必须根据网络营销的特点,调整新产品的开发策略。与传统新产品开发一样,网络营销新产品开发策略也有下面几种类型,但策略制定的环境和操作方法不一样。下面分别予以分析:

(1)新问世的产品。即开创一个全新市场的产品。这种策略一般主要由创新公司采用。网络时代使得市场需求发生根本性变化,消费者的需求和消费心理也发生重大变化。因此,如果有很好的产品构思和服务概念,即使没有资本也可以凭借这些产品构思和服务概念获得成功,因为许多风险投资资金愿意投入互联网上市场。如我国专门为商人服务的网站阿里巴巴网站(http://www.Alibaba.com),凭借其提出独到的为商人提供网上免费中介服务的概念,迅速使公司成长起来。

(2)新产品线。新产品线是指公司首次进入现有市场的新产品。互联网的技术扩散速度非常快,利用互联网迅速模仿和研制开发出已有产品是一条捷径,但在互联网竞争中,"一招领先招招领先",因为新产品开发速度非常快。这种策略只能作为一种对抗的防御性策略。

(3)现有产品线外新增加的产品。补充公司现有产品线的新产品。由于市场不断细分,市场需求差异性增大,这种新产品策略是一个比较有效的策略。首先,它能满足不同层次的差异性需求;其次,它能以较低风险进行新产品开发,因为它是在已经成功的产品上进行的再开发。

(4)现有产品的改良品或更新。提供改善了的功能或较大感知价值并且替换现有产品的新产品。在网络营销市场中,由于消费者可以在很大范围内挑选商品,消费者具有很大的选择权利。企业在面对消费者需求层次日益提高的驱动下,必须不断改进现有产品和进行升级换代,否则很容易被市场抛弃。目前,产品的信息化、智能化和网络化是必须要考虑的,如电视机的数字化和上网功能。

(5)降低成本的产品。提供同样功能但成本较低的新产品。网络时代的消费者虽然注重个性化消费,但个性化消费不等于是高档次消费。个性化消费意味着消费者根据自己的个人情况,包括收入、地位、家庭以及爱好等来确定自己的需要,因此,消费者的消费意识更趋向于理性化,消费者更强调产品给消费者带来的价值,同时包括所花费的代价。在网络营销中,产品的价格总体呈下降趋势,因此,提供相同功能但成本更低的产品更能满足日益成熟的市场需求。

(6)重定位产品。以新的市场或细分市场为目标市场的现有产品。这种策略是网络营销初期可以考虑的,因为网络营销面对的是更加广阔的市场空间,企业可以突破时空限制以有限的营销费用去占领更多的市场。在全球的广大市场上,企业重新定位产品,可以取得更多的市场机会。如在国内的中档家电产品中通过互联网进入国际上其他发展中国家的市场,可以将产品重新定位为高档产品。

3. 产品品牌策略

针对中国的商品概念来谈,品牌的概念就类似于"金字招牌",但在西方商业领域,品牌是一种企业资产、商业信誉。涵盖的意义比表面的标记或注册商标更重要。品牌是一个名称、术语、符号、图案设计或者是他们的不同组合,用以识别某个或某群消费者的产品或服务,使之与竞争对手的产品或服务相区别。

品牌的名称可以用语言来表达称呼的部分。建立网站或推销一种新产品,必须有一个响亮的名字。例如新浪,意味着企业将在互联网上掀起一段崭新的浪潮,名字非常有创意。同时新浪也确实不负众望,如今已成长为全球最大的华人网站。当然企业有了好的名称,还必须让消费者熟知它、记住它,因此企业必须努力宣传自己。

在产品质量和售后服务完善的基础上,企业用理性与感性兼具的营销活动进行造势,可以创建出价值无穷的品牌,让顾客一看到某个品牌,就会产生出认同的态度。如我国目前走在国内品牌前列的联想集团,当年联想品牌由 Legend 变成 Lenovo 时,就采用了一方面不断地在各大网站通过闪烁的旗帜广告和整幅广告来加强网民的印象,另一方面借助传统广告形式,即通过报纸、户外标牌广告等形式来巩固人们的印象,从而收到了良好的效果。

对于一个互联网企业,要维护一个品牌的长期发展,使用户从认知阶段过渡到相知阶段直至忠诚阶段,并不是一件容易的事情。它不是简单的命名,也不是一两次爆炸性的新闻事件所能够代替的。要想让一个品牌长久驻留人心,企业就必须随时向顾客提供高质量的产品和服务,满足顾客的个性化需求,并在付款、交货等方面恪守承诺,让顾客通过自身的体验越来越信赖该品牌,从而实现塑造品牌良好形象的目的。

企业网络营销产品策略采取哪一种具体的新产品开发方式,可以根据企业的实际情况决定。但结合网络营销市场特点和互联网特点,开发新市场的新产品是企业竞争的核心。相对成熟的企业采用后面几种新产品策略也是一种短期较稳妥的策略,但不能作为企业长期的新产品开发策略。

二、网络营销价格策略

定价策略指企业以按照市场规律制定价格和变动价格等方式来实现其营销目标。与传统营销一样,网络营销产品的价格一样要由市场这只"看不见的手"来决定,价格是由市场供应方和需求方共同决定的。市场通过价格杠杆来配置资源。价格对企业、消费者乃至中间商来说都是最为敏感的问题。产品的销售价格是企业市场营销过程中一个十分敏感而又很难有效控制的因素,它直接关系到市场对产品的接受程度,影响市场需求量即产品销售量的大小和企业利润的多少。Internet 和网络营销的发展,为人们解决这一难题找到了一条出路。与传统市场的产品价格相比,网上电子市场产品的价格具有一些新的特点。

（一）网络营销价格特征

1. 全球性定价

网络营销市场面对的是开放的和全球化的市场，用户可以在世界各地直接通过网站进行购买，而不用考虑网站是属于哪一个国家或地区的，但企业却必须考虑消费者的国别性质。例如 Amazon 网上商店的产品来自美国，购买者也来自美国，那定价按照原定价进行折扣定价。但如果购买者是中国或其他国家消费者，那采用针对美国本土的定价方法就很难面对全球化的市场。为解决这些问题可采用本地化方法，准备在不同市场的国家建立地区性网站，以适应地区市场消费需求变化。同时企业必须考虑到地理位置差异对产品价格造成的影响，不能以统一市场价格来面对变化多端的全球性市场。

2. 低价位定价

互联网是从科学研究应用发展而来的，因此，互联网使用者的主导观念是网上的信息产品是免费的、开放的、自由的。在早期互联网开展商业应用时，许多网站就想直接从互联网盈利，结果都失败了。只有 Yahoo 公司成功了，他们是通过为网上用户提供免费的检索站点起步，逐步拓展为门户站点，到现在拓展到网络营销领域，一步一步获得成功的，它成功的主要原因是它遵循了互联网的免费原则和间接收益原则。

网络营销使企业的经营等成本降低，企业可以进一步降低产品价格；另一方面，由于网络扩展了用户的选择空间，因此，要求企业以尽可能低的价格向用户提供产品和服务。

如果在网上产品的定价过高或者降价空间有限的产品，在现阶段最好不要在网络市场上销售。如果面对的是工业、组织市场，或者产品是高新技术的新产品，网上顾客对产品的价格不大敏感，主要是考虑方便、新潮，这类产品就不一定要考虑低价的策略了。

3. 顾客主导定价

在网络经济时代，产品或服务的价格呈现出动态变化的特点，顾客利用网络的互动性与企业就产品的价格进行协商，这使得顾客主导定价成为可能。所谓顾客主导定价，是指为满足顾客的需要，顾客通过充分市场信息来选择购买或者定制生产自己满意的产品或服务，同时以最小代价（产品价格、购买费用等）获得这些产品或服务。简单地说，就是顾客的价值最大化，顾客以最小成本获得最大收益。

4. 价格透明化

在传统营销时代，由于交易双方的信息不对称，消费者相对于商家来说处于信息"缺知"的被动地位，产品的价格对于消费者而言是不透明的，这样容易造成消费者的利益受损。在网络营销时代，消费者往往滑动鼠标，就可以很客观地全面掌握同类产品的不同价格的信息，此时生产者不再具有信息优势，也就无法任意提高商品价格，消费者在面对厂商时，却完全可以做到胸中有数。

（二）影响网上定价的因素

在网络经济时代产生了一些新的影响网上定价的因素，同时一些传统营销环境下对产品价格的影响因素也是影响网上产品定价的因素之一,而这些因素在新的环境下也有了新的表现。

1. 成本因素

从企业长期稳定发展的角度看,无论采取什么策略,其商品价格必须高于成本,这样才能获取合理的利润。网上产品有有形产品和无形产品两种,有形产品与传统条件下的其他产品一样,其特点是产品的成本与价格高度统一于产品本身,因此产品的生产成本并不会因为网络而发生特别的变化,而无形产品则不同,如软件类产品的特点就是生产第一个软件的成本高昂,随后的拷贝成本则几乎为零。因此,无形产品在生产成本上的直接表现就是高额的制定成本和极低的成本。此外,网站的推广成本、顾客的服务成本及产品的配送成本也是影响定价的因素。

2. 顾客因素

在网络环境中,消费者处于交易的主动方,他能通过一系列先进的技术手段轻而易举地搜寻到合适的产品和价格,如果企业定价超出消费者的心理价格,那么消费者就会拒绝购买此商品,而转到企业的竞争对手那里去购买。因此,网络企业在制定产品价格的过程中必须充分认识到顾客因素的重要影响,任何忽略消费者定价的行为都是不可行的。

3. 定价目标

企业经营的最终目标是赢利,但在不同的产品生命周期内,其定价目标是不同的。在企业刚进入市场时,产品定价的主要目标往往是为了占领网络市场以求得生存发展的机会。只有生存问题解决后,企业才能考虑其他的定价目标。企业制定价格要达到的目标通常有:生存、寻求最大当期利润、追求最高当期收入、追求最大市场份额、追求产品质量领先、树立企业形象等。

4. 竞争因素

市场竞争格局在一定程度上也影响着企业产品的定价。在实际营销过程中,以竞争对手为主的定价方法主要有三种:一是低于竞争对手的价格;二是与竞争对手同价;三是高于竞争对手的价格。到底采取什么样的竞争价格,这主要看企业在网络营销市场中,与其他竞争对手相比处于一种什么样的相对地位。例如,微软公司的Windows操作系统、Intel公司的电脑芯片,几乎处于一种完全垄断地位,因此他们对产品的定价有充分的主导权。

5. 供求关系

供求关系是影响企业产品价格的一个基本因素。一般而言,当商品供小于求时,企业产品的营销价格可能会高一些,反之,则可能低一些。在供求基本一致时,企业市场营销中商品的售价,多数都为买卖双方能够接受的"均衡价格"。此外,在供求关系中,企业产品营销价格还受到供求弹性的影响。一般来说,需求价格弹性较大的商品其营销价格相对较低,而需求价格弹性较小的商品,其营销价格相对较高。

(三) 网络营销定价策略

企业在制定价格时，应充分考虑自身的实际状况和影响定价的各种因素，制定出合理的定价策略。

1. 免费定价策略

免费定价策略是将企业的产品和服务以无偿使用即以零价格形式提供给顾客使用。有人说，在网上最稀缺的资源是人们的注意力。因此要吸引顾客，提供免费产品和服务可能是最直接和最有效的手段。这种方法会产生对某种产品和功能的需求，进而挖掘其潜在的市场。例如，某个网站用提供免费电子邮件吸引用户，在积累了一定用户的具体资料后，其经营者便可将这些资料有偿提供给需要这些资料的厂商，以此来获利。从1994年开始发展，至今已成为世界著名的信息服务企业的Yahoo正是沿着这样一条道路成长的。作为一个ICP，Yahoo提供各种免费的信息和免费电子邮件吸引浏览者，以此换取访问人数的增加，扩大自己网站的宣传效果。当它成为Internet上的重要网站时，Yahoo便开始寻找广告商和资助人，并以此来促进企业的发展壮大，如今Yahoo网站以其日均600万人次的访问量，在网络市场中获得了与IBM、DIGITAL等商业巨头合作的筹码。同样，拥有1 000多万用户的"美国在线"(AOL)公司的发展，在很大程度上也得益于其推出的一系列免费的服务，如今其巨大的客户资源为众多的广告商所看中，由此广告费就会滚滚而来。1998年，微软收购了Hotmail站点，看中的当然不是Hotmail的免费电子邮件系统，而是它的1 000万用户。

2. 新产品的定价策略

定价策略抉择的正确与否，关系到新产品能否在市场上立足，能否顺利地开拓市场，以及尽快地从产品市场生命周期的导入期进入成长期。目前在网络营销中，对于市场上没有类似产品或创新程度较高的新产品多采用如下三种定价策略：

(1) 撇脂定价。也称偏高定价策略，主要是指新产品上市之初，在市场上奇货可居而又有大量的消费者；需求价格弹性较小，短期内没有类似的代用品。高价刺激竞争的可能性不大，这时将新产品的价格定得较高，在短期内获取高额利润，尽快收回投资。它的优点是能够尽快收回投资，赚取利润，在策略上有较大主动性，待需求减少或遇到竞争时，价格可逐渐下降；由于价格是由高到低，因此还可以获得较好的消费心理效果；高价格高利润，还有利于企业筹集资金，扩大生产规模。它的缺点是定价较高，对消费者不利；也不利于企业的长期发展；新产品的市场形象未树立之前，定价过高，可能影响市场开拓；如果高价投放而销路旺盛，厚利将引来激烈的竞争，仿制品大量出现，会使价格大跌。

(2) 渗透定价。也称偏低定价，主要指新产品上市之初，将新产品价格定得较低，甚至可能低于产品成本，利用价廉物美迅速占领市场，取得较高的市场占有率。采取这种策略一方面是由于通过互联网，企业可以节省大量的成本费用；另一方面是为了扩大宣传、提高市场占有率。

采用这一策略时，应注意以下三点：首先，在网上不宜销售那些顾客对价格敏感而企业又难以降价的产品;其次,在网上公布价格时要注意区分消费对象,要针对不同的消费对象提供不同价格发布渠道;第三,因为消费者可以在网上很容易地搜索到价格最低的同类产品,所以网上发布价格要注意比较同类站点公布的价格,否则价格信息的公布会起到反作用。

(3)满意定价。指新产品一投入市场就以适中的、买卖双方均感合理的价格销售产品。它是介于上述两种定价之间的中价策略,既便于吸引客户,促进销售,防止低价低利给企业带来的损失,又能避免由于价格竞争带来的风险,在相对稳定的环境中获取满意的利润。

一般适用于需求弹性适中、销量稳定增长的产品。不足的是,有可能出现高不成、低不就的情况,对购买者缺少吸引力,也难于在短期内打开销路。

3. 折扣定价策略

折扣定价策略是指企业为了鼓励顾客的某种购买行为,专门对价格进行的修改、调整。网上折扣定价策略可采取如下几种形式:一是数量折扣,为了鼓励消费者多购买本企业商品。二是现金折扣,为了鼓励消费者按期或提前付款,以加快企业资金周转。三是季节折扣,为鼓励中间商淡季进货或消费者淡季购买。此外还有功能折扣和时段折扣等。在网上市场中这也是经常采用的一种价格策略。折扣定价策略其实是一种低价定价策略。

4. 差别定价策略

差别定价是指企业以两种或两种以上不反映成本差异的价格来销售一种产品或者提供一种服务。差别定价策略的实施是根据顾客、产品、地理位置等方面的差异对同一种商品或服务设置不同的价格,以达到获取最大利润的目的。例如以商业和经济新闻为主要来源的《华尔街日报》就采取了这种策略。它专门以便宜的价格向商学院和经济学院的学生提供报纸订阅,同时它还会为订报学生和老师提供特别的负责订阅服务,而其他商人则没有这种优惠待遇。

5. 拍卖定价策略

网上拍卖是目前发展较快的领域,个体消费者是目前拍卖市场的主体,因此这种策略并不是目前企业首要选择的定价方法,因为它可能会破坏企业原有的营销渠道和价格策略。比较适合网上拍卖竞价的是企业的一些原有积压产品,也可以是企业的一些新产品,可以通过拍卖展示起到促销作用。经济学认为,市场要形成最合理价格,拍卖竞价是最合理的方式。

6. 个性化定价策略

个性化定价策略就是利用网络互动性的特征,根据消费者对产品外观、颜色等方面的具体需要,来确定商品价格的一种策略。网络的互动性使个性化行销成为可能,也将使个性化定价策略有可能成为网络营销的一个重要策略。企业可根据消费者特殊需要的程度,来确定出不同的价格。

7. 使用定价策略

所谓使用定价,就是顾客通过互联网注册后可以直接使用某公司产品,顾客只需要根据使用次数进行付费,而不需要完全购买产品。这一方面减少了企业为完全出售产品进行大量不必要的生产和包装的花费,同时还可以吸引过去有顾虑的顾客使用产品,扩大市场份额。采用这种定价策略,一般要考虑产品是否适合通过互联网传输,是否可以实现远程调用。

目前,比较适合的产品有计算机软件、音乐、电影、电子刊物等。

8. 按满足用户需求定价

根据消费者和市场的需求来计算满足这种需求的产品和成本,这种满足需求定价的过程可表示为:用户需求—确定产品—确定生产与商业成本—市场可以接受的性能价格比。

这种新的价格策略正在网络营销中得以充分的运用。网络市场环境中,传统的以生产成本为基础的定价正在被淘汰,用户的需求已成为企业进行产品开发、制造以及开展营销活动为基础,也是企业制定其产品的价格时首先必须考虑的最主要因素。

9. 品牌定价策略

产品的品牌和质量会成为影响价格的主要因素,它能够对顾客产生很大的影响。如果产品具有良好的品牌形象,那么产品的价格将会产生很大的品牌增值效应。名牌商品采用"优质高价"策略,既增加了盈利,又让消费者在心理上感到满足。对于这种本身具有很大的品牌效应的产品,由于得到人们的认可,在网站产品的定价中,完全可以对品牌效应进行扩展和延伸,利用网络宣传与传统销售的结合,产生整合效应。

三、网络营销渠道策略

网络营销就是借助互联网将产品从生产者转移到消费者的中间环节,它一方面要为消费者提供产品信息,方便消费者选择;另一方面在消费者选择产品后要完成钱货互换的交易手续。因此,完善的网络营销渠道应具备三大功能,即订货功能、结算功能和配送功能。

网络营销渠道可分为两大类:一类是通过互联网实现的从生产者到消费者的网络直接营销渠道,简称网上直销;另一类是通过融入互联网技术后的中间商机构提供的网络间接营销渠道。

(一) 网络营销的直销渠道

网上直销是企业基于网站直接面向用户提供产品销售或服务,改变传统的分销渠道,减少中间流通环节,从而降低总成本,增强竞争力。网上直销与传统直接分销渠道一样都没有营销中间商。

目前常见的做法有两种:一种是企业在网上建立自己独立的站点,申请域名,制作主页和销售网页,建立数据库,由网络管理员专门处理有关产品的销售事务。另一种是企业委托信息服务商在其网站上发布信息,企业利用有关信息与客户联系,直接销售产品,虽然在这一过程中有信息服务商参加,但主要的销售活动仍然是在买卖双方之间完成的。网络直销渠道一般适用于大型商品及生产资料的交易。

(二) 网络营销的间接渠道

网络营销的间接渠道,指商品通过中间商销售给消费者或使用者的营销渠道。传统间接渠道可能有多个中间环节，而由于互联网技术的运用，网络间接营销渠道只需要新型电子中间商这一中间环节，即网络商品交易中介机构，这类机构成为连接买卖双方的枢纽，使得网络间接销售成为可能，中国商品交易中心、中国国际商务中心以及阿里巴巴网站等都属于这类中介机构。虽然这一新事物在发展过程中仍然有很多问题需要解决，但在未来虚拟网络市场上的作用却是其他机构所不能代替的。网络直销渠道适用于大型商品及生产资料的交易。

（三）网络营销分销策略

1. 网上直销策略

网络直销与传统直销分销渠道一样，都是没有营销中间商。网络直销与传统直接分销渠道不一样的是，生产企业可以通过建设网络营销站点，让顾客可以直接从网站进行订货；可以通过与电子商务服务机构合作，如网上银行等，直接提供支付结算功能，简化了过去资金流转的问题。对于配送方面，网络直销渠道可以利用互联网技术来构造有效的物流系统，也可以通过互联网与一些专业物流公司进行合作，建立有效的物流体系。与传统直接分销渠道相比，网络直销渠道有许多更具竞争优势的地方。

首先，利用互联网的交互特性，网络直销渠道从过去单向信息沟通变成双向直接信息沟通，增强了生产者与消费者的直接连接。

其次，网络直销渠道可以提供更加便捷的相关服务。一是生产者可以通过互联网提供支付服务，顾客可以直接在网上订货和付款，然后就等着送货上门，这一切大大方便了顾客的需要。二是生产者可以通过网上营销渠道为客户提供售后服务和支持，特别是对于一些技术性比较强的行业，如IT业，提供网上远程技术支持和培训服务，既方便顾客，同时生产者可以以最小成本为顾客服务。

第三，网络直销渠道的高效性，可以大大减少过去传统分销渠道中的流通环节，有效降低成本。对于网络直销渠道，生产者可以根据顾客的订单按需生产，做到实现零库存管理。同时网上直接销售还可以减少过去依靠推销员上门推销的昂贵的销售费用，最大限度控制营销成本。

2. 网络间接销售策略

网络直销虽有很多优点，但由于互联网信息的浩瀚与庞大，消费者很难有机会去访问那些不知名的企业网站，即使无意中路过也只是随便瞥一眼，而不会在此浪费时间。为了克服网络直销的缺点，网络中间商应运而生。

首先，网络中间商的存在简化了市场交易过程。

其次，网络中间商能够帮助企业组织商品的批量订货，满足生产者对规模经济的要求。同时它能够以最短的渠道销售商品，从而降低商品流转成本，满足消费者对商品价格的要求。

第三，网络中间商的存在能够帮助企业减少交易过程中的大量不确定因素，最终降低买卖双方的交易成本，提高了交易成功率。

最后，网络中间商本身就是一个巨大的数据库，其中包含了全国乃至全世界众多厂商的商品信息，买卖双方可以从各自不同的角度来检索自己需要的信息。

3. 双道法

所谓双道法是指企业同时使用网络直接分销渠道和网络间接分销渠道来达到销售量最大的目的。

四、促销策略

（一）网络促销内涵

促销是指企业为了激发顾客的购买欲望，影响他们的消费行为，扩大产品销售而进行的一系列宣传报道、说服、激励、联络等促进性工作。作为企业与市场的联系的手段，促销包括了多种活动，企业的促销策略实际上是对各种不同促销活动的有机组合。与传统促销一样，网上促销的核心问题也是如何吸引消费者，为其提供具有价值的商品信息。但网络手段的运用，使传统的促销活动具有了新的含义和形式。

网络促销是指利用计算机及网络技术向虚拟市场传递有关商品和劳务的信息，以引发消费者需求，唤起购买欲望和促成购买行为的各种活动。

（二）网络促销的特点

首先，网络促销是在虚拟市场环境下进行的。作为一个连接世界各国的大网络，它聚集了全球的消费者，融合了多种生活和消费理念，显现出全新的无地域限制、无时间限制的电子时空观。在这个环境中，消费者的概念和消费行为都发生了很大的变化。他们普遍实行大范围的选择和理性的消费，许多消费者还直接参与生产和流通的循环，因此，网络营销者必须突破传统实体市场和物理时空观的局限性，采用虚拟市场全新的思维方法，调整自己的促销策略和实施方案。

其次，虚拟市场的出现，将所有的企业，无论其规模的大小，都推向了一个统一的全球大市场，传统的区域性市场正在被逐步打破，企业不得不直接面对激烈的国际竞争。如果一个企业不想被淘汰，就必须学会在这个虚拟市场中做生意。

最后，网络促销是通过网络传递商品和服务。多媒体技术提供了近似于现实交易过程中的商品表现形式，双向的、快捷的信息传播模式，将互不见面的交易双方的意愿表达得淋漓尽致，也留给对方充分思考的时间。在这种环境下，传统的促销方法显得软弱无力，这种建立在计算机与现代通讯技术基础上的促销方式还将随着这些技术的不断发展而改进。因此，网络营销者不仅要熟悉传统的营销技巧，而且需要掌握相应的计算机和网络技术知识，以一系列新的促销方法和手段，促进交易双方撮合。

（三）网络营销促销与传统营销促销的区别

传统的营销促销和网络营销促销都是让消费者认识、了解、熟悉本企业的产品，最终引导消费者的兴趣，激发他们的购买欲望，并付诸行动。由于互联网本身所具有多种特性，如跨时空性、交互性、超前性、多媒体性等,使得网络营销促销在时间和空间上、在信息传播模式上,以及顾客参与程度上与传统营销促销相比发生了巨大的变化。

1. 时空观念的变化

目前社会正处于两种不同的时空交替作用的时期。在这个时期内,我们受着两种不同的时空观念的影响。也就是说,在传统的营销概念下,我们的生活和生产是建立在工业化社会顺序之上,在这个顺序中存在着精确的时间和空间;而网络营销促销则没有物理上的时间和空间的限制。以产品流通为例,传统产品的生产、销售和消费者之间存在地理半径的限制。由于时间和空间,或是这种地理半径的限制,使得有些企业有能力生产某种产品而最终没生产,或是没有实现某些销售目标。网络营销则大大突破了这种限制,从订货、生产、运输到购买可以串行进行,也可以并行进行。企业的营销促销人员必须认识到这种时空观念的变化,调整自己的促销策略和具体实施方案。

2. 信息沟通方式的变化

促销的基础是买卖双方的信息的沟通。在网络上可以传输多种媒体的信息,如文字、声音、图像等信息,使得信息交换以多种形式进行,同时这种双向的、快捷的、互不见面的信息传播又能够将买卖双方的意愿表达得淋漓尽致,也留给对方充分的时间思考,促进了交易的实现。

3. 消费群体和消费行为的变化

在网络环境下,消费者的概念及其消费行为都发生了很大的变化。上网购物者是一个特殊的群体,具有不同于一般大众的消费需求。这些消费者直接参与生产和商业流通的循环,他们普遍进行大范围的选择和理性的购买。这些变化对传统的促销理论和模式产生了重要的影响。

由于时空观念的变化、信息沟通方式的变化、消费群体和消费行为的变化,使得促销的手段和方法也发生了相应的变化。促销人员应当充分意识到时代所赋予的新使命,认识到这三种变化所带来的机遇与挑战。借鉴传统营销的方法,结合互联网的特点,及时调整本企业的营销战略和营销策略,使本企业在激烈的市场竞争的环境中立于不败之地。

(四)网络促销的作用

网络促销的作用主要表现在以下几个方面:

1. 发布功能

将企业的产品、服务、价格等信息通过网络传递给消费者,以引起他们的注意。

2. 说服功能

网络促销的目的在于通过各种有效的方式,解除潜在消费者对产品或服务的疑虑,说服其坚定购买的决心。例如,在许多同类商品中,顾客往往难以察觉各种产品之间的微小差别。企业通过网络促销活动,宣传自己产品的特点,使消费者认识到该产品可能给他们带来的利益或特殊效用,进而选择本企业的产品。

3. 创造需求

运作良好的网络促销活动,不仅可以诱导需求,而且可以创造需求,发掘潜在的消费者,拓展新市场,扩大销售量。

4. 反馈功能

结合网络促销活动,企业可以通过在线填写表格或电子邮件等方式及时地收集和汇总消费者的意见和需求,迅速反馈给企业的决策管理层。由此所获得的信息准确性和可靠性较高,对企业经营决策具有较大的参考价值。

5. 稳定销售

在企业的产品销售量波动较大、市场地位不稳的情况下,通过适当的网络促销活动,树立良好的产品形象和企业形象,往往有可能改变消费者对企业及产品的认识,提高产品的知名度和用户对本企业产品的忠诚度,达到锁定用户、实现稳定销售的目的。

(五)网络营销促销形式

网络促销是在虚拟市场上进行的促销活动,其促销形式分别是站点推广、销售促进、公共关系和网络广告。

1. 站点推广

网络营销站点推广就是利用网络营销策略扩大站点的知名度,增加访问网站流量,起到宣传和推广企业以及企业产品的效果。

2. 销售促进

网上销售促进就是在网上市场利用销售促进工具,刺激顾客对产品的购买和消费使用。一般而言,网上销售促进主要有三种形式:有奖促销、拍卖促销、免费促销。

3. 公共关系

公共关系是指通过某种手段与企业利益相关者包括供应商、顾客、雇员、股东、社会团体等建立良好的合作关系,为企业的经营管理营造良好的环境。

4. 网络广告

网络广告是一种新兴的广告形式,就是以互联网为媒体发布和传播的商业信息的一种形式。

第四节 网络广告

一、网络广告的发展历程

1994年,美国出现了第一个网络广告。1994年10月14日,美国著名的Wired杂志推出了网络版Hotwired,其主页上开始有14个客户的广告Banner。这是广告史上里程碑式的一个标志。

1997年3月,中国出现第一个商业性的网络广告,其传播网站是Chinabyte,广告表现形式为动画旗帜广告。Intel和IBM是国内最早在互联网上投放广告的广告主。我国网络广告一直到1998年初才稍具规模。

1998年二季度,"国中网"世界杯网站,使许多从未做过网络广告的广告主有机会了解网络广告。

1998年三季度,Chinabyte举办网络广告研讨会,使许多广告代理商和广告主认识了网络广告。

1998年底到1999年初,PC厂商大规模上网,中国大陆的广告真正启动。

1999年上半年,IT和电信以外的广告主上网做广告,打破了网络广告单调的僵局。"上海热线"、"亿唐"、"梦想家"、"前程无忧"等七家网络信息服务商从国家工商局领到了拥有网络广告设计、制作、发布权的"广告经营许可证"。

1999年,北京三元牛奶在网易上发布网络广告,开创了我国传统企业做网络广告的先河。

1999年下半年,第二届中国互联网络大赛开幕,引出作为赞助形式的网络广告模式。

2000年5月,东方网开始推出第一期网络广告免费培训,约有500多个单位和个人报名,为推动网络广告的发展起了直接的作用。

2001年,搜狐网络广告收入大幅上升了58%,从2000年的580万美元上升到2001年的920万美元。

2002年,我国网络广告实现总收入4.9亿,增幅26%。

2004年2月,新浪、搜狐和网易先后公布了2003年度业绩报告,分别实现了1.14亿美元、8 900万美元、8 000万美元的全年度营业收入,以及3 100万美元、3 900万美元和2 600万美元的全年度净利润,首次迎来了全年度盈利。

2005年网络广告市场规模(不包含渠道代理商收入)为31.3亿元,比上一年增长76.8%,是2001年的7.6倍。超过杂志广告收入的18亿元,接近广播广告收入的34亿元。

市场调研机构iResearch指出,2006年中国网络广告市场规模达到人民币46亿元,比2005年增长48.2%。是传统广告增长率的2倍以上,但占整体广告市场不到2%,份额仍然偏小,与美国网络广告所占的7%市场份额相比,仍有非常大的上升空间。至2010年,中国网络广告市场规模预计将达157亿元。

2006~2007年,传统的网络广告模式已经不能满足客户的需求,于是各种网络广告模式百花齐放,而网络广告代理公司也成为资本的宠儿。中国排名前两位的网络广告代理公司好耶与华扬联众陆续被收购。

由此可以看出,我国的网络广告收入增长很快,越来越多的广告主在广告预算上开始向网络广告倾斜。而且,随着因特网超常规的发展,必然会引起国内外企业对网络媒体的重视和对网络受众的兴趣,进而必将导致网络广告的大量投放,推动网络广告的蓬勃发展。

二、网络广告的优势

与传统的三大媒体（报刊、广播、电视）广告及近来备受垂青的户外广告相比，网络广告具有得天独厚的优势，是实施现代营销媒体战略的重要部分。互联网广告的独特优势，可以大致概括为如下八点：

（一）传播范围广

网络广告的传播范围极其广泛，不受时间和空间的限制，可以通过国际互联网络把广告信息 24 小时不间断地传播到世界各地。如今，互联网已经连通了 160 多个国家，全球网民已超过 6 亿人，中国也超过了 5 600 万人，并且这些用户群正在不断加速发展壮大。作为网络广告的受众，只要具备上网条件，任何人在任何地点都可以随时随意浏览广告信息。

（二）交互性强

在网络上，受众是广告的主人，当其对某一产品发生兴趣时，可以通过键击进入该产品的主页，详细了解产品的信息，而厂商也可以随时得到宝贵的用户反馈信息。

（三）针对性明确

网络广告目标群确定，由于点阅信息者即为有兴趣者，所以可以直接命中有可能用户，并可以为不同的受众推出不同的广告内容。尤其是对工商经济站点，浏览用户大都是企业界人士，网上广告就更具针对性了。

（四）受众数量可准确统计

利用传统媒体做广告，很难准确地知道有多少人接收到广告信息，有多少用户看过，以及这些用户查阅的时间分布和地域分布。而网络广告借助分析工具，成效易体现，客户群体清晰易辨，广告行为收益也能准确计量，有助于客商正确评估广告效果，制定广告投放策略，对广告目标更有把握。人们不仅可以详细地统计一个网站各网页被浏览的总次数、各个网页分别被浏览访问的次数、每个广告被点击的次数，甚至还可以详细、具体地统计出每个访问者的访问时间和 IP 地址。

（五）灵活、成本低

在传统媒体上做广告，发布后很难更改，即使可以改动往往也须付出很大的经济代价。而在 Internet 上做广告能按照需要及时变更广告内容，当然包括改正错误。这就使经营决策的变化可以及时地实施和推广。作为新兴的媒体，网络媒体的收费也远低于传统媒体，若能直接利用网络广告进行产品销售，则可节省更多销售成本。据目前的调查，在国内一个比较大的网站做一年广告费用在报纸上只够一个月，而在电视上只够一周。低廉的广告费用，使得很多资金短缺、没有能力进行大规模传统广告投放的企业，能够通过互联网宣传自己的企业与产品。

(六)感官性强

网络广告的载体基本上是多媒体、超文本格式文件，可以使消费者亲身体验产品、服务与品牌。这种以图、文、声、像的形式，传送多感官的信息，让顾客有如身临其境般感受商品或服务，这些都是传统媒体无法实现的。

(七)内容表现丰富

由于网络空间是虚拟的，不受面积的限制，所以在一些专门的广告页面上，可以将广告内容表现得很充分，内容也可以非常丰富。另外，电脑屏幕的精确度高，色彩分辨率也高，随着新动画技术手段的运用，网络广告画面的可视性也会越来越强。

(八)非强迫性

电视、报纸、广播、杂志等媒体广告等都具有强迫性，都是通过对受众的视觉和听觉的吸引将广告信息强行灌输到受众的大脑中。而网络广告则属于"按需广告"，网民可自由浏览和查询，这样就避免了被动的注意力集中，从而有效地提升了广告效果。

三、网络广告的形式

(一)旗帜广告(Banner)

旗帜广告又称标牌广告、标志广告、横幅广告或网幅广告，是指将一个表现商家广告内容的图片，放置在广告商页面的最显眼的地方。旗帜广告是网络广告中最常见也是最有效的一种形式，常用尺寸是468像素×60像素，网络媒体在自己网站的页面中分割出一定大小的一个画面(视各媒体的版面规划而定)发布广告，因其像一面旗帜，故称为旗帜广告。旗帜广告允许客户用极简练的语言、图片介绍企业的产品或宣传企业形象。它又分为非链接型和链接型两种。非链接型旗帜广告不与广告主的主页或网站相链接；链接型旗帜广告通常与广告主的主页或网站相链接，浏览者可以点选(click)，进而看到广告主想要传递的更详细信息。为了吸引更多的浏览者注意并点选，旗帜广告通常利用多种多样的艺术形式进行处理，如做成动画跳动效果或做成霓虹灯的闪烁效果等。

(二)按钮广告

按钮广告也称图标广告，在形式上类似于旗帜广告，只是图形尺寸比旗帜广告要小，因此可以被更灵活地放置在网页的任何位置。通常是链接着企业主页或站点的企业标志(logo)，并注明"click me"字样，希望网络浏览者主动来点选。按钮广告的不足在于其被动性和有限性，它需要浏览者主动点击才能了解到有关企业或产品更为详尽的信息。

(三)移动广告

移动广告也是一种为改变旗帜广告比较呆板的新形式广告，该广告是一种可以在屏幕上移动的小型图片广告，用户用鼠标点击该小型图片时，该移动广告会自动扩大展示广告版面。

（四）插播广告

插播广告是在访客请求登录网页时强制插入的一个广告页面或弹出的广告窗口。它们有点类似电视广告，都是打断正常节目的播放，强迫观看。由于其吸引力强，通常收费较高，但传输相对较慢，网民可能不等它打开就关闭它，广告效果会受到影响。由于带有一定的强制性，因此一般不太受网民的欢迎。

（五）主页式广告

主页式广告即企业将所需发布的信息内容分门别类地制作成主页，放置在网络服务商的站点上或企业自建站点上。主页型广告可以详细地介绍企业的相关信息。如企业历史、远景规划、产品目录、联系方式等，从而使广告受众全面地了解企业及企业的产品和服务。

（六）巨型广告

巨型广告是用来解决旗帜广告过小、难以吸引网站访问者注意力的问题。巨型广告的版面一般要占屏幕显示的1/3空间，版面增大后，可以增加广告显示的信息，而且展现的内容主要采用的是Flash动画格式，因此显示的信息比原来旗帜广告要丰富，形式也更多样化，可以吸引访问者更多的注意力。

（七）链接广告

链接广告即在热门站点的网页上放置可以直接访问其他站点的链接，通过热门站点的访问，吸引一种分流量点击链接的站点。

（八）网上分类广告

网上分类广告类似于报纸、杂志中的分类广告，是一种专门提供于广告信息服务的站点。常见的分类广告发布途径包括：专业的分类广告服务网站、综合性网站开设的相关频道和栏目、网上企业黄页、部分行业网站和B2B网站的信息发布区等。在站点中提供按照产品或者企业等方法分类检索的深度广告信息，这种形式的广告对于那些想了解广告信息的访问者提供了快捷有效的途径。

（九）电子邮件广告

电子邮件广告是企业通过互联网，以电子邮件形式，将广告信息直接发送给个人。一般使用形式有电子邮件、邮件列表和电子刊物。具有针对性强（除非肆意滥发）、费用低廉的特点，且广告内容不受限制。但这种网络广告最大的问题是很多网民会认为广告邮件属于垃圾邮件，并采取直接删除的方式来对待它。

（十）新闻式广告

新闻式广告是利用网上虚拟社区或者公告栏BBS发布有关产品、企业的广告信息，但发布时不是直接以广告形式，而是以新闻形式，以免引起网民反感。

(十一)电子杂志广告

电子杂志广告是利用免费订阅的电子杂志发布广告,电子杂志的版面与一般的 Web 页广告类似,广告形式可以是文字或者图片。

(十二)关键字广告

关键字广告是充分利用搜索引擎资源开展网络营销的一种手段,属于按点击次数收费的网络广告类型。关键字广告有两种基本形式:一是关键字搜索结果页面上方的广告横幅,可以由客户买断。这种广告针对性强,品牌效应好,点击率高。二是在关键字搜索结果的网站中,客户根据需要购买相应的排名,以提高自己网站被点击的概率。

(十三)赞助式广告

赞助式广告有三种赞助形式:内容赞助、节目赞助和节日赞助。节目赞助广告特指具有一定时效性网站,例如世界杯网站、奥运会网站等。节日赞助广告是指网站在特别节日推广活动。广告主可根据营销策略的需要对网站内容或网站节目进行赞助。

(十四)墙纸式广告

墙纸式广告是把广告主所要表现的广告内容体现在墙纸上,并放在具有墙纸内容的网站上,以供感兴趣的用户下载。

四、网络广告的发布

广告主如何通过 Internet 发布企业的广告?就目前来讲,网络广告的发布大致可以分为三类。一种形式是在因特网上建立自己的站点,通过自己的主页发布广告,由感兴趣的读者自己来调阅这些广告,但这种形式需要花费较大投资。另一种形式是向广告服务商租用空间,自己进行广告运作。这种形式价格较第一种形式便宜许多,但由于不与热门站点相链接,点击率不高,广告效果不明显。第三种形式是在热门站点上做旗帜广告。这种方法投资最少,效果最佳,这是目前网络上应用最广泛的一种广告形式。

(一)企业主页形式

建立自己的主页,对于大多数企业来说是必然的趋势。这不仅是树立企业良好形象的手段,也是宣传企业产品的良好工具。在互联网上发布网络广告,无论是旗帜广告、按钮广告,都提供了快速链接至企业主页的形式,所以建立企业自己的主页是最根本的。主页形式是公司在 Internet 进行广告宣传的主要形式。可以说将来企业的主页地址会像企业的地址、名称、标志、电话、传真一样,成为企业独有的标识,转化为企业的无形资产。

(二)网络内容服务商网站

ICP 由于提供了大量的互联网用户需要的和所感兴趣的免费的信息服务,因此网站的访问量非常大,是网上最引人注目的站点。国内有许多这样的网络内容服务商,如新浪、搜狐、雅虎等都提供大量的新闻、评论、生活财经等内容的信息。目前这些网站是网络广告发布的主要阵地。但在这些网站上发布的网络广告的主要形式是旗帜广告。

（三）专业类销售网

这是专门在互联网上直接进行销售的方式。如中国汽车销售网，不仅包涵与汽车相关的新闻咨询和购买、保养知识、市场行情等信息、服务，消费者还可通过搜索来获得自己所需的汽车供求信息。对于汽车生产商和销售商来说，这是很有效的网络广告发布渠道。汽车商只要在网上注册，那么他所销售的汽车细节就进入了网络的数据库中，也就有可能被消费者查询到。与汽车销售网类似，其他类别产品的代理商和销售商也可以连入相应的销售网络，从而无需付出太大的代价就可以将公司的产品及时地呈现在世界各地的用户面前。

（四）免费的 E-mail 网站

在互联网上有许多免费的服务，如国外的 http：//www.hotmail.com 及国内的 http：//www.163.com 与 http：//www.126.com 等都提供免费服务。这些网站拥有相当多的用户和浏览者。由于互联网上广告内容繁多，即使企业都有自己的 Web 页面，仍需要用户主动地通过大量的搜索查询工作，才能看到广告的内容。而这些 E-mail 服务网站，可以帮助企业将广告发送至使用该免费 E-mail 服务又想查询此方面内容的用户手中。

（五）黄页形式

在 Internet 上有一些专门的用以查询检索服务的网络服务商的站点。如 Googel、Yahoo、百度等。这些站点就如同电话黄页一样，按类别划分便于用户进行站点的查询。在其页面上，都会留出一定的位置给企业做广告。比如在"百度搜索"一栏中填入关键字"电脑"，在搜索结果中就会出现电脑生产和销售企业的广告链接，如戴尔、硅谷、动力网上商城等。在这些页面上做广告的好处：一是针对性好，在查阅的过程中都是以关键字区分的，所以广告的针对性比较好；二是醒目，处于页面的明显处，较易被查询相关内容的用户所注意，成为用户浏览的首选。

（六）企业名录

互联网服务提供者 ISP 或政府机构会将企业信息融入到他们的主页中。如中华全国工商业联合会的主页中就融有雨润集团、红豆股份、苏宁电器等企业的链接广告。只要用户感兴趣，就可以直接通过链接进入这些企业的广告页面，了解企业的概况、企业文化、荣誉等，并可进一步通过链接进入企业的主页。

（七）网上报纸或杂志

在互联网日益发展的今天，新闻界也不落后，世界著名的报纸和杂志，如美国的《华尔街日报》、《商业周刊》，国内的《人民日报》、《经济日报》等，纷纷将触角伸向了互联网，在互联网上建立主页。而更有一些新兴的报纸和杂志，干脆脱离了传统的纸质媒体，完完全全地成为"网上报纸或杂志"，反响非常好，每天访问的人数不断上升。可以预计，随着计算机的普及与网络的发展,网上报纸与杂志将如同今天的报纸与杂志一般,成为人们必不可少的生活伴侣。对于注重广告宣传的企业,在这些网上杂志或报纸上做广告也是较好的传播渠道。

(八)虚拟社区和公告栏(BBS)

虚拟社区和公告栏是网上比较流行的交流沟通渠道,任何用户只要遵循一定礼仪都可以成为其成员。任何成员都可以在上面发表观点和看法,因此发表与企业产品相关的评论和建议,可以起到非常好的口碑宣传作用。这种方式的宣传是免费的,但要注意遵循网络礼仪,否则将适得其反。

(九)新闻组(News Group)

人人都可以订阅它,成为新闻组的一员。成员可以在其中阅读大量的公告,也可以发表自己的公告,或者回复他人的公告。新闻组是很好的讨论与分享信息的方式。对于企业来说,选择在与本企业产品相关的新闻组上发表公告将是非常有效的、传播自己信息的渠道。

(十)友情链接

利用友情链接相互传递的广告。建立友情链接要本着平等的原则,平等有着广泛的含义,网站的访问量、在搜索引擎中的排名位置、相互之间信息的补充程度、链接的位置、链接的具体形式(图像还是文本方式)等等,这些都是在建立友情链接时需要考虑的事情。

(十一)网络传真

网络传真是通过互联网络使传真件发送到普通传真机上或对方的 E-mail 信箱中的服务,这种服务的开通为 Internet 用户提供了便捷的通讯方式,而且传真通讯费用降至普通传真的 70% 左右。网络传真除了具有价格优势以外,与普通传真相比还具有灵活方便的特点。一般在使用普通传真时,如果遇到对方不在或占线,往往需要进行令人烦恼的不停拨叫,而使用网上传真就可以免去等待,只要把传真内容、传真号码交代清楚,以后的工作就由 Internet 来做了。

(十二)交换服务网络

在旗帜广告的运作过程中,必须留意并充分利用一些专门从事全球范围内旗帜广告自由交换服务的网络,这些网络以加盟者之间互惠互利、互为免费为原则,开展广泛的旗帜广告交流活动,受到众多厂商的欢迎。网盟(WebUnion,http://www.webunion.com/)和 LinkExchange(http://www.smartclicks.com/)就是两个最著名的旗帜广告交换服务网络。

在以上几种通过 Internet 做广告的方式中,以第一种即公司主页方式为主,其他皆为次要方式,但这并不意味着公司只应取第一种而放弃其他。虽说建立公司主页是一种相对比较完备的 Internet 广告形式,但是如果将其他几种方式有效地进行组合,将是对公司主页的一个必要补充,并将获得比仅仅采用公司主页形式更好的效果。因此,公司在决定通过 Internet 做广告之前,必须认真分析自己的整体经营策略、企业文化以及广告需求,将其与公司从整体上进行融合，真正发挥 Internet 的优势。

五、网络广告的收费与效果评价

（一）网络广告的收费

网络广告现阶段收费主要有四种模式：CPM、CPC、CPA 以及按位置、广告形式的综合计费。

1. CPM（Cost Per Milli-impression）

译成每千人印象成本，它是依据播放次数来计算的收费模式。广告图形或文字在计算机上显示，每 1 000 次为一收费单位。这样，就有了计算的标准，例如，一个网幅广告（Banner）的单价是 50 元/CPM，那么，广告投入如果是 5 000 元则可以获得 100×1 000 次播放机会。这种方式较之于笼统的广告投入是一个进步，它可以将广告投入与广告播放联系起来。在 CPM 中印象的标准是不同的，有 Page Views 也有 User Sessions，前者是访问次数，后者则是一个用户的活动过程。Page Views 反映了有多人访问你的网页，User Sessions 反映了多少人到过这个网站。这种收费模式最直接的好处就是把广告与广告对象联系了起来。CPM 是现阶段较常用的收费模式之一。

2. CPC（Cost Per thousand Click-through）

每千人点击成本的收费模式是以实际点击的人数为标准来计算费用的。它仍然以 1 000 次点击为单位。比如，一则广告的单价是 40 元/CPC，则表示 400 元可以买到 10×1 000 次点击。与 CPM 相比，CPC 是更科学和更细致的广告收费方式，它以实际点击次数而不是页面浏览量为标准，这就排除了有些网民只浏览页面，而根本不看广告的虚量。当然，CPC 相应的成本与收费比 CPM 要高。尽管如此，CPC 仍然比 CPM 更受欢迎，它能直接明确地反映出网民是否对广告内容产生兴趣。能点击广告的网民肯定是有这种产品兴趣或购买欲望的人。

3. CPA（Cost Per Action）

CPA 计价方式是指按广告投放实际效果，即按回应的有效问卷或订单来计费，而不限广告投放量。CPA 的计价方式对于网站而言有一定的风险，但若广告投放成功，其收益也比 CPM 的计价方式要大得多。广告主为规避广告费用风险，只有当网络用户点击旗帜广告，链接广告主网页后，才按点击次数付给广告站点费用。

4. **按位置、广告形式的综合计费**

它以广告在网站中出现的位置和广告形式为基础对广告主征收固定费用。与广告发布位置、广告形式挂钩，而不是与显示次数和访客行为挂钩。在这一模式下，发布商是按照自己所需来制定广告收费标准的。

目前比较流行的计价方式是 CPM 和 CPC，最为流行的则为 CPM。像雅虎广告的计算标准就以 CPM 为主，在广告价格上一般会因时间长短不同而稍有区别，时间越长越能获得 5% ~ 10% 的优惠。而中国搜狐的主要计价模式则是按位置、广告形式的综合计费，即把网站频道划分成不同等级，然后按照不同等级频道的位置和广告形式进行计费。

（二）网络广告效果评价的特点

1. 测评迅捷性

测评迅捷性一方面指的是信息的发布,另一方面指的是信息的反馈和更换。对于广告运作来说,从材料的提交到发布,所需时间可以是数小时或更短。传统的广告形式很难及时、快速地反映广告的效果,它往往要等到广告已播出一段时间后再进行广告效果评估。这样,广告主就不能及时地得知用户的反应,而且如果选择的评估时间不合适,就不能较准确地评估出广告效果。网络广告与传统广告形式相比最大的特点就是它具有交互性。广告受众或访问者在访问广告站点时,能够在线提交 Form 表单或发送 E-mail,广告主能够在很短的时间内迅速接收到信息,并根据客户的要求和建议及时地做出反馈。网络广告的交互性使得网络广告效果评估既迅速又直观,广告主可以随时了解广告的受欢迎程度、广告的传播效果,甚至通过计算还可得知广告的经济效果如何。

2. 数据准确性

传统广告效果评估无论是采用问卷调查还是专家评估的方式,都只能得出一个粗略的统计数据,如果在调查时间和调查对象的选择上不恰当,还可能得出错误的数据。网络广告在这一方面具有巨大的优势:首先,因特网从它诞生起就是一个技术型的网络,它的技术优势是传统广告媒体所不可比拟的,它的全数字化表明了统计数据的准确性。其次,因特网是一个开放的全球化网络系统,因此网络广告的传播时间是全天候的,传播对象几乎是无限广阔的。而对于网络广告效果评估来说,它具有极其广泛的调查目标群体,其评估结果的准确性也得到了前所未有的提高。网络广告主通过亲自或委托 Web 评级公司安装使用适当的软件工具,就能很容易地统计出具体、准确的数据。

3. 统计自愿性

这是网络广告所特有的一个特点。传统的广告媒体特别是电视广告,不管观众愿不愿意,都强行地把广告塞给你。广告对象只能被动地接受这些信息,几乎没有选择的权力。而网络广告本身就带有自愿性的特点,它使访问者充分享有自主选择的权力,可以按照需要查看广告。网络广告效果评估的调查表也完全由网上用户自愿填写,这也从一定程度上提高了评估的准确性。

4. 互动性

通过网络,广告受众可以方便地与广告主交换意见,避免了调查者个人主观意向对被调查者产生影响。因而,得到的反馈结果更符合消费者本身的感受,信息更可靠、更客观。这一点是普遍公认的。这种互动性的另一个显著特点是一对一的直接沟通,隐蔽性好,广告受众反映的意见准确、真实。

5. 广泛性

网络广告效果测评成本低,耗费人力物力少,能够在网上大面积展开,参与调查的样本数量大,测评结果的正确性与准确性大大提高。

本章小结

当今社会市场的竞争日益激烈化,企业为了取得竞争优势,想方设法使用各种招数来吸引顾客,传统的营销方法已经很难有新颖独特的方法帮助企业在竞争中出奇制胜。市场竞争已不再依靠表面的营销手段的竞争,必须在更深层次的经营组织形式上进行竞争。企业的经营者迫切地去寻找变革,以尽可能地降低商品在从生产到销售的整个供应链上所占用的成本和费用比例,缩短运作周期。网络营销的产生给企业的经营者带来了福音,可谓一举多得。企业开展网络营销,可以节约大量昂贵的店面租金,可以减少库存商品的资金占用,可以使经营规模不受场地限制,可以方便地采集客户信息等等,上述种种都使得企业经营的成本和费用降低,运作周期变短,从根本上增强了企业的竞争优势。通过对本章的学习,使学生能够初步掌握网络营销的知识,并能够运用网络营销理论知识解决企业营销活动中的实际问题,以适应社会发展的需要。

思 考 题

1. 影响网上消费者购买行为的因素有哪些?结合自己的购买经历,谈谈你的看法。

2. 查询历次 CNNIC 统计信息,总结我国因特网发展状况的大概规律,思考这些变化对网络营销活动的影响有哪些?你认为企业的网络营销应注意哪些问题?

3. 怎样能设计一种有吸引力的网上问卷调查表?

4. 实训题:在拍拍网站上建立自己的网上商店,体会网上开店的流程,并了解网站建设、商品销售过程中的网络营销的知识。

注:拍拍网站地址:http:// www.paipai.com/;应先在"新会员注册"并填写注册信息后进行"会员登录",点击"我要卖",并进行相应设置。要求建立的网店中应具有图片、店内公告、上架产品。

阅 读 资 料

【阅读资料一】

尚客茶品欲打造"茶行业第一电子商务品牌"

2010 年 7 月 1 日,尚客茶品成功挺进阿里巴巴全球三十佳网商,同步角逐全球十佳。"全球十佳网商"评选被视为新经济领域含金量最高的一项评选,吸引了全国各地无数优秀网商和创业者的热情关注。未来的网商事业将不断地迸发出更多的奇迹和可能,"开放、分享、透明、责任"的新商业文明渐行渐近。

据悉,尚客茶品作为一个电子商务界的新兴茶叶品牌,创新品牌经营运作是其核心武器。尚客茶品以成熟的品牌运作经验和引领在线销售茶叶的时尚潮流姿态,树立了辐射电子商务茶业行业的先行者形象。尚客茶品以产品为导向、以技术为支持、以商业模式为纽带的创新模式,一跃成为电子商务茶行业的佼佼者。对于进军全球十强网商,一起拭目以待尚客茶品的精彩表现。

尚客茶品荣获"最佳网货品牌"是中国茶业在电子商务行业上演的一次成功突围。产品的创新即是尚客茶品成功的基石!尚客茶品主营花草茶、袋泡茶、传统茗茶、工艺花茶、专用茶具等,多元化的产品满足更多消费者的需求。从茶品品质来看,尚客拥有自己的生态茶园,对海拔高度、土壤、日照、温度、湿度等重重把关,保证原料纯净、健康、自然。

专门成立了材料搭配室及品质研究室,坚持国内茶叶一线品质,致力打造健康放心茶。从包装设计来看,尚客茶品拥有来自世界各地的高级设计团队,十足把握国际时尚流行风向标,时尚典雅的茶品受到众多网友的青睐和追捧。

尚客茶品在袋泡茶茶包上进行了技术革新,首创透明三角立体尼龙茶包,采用日本进口、耐热130摄氏度、高质感的耐温材质,具备茶香释放性与视觉高透度,让茶叶在三角立体间延展,原片茶叶完美释放。三角立体茶包更卫生、更健康、更优雅,可以为消费者完成所有泡茶工序,并呈时尚艺术美感。

电子商务化趋势,推动传统行业的营销步入转型与变革的新时代。电子商务茶行业是一个全新的领域,目前正处在一个群雄四起的战国时代,众多品牌在线上纷争角逐,究竟谁能问鼎中原,竞跑网络时代,实现品牌与市场的可持续发展。尚客茶品面临着无限的机遇与挑战。而今天所取得的成就,同步包揽"阿里巴巴全球三十佳网商"、"最佳网货品牌网商"、"最具创业精神网商"三大奖项,也为尚客茶品今后的发展奠定了坚实的基础。尚客茶品弘毅求新,我们有理由相信,尚客茶品正抱有足够的信心和必胜的姿态昂首前进。

(资料来源:中国电子商务研究中心(http://b2b.toocle.com),2010-07-04.)

【阅读资料二】

361°:携手腾讯网玩转"勇者"游戏

时间规划

361°早在2004年就推出"361°勇敢做自己"的品牌宣言。但如何使"勇敢做自己"的品牌诉求与目标消费人群高度契合,使这一"勇者"宣言深入人心一直是361°的一个深度营销诉求。借助2008年北京奥运会的体育营销契机,361°再次提出"决胜08中国,勇敢做自己",利用腾讯的网络平台优势,361°的品牌诉求直达那些喜欢尝试新鲜事物、追逐潮流和品质的目标受众,使这一深度合作发挥出最大威力。在成功打造了"勇者"形象之后,361°在2009年又顺势推出了"多一度热爱"的新口号。

营销诉求

强化361°在消费者心中"勇敢做自己"的品牌印记,尤其是向年轻的家庭或网吧用户传递这一品牌诉求。利用互联网的特性,吸引众多网友参与互动体验,使消费者通过腾讯网感受361°的"勇者"主张,从而增强361°的品牌认知度和认可度,使"勇敢做自己"深入受众心中。

活动策划

现代的年轻人在互联网上可以进行很多活动,如:博客、游戏、社区等等。正是因为这种多纬度行为特征,361°在推广过程中才有可能将"勇者"的精神文化融入到网络社交圈各个触点体验中。因此,361°的在线推广,集中了腾讯黄金资源和腾讯优势广告资源,并借助奥运将在线运动的参与兴趣推至高潮,建立起361°的网络社交圈。通过社交圈内的互动、自我演绎和自主传播分享,为品牌丰富"勇者"的差异化理念,在消费者心中形成品牌独特的运动主张。

2008年1月1日至2008年12月31日(从2004年到2009年361°已经与腾讯网进行了五年的深度合作),此处集中展现的是2008年全年361°在腾讯网的活动。

黄金资源深度合作

在这次品牌推广活动中,361°充分利用了腾讯网体育频道、腾讯网奥运频道、品牌Qzone、qq秀品牌商城和qq游戏平台五大黄金资源,通过与网民分享专业体育资讯、奥运期间与羽毛球队名博合作、在品牌Qzone和qq秀品牌商城与网民的互动沟通以及qq游戏的感情沟通等形式,建立起一个庞大的"勇者"生活圈,不仅快速提升了品牌知名度,而且传播了"勇敢做自己"的品牌诉求。

优势广告资源深度合作

腾讯为361°提供了qq IM、qq.COM和qq增值平台三大优势广告资源,在把握目标消费用户在线生活轨迹的基础上,进行精准媒体投放,超过220亿次海量曝光,将361°的品牌印记快速植入消费者脑海。

检测报告显示,此次推广所覆盖的目标受众与品牌高度吻合,实现了361°年度推广的传播目标。

专家:赵明仁　北京世纪华美广告有限公司副总经理

作为腾讯,受众参与活动的活跃程度和黏性高于其他门户,既适合企业品牌传播又适合阶段性传播活动的推广,我们可以借其媒体的影响力转化为自身品牌的价值。

361°与腾讯网的合作,就是整合其赛事资源与腾讯门户平台的媒体资源,放大赛事合作的推广效果,通过娱乐营销、体验营销把赞助行为娱乐化,形成与消费者的互动,在消费者心中潜移默化地植入361°成为他们生活中必不可少的一部分。只有先与消费者形成"多赢",企业才能够实现"多赢"。

专家:刘曜　腾讯广告销售部策划与设计中心总监

一项营销活动,首先应该找准自己的核心消费人群,再针对其喜好展开营销攻势,网络营销也是如此。在腾讯网上找到天然形成的消费群体,与体育事业的无缝营销结合,是361°在网络营销领域持续追加投入的主要原因。

与腾讯网五年来的密切合作,双方一直都在探索服装行业体育营销、网络营销的模式,探索出一些创新的网络营销模式,这些模式将稳固361°上市后的品牌活力,搭建起与消费者沟通的桥梁,在361°的整合营销传播以外,再加入361°情感。

(资料来源:V-MARKETING成功营销,2009-08-26.)

第五章 Chapter 5

电子商务安全

【学习要点及目标】
1. 了解电子商务安全的内容。
2. 熟悉电子商务安全存在的问题和要求。
3. 掌握电子商务认证技术。
4. 掌握电子商务数据加密技术。
5. 掌握电子商务安全管理技术。
6. 掌握电子商务安全协议 SET 和 SSL。

第一节 电子商务的安全概述

一、电子商务安全的内容

电子商务的一个重要技术特征是利用 IT 技术来传输和处理商业信息。因此,电子商务安全从整体上可分为两大部分:计算机网络安全和商务交易安全。

(一)计算机网络安全

计算机网络设备安全、计算机网络系统安全、数据库安全等。其特征是针对计算机网络本身可能存在的安全问题,实施网络安全增强方案,以保证计算机网络自身的安全性为目标。

(二)商务交易安全

商务交易安全紧紧围绕传统商务在互联网络上应用时产生的各种安全问题,在计算机网络安全的基础上,保障电子商务过程的顺利进行。即实现电子商务的保密性、完整性、可鉴别性、不可伪造性和不可抵赖性。

计算机网络安全与电子商务交易安全实际上是密不可分的,二者相辅相成,缺一不可。没有计算机网络安全作为基础,商务交易安全就犹如空中楼阁,无从谈起。没有商务交易安全保障,即使计算机网络本身再安全,仍然无法达到电子商务所特有的安全要求。

二、电子商务的安全问题

(一)电子商务安全的含义

电子商务安全是电子商务系统资源和信息资源不受自然和人为有害因素的威胁和危害。其具体含义有四层:

(1)系统设备及相关设施运行正常,系统服务适时。
(2)软件(包括操作系统软件、数据库管理软件、网络软件、应用软件及相关资料)完整。
(3)系统拥有的和产生的数据或信息完整、有效、使用合法、不被破坏或泄露。
(4)系统资源和信息资源使用合法。

(二)电子商务安全问题

1. 密码安全

由技术上提供强韧的密码系统及其正确应用来实现,是通信安全的最核心部分。

2. 计算机安全

一种确定的状态,使计算机数据和程序文件不致被非授权人员、计算机或程序所访问、获取或修改。安全的实施可通过限制被授权人员使用计算机系统的物理范围、利用特殊(专用)软件和将安全功能构造于计算机操作规程中等方法来实现。

3. 网络安全

网络安全包括所有保护网的措施:物理设施的保护、软件及职员的安全,以防止非授权的访问、偶发或蓄意的常规手段的干扰或破坏。因此,有效的安全措施是技术与人事管理的一种均衡或合理配合。

4. 信息安全

保护信息免遭偶发的或有意的非授权泄露、修改、破坏或处理能力的丧失。

三、电子商务的安全要求

(一)电子商务的安全隐患

1. 信息的截获和窃取

如果没有采用加密措施或加密强度不够,攻击者可能通过互联网、公共电话网、搭线、电磁波辐射范围内安装截收装置或在数据包通过的网关和路由器上截获数据等方式,获取传输的机密信息。

2. 信息的篡改

当攻击者熟悉了网络信息格式以后,通过各种技术方法和手段对网络传输的信息进行中途修改,并发往目的地,从而破坏信息的完整性。

3. 信息假冒

当攻击者掌握了网络信息数据规律或解密了商务信息以后,可以假冒合法用户或发送假冒信息来欺骗其他用户。

4. 交易抵赖

交易抵赖包括多个方面,如发信者事后否认曾经发送过某条信息或内容;收信者事后否认曾经收到过某条消息或内容;购买者做了订货单不承认;商家卖出的商品因价格差而不承认原有的交易,等等。

(二)电子商务的主要安全要素

实现电子商务的关键是要保证商务活动过程中系统的安全性,即应保证在基于Internet的电子交易转变的过程中与传统交易的方式一样安全可靠。电子商务的安全要素主要体现在以下几个方面:

1. 机密性

电子商务作为贸易的一种手段,其信息直接代表着个人、企业或国家的商业机密。电子商务是建立在一个较为开放的网络环境上的,维护商业机密是电子商务全面推广应用的重要保障。因此,要预防非法的信息存取和信息在传输过程中被非法窃取。机密性一般通过密码技术来对传输的信息进行加密处理来实现。

2. 完整性

电子商务简化了贸易过程,减少了人为的干预,同时也带来维护贸易各方商业信息的完整、统一的问题。由于数据输入时的意外差错或欺诈行为,可能导致贸易各方信息的差异。此外,数据传输过程中信息的丢失、信息重复或信息传送的次序差异也会导致贸易各方信息的不同。保持贸易各方信息的完整性是电子商务应用的基础。完整性一般可通过提取信息消息摘要的方式来获得保障。

3. 认证性

由于网络电子商务交易系统的特殊性,企业或个人的交易通常都是在虚拟的网络环境中进行,所以对个人或企业实体进行身份确认成了电子商务中很重要的一环。网上交易的双方很可能素昧平生、相隔千里。要使交易成功,首先要能确认对方的身份。因此能方便而可靠地确认对方身份是交易的前提。对身份的认证一般都通过证书机构CA和证书来实现。

4. 不可抵赖性

电子商务可能直接关系到贸易双方的商业交易,如何确定要进行交易的贸易方正是进行交易所期望的贸易方这一问题则是保证电子商务顺利进行的关键。不可抵赖性可通过对发送的消息进行数字签名来获取。

第二节 认证技术

一、身份认证技术

（一）身份认证的含义

身份认证是在计算机网络中确认操作者身份的过程。身份认证可分为用户与主机之间的认证和主机与主机之间的认证，用户与主机之间的认证可以基于如下一个或几个因素：用户所知道的东西，如口令、密码等，用户拥有的东西，如印章、智能卡（如信用卡等）；用户具有的生物特征，如指纹、声音、视网膜、签字、笔迹等。

（二）身份认证的目标

身份认证是判明和确认贸易双方真实身份的重要环节，也是电子商务交易过程中最薄弱的环节。因为非法用户常采用窃取口令、修改或伪造、阻断服务等方式对网络交易系统进行攻击，阻止系统资源的合法管理和使用。认证机构或信息服务商应当提供如下认证的功能。

1. **可信性**

信息的来源是可信的，即信息接收者能够确认所获得的信息不是由冒充者所发出的。

2. **完整性**

要求信息在传输过程中保证其完整性，也即信息接收者能够确认所获得的信息在传输过程中没有被修改、延迟和替换。

3. **不可抵赖性**

要求信息的发送方不能否认自己所发出的信息。同样,信息的接收方不能否认已收到了信息。

4. **访问控制**

拒绝非法用户访问系统资源,合法用户只能访问系统授权和指定的资源。

（三）身份认证方法

在真实世界,对用户身份认证的基本方法可以分为如下三种：

第一,根据你所知道的信息来证明你的身份（what you know,你知道什么）。

第二,根据你所拥有的东西来证明你的身份（what you have,你有什么）。

第三,直接根据独一无二的身体特征来证明你的身份（who you are,你是谁），如指纹、面貌等。

在网络世界中手段与真实世界中一致,为了达到更高的身份认证安全性,某些场景会在上面三种中挑选两种混合使用,即所谓的双因素认证。

(四)身份认证常用工具

1. 静态密码

用户的密码是由用户自己设定的。在网络登录时输入正确的密码,计算机就认为操作者就是合法用户。实际上,由于许多用户为了防止忘记密码,经常采用诸如生日、电话号码等容易被猜测的字符串作为密码,或者把密码抄在纸上放在一个自认为安全的地方,这样很容易造成密码泄漏。如果密码是静态的数据,在验证过程中需要在计算机内存中和传输过程可能会被木马程序或网络中截获。因此,静态密码机制无论是使用还是部署都非常简单,但从安全性上讲,用户名/密码方式是一种不安全的身份认证方式。它利用 what you know 方法。

2. 智能卡(IC卡)

一种内置集成电路的芯片,芯片中存有与用户身份相关的数据,智能卡由专门的厂商通过专门的设备生产,是不可复制的硬件。智能卡由合法用户随身携带,登录时必须将智能卡插入专用的读卡器读取其中的信息,以验证用户的身份。

智能卡认证是通过智能卡硬件不可复制来保证用户身份不会被仿冒。然而由于每次从智能卡中读取的数据是静态的,通过内存扫描或网络监听等技术还是很容易截取到用户的身份验证信息,因此还是存在安全隐患。它利用 what you have 方法。

3. 短信密码

短信密码以手机短信形式请求包含6位随机数的动态密码,身份认证系统以短信形式发送随机的6位密码到客户的手机上。客户在登录或者交易认证时输入此动态密码,从而确保系统身份认证的安全性。它利用 what you have 方法。具有以下优点:

(1)安全性。由于手机与客户绑定比较紧密,短信密码生成与使用场景是物理隔绝的,因此密码在通路上被截取几率降至最低。

(2)普及性。只要会接收短信即可使用,大大降低短信密码技术的使用门槛,学习成本几乎为零,所以在市场接受度上不会存在阻力。

(3)易收费。由于移动互联网用户天然养成了付费的习惯,这是和PC时代互联网截然不同的理念,而且收费通道非常发达,如果是网银、第三方支付,电子商务可将短信密码作为一项增值业务,每月通过ISP(Internet Service Provider)互联网服务提供商收费,因此也可增加收益。

(4)易维护。由于短信网关技术非常成熟,大大降低短信密码系统上马的复杂度和风险,短信密码业务后期客服成本低,稳定的系统在提升安全同时也营造良好的口碑效应,这也是目前银行业大量采纳这项技术很重要的原因。

4. 动态口令牌

动态口令牌是客户手持用来生成动态密码的终端,主流的是基于时间同步方式的,每60秒变换一次动态口令,口令一次有效,它产生6位动态数字进行一次一密的方式认证。由于它使用起来非常便捷,85%以上的世界500强企业运用它保护登录安全,广泛应用在VPN、网上银行、电子政务、电子商务等领域。

动态口令是应用最广的一种身份识别方式,一般是长度为 5~8 的字符串,由数字、字母、特殊字符、控制字符等组成。用户名和口令的方法几十年来一直用于提供所属权和准安全的认证来对服务器提供一定程度的保护。当你每天访问自己的电子邮件服务器、服务器要采用用户名与动态口令对用户进行认证的,一般还要提供动态口令更改工具。现在系统(尤其是互联网上新兴的系统)通常还提供用户提醒工具以防忘记口令。

5. USB Key

基于 USB Key 的身份认证方式是近几年发展起来的一种方便、安全的身份认证技术。它采用软硬件相结合、一次一密的强双因子认证模式,很好地解决了安全性与易用性之间的矛盾。USB Key 是一种 USB 接口的硬件设备,它内置单片机或智能卡芯片,可以存储用户的密钥或数字证书,利用 USB Key 内置的密码算法实现对用户身份的认证。基于 USB Key 身份认证系统主要有两种应用模式:一是基于冲击/响应(挑战/应答)的认证模式,二是基于 PKI 体系的认证模式,目前运用在电子政务、网上银行。

6. 生物识别技术

运用 who you are 方法,通过可测量的身体或行为等生物特征进行身份认证的一种技术。生物特征是指唯一的可以测量或可自动识别和验证的生理特征或行为方式。生物特征分为身体特征和行为特征两类。身体特征包括:指纹、掌型、视网膜、虹膜、人体气味、脸型、手的血管和 DNA 等;行为特征包括:签名、语音、行走步态等。目前部分学者将视网膜识别、虹膜识别和指纹识别等归为高级生物识别技术;将掌型识别、脸型识别、语音识别和签名识别等归为次级生物识别技术;将血管纹理识别、人体气味识别、DNA 识别等归为"深奥的"生物识别技术,指纹识别技术目前应用广泛的领域有门禁系统、微型支付等。

7. 双因素身份认证

所谓双因素就是将两种认证方法结合起来,进一步加强认证的安全性,目前使用最为广泛的双因素有:动态口令牌 + 静态密码;USB Key +静态密码;二层静态密码,等等。

二、数字识别技术

数字识别技术是安全性的很重要的一个方面。数字识别技术的目的有两个:一是,确认信息的发送者的身份;二是,验证信息的完整性,即确认信息在传送或存储过程中未被窜改过。

(一)消息摘要

消息摘要(message digest)又称数字摘要(digital digest)。它是一个唯一对应一个消息或文本的固定长度的值,它由一个单向 Hash 加密函数对消息进行作用而产生。如果消息在途中改变了,则接收者通过对收到消息的新产生的摘要与原摘要比较,就可知道消息是否被改变了。因此消息摘要保证了消息的完整性。

消息摘要采用单向 Hash 函数将需加密的明文"摘要"成一串 128bit 的密文,这一串密文亦称数字指纹(finger print),它有固定的长度,且不同的明文摘要成密文,其结果总是不同的,而同样的明文其摘要必定一致。这样这串摘要便可成为验证明文是否是"真身"的"指纹"了。

HASH 函数的抗冲突性使得如果一段明文稍有变化,哪怕只更改该段落的一个字母,通过哈希算法作用后都将产生不同的值。而 HASH 算法的单向性使得要找到与哈希值相同的两个不同的输入消息,在计算上是不可能的。所以数据的哈希值,即消息摘要,可以检验数据的完整性。

HASH 函数的这种对不同的输入能够生成不同的值的特性使得无法找到两个具有相同哈希值的输入。因此,如果两个文档经哈希转换后成为相同的值,就可以肯定它们是同一文档。所以,当希望有效地比较两个数据块时,就可以比较它们的哈希值。例如,可以通过比较邮件发送前和发送后的哈希值来验证该邮件在传递时是否修改(如图 5.1 所示)。

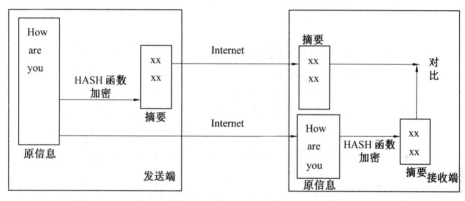

图 5.1　消息摘要过程示意图

(二)数字签名

数字签名(digital signature)技术是将摘要用发送者的私钥加密,与原文一起传送给接收者。接收者只有用发送者的公钥才能解密被加密的摘要,在电子商务安全保密系统中,数字签名技术有着特别重要的地位,在电子商务安全服务中的源鉴别、完整性服务、不可否认服务中都要用到数字签名技术(如图 5.2 所示)。

在电子商务中,完善的数字签名应具备签字方不能抵赖、他人不能伪造、在公证人面前能够验证真伪的能力。传统的在书面文件上签名是确认文件的一种手段,其作用有两点:
(1)因为自己的签名难以否认,从而确认了文件已签署这一事实。
(2)因为签名不易仿冒,从而确定了文件是真的这一事实。

数字签名与书面文件签名有相同之处,采用数字签名,能确认以下三点:
(1)信息确实是由签名者发送的,即确认对方的身份。
(2)确保信息真实性、完整性。
(3)解决信息的保密性和防抵赖性。

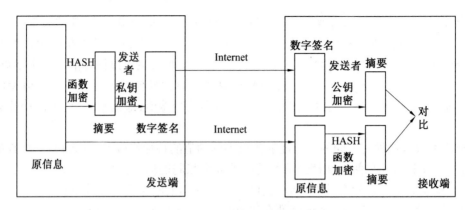

图5.2 数字签名过程示意图

(三)数字时间戳

在电子商务交易文件中,时间和签名一样是十分重要的证明文件有效性的内容。数字时间戳(Digital Time-stamp Service,DTS)就是用来证明消息的收发时间的。用户首先将需要加时间戳的文件经加密后形成文档,然后将摘要发送到专门提供数字时间戳服务的权威机构,该机构对原摘要加上时间后,进行数字签名,用私钥加密,并发送给原用户。在书面合同中,文件签署的日期和签名一样均是十分重要的,防止文件被伪造和篡改的关键性内容。在电子交易中,同样需对交易文件的日期和时间信息采取安全措施,而数字时间戳服务有效地为文件发表时间提供了佐证。

一般来说,时间戳产生的过程为:用户首先将需要加时间戳的文件用HASH编码加密形成摘要,然后将该摘要发送到DTS,DTS在加入了收到文件摘要的日期和时间信息后再对该文件加密(数字签名),然后送回用户。书面签署文件的时间是由签署人自己写上的,而数字时间戳则不然,它是由认证单位DTS来加的,以DTS收到文件的时间为依据(如图5.3所示)。

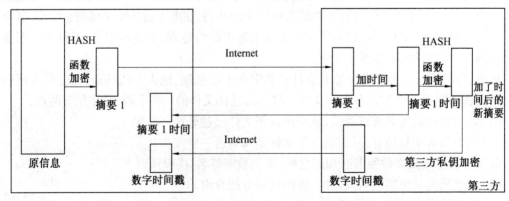

图5.3 数字时间戳过程示意图

(四)数字信封

数字信封(digital envelope)是公钥密码体制在实际中的一个应用,是用加密技术来保证只有规定的特定收信人才能阅读通信的内容。在数字信封中,信息发送方采用对称密钥来加密信息内容,然后将此对称密钥用接收方的公开密钥来加密(这部分称数字信封)之后,将它和加密后的信息一起发送给接收方,接收方先用相应的私有密钥打开数字信封,得到对称密钥,然后使用对称密钥解开加密信息。这种技术的安全性相当高。

数字信封主要包括数字信封打包和数字信封拆解,数字信封打包是使用对方的公钥将加密密钥进行加密的过程,只有对方的私钥才能将加密后的数据(通信密钥)还原;数字信封拆解是使用私钥将加密过的数据解密的过程(如图5.4所示)。

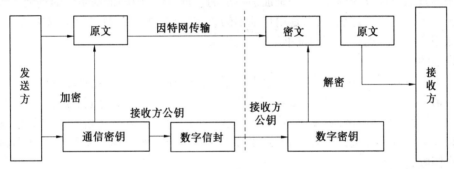

图5.4 数字信封过程示意图

三、CA 认证中心

(一)CA 认证中心的含义

在电子交易中,无论是数字时间戳服务还是数字证书的发放,都不是靠交易双方就能完成的,而需要有一个具有权威性和公正性的第三方来完成。认证中心 CA(Certification Authority)就是提供交易双方身份认证并保证交易安全进行的第三方服务机构,它承担网上安全电子交易认证服务、能签发数字证书并能确认用户身份。认证中心通常是企业性的服务机构,主要任务是受理数字证书的申请、签发及对数字证书的管理。认证中心依据认证操作规定(CPS:Certification Practice Statement)来实施服务操作。

(二)CA 认证中心的功能

概括地说,认证中心的主要功能有:证书的颁发、证书的更新、证书的查询、证书的作废、证书的归档等。

1. 证书的颁发

认证中心接收、验证用户(包括下级认证中心和最终用户)的数字证书的申请,将申请的内容进行备案,并根据申请的内容确定是否受理该数字证书申请。如果中心接受该数字证书申请,则进一步确定给用户颁发何种类型的证书。新证书用认证中心的私钥签名以后,发送到目录服务器供用户下载和查询。为了保证消息的完整性,返回给用户的所有应答信息都要使用认证中心的签名。

2. 证书的更新

用户证书过期后,可以申请更新。更新方式有两种:一种是通过执行人工密钥更新来更新证书;一种是通过实现自动密钥更新来更新证书。签名密钥也会与证书一起更新。当系统核查证书是否过期时,对接近过期的证书,将创建新的签名密钥对。利用现行证书建立与认证中心之间的连接,认证中心将创建新的证书,并进行归档。在归档的同时,供用户在线下载。

3. 证书的查询

证书的查询可以分为两类,其一是证书申请的查询,认证中心根据用户的查询请求返回当前用户证书申请的处理过程;其二是用户证书的查询,这类查询由目录服务器来完成,目录服务器根据用户的请求返回适当的证书。

4. 证书的作废

在证书的有效期内,由于私钥丢失泄密等原因,必须废除证书。此时证书持有者要提出证书废除申请。注册管理中心一旦收到证书作废请求,就可以立即执行证书撤销,并同时通知用户,使之知道特定证书已被撤销。另外一种证书作废的情况是证书已经过了有效期,认证中心自动将该证书作废。每次使用时,系统都要检查证书是否已被作废。不过个人证书则要人工查询是否作废。

认证中心通过维护证书作废列表 CRL (Certificate Revocation List)来完成上述功能。CRL 并不存放作废证书的全部内容,它只存放作废证书的序列号(serial number),以便提高检索速度。PKI 使用 LDAP 在线目录系统进行 CRL 发布,用户可以通过在线方式查询。

5. 证书的归档

CA 所发证书要定期归档,以备查询。除用于用户的签名密钥外,对证书所有数据信息,都要进行归档处理。证书具有一定的有效期,证书过了有效期之后就将作废,但是我们不能将作废的证书简单地丢弃,因为有时我们可能需要验证以前的某个交易过程中产生的数字签名,这时我们就需要查询作废的证书。基于此类考虑,认证中心还应当具备管理作废证书和作废私钥的功能。

(三)认证中心层次结构

CA 体系的层次结构如图 5.5 所示。根据图 5.5 可知,CA 体系由根 CA、品牌 CA、地方 CA 以及持卡人 CA、商家 CA、支付网关 CA 四个层次构成。在 CA 的层次结构中,除去根 CA 外的每一级 CA 都可能含有多个 CA。根 CA 下面可以有多个被它授权的品牌 CA,每个品牌 CA 下面可以有多个被该品牌 CA 授权的地方 CA,每个地方 CA 下面可以有多个被该地方 CA 授权的持卡人 CA、商家 CA、支付网关 CA。上一级 CA 负责下一级 CA 数字证书的申请、签发及管理工作。持卡人 CA、商家 CA 和支付网关 CA 是面向最终用户发放证书的 CA 认证机构。

通过一个完整的 CA 认证体系,可以有效地实现对数字证书的验证。每一份数字证书都

第五章 电子商务安全

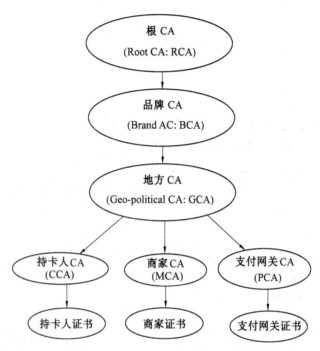

图 5.5 CA 认证中心的层次结构

与上一级的签名证书相关联,最终通过安全认证链追溯到一个已知的可信赖的机构,由此便可以对各级数字证书的有效性进行验证。同时,这样的一种层次结构也形成了一个信任链,它保证了信任的可传递性,使得由不同的终极 CA 认证机构所颁发的证书,能够被任一 CA 认证中心的使用者所信任。这是因为他们信任同一个根 CA。根 CA 的密钥由一个自签证书分配,根证书的公开密钥对所有各方公开,它是 CA 体系中的最高层。

(四) CA 认证中心的树形验证结构

在进行交易时,通过出示由某个 CA 签发的证书来证明自己的身份,如果对签发证书的 CA 本身不信任,可逐级验证 CA 的身份,一直到公认的权威 CA 处。这样即可确信证书的有效性。SET 证书正是通过信任层次来逐级验证的。每一个证书与数字化签发证书的实体的签名证书相关联。沿着信任树一直到一个公认的信任组织,就可确认该证书是有效的。

例如,C 的证书是由名称为 B 的 CA 签发的,而 B 的证书又是由名称为 A 的 CA 签发的,A 是权威机构,通常称为根(Root) CA。验证到了根 CA 处,就可确信 C 的证书是合法的。证书的树形验证结构如图 5.6 所示。

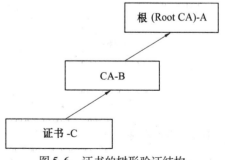

图 5.6 证书的树形验证结构

129

第三节 数据加密技术

一、密码学与数据加密

密码是一门古老的技术,自从人类社会有了战争就出现了密码。密码学早在公元前400多年就已经产生,正如1967年David Kahn所写的《破译者》一书中所说:"人类使用密码的历史几乎与使用文字的时间一样长。"1949年,香农发表了题为《保密系统的通信理论》一文,引起了密码学界的一场革命。香农在这篇文章中把密码分析与设计建立在严格的理论推导基础上,从而使得密码学真正成为一门科学。

1. 计算机密码学的含义

密码学(cryptography)一词来源于古希腊语 Kruptos(to hidden) + Graphein(to write),包括密码编码学和密码分析学。计算机密码学是研究计算机信息加密、解密及其变换的新兴科学,也是数学、通信、网络和计算机的交叉学科。

2. 数据加密系统模型

一个数据加密系统(如图5.7所示)包括明文、加密算法、加密密钥以及解密算法、解密密钥和密文。密钥是一个具有特定长度的数字串,密钥的值是从大量的随机数中选取的。加密过程包括两个核心元素:加密算法和加密密钥。明文通过加密算法和加密密钥的共同作用,生成密文。相应的,解密过程也包括两个核心元素:解密算法和解密密钥。密文通过解密算法和解密密钥的共同作用,被还原成为明文。

需要注意的是,由于算法是公开的,因此,一个数据加密系统的主要的安全性是基于密钥的,而不是基于算法的,所以加密系统的密钥体制是一个非常重要的问题。

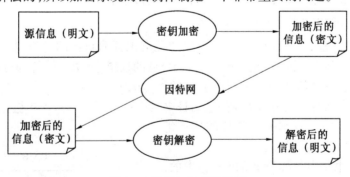

图5.7 数据加密系统模型

二、古典加密技术

古典加密技术主要是通过对文字信息进行加密变换来保护信息。古典加密技术主要有两种基本算法：替代算法和置换移位法。

1. **替代算法**

替代算法指的是明文的字母由其他字母或数字或符号所代替。最著名的替代算法是恺撒密码。恺撒密码的原理很简单，其实就是单字母替换。下面看一个简单的例子：

明文：abcdefghijklmnopq

密文：defghijklmnopqrst

若明文为 student，对应的密文则为 vwxghqw。在这个一一对应的算法中，恺撒密码将字母表用了一种顺序替代的方法来进行加密，此时密钥为 3，即每个字母顺序推后 3 个。由于英文字母为 26 个，因此恺撒密码仅有 26 个可能的密钥，非常不安全。

为了加强安全性，人们想出了更进一步的方法：替代时不是有规律的，而是随机生成一个对照表。

明文：abcdefghijklmnopqrstuvwxyz

密文：xnyahpogzqwbtsflrcvmuekjdi

此时，若明文为 student，对应的密文则为 vmuahsm。这种情况下，解密函数是上面这个替代对照表的一个逆置换。

不过，有更好的加密手段，就会有更好的解密手段。而且无论怎样改变字母表中的字母顺序，密码都有可能被人破解。由于英文单词中各字母出现的频度是不一样的，通过对字母频度的统计就可以很容易的对替换密码进行破译。为了抗击字母频度分析，随后产生了以置换移位法为主要加密手段的加密方法。

2. **置换移位法**

使用置换移位法的最著名的一种密码称为维吉尼亚密码。它是以置换移位为基础的周期替换密码。

前面介绍的替代算法中，针对所有的明文字母，密钥要么是一个唯一的数，要么则是完全无规律可循的。在维吉尼亚密码中，加密密钥是一个可被任意指定的字符串。加密密钥字符依次逐个作用于明文信息字符。明文信息长度往往会大于密钥字符串长度，而明文的每一个字符都需要有一个对应的密钥字符，因此密钥就需要不断循环，直至明文每一个字符都对应一个密钥字符。对密钥字符，我们规定密钥字母 a,b,c,d……y,z 对应的数字 n 为：0,1,2,3……24,25。每个明文字符首先找到对应的密钥字符，然后根据英文字母表按照密钥字符对应的数字 n 向后顺序推后 n 个字母，即可得到明文字符对应的密文字符。

如果密钥字为 deceptive，明文为 wearediscoveredsaveyourself，则加密的过程为：

明文：wearediscoveredsaveyourself

密钥：deceptivedeceptivedeceptive

密文：zicvtwqngrzgvtwavzhcqyglmgj

对明文中的第一个字符 w，对应的密钥字符为 d，它对应需要向后推 3 个字母，w,x,y,z，因此其对应的密文字符为 z。从上面的加密过程中,可以清晰地看到,密钥 deceptive 被重复使用。

古典密码体制将数学的方法引入到密码分析和研究中。这为现代加密技术的形成和发展奠定了坚实的基础。

三、现代加密技术

现代加密技术充分应用了计算机、通信等手段,通过复杂的多步运算来转换信息。数据加密模型中谈到由于一个数据加密系统主要的安全性是基于密钥的。在现代数据加密技术中,将密钥体制分为对称密钥体制和非对称密钥体制两种。相应地,对数据加密的技术也分为两类,即对称加密技术和非对称加密(也称为公开密钥加密)技术。对称加密技术以 DES(Data Encryption Standard)算法为典型代表,非对称加密通常以 RSA(Rivest Shamir Ad1eman)算法为代表。对称加密的加密密钥和解密密钥相同,而非对称加密的加密密钥和解密密钥不同,加密密钥可以公开而解密密钥需要保密。

数据加密算法大体可以分为对称密码算法(DES)和非对称密码算法(RSA)。其主要加密技术的执行过程如图 5.8 所示。

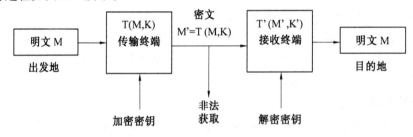

图 5.8 加密技术的作用原理

1. 对称密钥加密法(私有密钥加密)

对称密钥体制是指在对信息的加密和解密过程中使用相同的密钥。也就是说,一把钥匙开一把锁。专用密钥就是将加密密钥和解密密钥作为一把密钥,采用了对称密码编码技术。

使用对称加密方法将简化加密的处理,每个贸易方都不必彼此研究和交换专用设备的加密算法,而是采用相同的加密算法并只交换共享的专用密钥。如果进行通信的贸易方能够确保专用密钥在密钥交换阶段未曾泄露,那么机密性和报文完整性就可以通过使用对称加密方法对机密信息进行加密以及通过随报文一起发送报文摘要或报文散列值来实现。对称加密技术存在着在通讯的贸易方之间确保密钥安全交换的问题。此外,当某一贸易方有"n"个贸易关系,那么他就要维护"n"个专用密钥(即每把密钥对应一个贸易方)。对称加密方式存在的另一个问题是无法鉴别贸易发起方或贸易最终方。因为贸易双方共享同一把专用密钥,贸易双方的任何信息都是通过这把密钥加密后传送给对方的。

对称加密体制使加密和解密都比较快,问题是如何将密钥传给要保密的用户。对称加密是基于共同保守秘密来实现的。采用对称加密技术的贸易双方必须保证采用的是相同的密钥,保证彼此密钥的交换是安全可靠的,同时还要设定防止密钥泄密和更改密钥的程序。这样,对称密钥的管理和分发工作将变成一件具有潜在危险的和繁琐的过程,如图5.9所示。

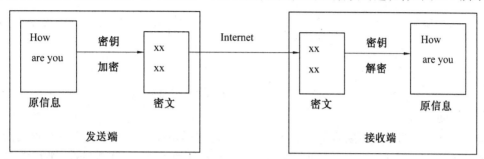

图5.9　对称密钥加密解密过程

2. 非对称密钥加密法(公开密钥加密)

在非对称加密体系中,密钥被分解为一对(即一把公用密钥或加密密钥和一把专用密钥或解密密钥)。这对密钥中的任何一把都可作为公用密钥(加密密钥)通过非保密方式向他人公开,而另一把则作为私人密钥(解密密钥)加以保存。公用密钥体制的关键在于人们不能从公用密钥来推导得出私人密钥,也不能从私人密钥推导得出公用密钥。因而其保密性比较好,它消除了最终用户交换密钥的需要,但加密和解密花费时间长。贸易方利用该方案实现机密信息交换的基本过程是:贸易方甲生成一对密钥并将其中的一把作为公用密钥向其他贸易方公开;得到该公用密钥的贸易方乙使用该密钥对机密信息进行加密后再发送给贸易方甲;贸易方甲再用自己保存的另一把专用密钥对加密后的信息进行解密。贸易方甲只能用其专用密钥来对由其公用密钥加密的信息进行解密。

非对称加密法一般采用公钥(public key)和私钥(private key)系统进行解密。它使用两把钥匙,如果一把用于加密,另一把可用于解密。两把钥匙是两个很大的质数,用其中的一个质数与原信息相乘,对信息加密,可以用另一个质数与收到的信息相乘来解密。每个网络上的用户都有一对公钥和私钥。公钥是公开的,可以公布在网上,也可以公开传送给需要的人;私钥只有本人知道,是保密的。在加密应用时,某个用户让给他发密件的人用这个公钥给密件加密发给他,一旦加密后,只有该用户用自己的私钥才能解密,过程如图5.10所示。这样就较好地解决了信息保密的问题。

与私有密钥加密相比,公开密钥加密有若干优点:

首先,在多人之间进行保密信息传输所需的密钥组合数量很小。在 n 个人彼此之间传输保密信息,只需要 n 对公开密钥,远远小于私有密钥加密系统的要求。

第二,密钥的发布不成问题。如果需要,每人的公开密钥甚至可张贴在地铁站,它没有特

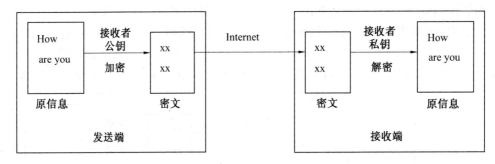

图 5.10 非对称密钥加密解密过程

殊的发布要求。

第三，公开密钥系统可实现数字签名。这就意味着将电子文档签名后再发给别人，而签名者无法否认。也就是说，采用公开密钥技术，除签名者外他人无法以电子方式进行签名，而且签名者事后也不能否认曾以电子方式签过文档。

虽然非对称密码体制具有密钥易管理和易于实现签名验证机制，但是目前其加密速度则远远低于对称密码体制。在实际的保密系统设计中，往往综合应用上述两种密码体制。普遍采用的是双钥和单钥密码相结合的混合加密体制，即加解密时采用单钥密码，密钥传送则采用双钥密码。这样既解决了密钥管理的困难，又解决了加解密速度的问题。综合以上内容，不难发现非对称密码体制与对称密码体制相比，有以下三个方面的优点，如表 5.1 所示。

表 5.1 对称密码体制与非对称密码体制的对比表

对比内容	对称密码体制	非对称密码体制
密码分发简便性	加密方每次应用新的密钥，都要通过某种秘密渠道把密钥传送给解密方，在传递过程中密钥容易泄密	加密密钥和解密密钥是不同的，并且不能由加密密钥推断出解密密钥，从而加密密钥表可以像电话号码本一样公开
密码保存的密钥数量	使用对称密码体制的网络通信中，如果任意两个用户通信都使用互不相同的密钥，n 个人就要使用 $n(n-1)/2$ 个密钥，密钥量大，难以管理	采用非对称密码体制，每个成员只要秘密保存自己的解密密钥，n 个通信成员只需要产生 n 对密钥
对等实体的验证	公钥密码体制可以容易地实现对称密码体制难以实现的签名验证机制	公钥密码体制不能容易地实现非对称密码体制难以实现的签名验证机制

第四节 电子商务安全管理技术及安全协议

一、访问控制技术

(一)访问控制技术的含义

访问控制是在保障授权用户能获取所需资源的同时拒绝非授权用户的安全机制。访问控制也是信息安全理论基础的重要组成部分。本章讲述访问控制的原理、作用、分类和研究前沿,重点介绍较典型的自主访问控制、强制访问控制和基于角色的访问控制。

(二)访问控制原理

访问控制与其他安全措施之间的关系可以用图 5.11 来简要说明。在用户身份认证(如果必要)和授权之后,访问控制机制将根据预先设定的规则对用户访问某项资源(目标)进行控制,只有规则允许时才能访问,违反预定的安全规则的访问行为将被拒绝。资源可以是信息资源、处理资源、通信资源或者物理资源,访问方式可以是获取信息、修改信息或者完成某种功能,一般情况可以理解为读、写或者执行。

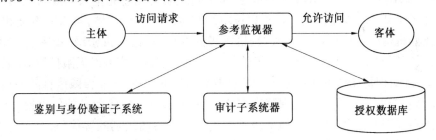

图 5.11 访问控制与其他安全措施的关系模型

访问控制的目的是限制访问主体对访问客体的访问权限,从而使计算机系统在合法范围内使用;它决定用户能做什么,也决定代表一定用户身份的进程能做什么。其中主体可以是某个用户,也可以是用户启动的进程和服务。为达到此目的,访问控制需要完成以下两个任务:

第一,识别和确认访问系统的用户。

第二,决定该用户可以对某一系统资源进行何种类型的访问。

访问控制一般包括三种类型:自主访问控制、强制访问控制和基于角色的访问控制。下面分别进行介绍。

1. 自主访问控制

自主访问控制(Discretionary Access Control,DAC)是一种常用的访问控制方式,它基于对主体或主体所属的主体组的识别来限制对客体的访问,这种控制是自主的。自主是指主体能够自主的(可能是间接的)将访问权或访问权的某个子集授予其他主体。简单来说,自主访问控制就是由拥有资源的用户自己来决定其他一个或一些主体可以在什么程度上访问哪些资源。

2. 强制访问控制

自主访问控制的最大特点是自主,即资源的拥有者对资源的访问策略具有决策权,因此是一种限制比较弱的访问控制策略。这种方式给用户带来灵活性的同时,也带来了安全隐患。

在一些系统中,需要更加强硬的控制手段,强制访问控制(Mandatory Access Control,MAC)就是其中的一种机制。

强制访问控制系统为所有的主体和客体指定安全级别,比如绝密级、机密级、秘密级和无密级。不同级别标记了不同重要程度和能力的实体。不同级别的主体对不同级别的客体的访问是在强制的安全策略下实现的。

在强制访问控制机制中,将安全级别进行排序,如按照从高到低排列,规定高级别可以单向访问低级别,也可以规定低级别可以单向访问高级别。这种访问可以是读,也可以是写或修改。

(1)保障信息完整性策略。为了保障信息的完整性,低级别的主体可以读高级别客体的信息(不保密),但低级别的主体不能写高级别的客体(保障信息完整),因此采用的是上读/下写策略。即属于某一个安全级的主体可以读本级和本级以上的客体,可以写本级和本级以下的客体。比如机密级主体可以读绝密级、机密级的客体,可以写机密级、秘密级、无密级的客体。这样,低密级的用户可以看到高密级的信息,因此,信息内容可以无限扩散,从而使信息的保密性无法保障;但低密级的用户永远无法修改高密级的信息,从而保障信息的完整性。

(2)保障信息机密性策略。与保障完整性策略相反,为了保障信息的保密性,低级别的主体不可以读高级别的信息(保密),但低级别的主体可以写高级别的客体(完整性可能破坏),因此采用的是下读/上写策略。即属于某一个安全级的主体可以写本级和本级以上的客体,可以读本级和本级以下的客体。比如机密级主体可以写绝密级、机密级的客体,可以读机密级、秘密级、无密级的客体。这样,低密级的用户可以修改高密级的信息,因此,信息完整性得不到保障;但低密级的用户永远无法看到高密级的信息,从而保障信息的保密性。

实体的安全级别是由敏感标记(sensitivity label)来表示。敏感标记,简称标记,是表示实体安全级别的一组信息,在安全机制中把敏感标记作为强制访问控制决策的依据。当输入未加安全级别的数据时,系统应该向授权用户要求这些数据的安全级别,并对收到的安全级别进行审计。

自主访问控制较弱,而强制访问控制又太强,会给用户带来许多不便。因此,实际应用中,往往将自主访问控制和强制访问控制结合在一起使用。自主访问控制作为基础的、常用的控制手段;强制访问控制作为增强的、更加严格的控制手段。某些客体可以通过自主访问控制保护,重要课题必须通过强制访问控制保护。

3. 基于角色的访问控制

基于角色的访问控制模式(Role Based Access Control,RBAC)就是为了克服以上问题而提出来的。在基于角色的访问控制模式中,用户不是自始至终以同样的注册身份和权限访问系统,而是以一定的角色访问,不同的角色被赋予不同的访问权限,系统的访问控制机制只看到角色,而看不到用户。用户在访问系统前,经过角色认证而充当相应的角色。用户获得特定角色后,系统依然可以按照自主访问控制或强制访问控制机制控制角色的访问能力。

(1)角色的概念。在基于角色的访问控制中,角色(role)定义为与一个特定活动相关联的一组动作和责任。系统中的主体担任角色,完成角色规定的责任,具有角色拥有的权限。一个主体可以同时担任多个角色,它的权限就是多个角色权限的总和。基于角色的访问控制就是通过各种角色的不同搭配授权来尽可能实现主体的最小权限(最小授权指主体在能够完成所有必需的访问工作基础上的最小权限)。

例如,在一个银行系统中,可以定义出纳员、分行管理者、系统管理员、顾客、审计员等角色。其中,担任系统管理员的用户具有维护系统文件的责任和权限,无论这个用户具体是谁。系统管理员可能是由某个出纳员兼任,他就具有两种角色。但是出于责任分离的考虑,需要对一些权利集中的角色组合进行限制,比如规定分行管理者和审计员不能由同一个用户担任。

基于角色的访问控制可以看做是基于组的自主访问控制的一种变体,一个角色对应一个组。

(2)基于角色的访问控制。基于角色的访问控制就是通过定义角色的权限,为系统中的主体分配角色来实现访问控制的。用户先经认证后获得一定角色,该角色被分派了一定的权限,用户以特定角色访问系统资源,访问控制机制检查角色的权限,并决定是否允许访问。

这种访问控制方法的具体特点如下:

1)提供了三种授权管理的控制途径。

①改变客体的访问权限,即修改客体可以由哪些角色访问以及具体的访问方式。

②改变角色的访问权限。

③改变主体所担任的角色。

2)系统中所有角色的关系结构可以是层次化的,便于管理。角色的定义是从现实出发,所以可以用面向对象的方法来实现,运用类和继承等概念表示角色之间的层次关系非常自然而且实用。

3)具有较好的提供最小权利的能力,从而提高了安全性。由于对主体的授权是通过角色定义,因此调整角色的权限粒度可以做到更有针对性,不容易出现多余权限。

4)具有责任分离的能力。定义角色的人不一定是担任角色的人,这样,不同角色的访问权限可以相互制约,因而具有更高的安全性。

下面通过一个具体实例来说明基于角色的访问控制策略。例如,前面已经定义了角色的银行系统,设计如下访问策略:

①允许出纳员修改顾客的账号记录(包括存款、取款、转账等),并允许出纳员询问所有账号的注册项。

②允许分行管理者修改顾客的账号记录(包括存款、取款,但不包括规定的资金数目的范围),并允许分行管理者查询所有账号的注册项,还可以创建和取消账号。

③允许一个顾客询问自己的注册项,但不能询问其他任何的注册项。

④允许系统管理员询问系统注册项和开关系统,但不允许读或修改顾客的账号信息。

⑤允许审计员阅读系统中所有的信息,但不允许修改任何信息。

这种策略陈述具有很明显的优势,包括:

①表示方法和现实世界一致,使得非技术人员也容易理解。

②很容易映射到访问矩阵和基于组的自主访问控制,便于实现。

随着面向对象方法进一步推广,对于系统易用性需求更高,基于角色的访问控制的优势会越来越突出,将具有非常广阔的前景。

二、防火墙技术

(一)防火墙的含义

防火墙有理论上和物理上两种含义。理论上防火墙概念指的是提供对网络的存取控制功能,保护信息资源,避免不正当的存取。从物理上解释,防火墙是 Internet 和 Intranet 间设置的一种过滤器、限制器。只有被授权的通讯才能通过此保护层,从而使内部网络与外部网络在一定意义下隔离,防止非法入侵、非法使用系统资源,执行安全管制措施,记录所有可疑的事件,如图 5.12 所示。

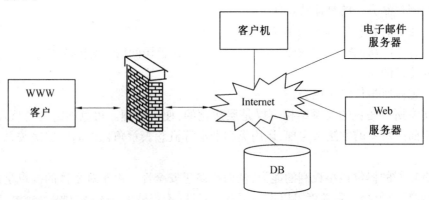

图 5.12 防火墙结构

企业的电子商务系统包括 Internet,它最大的好处是方便了企业内部以及企业与外部的信息交流,提高了工作效率。

然而,与 Internet 这样一个世界范围的开放网络连接,在获得利益的同时也要付出安全性代价。一旦企业内部网连入 Internet，就意味着 Internet 上的每个用户都有可能访问企业网。如果没有一个安全性保护措施，黑客们可能会在毫不觉察的情况下进入企业网，非法访问企业的资源。Internet 的安全性主要包括以下两个方面的含义。

第一，保护企业内部资源，防止外部入侵，控制和监督外部用户对企业内部网的访问；

第二，控制、监督和管理企业内部对外部 Internet 的访问。

（二）防火墙的功能

防火墙的功能有以下四点：

1. 防火墙是网络安全的屏障

防火墙作为内部网络的阻塞点、控制点能极大地提高内部网络的安全性，降低风险。由于只有经过精心选择的应用协议才能通过防火墙，所以网络环境变得更安全。

2. 防火墙可以强化网络安全策略

通过以防火墙为中心的安全方案配置，能将所有安全软件（如口令、加密、身份认证、审计等）配置在防火墙上。与将网络安全问题分散到各个主机上相比，防火墙的集中安全管理更经济。例如在网络访问时，一次一密口令系统和其他的身份认证系统完全可以不必分散在各个主机上，而集中在防火墙一身上。

3. 对网络存取和访问进行监控审计

如果所有的访问都经过防火墙，那么，防火墙就能记录下这些访问并作出日志记录，同时也能提供网络使用情况的统计数据。当发生可疑动作时，防火墙能进行适当的报警，并提供网络是否受到监测和攻击的详细信息。另外，收集一个网络的使用和误用情况也是非常重要的，这可以用于分析防火墙是否能够抵挡攻击者的探测和攻击，以及防火墙的控制是否充足。而网络使用统计对网络需求分析和威胁分析等而言也是非常重要的。

4. 防止内部信息的外泄

通过利用防火墙对内部网络的划分，可实现内部网重点网段的隔离，从而限制了局部重点或敏感网络安全问题对全局网络造成的影响。再者，隐私是内部网络非常关心的问题，一个内部网络中不引人注意的细节可能包含了有关安全的线索而引起外部攻击者的兴趣，甚至因此而暴露了内部网络的某些安全漏洞。使用防火墙就可以隐蔽那些透漏内部细节如 Finger，DNS 等服务。

（三）防火墙的设计

1. 防火墙的设计原则

一个实际可用的防火墙防御策略应该在保护网络免受威胁和提供用户访问网络资源之间寻求一个平衡点。防火墙的典型设计原则包括：①不允许从 Internet 访问一个内部站点，但允许一个内部站点访问 Internet；允许来自 Internet 的某些特定服务访问内部站点；②允许 Internet 上一些用户访问有选择的内部主机，但是这种访问只在必要的时候被许可并且要附加一些比较先进的认证手段。包过滤路由器和应用网关能被有效结合来提供更高的安全性和灵活性。

2. 包过滤技术

包过滤用于控制哪些数据包可以进出网络而哪些数据包应被网络所拒绝。IP 包过滤通常是由包过滤路由器来完成的,这种路由器除了完成通常情况下的路径选择外,还可以根据路由器中的包过滤规则做出是否允许该包通过的决定。可以使用多种过滤方法来阻塞进出特定主机或网络的连接,也可以阻塞对特定端口的连接。但是基于 IP 地址过滤的规则并不判断源 IP 地址的真实性,这就意味着伪装源 IP 地址的数据包,还是能在一定程度上访问内部网或内部网服务器。如图 5.13 所示。

包过滤存在的缺点有:

(1) 包过滤规则的制定相当复杂,通常没有现存的测试工具检验规则的正确性;

(2) 有些路由器不提供日志记录的能力,则危险的数据包通过后,只有攻击产生明显结果后才会被发现。

3. 代理服务

为了克服包过滤路由器的弱点,防火墙需要使用一些应用软件来转发和过滤像 Telnet 和 FTP 这类服务的连接,这种服务有时称为代理服务(proxy service),而运行代理服务的主机称为应用网关。这些程序根据预先制定的安全规则将用户对外部网的服务请求向外提交、转发外部网对内部网用户的访问。代理服务替代了用户和外部网的连接。一般代理服务位于内部网络用户和外部网络的服务之间,它在很大程度上对用户是透明的。如图 5.14 所示。

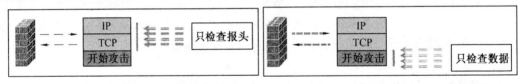

图 5.13　包过滤技术的过程示意图　　　　图 5.14　代理服务的过程示意图

三、安全套接层协议(SSL)

(一) 安全套接层协议的含义

安全套接层协议(Secure Sockets Layer,SSL)是 Netscape 公司率先采用的一种网络安全协议,它能把在网页和服务器之间传输的数据加密。这种加密措施能够防止资料在传输过程中被窃取。因此采用 SSL 协议传输密码和信用卡号等敏感信息以及身份认证信息是一种比较理想的选择。SSL 可以被理解成一条受密码保护的通道。通道的安全性取决于协议中采用的加密算法。目前 SSL 协议标准已经成为网络上保密通信的一种工业标准,在 C/S 和 B/S 的构架下都有广泛的应用。

SSL 是介于 HTTP 协议与 TCP 协议之间的一个可选层,如图 5.15 所示。SSL 在 TCP 之上建立了一个加密通道,通过该通道的数据都经过了加解密过程。具体来讲,SSL 协议又可以分为两部分:握手协议和记录协议。其中握手协议用于协商密钥,协议的大部分内容都是描述通信双方如何安全地协商会话密钥。记录协议则定义了传输的格式。

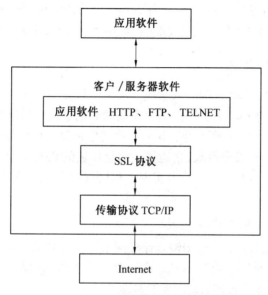

图 5.15　SSL 协议与相关网络层的关系

简单地讲,SSL 协议的工作流程是:SSL 客户端(也是 TCP 的客户端)在 TCP 连接建立后,发出一个消息,该消息中包含了 SSL 可实现的算法列表和其他一些必要的消息。SSL 的服务器端将回应一个消息,其中确定了该次通信所要用的算法,然后发出服务器端的证书(其中包含了身份和公钥)。客户端在收到该消息后会生成一个秘密消息,并用 SSL 服务器的公钥加密后传回服务器。服务器用自己的私钥解密后,会话密钥协商成功,则双方可以用同一份会话密钥通信了。

(二)安全套接层协议基本的安全服务

SSL 提供如下三种基本的安全服务:

1. 加密处理

安全套接层协议所采用的加密技术既有对称密钥技术,如 DES,也有公开密钥技术,如 RSA,MD5 等。具体是客户机与服务器进行数据交换之前,交换 SSL 初始握手信息,在 SSL 握手信息中采用了各种加密技术对其加密,以保证其机密性和数据的完整性,并且用数字凭证进行鉴别。这样就可以防止非法用户使用一些工具如"IP 数据包犬〈Ip packet sniffer〉"进行窃听,尽管"IP 数据包犬"也能嗅到通信的内容,但无法对其进行破译。

2. 保证信息的完整性

安全套接层协议是采用 Hash 函数和机密共享的方法来提供完整信息性的服务,来建立客户机与服务器之间的安全通道,使所有经过安全套接层协议处理的业务能全部准确无误地到达目的地。

3. 提供较完善的认证服务

客户机和服务器都有各自的识别号,这些识别号由公开密钥进行编号,为了验证用户是否合法,安全套接层协议要求在握手交换数据进行数字认证,以此来确保用户的合法性。

四、安全电子交易协议(SET)

SET(Secure Electronic Transaction)安全电子交易协议是由美国 Visa 和 MasterCard 两大信用卡组织提出的应用于 Internet 上的以信用卡为基础的电子支付系统协议。它采用公钥密码体制和 X.509 数字证书标准,主要应用于 B to C 模式中保障支付信息的安全性。SET 协议本身比较复杂,设计比较严格,安全性高,它能保证信息传输的机密性、真实性、完整性和不可否认性。SET 协议是 PKI 框架下的一个典型实现,同时也在不断升级和完善,如 SET 2.0 将支持借记卡电子交易。

(一)SET 要达到的最主要的目标

(1)信息在 INTERNET 上的安全传输。保证网上传输的数据不被黑客窃听。

(2)订单信息和个人账号信息的隔离。在将包括消费者账号信息的订单送到商家时,商家只能看到订货信息,而看不到消费者的账户信息。

(3)消费者和商家的相互认证,以确定通信双方的身份。一般由第三方机构负责为在线通信方双方提供信用担保。

(4)要求软件遵循相同的协议和消息格式,使不同厂家开发的软件具有兼容和互操作功能,并且可以运行在不同的硬件和操作系统平台上。

(二)SET 规范涉及的范围

(1)加密算法的应用(例如 RSA 和 DES)。

(2)证书信息和对象格式。

(3)购买信息和对象格式。

(4)认可信息和对象格式。

(5)划账信息和对象格式。

(6)对话实体之间消息的传输协议。

(三)SET 协议中的角色

(1)消费者:在电子商务环境中,消费者和团体购买者通过计算机与商家交流,消费者通过由发卡机构颁发的付款卡(例如信用卡、借记卡)进行结算。在消费者和商家的会话中,SET 可以保证消费者的个人账号信息不被泄漏。

(2)发卡机构:它是一个金融机构,为每一个建立了账户的顾客颁发付款卡,发卡机构根据不同品牌卡的规定和政策,保证对每一笔认证交易的付款。

(3)商家:提供商品或服务,使用 SET,就可以保证消费者个人信息的安全。接受卡支付的商家必须和银行有关系。

(4)银行:在线交易的商家在银行开立账号,并且处理支付卡的认证和支付。

(5)支付网关:是由银行操作的,将 Internet 上的传输数据转换为金融机构内部数据的设备,或由指派的第三方处理商家支付信息和顾客的支付指令。

SET 是针对用卡支付的网上交易而设计的支付规范,对不用卡支付的交易方式,例如先送货货到付款方式、邮局汇款方式则与 SET 无关。另外像网上商店的页面安排,保密数据在购买者计算机上如何保存等,也与 SET 无关。

(四)SET 协议的工作原理

SET 协议的工作原理如图 5.16 所示。

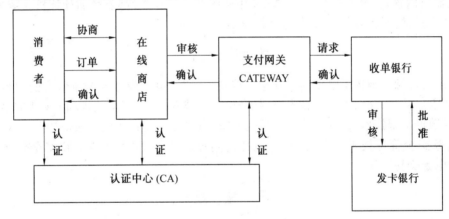

图 5.16 SET 协议的工作原理

具体工作流程说明如下:

(1)消费者使用浏览器在商家的 Web 主页上查看在线商品目录浏览商品。

(2)消费者选择要购买的商品。

(3)消费者填写订单,包括:项目列表、价格、总价、运费、搬运费、税费。订单可通过电子化方式从商家传过来,或由消费者的电子购物软件(wallet)建立。有些在线商场可以让消费者与商家协商物品的价格(例如出示自己是老客户的证明,或给出了竞争对手的价格信息)。

(4)消费者选择付款方式。此时 SET 开始介入。

(5)消费者发送给商家一个完整的订单及要求付款的指令。在 SET 中,订单和付款指令由消费者进行数字签名。同时利用双重签名技术保证商家看不到消费者的账号信息。

(6)商家接受订单后,向消费者的金融机构请求支付认可。通过 Gateway 到银行,再到发卡机构确认,批准交易。然后返回确认信息给商家。

(7)商家发送订单确认信息给顾客。顾客端软件可记录交易日志,以备将来查询。

(8)商家给顾客装运货物,或完成订购的服务。到此为止,一个购买过程已经结束。商家可以立即请求银行将钱从购物者的账号转移到商家账号,也可以等到某一时间,请求成批划账处理。

(9)商家从消费者的金融机构请求支付。在认证操作和支付操作中间一般会有一个时间间隔,例如,在每天的下班前请求银行结一天的账。

前三步与 SET 无关,从第四步开始 SET 起作用,一直到第九步,在处理过程中,通信协议、请求信息的格式、数据类型的定义等,SET 都有明确的规定。在操作的每一步,消费者、商家、网关都通过 CA 来验证通信主体的身份,以确保通信的对方不是冒名顶替。

相对于 SSL 协议来说,SET 协议更为安全。但是由于 SET 协议过于复杂,处理速度慢,支持 SET 系统的费用较大,使用 SET 要花上极大的代价。而使用 SSL 则较为便宜(被大部分 Web 浏览器所内置)。SET 和 SSL 都要求使用密码技术和算法,都要增加计算机系统的负载,SET 需要较高的处理能力,SSL 要求的负载较小。

本 章 小 结

本章比较详细地阐述了电子商务安全。首先,介绍了电子商务安全所包含的内容与存在的问题、要求。其次,介绍了认证技术,包括身份认证技术、数字识别技术和 CA 认证中心。然后,介绍了数据加密技术,包括密码学与数据加密、古典加密技术和现代加密技术。最后,介绍了电子商务安全管理技术及安全协议,包括访问控制技术、防火墙技术和安全套接层协议 SSL、安全电子交易协议 SET。

思 考 题

1. 电子商务安全的内容和含义是什么?
2. 电子商务的安全问题有哪些?
3. 电子商务的安全隐患有哪些?
4. 电子商务的主要安全要素有哪些?
5. 身份认证的含义和目标有哪些?
6. 身份认证常用工具有哪些?
7. 数字识别技术有哪些?分别图示说明。
8. CA 认证中心的含义和功能有哪些?
9. 什么是古典加密技术?分别举例说明其算法。
10. 什么是对称密钥加密法和非对称密钥加密法,它们有什么区别?
11. 什么是访问控制的含义和原理,包括哪几种类型?
12. 防火墙的含义和功能是什么?
13. 什么是 SET 和 SSL?

阅读资料

【阅读资料一】

电子商务安全问题的具体表现

一、信息窃取、篡改与破坏

电子的交易信息在网络上传输的过程中,可能会被他人非法修改、删除或重放,从而使信息失去真实性和完整性。包括网络硬件和软件的问题而导致信息传递的丢失与谬误;以及一些恶意程序的破坏而导致电子商务信息遭到破坏。

二、身份假冒

如果不进行身份识别,第三方就有可能假冒交易一方的身份,以破坏交易,败坏被假冒一方的声誉或盗窃被假冒一方的交易成果等。

三、诚信安全问题

电子商务的在线支付形式有电子支票、电子钱包、电子现金、信用卡支付等。但是采用这几种支付方式,都要求消费者先付款,然后商家再发货。因此,诚信安全也是影响电子商务快速发展的一个重要问题。

四、交易抵赖

电子商务的交易应该同传统的交易一样具有不可抵赖性。有些用户可能对自己发出的信息进行恶意的否认,以推卸自己应承担的责任。交易抵赖包括多个方面,如发信者事后否认曾经发送过某条信息或内容,收信者事后否认曾经收到过某条消息或内容,购买者做了订货单不承认,商家卖出的商品因价格差而不承认原有的交易等。

五、病毒感染

各种新型病毒及其变种迅速增加,不少新病毒直接利用网络作为自己的传播途径。我国计算机病毒主要就是蠕虫等病毒在网上的猖獗传播。蠕虫主要是利用系统的漏洞进行自动传播复制,由于传播过程中产生巨大的扫描或其他攻击流量,从而使网络流量急剧上升,造成网络访问速度变慢甚至瘫痪。

六、黑客

黑客指的是一些以获得对其他人的计算机或者网络的访问权为乐的计算机爱好者。而其他一些被称为"破坏者(cracker)"的黑客则怀有恶意,他们会摧毁整个计算机系统,窃取或者损害保密数据,修改网页,甚至最终导致业务的中断。一些业余水平的黑客只会在网上寻找黑客工具,在不了解这些工具的工作方式和它们的后果的情况下使用这些工具。

七、特洛伊木马程序

特洛伊木马程序简称特洛伊,是破坏性代码的传输工具。特洛伊表面上看起来是无害的或者有用的软件程序,例如计算机游戏,但是它们实际上是"伪装的敌人"。特洛伊可以删除数据,将自身的复本发送给电子邮件地址簿中的收件人,以及开启计算机进行其他攻击。只有通过磁盘,从互联网上下载文件,或者打开某个电子邮件附件,将特洛伊木马程序复制到一个系统,才可能感染特洛伊。无论是特洛伊还是病毒并不能通过电子邮件本身传播——它们只可能通过电子邮件附件传播。

八、恶意破坏程序

网站提供一些软件应用(如 ActiveX 和 Java Applet),由于这些应用非常便于下载和运行,从而提供了一种造成损害的新工具。恶意破坏程序是指会导致不同程度的破坏的软件应用或者 Java 小程序。一个恶意破坏程序可能只会损坏一个文件,也可能损坏大部分计算机系统。

九、网络攻击

目前已经出现的各种类型的网络攻击通常被分为三类:探测式攻击、访问攻击和拒绝服务(DoS)攻击。探测式攻击实际上是信息采集活动,黑客们通过这种攻击搜集网络数据,用于以后进一步攻击网络。通常,软件工具(如探测器和扫描器)被用于了解网络资源情况,寻找目标网络、主机和应用中的潜在漏洞。例如一种专门用于破解密码的软件,这种软件是为网络管理员而设计的,管理员可以利用它们来帮助那些忘记密码的员工,或者发现那些没有告诉任何人自己的密码就离开了公司的员工的密码。但这种软件如果被错误的人使用,就将成为一种非常危险的武器。访问攻击用于发现身份认证服务、文件传输协议(FTP)功能等网络领域的漏洞,以访问电子邮件账号、数据库和其他保密信息。DoS 攻击可以防止用户对于部分或者全部计算机系统的访问。它们的实现方法通常是:向某个连接到企业网络或者互联网的设备发送大量的杂乱的或者无法控制的数据,从而让正常的访问无法到达该主机。更恶毒的是分布式拒绝服务攻击(DDoS),在这种攻击中攻击者将会危及多个设备或者主机的安全。

(资料来源:中国电子商务研究中心,2010-11.)

【阅读资料二】

电子商务网络安全技术对策

一、使用网络监测和锁定监控

网络管理员应对网络实施监控,服务器应记录用户对网络资源的访问,对非法的网络访问,服务器应以图形或文字或声音等形式报警,以引起网络管理员的注意。如果不法之徒试图进入网络,网络服务器应会自动记录企图尝试进入网络的次数,如果非法访问的次数达到设定数值,那么该账户将被自动锁定。通过分析记录数据,可以发现可疑的网络活动,并采取措施预先阻止今后可能发生的入侵行为。

二、对通信端口和通信线路进行保护

远程终端和通信线路是安全的薄弱环节,对目前已有各种各样的端口保护专用设备,要选择符合实际需要的技术先进的产品。对于通信线路,应尽可能埋在地下,并且尽可能采用光缆,因为光缆不存在因各种电磁辐射引起的电磁泄漏,而且抗干扰性能极好。若采用电缆,要抑制和防止电磁泄漏,目前主要措施有两类:一类是对传导发射的防护,主要采取对电源线和信号线加装性能良好的滤波器,减小传输阻抗和导线间的交叉耦合。另一类是对辐射的防护,可采用电磁屏蔽措施和干扰方式的防护措施,即在计算机系统工作的同时,利用干扰装置产生一种与计算机系统辐射相关的伪噪声向空间辐射来掩盖计算机系统的工作频率和信息特征。

三、采用信息流安全控制

防止不法分子通过流量和流向分析手段来确定攻击的目标。

这类安全控制包括:掩盖通信的频度、掩盖报文的长度、掩盖报文的形式、掩盖报文的地址。具体方法是填充报文和改变传输路径。为掩盖报文地址,一般采用物理层的链路加密方式,为掩盖报文的形式,常采用带反馈的加密方式。

四、安装高性能的防火墙

防火墙是一个用以阻止网络中的黑客访问某个机构网络的屏障。

如果内部网络要进入 Internet,必须在内部网络与外部网络的接口处设置防火墙,在网络边界上通过建立起来的相应网络通信监控系统来隔离内部和外部网络,以阻挡外部网络的侵入,确保内部网络中的数据安全。在具体应用防火墙技术时,还要考虑两个方面:首先,防火墙是不能防病毒的,工作站是病毒进入网络的主要途径,所以应该在工作站上安装防病毒软件。其次,防火墙技术的另外一个弱点在于数据在防火墙之间的更新,如果延迟太大将无法支持实时服务请求。

五、采用访问控制

从计算机系统的处理能力方面对信息提供保护,它按照事先确定的规则决定主体对客体的访问是否合法。当主体试图非法使用一个未经授权的资源时,访问控制机制将拒绝这一企图,并将这一事件报告给审计跟踪系统。审计跟踪系统将给出报警,并记入日志档案。对于文件和数据库设置安全属性,对其共享的程度予以划分,通过访问矩阵来限制用户的使用方式。

六、采用数据加密技术

分为对称密钥加密技术和非对称密钥加密技术,对称密钥加密技术在发送方和接收方使用相同的密钥,对数据使用相同的密钥进行加密和解密,如 DES 加密算法。在非对称密钥技术中,数据加解密的双方使用不同的密钥,但两个密钥之间拥有一个特定的关系:可以使用其中一个密钥进行加密,使用另外一个密钥进行解密,如 RSA 加密算法。

电子商务是以互联网为活动平台的电子交易,它是继电子贸易(SDI)之后的新一代电子数据交换形式。计算机网络的发展与普及,自接带动电子商务的发展。因此计算机网络安全的要求更高,涉及面更广,不但要求防治病毒,还要提高系统抵抗外来非法黑客入侵的能力,还要提高对远程数据传输的保密性,避免在传输途中遭受非法窃取,以保证系统本身安全性,如服务器自身稳定性,增强自身抵抗能力,杜绝一切可能让黑客入侵的渠道等等。对重要商业应用,还必须加上防火墙和数据加密技术加以保护。在数据加密方面,更重要的是不断提高和改进数据加密技术,使不法分子难有可乘之机。

(资料来源:中国 B2B 研究中心. 2009.)

第六章
Chapter 6

电子支付

【学习要点及目标】
1. 了解电子商务支付的概念、特点、种类和功能。
2. 了解电子货币的特点。
3. 掌握信用卡、电子现金、电子支票、智能卡的概念、特点及使用过程。
4. 熟悉网上银行的业务和功能。
5. 了解第三方支付平台。

第一节 电子支付概述

在电子商务活动中,作为重要环节的电子支付方式越发显示出其重要性。虽然电子商务亦可通过传统的支付方式进行,但是在线支付、电子现金、IC卡、信用卡等电子支付方式显然有着更大的优越性。因为它们比传统的支付方式更加方便、快捷。美国电子商务交易繁荣的一个主要因素在于其信用卡的普及,电子支付工具的推广将会有力推动电子商务的发展。

一、传统支付概述

与电子支付通过先进的通信技术和可靠的安全技术实现的款项支付结转方式不同,传统支付指的是通过现金流转、票据转让以及银行转账等物理实体的流转来实现款项支付的方式。传统的支付手段主要有三种:现金、票据和信用卡。

(一)现金

现金有两种形式,即纸币和硬币,由国家组织或政府授权的银行发行。纸币本身没有价值,它只是一种由国家发行并强制通用的货币符号,但却可以代替货币进行流通,其价值是由国家加以保证的。硬币本身含有一定的金属成分,故而具有一定的价值。此外,还有一些非官方的硬币。

现金交易流程如图6.1所示,货物从卖方流向买方的同时,现金则由买方流向卖方。

图6.1 现金交易流程

从以上的交易模式可以发现,现金交易存在许多缺陷,它受时间和空间的限制,对于不在同一时间、同一地点进行的交易,就无法采用现金支付的方式。现金表面金额的固定性意味着在大宗交易中需携带大量的现金,这种携带的不便性以及由此产生的不安全性在一定程度上限制了现金作为支付手段的采用。为了克服现金交易中的缺陷,票据应运而生。

(二) 票据

广义上的票据包括各种记载一定文字、代表一定权利的文书凭证,如股票、债券、货单、车船票、汇票等,人们将它们泛称为票据。狭义上的票据是一个专用名词,专指票据法所规定的汇票、本票和支票等票据。中国《票据法》将票据分成汇票、本票和支票三种。汇票是出票人委托他人于到期日无条件支付一定金额给收款人的票据;本票是出票人自己于到期日无条件支付一定金额给收款人的票据;支票则是出票人委托银行或其他法定金融机构于见票时无条件支付一定金额给收款人的票据。如图6.2所示为支票交易流程。

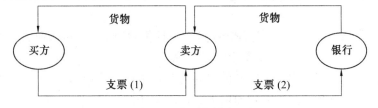

图6.2 支票交易流程

和现金交易相比,票据交易有以下优势:票据本身的特性决定了交易可以异时、异地进行,这样就突破了现金交易同时、同地的局限,大大增加了交易实现的机会。此外,票据所具有的汇兑功能也使得大宗交易成为可能。

美国联邦储备委员会的一项调查显示,由于消费者、企业和金融机构不断寻求更有效和节约成本的支付方式,签发支票这种传统的非现金支付方式正在逐渐让位于电子支付方式。

（三）信用卡

信用卡是银行或金融公司发行的,授权持卡人在指定的商店或场所进行记账消费信用凭证。信用卡有许多优点:第一,它具有多功能性的优点。不同的信用卡其功能和用途各异,但概括起来,主要有四种主要功能,即转账结算功能、消费借贷功能、储蓄功能和汇兑功能。第二,使用信用卡高效便捷。由于银行为持卡人和特约商户提供高效的结算服务,这样消费者就便于也乐于持卡购物和消费,而且,利用信用卡结算可以减少现金货币流通量,简化收款手续。第三,持卡人即使到外地,也可以凭卡存取现金,十分灵活方便,免却随身携带大量现金的不便,而且有安全保障。原始的信用卡已经具备部分电子支付的功能,发展到如今的信用卡已经成为电子支付的主要手段之一。

二、电子支付的概念

电子支付(electronic payment)是指单位或个人通过电子终端,直接或间接向银行业金融机构发出支付指令,实现货币支付与资金转移的行为。电子支付过程中,货币债权以数字信息的方式被持有、处理、接受,由电子支付工具发起实现货币债权的转移。

电子支付可以方便企业和消费者进行各种支付与结算,同时可以方便快捷地进行资金的划拨。电子支付的出现要先于互联网,银行开展电子支付的五种形式分别代表着电子支付发展的不同阶段。

第一阶段,银行利用计算机处理银行之间的业务,办理结算,如工商银行实时电子汇兑系统。

第二阶段,银行与其他机构的计算机之间资金结算,如代发工资、代收费等。

第三阶段,利用网络终端向客户提供各项银行服务,如在自动柜员机(ATM)上进行存取款等。

第四阶段,利用银行销售点终端(POS)向客户提供自动扣款、转账业务,即"电子支付系统",它是现阶段电子支付的主要方式。在这一阶段,以发卡行的行内授权系统为基础,全国银行卡信息交换中心和城市银行卡中心的建立为银行卡跨行交互和跨行交易创造了条件,现行的银行支付系统也自然成为第五阶段网上支付的软硬件基础。

第五阶段,正在发展的阶段。电子支付可随时随地通过Internet进行直接转账结算,形成电子商务交易平台。这一阶段的电子支付又叫网上支付。

三、电子支付的特点

与传统的支付方式相比,电子支付具有以下特点:

(1)传统的支付方式是通过现金的流转、票据的转让及银行的汇兑等物理实体的流转来完成款项支付的。而电子支付是采用先进的信息技术来完成信息传输的,其各种支付方式都是采用数字化的方式进行款项支付的。所以,与传统支付方式相比,电子支付更加快捷,并且减少了许多人工环节,使出现误差的可能性降到了更低的水平。

(2)传统支付是在较为封闭的系统中运行的,一般由买卖双方直接完成。电子支付则是在相对开放的系统平台(如互联网)上,至少需要三方才能够完成整个流程。

(3)传统支付使用的是传统的通信媒介。而电子支付使用的是最先进的通信手段,如互联网、外联网等。所以,电子支付对软件、硬件的要求很高,一般要求有联网的计算机、相关的软件及其他一些配套设施,具有较强的技术性,而传统支付则没有这么高的要求。

(4)电子支付具有方便、快捷、高效、经济的优势。传统的支付系统要求银行、分行、银行职员、自动取款机及相应的电子交易系统来管理现金和转账,成本较高。电子支付不需要太多的人工干预,因而能够节省大量的人工成本,降低企业、银行的费用,同时,电子支付可以真正实现24小时的服务保证。

但是目前,电子支付仍然存在一些问题,例如,支付的安全性、网上银行账户的安全性得不到保证等等。因此,在大规模地推广电子支付之前,一方面必须要较好地解决黑客入侵、账号密码泄露等涉及资金安全的问题;另一方面,用户所选用的电子支付工具必须满足多个条件,要由用户账户所在的银行提供,有相应的支付系统和商户所在银行的支持,被接收单位所认可等。因为如果用户的支付工具得不到各方的认可,或者说缺乏相应的系统支持,电子支付也还是难以实现。

四、电子支付系统的基本构成

电子支付系统是电子商务系统的重要组成部分,它是指客户、商家、银行之间使用安全电子手段交换商品或服务,运用银行卡、电子现金、电子支票或智能卡等支付工具通过网络安全传送到银行或相应金融机构来实现电子商务的结算。因此,电子支付系统是融购物流程、支付工具、安全技术、认证体系及银行金融体系为一体的综合系统。其基本构成如图6.3所示。

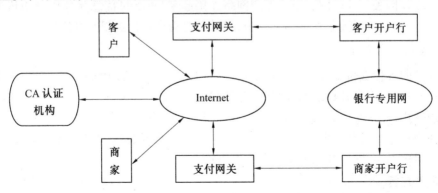

图6.3 电子支付系统的基本构成

（一）客户

客户一般是指利用电子交易手段与企业或商家进行电子交易活动的组织、单位或个人。他们向商家购买商品或服务，使用支付工具进行支付，这是电子支付系统运作的原因与起点。

（二）商家

商家是指向客户提供商品或服务的单位或个人。在电子支付系统中，它必须能够根据客户发出的支付指令向金融机构请求结算，这一过程一般是由商家设置的一台专门的服务器来处理的。由于电子支付的方式比较多样，商家最好提供多种网上支付方式，这需要商家事先与银行建立合作关系。

（三）CA认证机构

CA认证机构又被称为认证中心，它是交易各方都信任的公正的第三方中介机构，它主要负责为参与电子交易活动的各方发放和维护数字证书，已确认各方的真实身份，以保证电子商务支付过程的安全性。认证机构必须确认交易参与方的资信状况（如交易方的银行账户情况、与银行交往的信用历史记录等），因此，认证过程也离不开银行的参与。

（四）支付网关

支付网关是完成银行网络和互联网之间的通信、协议转换和进行数据加密、解密，保证银行内部网络安全的一组服务器。它是公共网络和银行专用网之间的安全接口，保障银行网络的安全，支付信息必须通过支付网关才能进入银行支付系统，进而完成支付的授权和支付款项的转移。

电子商务交易中同时传输两类信息：交易信息与支付信息。要保证这两类信息在传输过程中不被无关的第三者阅读，其中也包括商家不能看到客户的支付信息，银行不能看到客户的交易信息。支付网关将互联网和银行专用网络连接起来，将支付信息从公用网络传递到银行专用网络，既能保证电子商务安全顺利实施，同时又能隔离和保护银行专用网络。

（五）银行

电子商务的各种支付工具都要依托于银行信用，没有信用就无法运行。作为参与方的银行包括客户开户行、商家开户行和银行专用网络等。

1. 客户开户行

客户开户行是指为客户提供资金账户和网络支付工具的银行，在利用银行卡作为支付工具的网络支付体系中，客户开户行又被称为发卡行。

2. 商家开户行

商家开户行是指为商家提供资金账户的银行，因为商家开户行是依据商家提供的合法账单来工作的，所以又被称为收单行。客户向商家发送订单和支付指令，商家将收到的订单留下，将客户的支付指令提交给商家开户行，然后商家开户行向客户开户行发出支付授权请求，并进行它们之间的清算工作。

3. 银行专用网络

银行专用网络是银行内部及各银行之间交流信息的封闭的专用网络,通常具有较高的稳定性和安全性。我国的银行专用网主要包括中国国家现代化支付系统(CNAPS)、人民银行电子联行系统、工商银行电子汇兑系统和银行卡授权系统等。

五、电子支付系统的种类和功能

虽然电子支付系统发展的方向是兼容多种支付工具,但事实上做到这一点是比较困难的。因为各种支付工具之间有着较大的差距,在支付流程上也各不相同。从目前已经开发出来的各种支付体统来看,一般也只是针对某一种支付工具设计的。

(一)电子支付系统的种类

根据系统中使用的支付工具不同,可以将电子支付系统大致分为三类,即信用卡支付系统、电子转账支付系统和电子现金支付系统。

1. 信用卡支付系统

信用卡支付系统的特点是每张卡对应一个账户,资金的支付最终是通过转账实现的,但由于在消费者中实行"先消费,后付款"的办法,对其信用卡账户的处理是后于货款支付的。用户采用信用卡支付系统最大的方便在于消费之前可以不用考虑银行账户是否有资金,更加方便了用户的消费。同时全球很多电子商务公司都提供信用卡进行电子支付的方式。

2. 电子转账支付系统

电子转账支付系统的特点是支付过程中的操作直接针对账户,对账户的处理即意味着支付的进行,是一种"即时付款"的支付办法。在支付过程中,根据发起人的不同,可分为付款人启动的支付和收款人启动的支付。在此系统中,付款人对支付的确认意义十分重要,这就需要一定的确认手段,因此这一系统又包括直接转账的支付系统和电子支票支付系统。由于涉及账户,此系统也必须在线操作,但不允许透支。电子转账支付系统是比较常用的电子支付系统。

3. 电子现金支付系统

电子现金支付系统的特点是不直接对应任何账户。用户先预付资金,并获得相应货币价值的电子现金,也可以进行离线操作,是一种"预先付款"的支付系统。电子现金可以储存在智能卡或硬盘中,也可以放在电子钱包中。

(二)电子支付系统的功能

在电子支付活动中,无论采用何种形式的电子货币,都是为追求方便、安全、便捷的目标,同时也对电子支付系统的功能提出了一定的要求。通常,电子支付系统应具备以下功能:

1. 实现对交易各方的认证

为实现协议的安全性,必须对参与交易的各方身份的有效性进行认证,通过认证机构或注册机构向参与各方发放数字证书,用来证实身份的合法性,也能有效地防止欺诈和欺骗等行为的发生,提高交易的安全性。

2. 使用有效手段对支付信息进行加密

电子支付系统应能够根据对安全级别的要求,采用对称密钥或公开密钥技术对传输的信息进行加密,并利用数字信封技术来加强数据传输的安全保密性,保证支付信息传递给可靠的接收方,以防止被未授权的第三方获取,保证了数据信息的秘密性。

3. 保证支付信息的完整性

为了保护传输的支付数据完整无误地传递给接收方,电子支付系统必须能够将原文用数字摘要技术加密后进行传送,这样接收方就可以通过摘要来判断所接受的消息是否被篡改。

4. 保证业务不可否认性

电子支付系统必须在交易的过程中生成或提供充分的数据,当交易出现纠纷时,能防止交易双方否认已发生的业务。为此,电子支付系统通过使用数字签名技术使发送方不能否认所发送的信息,使用数字信封技术使接收方不能否认所接收的信息。

5. 处理网上贸易业务的多边支付问题

电子支付一般要客户、企业、银行等多方参与,且其中传送的购物信息与支付指令必须链接在一起,也就是说,商家只有确认了购货信息后才会继续交易,银行也只有确认了支付指令后才会提供支付。但同时,商家不能读取客户的支付指令,银行也不能读取商家的购货信息,这种多边支付的关系可以通过双重签名等技术来实现。

第二节 电子支付工具

一、电子货币

电子货币是随着电子交易的发展而产生的,是比各种金属货币、纸币以及各种票据更为方便快捷的一种支付工具。人们花了数百年时间来接受纸币这一支付手段,而随着基于纸张的经济向数字式经济的转变,货币也由纸张类型演变为数字类型,在未来的数字化社会和数字化经济浪潮中,电子货币将成为主宰。电子货币的种类包括电子现金、银行卡和电子支票等。

(一)电子货币的概念

电子货币,又被称为是数字货币,是以金融电子化网络为基础,以商用电子化机具和各类交易卡为媒介,以电子计算机技术和通信技术为手段,以电子数据(二进制数据)形式存储在银行的计算机系统中,并通过计算机网络系统以电子信息传递形式实现流通和支付功能的货币。电子货币是采用电子技术和通信手段的信用货币。

广义的电子货币,可以是由某一经济组织(如商业银行、电话公司等)发行的,在一定范围内,电子货币具有存款、取款、消费、支付、转账、汇兑、授信等多功能或单一功能。它的主账户在发行的经济组织。狭义的电子货币,是指商业银行发行的,在一定范围内,以电子技术、电子计算机技术和通信技术为手段,具有存款、取款、消费、支付、转账、汇兑、授信(或无授信)等多功能的流动的辅助资金结算账户。它的主账户在发行的商业银行。

(二)电子货币的特点

电子货币是在传统货币基础上发展起来的,除了具有传统货币的特点外,还有一些特殊的特点,主要表现在以下五方面:

1. 通用性

其使用和结算不受金额、对象、区域的限制,使用极为简便。

2. 安全性

利用现代信息技术,如信息加密、数字签名、防火墙技术等,对风险具有排斥性。

3. 可控性

通过必要的管理手段,可将电子货币的流向和流量控制在一定的范围内,保证了电子货币的正常流通。

4. 依附性

电子货币依附于科技进步和经济的发展,以计算机技术为依托,进行相应的支付处理和存储。

5. 高起点性

电子货币的基础高,即经济基础高、科技水平高以及理论起点高。

(三)电子货币的分类

电子货币自诞生以来发展迅速,种类也很多,可以根据不同的特点来分类。

1. 按电子货币的形态分

按电子货币的形态分,可以分为以下四种:储值卡型、信用卡应用型、存款电子划拨型和现金模拟型电子货币。

(1)储值卡型电子货币。储值卡型电子货币一般以磁卡或IC卡形式出现,其发行主体除了商业银行之外,还有电信部门(普通电话卡、IC电话卡)、IC企业(上网卡)、商业零售企业(各类消费卡)、政府机关(内部消费IC卡)和学校(校园IC)等。发行主体在预收客户资金后,发行等值储值卡,使储值卡成为独立于银行存款之外的新的"存款账户"。储值卡在客户消费时以扣减方式支付费用,也就相当于存款账户支付货币。储值卡中的存款目前尚未在中央银行征存准备金之列,因此,储值卡可使现金和活期储蓄需求减少。

(2)信用卡应用型电子货币。信用卡应用型电子货币是指商业银行、信用卡公司等发行主体发行的贷记卡或准贷记卡。信用卡的普及使用可扩大消费信贷,影响货币供给量。

(3)存款电子划拨型电子货币。存款电子划拨型电子货币是指通过计算机网络转移、划拨存款已完成结算的电子化支付方式,可以分为金融机构的专用网封闭式网络的资金划拨和通过 Internet 的开放网络实现的资金划拨,如美国安全第一网上银行提供的电子支票,环球银行金融电讯协会 SWIFT 提供的电子结算系统等。

(4)现金模拟型电子货币。现金模拟型电子货币包括两种形式:一种是基于互联网络环境使用的且将代表货币价值的二进制数据保管在计算机终端硬盘内的电子现金;另一种是将货币价值保存在 IC 卡内并可脱离银行支付系统流通的电子钱包。该类电子货币具备现金的匿名性、可用于电子支付并可多次转手等特性,是以代替实体现金为目的而开发的。该类电子货币的扩大使用,能影响到通货的发行机制,减少中央银行的铸币税收入,缩减中央银行的资产负债规模等。

2. 按支付方式划分

按支付方式划分为预付型电子货币、即付型电子货币和后付型电子货币。

(1)预付型电子货币,即"先存款,后消费",如现阶段在我国广泛使用的借记信用卡和储值卡。

(2)即付型电子货币,即在消费的同时即从银行账户转账,如通过 ATM 和 POS 的现金卡。

(3)后付型电子货币,即"先消费,后存款",如现行的国际通用的 VISA 和 MASTER 卡等贷记信用卡。

二、信用卡

银行卡由银行发行,是银行提供电子支付服务的一种手段。信用卡(credit card)就是一种常见的银行卡。

(一)信用卡的概念

信用卡是银行或金融机构发行的,授权持卡人在指定的消费场所记账消费的信用凭证,其实体是一张附有信用证明和防伪标志的特殊卡片,是一种特殊的金融商品和金融工具。持卡人可凭卡在发卡机构指定的商户购物和消费,也可在指定的银行机构存取现金。随着信用卡业务的发展,信用卡的种类不断增多,概括起来,一般有广义信用卡和狭义信用卡之分。

从广义上说,凡是能够为持卡人提供信用证明,持卡人可凭卡购物、消费或享受特定服务的特制卡片均可称为信用卡。广义上的信用卡包括贷记卡、准贷记卡、借记卡、储存卡、提款卡(ATM 卡)、支票卡及赊账卡等。

从狭义上说,国外的信用卡主要是指由银行或其他财务机构发行的贷记卡,即无需预先存款就可贷款消费的信用卡,是先消费后还款的信用卡;国内的信用卡主要是指贷记卡或准贷记卡。

(二)信用卡的产生及起源

信用卡于 1915 年起源于美国。最早发行信用卡的机构并不是银行,而是一些百货商店、饮食业、娱乐业和汽油公司。美国的一些商店、饮食店为招揽顾客,推销商品,扩大营业额,有选择地在一定范围内发给顾客一种类似金属徽章的信用筹码,后来演变为用塑料制成的卡片,作为客户购货消费的凭证,由此开展了凭信用筹码在特定商号、公司或汽油站购货的赊销服务业务。顾客可以在这些发行筹码的商店及其分号赊购商品,按期付款。这就是信用卡的雏形。

1950年,美国商人弗兰克·麦克纳马拉在纽约招待客人用餐,就餐后发现他的钱包忘记带了,所幸的是饭店允许他记账。由此麦克纳马拉产生设计一种能够证明身份及具有支付功能的卡片的想法。于是他与其商业伙伴在纽约创立了"大来俱乐部"(diners club),即大来信用卡公司的前身,并发行了世界上第一张以塑料制成的信用卡——大来卡。

1952年,美国加利福尼亚州的弗兰克林国民银行作为金融机构首先进入发行信用卡的领域,由此揭开了银行发行信用卡的序幕。1959年,美国的美洲银行在加利福尼亚州发行了美洲银行卡。此后,许多银行加入了发卡银行的行列。到了20世纪60年代,信用卡很快受到社会各界的普遍欢迎,并得到迅速发展,不仅在美国,而且在英国、日本、加拿大以及欧洲各国也盛行起来。从20世纪70年代开始,中国香港和台湾地区以及新加坡、马来西亚等发展中国家和地区,也开始发行信用卡业务。

目前,在国际上主要有维萨(VISA)、万事达(MasterCard)两大信用卡组织及美国运通国际股份有限公司(american express)、大来信用证有限公司(diners club)、日本国际信用卡公司(JCB)三家专业信用卡公司。在各地区还有一些地区性的信用卡组织,如欧洲的EUROPAY、中国的银联、台湾地区的联合信用卡中心等等。

20世纪70年代末期,伴随改革开放的春风,在中国打开国门大胆引进外国的先进科学技术和管理经验的同时,信用卡也进入了中国,并得到较快的发展。自1985年3月中国银行珠海分行发行第一张银行信用卡"中银卡"后,银行信用卡便开始成为各商业银行竞争的新式武器。中国银行有"长城卡",中国工商银行有"牡丹卡",中国建设银行有"龙卡",中国农业银行有"金穗卡",招商银行有"一卡通",浦东发展银行有"东方卡"等。

(三)信用卡的分类

1. 按清偿方式不同划分

可分为借记卡(debit card)和贷记卡(credit card)。前者是储蓄卡,后者是信用卡。

借记卡是指客户在发卡银行先存款,后凭以进行交易的电子支付工具,具有存取现金、转账结算、代收代付、购物消费、理财投资等功能。其特点是先存款后消费(或取现),没有透支功能,卡内的金额按活期存款计付利息。消费或提款时资金直接从储蓄账户划出。借记卡在使用时一般需要密码(PIN)。借记卡按等级可以分为普通卡、金卡和白金卡;按使用范围可分为国内卡和国际卡。

贷记卡是指发卡银行给予持卡人一定的信用额度,持卡人可在信用额度内先消费,后还款的信用卡。它具有的特点:先消费后还款,享有免息缴款期(最长可达56天),并设有最低还款额,客户出现透支可自主分期还款。客户需要向申请的银行交付一定数量的年费,各银行不相同。

准贷记卡是一种存款有息、刷卡消费以人民币结算的单币种单账户信用卡,具有转账结算、存取现金、信用消费、网上银行交易等功能。当刷卡消费、取现账户存款余额不足支付时,持卡人可在规定的有限信用额度内透支消费、取现,并收取一定的利息。不存在免息还款期。

三者之间的区别如表6.1所示。

表6.1 借记卡、准贷记卡和贷记卡的区别

借记卡	准贷记卡	贷记卡
先存后用	先存后用,可适当透支	先用后还
存款计息	存款计息	存款不计息
同城取现无手续费	同城取现无手续费	取现收取高手续费
年费很低	年费介于借记卡和贷记卡之间	年费最高
无使用年限限制	使用年限最长为两年	使用年限一般为三年
不提供对账单,可索取	不提供对账单,可索取	每月免费提供账单
不可透支	可透支(额度小)	可透支(额度大)
	无免息期	最长56天的免息期
	透支之日起每天按万分之五计单利	免息期后每天按万分之五计复利
	最长透支天数60天	无透支天数约束

2. 按发行机构不同划分

可分为银行卡和非银行卡。

银行卡是由商业银行发行的具有提款、消费和转账等功能的塑料卡片;非银行卡是指非金融机构发行的具有消费信贷或电子钱包等功能的卡片。

3. 按信息存储媒介划分

可分为磁条卡和芯片卡。

磁条卡是一种磁记录介质卡片;芯片卡又称集成电路卡,英文名 smart card 或 Integrated Circuit Card 等。

4. 按流通范围不同划分

可分为国际卡和地区卡。

可以在国际范围内使用和流通的卡为国际卡;有区域限制的卡为地区卡。

5. 按从属关系划分

可分为主卡和附属卡。

主卡与附属卡共用一个资金账户和信用额度,但可以设置各自不同的交易密码。

6. 按发卡对象不同划分

可分为公司卡和个人卡。

面向公司发行的信用卡为公司卡;面对个人消费者使用的为个人卡。

7. 按持卡人的信誉地位和资信情况划分

可分为无限卡、白金卡、金卡、普通卡。

根据持卡人的信誉地位等和资信等因素,为客户提供的不同类型的信用卡,每种卡所包含的服务由银行自身决定。

(四)信用卡网络支付模式

传统的信用卡支付是在商家、持卡人以及各自的开户银行之间进行的,整个支付是在银行内部网络中完成的。利用信用卡在 Internet 上购物有许多方式,按信用卡信息在 Internet 上传递所采取的措施不同分为:无安全措施的支付模式、通过第三方代理人的支付模式、简单加密支付模式、安全电子商务交易协议(SET)支付模式。

1. 无安全措施的支付模式

(1)支付流程。客户通过商家在网上所展示有关商品的信息进行订货,而信用卡信息通过电话、传真等非网上传送,或者信用卡信息在 Internet 上传送,但无任何安全措施,商家与银行之间使用各自现有的银行商家专用网络授权来检查信用卡的真伪。其流程如图6.4所示。

图6.4　无安全措施的信用卡支付模式流程

(2)特点。信用卡可以在线上传送,但无安全保障;风险由商家承担;商家完全掌握客户的信用卡信息。由此可以看出,这种模式是不安全可靠的,该模式主要用于电子商务早期,当时电子商务各方面的发展还不太成熟,特别是银行对电子商务的支持还不完善的情况下出现的。

2. 通过第三方经纪人支付模式

改善信用卡信息处理安全性的一个途径就是在客户和商家之间启用第三方代理,目的是使商家看不到客户信用卡信息,避免信用卡信息被商家透漏或在网上多次公开传输而导致信用卡信息被窃取。在这个过程中客户需要在第三方付费系统服务器上开一个账户,客户使用这个账户付款。

(1)支付流程。客户在线或离线在第三方代理人处开账号,第三方代理人持有客户信用卡号和账号;客户用账号通过商家在网上所展示有关商品的信息进行订货,并将账号传送给商家;商家将客户账号提供给第三方代理人,代理人验证账号信息,将验证信息返回给商家,商家确定接受订货。同时第三方代理人验证商家身份,给客户发 E-mail,用户确认购买和支付后,将信用卡信息传给银行,完成支付过程。流程图如图6.5所示。

(2)特点:

①客户账户的开设不通过网络。

电子商务概论

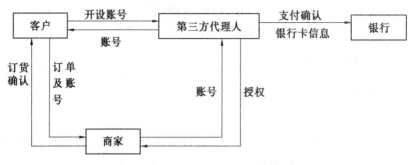

图 6.5　通过第三方代理人的支付模式流程

②信用卡信息不通过开放的网络传送。
③通过电子邮件来确认购物信息。
④商家自由度大,风险小。
⑤支付是通过双方都信任的第三方(经纪人)完成的。

在这种支付模式中,买卖双方预先获得第三方的某种协议,即消费者在第三方处开设账号,商家成为第三方的特约商户,支付方式的成功关键在于第三方。该模式交易成本低,适用于电子现金、信用卡等小额交易的情形。例如 CyberCash 公司提供了第三方代理人的解决方案。客户必须先下载 CyberCash 软件,即"钱包"(很多钱包软件提供多种支付工具,里面包括信用卡、电子现金、电子支票以供选择)。

3. 简单加密信用卡支付模式

简单加密信用卡支付是现在比较常用的一种支付模式,消费者只需要在银行开立一个普通信用卡账户,在使用这种模式付费时,消费者的信用卡号码被加密。这种加密的信息只有业务提供商或第三方付费处理系统能够识别。但这种方式需要一系列加密、授权、认证及相关信息传送,交易成本高,不适用于小额交易。

(1)支付流程。客户在银行开立一个信用卡账户,并获得信用卡号。客户在商家的网站上浏览、订货,将信用卡信息加密后传给商家服务器。商家服务器验证接收到的信息的有效性和完整性后,将客户加密的信用卡信息传给业务服务器,商家服务器无法看到客户的信用卡信息。业务服务器验证商家身份后,将客户加密的信用卡信息转移到安全的地方解密,然后将用户信用卡信息通过安全专用网传送到商家银行。商家银行通过普通电子通道与客户信用卡发卡行联系,确认信用卡信息的有效性。得到证实后,将结果传送给业务服务器,业务服务器通知商家服务器交易完成或拒绝,商家再通知客户。整个过程只是经历很短的时间。交易过程的每一步都需要交易方以数字签名来确认身份,客户和商家都必须使用支持此种业务的软件。数字签名是客户、商家在注册系统时产生的,不能修改。客户信用卡加密后的信息一般都存储在客户的计算机上,其支付流程如图 6.6 所示。

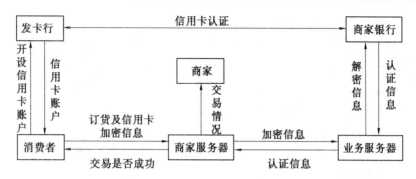

图 6.6 简单加密信用卡支付模式流程

(2) 特点：

①在支付过程中，需要业务服务器和服务软件的支持，加密的信用卡信息只有业务服务器或第三方机构能够识别。

②数字签名是买卖双方在注册系统时产生的，且本身不能修改。

③交易过程中的每一步，各方都采用防伪造的数字签名来确认身份。

④交易中使用了对称和非对称的加密技术。

⑤在支付过程中，信用卡等关键信息需要加密。

这种支付模式的关键在于业务服务器，保证业务服务器和专用网络的安全就可以使整个系统处于比较安全的状态。由于商家不知道用户信用卡的信息，就杜绝了商家泄露消费者隐私的可能性。

4. 安全电子交易协议(SET)支付模式

安全电子交易协议(Secure Electronic Transaction,SET)最初是由国际两大信用卡组织 VISA 和 MasterCard 联合开发的一种开放性标准，其他合作开发伙伴还包括 GTE、IBM、Microsoft、Netscape、SAIC、Terisa 和 VeriSign 等一些跨国公司。由于 VISA 和 MasterCard 在全球银行卡支付系统中具有举足轻重的地位，因此 SET 协议实际上已成为各国银行、商户、个人在 Internet 上使用银行卡购物所遵循的标准。SET 协议通过 DES 与 RSA 的互用，确保信息的私密性，以密钥的交换认证管理，配合数字签名确认交易双方的身份，进一步提供不可否认的功能。以数字信封、双重签名确保信息的隐私性与关联性，以 Hash 函数与 RSA 密码演算法构成数字签名，防止篡改伪造，以保护信息的完整性，满足互联网上付款行为的安全需求。

(1) 支付流程。SET 协议的工作流程与实际购物流程非常接近，只是它的一切操作都是通过 Internet 完成的。客户在银行开立信用卡账户，获得信用卡。客户在商家的 Web 主页上查看商品目录选择所需商品。客户填写订单并通过网络传递给商家同时附上付款指令。订单和付款指令要有客户的数字签名并加密，使商家无法看到客户的账户信息。商家收到订单后，信息通过支付网关到收单银行(或商家银行)，再到发卡行确认。确认后，批准交易，并向商家返回确认信息。商家发送订单确认信息，并发货给客户。然后，商家请求银行支付货款，银行将货款由客户的账户转移到商家的账户,其流程如图6.7所示。

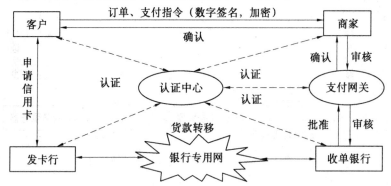

图6.7 安全电子交易协议(SET)支付模式流程

由确认订单开始,SET开始介入。SET标准中定义了这些步骤中使用的通信协议、信息格式和数据库类型等。在上述操作的每一步,客户、商家、支付网关都通过CA来验证通信主体的身份,以确保通信的双方不是冒名顶替。这里充分发挥了认证中心的作用。除了对客户信用卡的认证外,同时增加了对商家的身份认证。在认证操作和支付操作中间一般会有一个时间间隔,例如,在每天的下班前请求银行结一天的账。

支付网关是公用网(Internet)和银行专用网之间的接口,支付信息必须通过支付网关才能进入银行支付系统,进而完成支付的授权和获取。支付网关的建设关系着支付结算的安全以及银行自身的安全,关系着电子商务支付结算的安排以及金融系统的风险,必须十分谨慎。因为电子商务交易中同时传输了两种信息:交易信息和支付信息,必须保证这两种信息在传输过程中不能被无关的第三方阅读,包括商家不能看到其中的支付信息(如信用卡号、授权密码等),银行不能看到其中的交易信息(如商品种类、商品总价等)。这就要求支付网关一方面必须由商家以外的银行或其委托的组织来建设;另一方面网点不能分析交易信息,对支付信息也只是起到保护与传输的作用,即这些保密数据对网关而言是透明的。

银行专用网则是银行内部及银行间进行通信的网络,具有较高的安全性,如VISA或MasterCard等运营的金融网VISANET、BANKNET等,中国国家现代化支付系统(CNAPS)、人民银行电子联航系统、工商银行电子汇兑系统、银行卡授权系统等。

认证机构则是负责为参与商务活动的各方(包括客户、商家与支付网)发送电子证书,已确认各方的身份,保证电子商务支付的安全性。

(2)特点。SET协议提供对交易参与者的认证,确保交易数据的安全性、完整性和交易的不可抵赖性,特别是确保不会将持卡人的账户信息泄露给商家,保证了SET协议的安全性。SET协议兼容当前的信用卡网络,比较适合B2C的交易模式。该协议设计得很安全,已经成为事实上的工业标准。但也带来了过于复杂、速度慢、实现成本高等问题。

三、电子现金

(一)电子现金的概念

电子现金(E-Cash)是一种以电子形式存在的现金货币,又称为数字现金。它把现金数值转换成一系列的加密序列数,通过这些序列数来表示现实中各种金额的币值。电子现金使用时与纸质现金完全类似,多用于小额支付,是一种储值型的支付工具。它不仅具有计算机化带来的便利,而且具有抵制现金不具有的安全性和隐私保护。电子现金的广泛适用性为它的应用开辟了广阔的新市场。

电子现金首次被戴维·乔姆发明并发行,到1995年底被设在美国密苏里州的马克·吐温银行接受。现在,电子现金及其支付系统已发展有多种形式。数字现金使用灵活简便,无需直接与银行连接便可使用。数字现金具有现金的属性,随着基于纸张的经济向数字经济的转变,数字现金将成为主宰。数字现金在网络环境中使用时也被称为网络现金。

(二)电子现金的属性

电子现金是纸币现金的电子化,它具有以下四个属性:

1. 货币价值

电子现金必须具备货币价值,它必须得到现金(货币)、银行认可的信用或银行承认的本票的支撑,不同银行发行的电子现金可以通用。若一家银行发行的电子现金能被其他银行接受,那么银行间必须能够毫无障碍地进行对账。如果失去了银行的支持,电子现金会有一定风险,可能存在支持资金不足的问题。

2. 可交换性

电子现金必须具有可交换性,这是货币交换价值的体现。作为一种结算方式,它必须能够交换成其他电子现金、纸币现金、商品或服务、银行账户的存款、债券等。电子现金需要依附于某家银行。实际上不可能所有的顾客都通过同一家银行结算,买卖双方甚至可能不在同一国家,因此,为让电子现金能得到广泛使用,多家银行就必须使用一种数据现金。

3. 可存储性

电子现金必须可存储,可存储性将允许用户在家庭、办公室或途中对存储在一个计算机的外存、IC卡或者其他更易于传输的标准或特殊用途的设备中的电子现金进行存储和检索。电子现金的存储是从银行账户中提取一定数量的电子现金,存入上述设备中,由于在计算机上产生或存储现金,因此复制电子现金非常容易,这种设备应该有一个友好的用户界面以有助于通过口令或其他方式的身份验证,以及对于卡内信息的浏览显示。

4. 不可重复性

必须防止电子现金的复制和重复使用(Double-spending)。因为消费者可能用同一个电子现金在不同国家、地区的网上商店同时购物,这就造成电子现金的重复使用。一般的电子现金系统会建立事后(Post-fact)监测和惩罚机制。

(三) 电子现金的特点

1. 协议性

电子现金的应用要求银行和商家之间应有协议和授权关系,电子现金银行负责消费者和商家之间资金的转移。

2. 对软件的依赖性

消费者、商家和电子现金银行都需使用电子现金软件。

3. 灵活性

电子现金具有现金特点,可以存、取、转让;它可以申请到非常小的面额,所以电子现金适用于小额交易。

4. 可鉴别性

身份验证是电子现金本身完成的,电子现金银行在发行电子现金时使用了数字签名,卖方在每次交易中,将电子现金传送给电子现金银行,由银行验证买方支持的电子现金是否有效(伪造或使用过等)。

(四) 电子现金的优点及缺点

1. 电子现金的优点

(1)匿名性。电子现金用于匿名消费。消费者用电子现金向商家付款,除了商家外,没有人知道客户的身份或交易细节。如果客户使用了一个很复杂的假名系统,甚至连商家也不知道客户的身份。

(2)不可跟踪性。电子现金是以打包和加密的方法为基础,它的主要目标是保证交易的保密性与安全性,以维护交易双方的隐私权。除了双方的个人记录之外,没有任何关于交易已经发生的记录。因为没有正式的业务记录,连银行也无法分析和识别资金流向。正因为这一点,如果电子现金丢失了,就如同纸质现金一样无法追回。

(3)节省交易费用和传输费用。电子现金是利用已有的Internet和用户的计算机,所以消耗比较小,尤其是小额交易更加合算。而普通银行为了流通货币,就需要许多分支机构、职员、自动付款机及各种交易系统,这一切都增加了银行进行资金处理的费用。通常,现金的传输费用比较高。这是由于普通现金是实物,实物的多少与现金金额是成正比的。大额现金的保存和移动是比较困难和昂贵的。而电子现金流动没有国界,在同一个国家内流通现金的费用跟国际间流通的费用是一样的,这样就可以使国际间货币流通的费用比国内流通费用高出许多的状况大大改观。

(4)持有风险小、安全和防伪造。普通现金有被抢劫的危险,必须存放在指定的安全地点,如保险箱、金库,保管普通现金越多,所承担的风险越大,在安全保卫方面的投资也就越大。而电子现金不存在这样的风险。高性能彩色复印技术和伪造技术的发展使伪造普通现金变得更加容易了,但并不会影响到电子现金。电子现金由于采用安全的加密技术,不容易被复制和篡改。

(5)支付灵活方便。电子现金的使用范围比信用卡更广,银行卡支付仅限于被授权的商户,而电子现金支付却不受此限制。

2. 电子现金的缺点

(1)税收和洗钱。由于电子现金可以实现跨国交易,税收和洗钱成为潜在的问题。通过 Internet 进行的跨国交易存在是否要征税、如何征收、使用哪个国家的税率、由哪个国家征收、对谁征收等问题。为了解决这些问题,国际税收规则必须进行调整。更麻烦的是,电子现金同实际现金一样很难进行跟踪,税务部门很难追查,所以电子现金的这种不可跟踪性将很可能被不法分子用以逃税。利用电子现金可以将钱送到世界上任何地方而不留下一点痕迹,洗钱也变得容易,如果调查机关想要获得证据,则要检查网上所有的数据包并且破译所有的密码,这几乎是不可能的。

(2)外汇汇率的不稳定性。电子现金会增加外汇汇率的不稳定性。电子现金也是总货币供应量的一个组成部分,可以随时兑换成普通现金,电子现金也有外汇兑换问题,其涉及的外汇兑换也要有汇率,这就需要在 Internet 上设立一个外汇交易市场,电子现金的汇率与真实世界里的汇率应该是一样的,即使不一致,套汇交易也会使二者一致。在真实世界里,只有小部分主体如交易代理商、银行和外贸公司等能参与外汇市场,而在网络空间里,任何人都可以参与外汇市场,这是因为手续费低,而且人们不受国界的限制。这种大规模参与外汇市场的现象将会导致外汇汇率的不稳定。用电子现金购物不再受到国界的限制,因为 Internet 是没有国界的,因为人们很容易就可以进行货币兑换,如果一种货币的电子现金贬值了,人们就会把它兑换成另一种货币的电子现金,由于电子现金的外汇汇率是与真实世界的汇率紧密联系的,这种不稳定反过来就会影响真实世界。

(3)恶意破坏与盗用。电子现金存储在计算机里,其最大的特点之一就是易复制。因此,在流通过程中,就一定要注意防止非法复制,同时也注意防止恶意程序的破坏。另外,电子现金如果不妥善地加以保护,也有被盗的危险性。所以,一定要采取某些安全措施,如加密等,保护电子现金的存储和使用安全,否则电子现金就很难被用户接受。

(4)成本、安全与风险。电子现金对于硬件和软件的技术要求都较高,需要一个庞大的中心数据库,用来记录使用过的电子现金序列号,以解决其发行、管理、重复消费及安全验证等重要问题。当电子现金大量使用和普及时,中心数据库的规模将变得十分庞大。因此,尚需开发出硬软件成本低廉的电子现金。此外,消费者硬盘一旦被破坏,电子现金丢失,钱就无法恢复,这个风险许多消费者都不愿承担。电子伪钞一旦获得成功,那么发行人及其客户所要付出的代价则是巨大的。

(五)电子现金的应用流程

电子现金的发行机构在网上支付系统的实现中起着重要作用。为了控制电子货币的发行量,发行机构必须在主管行的监控下进行电子现金的发行,而发行机构本身也应有十分严格的资格审批过程,从而保证电子现金的稀缺性和防伪性。其应用过程如图6.8所示。

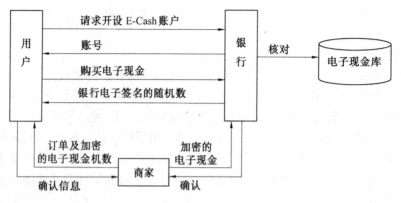

图6.8 电子现金应用流程图

1. 购买电子现金

用户在电子现金发行银行开设电子现金账号并购买电子现金。要从网上的货币服务器(或银行)购买电子现金,首先要在该银行建立一个账户,将足够的资金存入该账户以支持今后的支付。

2. 存储电子现金

使用计算机中的电子现金终端软件从 E-Cash 银行取出一定数量的电子现金存放在计算机的硬盘中。一旦账户被建立了,用户就可以使用电子现金软件产生一个随机数,它是银行使用私钥进行数字签名的随机数,通常以少于100美元作为货币,再把货币发给用户。这样,它就有效了。

3. 用电子现金购买商品和服务

用户与使用电子现金的商家洽谈,签订订货合同,确定使用电子现金支付所购买商品的费用,用商家的公钥加密电子现金后,传送给商家。

4. 资金清算

接收电子现金的商家与电子现金发行银行之间进行清算,电子现金银行将用户购买商品的钱支付给商家。这时可选择两种支付方式:双方支付和三方支付。双方支付方式只涉及买卖双方。在交易中商家用银行的公共密钥检验电子现金的数字签名,如果对支付满意,商家就把电子货币存入它的机器,随后再通过电子现金银行将相应面值的金额转入账户。所谓三方支付方式是指在交易中,电子现金被发给商家,商家迅速把它直接发给发行电子现金的银行,银行检验货币的有效性,并确认它没有被重复使用,将它转入商家账户。在多数情况下,双方支付是不可行的,因为可能存在重复使用的问题。为了检验是否被重复使用,银行将从商家获得的电子现金与已经使用的电子现金数据库进行比较。像纸币一样,电子现金通过一个序列号进行标识。为了检验重复使用,电子现金将以某些全球统一标识的形式注册。但是,这种检验方式十分费时费力,尤其是对于小额支付。

5. 确认订单

商家获得付款后,向用户发送订单确认信息。

四、电子支票

(一)电子支票的概念

电子支票也称为数字支票,是将传统支票的全部内容电子化和数字化,形成标准格式的电子版,借助 Internet 与金融专用网等计算机网络完成其在客户、商家、银行之间的传递和处理,是一种利用数字信号将资金从一个账户转到另一个账户的电子支付形式。它的支付指令是在与商户及银行相连的网络上以密码方式传递的,用公用关键字加密签名或个人身份证号码代替手写签名。电子支票的样式如图 6.9 所示。

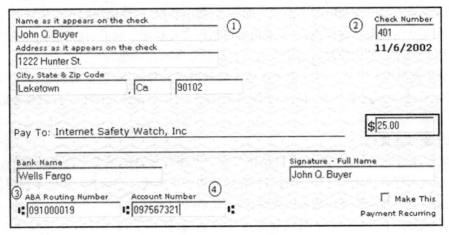

图 6.9　电子支票的样式

①使用者姓名及地址;②支票号;③传送路由号(9 位数);④账号

电子支票与纸质支票的工作方式大致相同。在电子支票用于网络支付过程中,按照参与银行的情况,可分为同行电子支票网络支付模式和异行电子支票网络支付模式两种。前者指客户和商家的开户行是同一家银行,后者指客户和商家的开户银行不同,需要借助第三方独立的票据交易所清算系统进行跨行间的资金清算。

电子支票的运作理念早在 20 世纪 90 年代初就在专用网络上进行了试验,目前在国外也主要是在金融专用网络上应用,基于 Internet 平台的电子支票应用还在试验与发展成熟阶段。目前电子支票系统主要有:FSTC(Financial Services Technology Consorium)电子支票、NetBill、NetCheque、Echeck 等。其中早期开发的电子支票系统(如 NetBill、NetCheque)主要适用于小额支付,近期开发的电子支票系统(如 Echeck)主要用于大额支付的方向发展,以满足 B2B 交易的支付需求。

(二)电子支票的特点和优势

1. 电子支票的特点

与传统支票相比,电子支票具有如下特点:

(1)电子支票的运作方式与传统支票基本相同,易于被理解和接受。使用者不必再花时间学习如何使用。电子支票保留了纸质支票的基本特征和灵活性,又加强了纸质支票的功能,因而易于理解,能得到迅速采用。

(2)电子支票可以为新型的在线服务提供便利。例如,加密的电子支票使它们比基于公共密钥加密的电子现金更易于流通,买卖双方的银行只要用公共密钥认证确认支票即可,数字签名也可以被自动验证。

(3)电子支票可适用于各种市场。电子支票可切入企业与企业之间的电子商务市场。在线的电子支票可在收到支票时验证出票者的签名、资金状况,避免出现收到传统支票时发生的无效或空头支票的现象。此外,由于支票内容可以附在贸易双方的汇票资料上,所以电子支票容易和 EDI 应用的应收账款结合起来实现支付结算业务的自动化。

(4)电子支票技术将公共网络连入金融支付和银行清算网络,以达到通过公众网络连接现有付款体系,最大限度利用当前银行系统自动化潜力,从而充分发挥了现有的金融结算基础设施和公共网络的作用。

2. 电子支票的优势

(1)处理速度快。电子支票的支付是在与商户及银行相连的网络上高速传递的,它将支票的整个处理过程自动化了,这一支付过程在数秒内即可实现。它为客户提供了快捷的服务,减少了在途资金。在支票使用数量很大时,这一优势特别明显。

(2)安全性能好。电子支票是以加密方式传递的,使用了数字签名或个人身份证号码(PIN)代替手写签名,还运用了数字证书,这三者成为安全可靠的防欺诈手段。

(3)处理成本低。用电子支票进行支付,减轻了银行处理支票的工作压力,节省了人力,降低了事务处理费用。

(4)给金融机构带来了效益。第三方金融服务者不仅可以从交易双方处收取固定的交易费用或按一定比例抽取费用,它还可以以银行身份提供存款账目,且电子支票存款账户很可能是无利率的,因此给第三方金融机构带来了收益。而且银行也能为参与电子商务的商户提供标准化的资金信息,故而可能是最有效率的支付手段。

(三)电子支票的支付流程

电子支票一般由客户计算机内的专用支票软件结合电子支票簿生成,也可以由银行端专门软件生成特殊电子支票文件,传递给客户进行数字签名后形成电子支票。电子支票簿只是一个形象的称谓,它是一种类似于 IC 卡的硬件装置。这个卡片大小的装置中有一系列程序和设备,插入客户的计算机插口以后,客户通过密码或其他手段激活这个装置,使其正常运作。客户的电子支票簿中装有客户的私人密钥,电子支票簿自动生成电子支票,客户在电子支票上填好应该填的信息,填完后必须签名。电子支票的支付流程如图 6.10 所示。

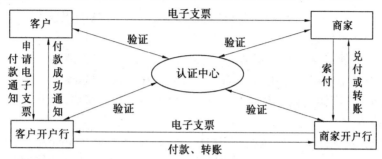

图 6.10　电子支票的支付流程图

第一,客户首先必须在提供电子支票服务的银行注册,申请电子支票,注册时需要输入信用卡和银行账户信息以支持开具支票,同时,电子支票应具有银行的数字签名,客户可能需要下载称作"电子支票簿"的软件用于生成电子支票。

第二,客户与商家达成网上购销协议,并选择用电子支票支付。客户需要将电子支票的有关内容填写完整,包括支付人姓名、支付人账户名、接收人姓名、支票金额等,并用自己的私钥在电子支票上进行数字签名,用卖方的公钥加密电子支票,形成电子支票文档。客户通过网络向商家发出电子支票,同时向银行发出付款通知单。

第三,商家收到电子支票后进行解密,验证付款方的数字签名,背书电子支票、填写进账单,并对进账单进行数字签名。商家将经过背书的电子支票及包含数字签名的进账单通过网络发给收款方开户行。

第四,收款方开户行验证客户和商家的数字签名后,通过金融网络将电子支票发给付款方开户行。付款方开户行验证各方的数字签名后,从付款方账户划出款项,收款方开户行在收款方账户存入款项。付款方开户行代理转账成功后,在网上向客户发出付款成功通知信息,方便客户查询。

使用电子支票进行支付,客户可以通过网络将电子支票发至商家的电子邮箱,同时将电子付款通知单发至银行,银行可以随时把款项转入商家的银行账户。在实际业务处理中,由于电子支票正在发展中,特别是在 Internet 平台上的应用还不成熟,因此,不同的银行,业务处理流程、电子支票形式与发送方式以及技术应用可能有所差别,需要在管理与技术上进一步规范化。

五、智能卡和电子钱包

(一)智能卡

1. 智能卡的概念

智能卡(smart card)是一种将具有微处理器及大容量存储器的集成电芯片嵌装于塑料基片上而制成的卡片,也称集成电路卡(Integrated Circuit Card,IC 卡)。由于智能卡内带有微处理器和存储器,因而能储存并处理数据。在智能卡的芯片中可以存储大量关于使用者的信息,如财务数据、私有加密密钥、账户信息、结算卡号码及健康保险信息等。另外,智能卡还可以进行复杂的加密运算和密钥密码管理,卡上有个人识别码(PIN)保护,因此安全性和可靠性较高。

智能卡最早在法国问世。20 世纪 70 年代中期,法国 Roland Moreno 公司采取在一张信用卡大小的塑料卡片上安装嵌入式存储器芯片的方法,率先成功开发了 IC 存储卡。经过 20 多年的发展,真正意义上的智能卡,即在塑料卡上安装嵌入式微型控制器芯片的 IC 卡,由摩托罗拉和 Bull HN 公司于 1997 年研制成功。智能卡目前在欧洲、澳大利亚和日本都很流行,但目前在美国还没有成功。在美国推广失败的部分原因是因为能记录结算信息的智能卡刷卡器不普及。美国银行的法规也减慢了智能卡普及的速度。在欧洲和日本,智能卡已用于交电话费和有线电视费。澳大利亚的智能卡也非常普及,几乎所有的零售店和饭店的结账台都有智能卡刷卡器。现在智能卡又在美国重新出现,虽然数量很少但在缓慢增长。

智能卡比传统结算卡更易防止滥用,因为智能卡上的信息是加密的,它需要用密钥来打开加密的信息,窃贼能得到的结算卡号或可模仿的签名则不起作用。另外,智能卡还具有便于携带及方便实用的好处。

2. 智能卡的优点

智能卡具有比磁条信用卡更为安全、无需联网、可以脱机工作以及持卡人可以直接与有关公司、商家、机构进行及时结算等优良功能,也可以作为网络电子转账支付的工具,具体特点如下:

(1)体积小,可靠性强,交易简便易行。IC 卡具有防磁、防静电、防机械损坏和防化学破坏等能力,信息保存期 100 年以上,读写次数在 10 万次以上,至少可用 10 年。

(2)安全性能高。IC 卡从设计到生产,设置了多级密码,并具有独特的不可复制且防外部侵入的存储区。同时,智能卡采用国际标准和技术协会的 DES 加密标准与加密算法进行加密,因此明显提高了信用卡的安全性,伪造假卡或者使用非法窃取的卡都是非常困难的,智能卡本身经过严格的防伪技术处理,也不可能被复制和伪造,安全性很高。

(3)存储容量大。智能卡可存储签名、身份证号码、个人身份证认证资料、收支平衡表、重要的信息摘要、重要的几笔交易或最后的几笔交易等。不仅可以进行储蓄、消费,还可用于支付税金和各种公共费用,甚至做电子病历等非金融交易卡使用。

(4)智能卡既可在线使用,也可脱机处理。由于智能卡本身就是一个计算机,能够记录全部授权额度和交易日志等信息核实数据,只要不超额消费或非法透支,在脱机的情况下仍然能够正常使用,不需要通过网络和中心计算机通信就可以直接进行处理,因此节省了联通网络所需的费用和时间。而使用磁卡消费必须访问银行主机账户,因此,消费只能在联机时间内进行,其速度的快慢和稳定取决于通信线路的质量,在网络不能到达的场所无法使用。

(5)适用范围广。智能卡的用途已经超出了通常的金融业务和商业业务,扩大到各行各业、各个领域和日常生活之中。表6.2显示了IC卡在中国的应用领域。

表6.2 IC卡的应用领域

应用领域	应用形态
金融与商业	购物积分卡、会员卡、VIP卡、优惠卡
交通	公交卡、高速公路收费卡、停车场收费卡
通信	电话卡
旅游	贵宾卡、娱乐卡
医疗	医疗卡、病历卡、免疫卡、健康卡
教育	校园卡、借书卡
其他	身份证、考勤卡、仓储管理卡

3. 智能卡网上购物流程

使用智能卡进行网上购物需要配置一个硬件——能安装在计算机上的可携式智能卡读写设备,智能卡的交易必须通过卡片进行。运用智能卡进行网上购物的过程如下:

(1)申请智能卡。用户向智能卡发行银行申请智能卡,申请时需要在银行开设账号,提供输入智能卡的个人信息。

(2)下载电子现金。用户登录到发行智能卡银行的Web站点,按照提示将智能卡插入智能卡读写设备,智能卡会自动告知银行有关用户的账号、密码及其他加密信息。用户通过个人账户购买电子现金,下载电子现金存入智能卡中。

(3)智能卡支付。在网上交易中,用户可选择采用智能卡支付,将智能卡插入智能卡读写设备,通过计算机输入密码和网上商店的账号、支付金额,从而完成支付过程。

(二)电子钱包

电子钱包(E-Wallet或E-Purse)是一个用户用来进行安全网络交易,特别是安全网络支付,并且存储交易记录的特殊计算机软件或硬件设备。就像生活中随身携带的钱包一样,它能够存放用户的电子现金、信用卡号、电子零钱、个人信息等,经过授权后又可方便地、有选择地取出使用,可以说是"虚拟钱包"。

电子钱包本质上是一个装载电子货币的"电子容器",是小额购物或购买小商品时常用的新型虚拟钱包。因此,在电子商务中应用电子钱包时,真正支付的不是电子钱包本身,而是它装的电子货币。电子钱包有两种形式：一是纯粹的软件，主要用于网上消费、账户管理，这类软件通常与银行账户或银行卡账户是连接在一起的。二是小额支付的智能卡储值卡，持卡人预先在卡中存入一定的金额，交易时直接从储值账户中扣除交易金额。

使用电子钱包的客户通常在银行里都是有账户的。在使用电子钱包前，客户向提供电子钱包的银行申请注册电子钱包，并利用电子钱包软件把自己的各种电子货币或电子金融卡上的数据输入进去。这样客户就可以用电子钱包进行支付了。利用电子钱包在网上购物，其基本流程如下：

（1）客户使用浏览器在商家的 Web 主页上查看在线商品目录浏览商品，选择要购买的商品。

（2）客户填写订单。包括从哪个销售商店购买什么商品，购买多少，订货单上还注明将此货物在什么时间送到什么地方以及交给何人等信息。

（3）客户确认后，选择用电子钱包来支付，单击电子钱包的相应项目或电子钱包图标，然后输入自己的保密口令，从钱包中选择支付工具进行支付。

（4）电子商务服务器采用某种交易协议，将此订单发送到商家。商家收到订单后，将自己的客户编码加入电子购物账单后，再转送到电子商务服务器上去。商家可以看到有关的交易信息，而对客户银行方面的个人信息是看不到的，也不可能知道。经过电子商务服务器对客户和商家确认后，将其同时送到银行和发卡机构，进行相应的账款结算处理及有关请求确认和授权处理。

在电子商务服务系统中设有电子货币和电子钱包的功能管理模块，成为电子钱包管理器，客户可以用它来改变保密口令、保密方式、查看自己银行账号上的收付往来账目、清单和数据。电子商务服务系统中还有电子交易记录器，客户通过查询记录器，还可以了解自己的买卖情况，并可把查询结果打印出来。

电子商务活动中的电子钱包的软件通常都是免费提供的，客户可以直接使用与自己银行账户相连接的电子商务系统服务器上的电子钱包软件，也可以通过各种保密方式使用 Internet 上的电子钱包软件。目前，VISA Cash 和 Mondex 两大电子钱包服务系统使用较为广泛，其他电子钱包服务系统还有 Microsoft 公司的 Microsoft Wallet、IBM 公司的 Consumer Wallet 等。

六、移动支付

随着手机或移动电话、个人数字助理 PDA、笔记本电脑以及其他的手持式智能设备在人们生活中扮演的角色不断丰富，移动商务的需求日益强烈。这就要求支持移动商务开展的支付也应该是可以随时随地处理的。

（一）移动支付概述

所谓移动支付，是指在商务处理流程中，基于移动网络平台特别是日益广泛的 Internet，随时随地地利用现代的移动智能设备如手机、PDA、笔记本电脑等终端和设备，为服务于商务交易而进行的有目的的资金流动。移动支付一般涉及移动用户、网上商家、无线通讯服务提供商、公共网络平台、移动支付受理银行等。

移动支付作为一种崭新的支付方式,具有方便、快捷、安全、低廉等优点,将会有非常大的商业前景,而且将会引领移动电子商务和无线金融的发展。手机付费是移动电子商务发展的一种趋势,它包括手机小额支付和手机钱包两大内容。手机支付的小额支付方式,如同刷卡一样,用手机在专用POS机前一划,费用便从手机资费中扣除了。手机支付的另一种方式便是大额支付,大额支付的实现需要移动运营商与银行进行合作。手机钱包就像银行卡,可以满足大额支付,它是中国移动通讯公司近期的主打数据业务品牌,通过把用户银行账户和手机号码进行绑定,用户就可以通过短信息、语音、GPRS等多种方式对自己的银行账户进行操作,实现查询、转账、缴费、消费等功能,并可以通过短信等方式得到交易结果通知和账户变化通知。

与传统支付手段相比,移动支付操作简单、方便、快捷,简单得会发短信就会操作,快捷得只用短信把数据传送到各发卡银行,很快就能收到处理结果。有了移动支付,用户再也不用到处去找ATM机了,点击键盘即可轻松完成一笔交易。而且,凭借银行卡和手机SIM卡的技术关联,用户还可以用无线或有线POS打印消费单据,付出多少、结余多少,明明白白,一目了然。

(二)移动支付的应用

1. 移动支付在国外的应用

在韩国,已经有越来越多的移动用户通过手机实现POS支付,购买地铁车票,进行移动ATM取款。早在2001年,SK就推出了名为MONETA的移动支付业务品牌。申请了该项业务的移动用户可以获得两张卡:一张是具有信用卡功能的手机智能卡,另一张是供用户在没有MONETA服务的场所使用的磁卡。移动用户只要将具有信用卡功能的手机智能卡安装到手机上,就可以在商场用手机进行结算,在内置有红外线端口的ATM上提取现金、在自动售货机上买饮料,还可以用手机支付地铁等交通费用,无须携带专门的信用卡。2004年8月,SK将其移动支付业务整合为新的品牌"M-BANK"。通过在手机中内置智能型芯片,用户可以用手机办理各种金融服务。"M-BANK"的特点在于将结算信息密码化,因而具有很高的安全性。

在日本,NTT DoCoMo等移动运营商均把移动支付作为重点业务予以积极推进。2004年,NTT DoCoMo先后推出了面向PDC用户和FOMA用户的基于非接触IC智能芯片的Felica业务。用户可以利用这种手机购买自动售货机或者便利店的产品,还可以购买电影票。据统计,目前在使用FeliCa手机的用户中,60%的用户每周都会至少使用一次支付功能。为了推广移动支付计划,近期NTT DoCoMo还出资收购了一家信用卡公司。今年,公司计划在手机中整合完整的信用卡支付功能。

在欧洲,随着3G商用进程的逐步加快,各大移动运营商也在积极推广移动支付业务。以芬兰为例,从2002年2月起,在赫尔辛基乘地铁等公交工具出行的乘客,只要用手机发出短信代码给指定的服务商,就会得到购票信息反馈,并可在1小时的有效时间内乘坐地铁、有轨电车及部分公共汽车,票款计入购票者每月的电话账单。2004年11月,芬兰手机购票服务的范围进一步扩大,人们可以通过手机购买赫尔辛基地区的短途火车票。2002年3月,芬兰最大的电信运营商索内拉公司开始向首都居民提供用手机支付购物款的服务。凡加入索内拉公司建立的移动支付系统并设立了移动账户的用户,可以在指定的数十家商店用手机购物。从2004年5月开始,芬兰国家铁路局在全国推广电子火车票,乘客不仅可以通过国家铁路局网站购买车票,还可以通过手机短信订购电子火车票。

2. 移动支付在我国的应用

在国内,中国移动通信公司较早地开展了手机支付业务的试点。2001年6月,深圳移动通信公司与深圳福利彩票发行中心合作建设了手机投注系统,开通了深圳风采手机投注业务;2001年10月,中国移动通信公司与51CP(中彩通网站)合作,尝试推出世界杯手机投注足球彩票业务;2002年5月,中国移动通信公司开始在浙江、上海、广东、福建等地进行小额支付试点;浙江移动通信公司在嘉兴地区试运行开通小额支付业务,提供网上支付、话费充值、自动售货机等服务;广东移动通信公司、福建移动通信公司和江苏移动通信公司也搭建了本省的小额支付平台,提供足球彩票和福利彩票投注等服务。支持移动支付的银行有招商银行、中国银行、建设银行、交通银行、商业银行、广东发展银行、深圳发展银行、中信银行、福建兴业银行等。网络公司更是积极支持移动支付,在搜狐网站,可用手机点歌;在新浪网站,可用手机购买邮箱;在其他商业网站,还可用手机支付网络游戏或视频点播。

(三)移动支付的购物交易过程

移动支付的购物交易流程如图6.11所示。

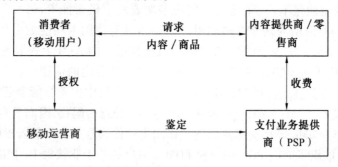

图6.11 移动支付购物交易流程图

(1)消费者通过Internet进入消费者前台系统选择商品。
(2)将购买指令发送到商家管理系统。
(3)商家管理系统将购买指令发送到无线运营商综合管理系统。
(4)无线运营商综合系统将确认购买信息指令发送到消费者前台消费系统或消费者手机上请求确认,如果没有得到确认信息,则拒绝交易。
(5)消费者通过消费者前台消费系统或手机将确认购买指令发送到商家管理系统。

(6)商家管理系统将消费者确认购买指令转交给无线运营商综合管理系统,请求缴费操作。

(7)无线运营商综合系统缴费后,告知商家管理系统可以交付产品或服务。

(8)商家管理系统交付产品或服务,并保留交易记录。

(9)将交易明细写入消费者前台消费系统,以便消费者查询。

第三节 网上银行

电子商务的迅速发展,带动其他行业的信息化、网络化,银行业一样受到互联网的影响,发生着深刻的变革。由于银行业本身的特点,使得银行业的信息化推进必然有其独特的发展轨迹,网上银行作为信息化的产物,必将对整个经济的发展产生深刻的影响。

一、网上银行概述

(一)网上银行的概念

网上银行(Internet Banking)又称为网络银行、在线银行,是银行业务在网络上的延伸,它是指利用数字通信技术,以互联网为基础交易平台和服务渠道,在线为客户办理结算、查询、对账、行内转账、跨行转账、信贷、投资理财等传统服务项目,使客户可以足不出户就能够安全便捷地管理活期和定期存款、支票、信用卡及个人投资等。可以说,网上银行是在网络上的虚拟银行柜台。

简言之,网上银行就是利用计算机网络、互联网和无线互联网创建虚拟的网上金融银行机构,开展金融业务和服务的银行。网上银行以一种全新的银行与客户的合作方式,即3A(Anywhere、Anytime、Anyhow)的方式,为客户提供服务。因此,网上银行又被称为"3A银行",因为它不受时间、空间的限制,客户能够通过个人计算机、手机或PDA及其他数字终端设备,在任何时间、任何地点、以任何方式享受银行提供的金融服务。

(二)网上银行的产生和发展

1. 国外网上银行的发展

1985年10月,英国出现了第一个全自动化银行,即苏格兰拉斯哥银行的TSB支行。

1989年10月,英国米兰银行开创了电话银行业务,世界上出现了第一家电话银行,而后又出现了英国巴克莱银行和英国西敏寺银行等全自动化银行,英国的劳合银行在伦敦的牛津大街创办了未来银行。

1995年10月18日,美国有三家银行联手在Internet上创办了世界上第一家新型的网络银行,称为"安全第一网络银行",这也是在Internet上提供大范围和多种银行服务的第一家银行,其前台业务在Internet上进行,后台处理只集中在一个地点进行,业务处理速度快,服务质量高,服务范围广。作为第一家网络银行,仅仅在它开业后的短短几个月,即有近千万人次上网浏览,给金融界带来极大震撼,于是更有若干银行立即紧跟其后在网络上开设银行,随即此风潮逐渐蔓延全世界,网络银行走进了人们的生活。

1997年4月,菲律宾的一家全能银行(城市银行 Urban Bank)开办了家庭网上银行服务。不久,在北美,IBM联合15家银行,投资1亿美元开发基于Internet的企业银行,香港汇丰银行业务正在和微软公司合作开发企业银行。1998年1月,CFB银行与HP公司合作在中国香港开通了首家网上银行系统,此后华信银行也同HP公司合作建成中国台湾首家Internet网上银行系统。

2. 我国网上银行的发展

面对国外网上银行的发展,国内的银行界也不甘落后,掀起了网上银行的热潮。

1996年2月,中国银行在互联网上建立主页,首先在互联网上发布信息。1998年3月,中国银行正式开通了该国内首家虚拟银行,办理了国内第一笔网上支付业务。1999年6月起,中国银行正式推出了"企业在线理财"、"个人在线理财"和"支付网上行"等网上银行的系列化产品。

1997年4月,招商银行率先设立了网上银行"一网通",并推出网上个人银行业务。1998年4月,率先在国内推出网上企业银行,开通网上支付功能,成为国内首家提供网上支付服务的银行。1999年底,形成了以"一网通"为品牌的国内著名金融网站,包括"企业银行"、"个人银行"、"网上证券"、"网上商城"和"网上支付"五个系统。

1999年8月,中国建设银行在北京和广州相继推出了网上虚拟银行业务,其业务处理能力为日处理30万笔业务,并允许5万客户同时进行银行网站的访问和交易。初期的功能以对私业务为主,主要有对私的信息服务和交易服务。2000年1月,中国建设银行北京市分行正式开通网上个人理财业务,提供个人投资分析、个人储蓄、债券、个人住房贷款、汽车消费信贷、个人小额质押贷款、个人助学贷款、个人住房装修贷款等个人理财服务。

2000年2月,中国工商银行开通了对公网上银行业务,其业务覆盖北京、上海、天津、广州四个城市。同年6月推出了B2B企业的在线支付,8月在北京和浙江推出了牡丹信用卡B2C在线支付业务,同期推出的还有个人网上银行业务,包括储蓄账户和牡丹卡账户的余额查询、转账、缴费等功能。另外,在北京地区同时开通了个人外汇买卖业务,浙江地区开通了个人网上银证转账业务。初步形成了涵盖集团理财、个人金融及B2B、B2C在线支付等系列产品的完整功能体系。

二、网上银行的分类

(一)完全依赖于互联网的无形电子银行

完全依赖于互联网的无形电子银行又被称为"虚拟银行",是指一些网络技术公司借助其在网络技术上的优势,通过互联网提供某些银行服务。这类网上银行没有任何实体的经营网点,完全通过互联网为其客户提供全方位的金融服务。世界上第一家虚拟银行是美国安全第一网上银行(SFNB,Security First Network Bank,http://www.sfnb.com),它成立于1995年10月,也是美国成立的第一家无营业网点的虚拟网上银行。它的营业厅就是网页画面,当时银行的员工只有19人,主要的工作就是对网络进行维护和管理。从我国金融业的发展现状来看,我国还没有出现真正意义上的"虚拟银行",这种形式在其他国家也很少见。因为在电子商务没有完全被社会接受的情况下,虚拟银行虽然有成本低的优势,但其业务量仍难满足维持其持续发展的需求,而且还会遇到信誉问题。所以,这类网上银行仅在欧美短暂出现,或者倒闭,或者被传统银行收购,变成依附于传统银行的网上银行。例如,美国安全第一网络银行就被加拿大皇家银行收购,依托于传统商业银行众多客户发展业务,二者互补。

（二）依附于传统银行的网上银行

这种网上银行是在现有的传统银行的基础上,利用互联网开展传统金融业务的银行。传统银行利用互联网作为新的服务手段,为客户提供在线服务,实际上是传统银行服务在互联网上的延伸,这是目前网上银行存在的主要形式,也是绝大多数商业银行采取的网上银行发展模式。我国现在的网上银行基本上都属于这种模式。例如,1997年招商银行创办的"一网通"(www.cmbchina.com),如图6.12所示。

图6.12　招商银行网站

三、网上银行的特点

网上银行的出现,改变了银行传统业务的处理模式,它能为银行客户提供全方位、全天候的便捷服务,具有虚拟性、全球化、运营成本低、智能化、创新化和亲和性增强等特点。

（一）虚拟性

传统银行所提供的业务服务是在银行封闭系统中运作的,需要银行拥有建筑物、柜台以及相应的设施和工作人员。网上银行以互联网为载体,利用网络技术将银行与客户连接起来,在安全机制的保护下,在虚拟化的电子空间中通过不同的计算机终端为客户提供所需要的金融服务。

(二)全球化

传统银行是通过开设分支机构来发展金融业务和开拓国际市场的,客户往往只限于固定的地域。网上银行是利用互联网开展银行业务的,因而可以将金融业务和市场延伸到全球每个角落。网上银行打破了传统银行业务地域范围限制,不仅可以吸纳本地区和本国的客户,也可以直接为国外客户提供服务。正如 SFNB 总裁 James Mahan 所言:"任何人,只要有一台计算机,都是我的潜在客户。"

(三)运营成本低

传统银行主要是从外沿上拓展业务,如:单纯地增设营业网点,从量上加大对房屋、设备、资金、人力资源的投入力度等等。虚拟的网上银行代替了部分传统银行的营业网点,减少了银行网点数,节省了银行的人力成本,进而降低了经营成本。另一方面,网上银行要求一切交易、银行的各种业务和办公完全实现无纸化、电子化和自动化,节省了大量的纸张和打印费用,大幅度降低了服务费用。同时网上银行的无纸化也大幅度提高了银行业务的操作速度和操作水平,提高了服务的准确性和时效性,从而提高了服务质量。

(四)智能化

传统银行主要借助于物质资本为客户提供服务,其业务的实现是以员工的劳动为基础的。网上银行主要借助职能资本,靠少数脑力劳动者的劳动(如 SFNB 只有 15 名员工)提供比传统银行更多、更快、更好、更方便的业务,如提供多元且交互信息,客户除可转账、查询账户余额外,还可享受网上支付、贷款申请、国内外金融信息查询、投资理财咨询等服务,其功能远远超出电话银行和传统的自助银行。

(五)创新化

在个性化消费需求日趋凸现及技术日新月异的信息时代,网络银行提供的金融产品和拥有技术的生命周期越来越短,淘汰率越来越高。在这种情况下,只有不断采用新技术,推出新产品,实现持续创新,才不至于被淘汰。

(六)亲和性增强

增加与客户的沟通、交流是企业获取必要信息,改进企业形象,贴近客户,寻找潜在客户的主要途径。在这方面,网络银行具有传统银行无法比拟的优势。网络银行可通过统计客户对不同网上金融产品的浏览次数和点击率以及各种在线调查方式来了解客户的喜好与不同需求,设计出有针对性的金融产品,以满足客户需求,这不仅方便了客户,银行也因此增强了与客户的亲和性,提高了竞争力。

四、网上银行的业务和功能

(一)网上银行的业务

网上银行的业务按照服务的对象划分,可以分为企业网上银行的金融业务和个人网上银行的金融业务两种。

1. 企业网上银行的金融业务

企业网上银行将传统银行服务和现代新型银行服务结合起来,利用先进的信息技术和网络技术,为企业客户提供安全、便利的资金管理和银行服务。企业网上银行的金融业务主要包括财务查询、内部转账、对外支付、代发工资、信用管理、集团支付、定/活期存款互转、B2B电子商务、银行信息通知等功能,几乎涵盖并延伸了现有的对公银行业务。无论中小型企业还是大型集团公司,企业网上银行都可以使企业随时掌握自己的财务状况,轻松处理大量的交易支付、工资发放、大额转账业务。企业网上银行的金融业务内容如图6.13所示。随着业务发展的需要,企业网上银行的业务领域也不断扩大,不同的企业网上银行根据各自的业务特色,在所提供金融业务的内容或名称上均有所选择和不同。

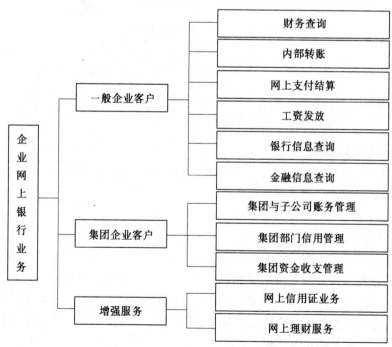

图6.13 企业网上银行金融业务内容

2. 个人网上银行的金融业务

个人网上银行主要面向个人及家庭,它体现了网络时代个人对金融服务需求的特点,满足了顾客个性化的要求。个人网上银行将传统银行面向个人的金融服务和现代信息网络技术结合,为个人用户提供了便利、快速的网上金融服务。个人网上银行的金融业务主要包括账户账务查询、转账、汇款、缴费、自助贷款、网上支付、证券服务、个人理财等功能。个人网上银行可以使客户及时掌握自己的财务状况,方便地处理各种支付、消费和转账等业务。个人网上银行的金融业务内容如图6.14所示。随着业务发展的需要,个人网上银行的金融服务项目将不断增多,个性化趋势也将越来越突出。

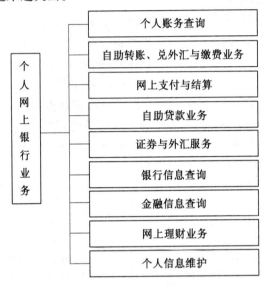

图6.14 个人网上银行金融业务内容

(二)网上银行的功能

无论是国外已经发展成熟的还是国内刚刚起步的网上银行,其功能一般都包括:银行业务、商务服务和信息发布。

1. 银行业务

(1)家庭银行(home banking)业务。包括网上开户、销户、账户余额、利息查询、交易历史查询、个人账户挂失、电子转账、票据汇兑等。它为用户提供了一个方便的个人理财的渠道。

(2)信用卡业务。包括网上信用卡的申请、信用卡账户查询、授权、收付清算等功能。通过互联网,用户可在线申办、查询用户明细;银行可定期通过E-mail向用户发送账单,对特约商户进行授权、清算和管理等。这极大地节约了客户使用信用卡的时间花费,与传统的信用卡系统相比,给用户带来了更大的便利。

(3)企业银行(firm banking)。又称对公银行,包括账户查询,如查阅本企业或下属企业的账户余额和历史业务情况;资金划拨,如划转企业内部各单位之间的资金,实现与其他单位之间的同城或异地资金结算;资金核对,以核对调节账户进行账户管理;工资发放,企业可通过企业银行直接将工资打到职工工资卡上,既保证了安全又做到了保密。如中国银行的"企业在线理财"就是这类业务的典型代表。

(4)各种支付。主要指通过数字现金、电子支票、IC卡、代付或代收费等网上支付方式,各企业或个人间可实现自由转账。如同一客户不同账号间可实现活期转定期、活期转信用卡、信用卡转定期等。

(5)国际业务。包括国际收支的网上申报服务及资金汇入、汇出等。通过向中国银行总行申请,国内的企业可以办理此项业务。

(6)信贷。包括信贷利率的查询、个人或企业贷款的申请和发放等。

(7)特色服务。利用网上银行特有的优势,银行还可以推出更多的特色服务项目。例如,招商银行一网通推出了针对企业客户的"点金理财"服务。该项服务包括三大系列、八项套餐、28个服务方案,可以为不同企业提供个性化的定制服务。工商银行的网上业务项目在个人服务、企业服务、金融信息三大部分的基础上,还把电子银行服务和银行卡服务作为两个独立的板块提出,其中提供了电话银行、手机银行和电子银行公告等特色服务,推出了全新的个人网上银行品牌"金融@家"和创新产品 USBKEY。

2. 商务服务

(1)投资理财服务。客户可主动进入银行的网站进行金融、账户等的信息查询,处理自己的财务账目以及使用银行的分析软件帮助分析,即客户主动型。国内这方面比较成型的是网上证券交易。与其相对的是银行主动型,网上银行系统利用专门的理财分析软件根据用户的储蓄、信贷情况进行理财分析,对用户实施全程跟踪服务,并适时地向其提供专业的理财建议和计划。如通过工商银行网上银行系统实现基金的认购、申购以及基本信息查询等功能。

(2)资本市场服务。个人或企业可通过网上银行提供的商务服务获得实时的资本市场投资信息,利用其提供的资本市场走势分析和投资建议实现有利的投资。

(3)网上购物服务。网上银行以网上商店的形式向供求双方提供了一个交易的平台。商家公布商品的品种、规格、价格、性能等,或者提供服务种类、价格和方式,由消费者选购自己所需的商品,并通过银行直接进行网上支付。消费者通过网上购物,可以获得更多的商业信息,买到价格较低的商品,节省了购物时间,足不出户就可以通过"货比三家"来购买商品。商家也节省了成本,拓宽了市场,获得更大的商业利润。

(4)网上信用证业务。网上信用证以其高效、规范的特点,消除了银行与客户间的物理空间障碍,将银行信用证业务前台终端延伸到客户端,使信用证开立申请与修改申请无需受制于纸质文件的传递,加大了客户的自主性;建立了以客户为中心的信用证实时跟踪查询系统,改变了以往银行单证处理信息与客户隔离的局面,为客户建立了有效的自主跟踪查询渠道。

(5)保付业务。网上保付业务是指客户通过企业网上银行系统签发,并委托银行在指定日期无条件支付一定金额给收款人或持有人的电子化信用支付业务,包括电子化签发、转让、提前兑付、到期兑付、查询等功能。网上保付不同于目前网上银行已开办的业务,它是一种完全基于工行网上银行客户操作平台而创新的业务种类,它集合工行客户信息、会计核算、资金汇划清算等核心系统、资产管理系统以及票据综合管理系统等多套业务系统来实现。

3. 信息发布

个人或企业通过登录各银行的站点可方便及时地了解该银行发布的各类信息。这些信息主要包括金融信息,如国际市场外汇行情、对公利率、储蓄利率、汇率、证券行情等,银行信息,如该行行史、业务范围、经营理念、服务项目等。

五、网上银行的交易安全

网上银行系统是银行业务服务的延伸,客户可以通过互联网方便地使用商业银行核心业务服务,完成各种非现金交易。但另一方面,互联网是一个开放的网络,银行交易服务器是网上的公开站点,网上银行系统也使银行内部网向互联网敞开了大门。如何保证网上银行交易系统的安全,关系到银行内部整个金融网的安全,这是网上银行建设中最重要的问题,也是银行保证客户资金安全的最根本的问题。

(一)银行采取的安全技术措施

为了防止交易服务器受到攻击,银行主要采取以下三个方面的技术措施。

1. 设立防火墙,隔离相关网络

一般采用多重防火墙方案。其作用为:分隔互联网与交易服务器,防止互联网用户的非法入侵;用于交易服务器与银行内部网的分隔,以有效保护银行内部网,同时防止内部网对交易服务器的入侵。

2. 高级安全的 Web 应用服务器

服务器使用可信的专用操作系统,凭借其独特的体系结构和安全检查,保证只有合法用户的交易请求能通过特定的代理程序送至应用服务器进行后续处理。

3. 24 小时实施安全监控

例如采用 ISS 网络动态监控产品,进行系统漏洞扫描和实时入侵检测。2000 年 2 月,Yahoo 等大网站遭到黑客入侵破坏时,使用 ISS 安全产品的网站都幸免于难。

(二)通信线路的安全性

由于互联网是一个开放的网络,客户在网上传输的敏感信息(如密码、交易指令等)在通信过程中存在被截获、被破译、被篡改的可能。为了防止此种情况发生,网上银行系统一般都采用加密传输交易信息的措施,使用最广泛的是 SSL 数据加密协议。

安全套接层协议(Secure Sockets Layer,SSL)是由 Netscape 首先研制开发出来的,其首要目的是在两个通讯间提供秘密而可靠的连接,目前大部分 Web 服务器和浏览器都支持此协议。用户登录并通过身份认证之后,用户和服务方之间在网络上传输的所有数据全部用会话密钥加密,直到用户退出系统为止。而且每次会话所使用的加密密钥都是随机产生的。这样,

攻击者就不可能从网络上的数据流中得到任何有用的信息。同时，引入了数字证书对传输数据进行签名，一旦数据被篡改，则必然与数字签名不符。SSL协议的加密密钥长度与其加密强度有直接关系，一般是40～128位，密钥越长加密效果越好。

（三）客户使用网上银行安全交易规范

客户在网上银行开户申请成功后，应及时下载数字证书，证书下载后，要及时备份，避免证书损坏或丢失时重新导入，在登录网上银行时客户可以采用"有证书登录"的模式。客户不要在公共场所或他人的计算机上安装使用证书，也不要在计算机上保存密码，因为这样可能会使数字证书等机密资料落入他人之手，从而直接使网上身份识别系统被攻破，网上账户被盗用。

另一方面，客户不要使用相同的登录密码与交易密码，而且还要及时定期更换。因为，一些木马病毒专门盗取登录密码与交易密码，所以客户要采用最新的杀毒软件，及时升级病毒库，定期查杀病毒。同时，一些黑客也会以银行的名义给客户发送电子邮件，在邮件中提示网上银行系统升级，需要客户登录，而所提供的链接却是指向一个假冒的网站，该假冒网站完全仿照网上银行的页面风格，待客户登录后，该假冒网站会记录下客户的登录密码与交易密码，然后黑客就会盗取客户的资金。所以客户在收到这样的电子邮件通知时一定要留心鉴别，关键之处在于查验网址是否正确（假冒网站的网址只有一点微小的差别），网页下方是否有工商认证标识及链接是否正确。

（四）网上银行身份识别工具

我国银行卡持卡人安全意识普遍较弱，不注意密码保密，或将密码设为生日等易被猜测的数字。一旦卡号和密码被他人窃取或猜出，用户账号就可能在网上被盗用，如进行购物消费等，从而造成损失，而银行技术手段对此却无能为力。因此，一些银行规定：客户必须持合法证件到银行柜台签约才能使用"网上银行"进行转账，以此保障客户的资金安全。

在网上银行系统中，用户的身份认证依靠基于"RSA公钥密码体制"的加密机制、数字签名机制和用户登录密码的多重保证。银行对用户的数字签名和登录密码进行检验，全部通过后才能确认该用户的身份。目前我国很多银行都已运用一些专用网上银行身份识别工具，下面以工商银行为例介绍一下相关的身份识别工具。

1. U盾

U盾（个人网上银行客户证书）是一个带智能芯片的硬件设备，是工商银行与微软等国际知名公司共同合作开发，并应用了智能芯片信息加密技术的一种数字签名工具。它是专门用于保护网上银行客户安全的一种高级别的安全工具，外形酷似U盘，如图6.15所示，外观像一面盾牌，所以称为U盾。它内置微型智能卡处理器，采用1024位非对称密钥算法对网上数据进行加密、解密和数字签名，确保网上交易的保密性、真实性、完整性和不可否认性。一旦把客户的银行账户纳入此证书管理，在网上银行办理转账汇款、B2C支付等业务都必须启用U盾进行验证。U盾由客户随身携带，一旦丢失必须立即挂失。U盾是唯一的、不可复制的，在没有插入U盾的情况下,任何人都无法利用该客户的身份信息和账户信息通过互联网盗取资金。

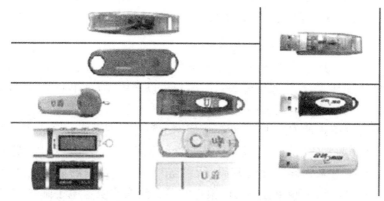

图6.15 U盾的外形

2. 银行口令卡

银行口令卡是指以矩阵形式印有若干字符串的卡片,如图6.16及图6.17所示,每个字符串对应一个唯一的坐标。系统每次以随机方式指定若干坐标,使客户每次使用的密码都具有动态变化性和不可预知性。

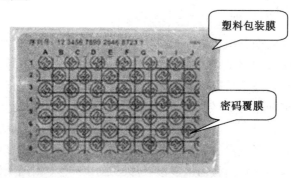

图6.16 新申领的口令卡

领取口令卡时,需要确认口令卡的包装膜和覆膜是否完好。新申领的口令卡应如图6.16所示,包含完整的塑料包装膜和覆膜,如有损坏,应该要求更换。申领了口令卡后,客户在使用网上银行进行对外转账、B2C购物、缴费等支付交易时,网上银行系统会随机给出一组口令卡坐标,如"A3、B2",客户根据坐标从卡片中划开覆膜,找到对应的口令组合(六位的数字串)并输入到网上银行系统中,系统校验密码字符的正确性,只有口令组合输入正确的客户才能完成相关交易,该口令组合一次有效,交易结束后即失效。

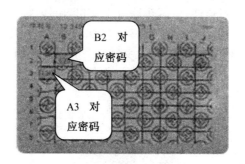

图 6.17 获取口令

第四节 第三方支付平台

传统的网上支付主要是借助网上银行的支付平台，使用银行卡、电子现金和电子支票等作为支付工具。网上银行一般采用 SSL 或 SET 安全协议机制对银行卡信息进行加密认证处理，降低用户银行卡信息泄露的风险，实现资金的安全传递。但是，随着网络商户数量和规模的发展，这种模式开始不适应，因为网络商户需要和各家银行逐个签订接入协议，手续烦琐，不经济。因此，在银行与网站之间作为支付中介的第三方支付平台应运而生。

一、第三方支付平台的概念

第三方支付平台是指一些和国内外各大银行签约、并具备一定实力和信誉保障的第三方独立机构，在银行监管下提供交易支持平台。实际上，它就是买卖双方交易过程中的"中间件"，也可以说是"技术插件"。在通过第三方支付平台的交易中，买方选购商品后，使用第三方平台提供的账户进行货款支付，由对方通知卖家货款到达、进行发货；买方检验物品后，就可以通知付款给卖家。第三方支付平台的运作原理是以第三方公司为信用中介，以此降低交易中的风险，并对交易双方进行约束和监督。与传统的银行支付方式相比，第三方支付平台的出现，从理论上讲，彻底杜绝了电子交易中的欺诈行为。

第三方支付平台是马云在 2005 年瑞士达沃斯世界经济论坛上首先提出来的，他认为，电子商务，首先应该是安全的电子商务，一个没有安全保证的电子商务环境，是没有真正的诚信和信任而言。而要解决安全问题，就必须先从交易环节入手，彻底解决支付问题。传统的银行支付方式只具备资金的传递功能，不能对交易双方进行约束和监督，支付手段也比较单一。交易双方只能通过指定银行的界面直接进行资金的划拨，在整个交易过程中，无论是货物质量方面、交易诚信方面、退换要求方面等等环节都无法得到可靠的保证，交易欺诈行为也广泛存在。而第三方支付平台的出现则可以解决以上问题。

我国第三方支付平台发展极为迅速，在 2004 年以前，中国第三方支付企业大约 10 多家，到 2010 年已有包括支付宝、财付通、中国银联电子支付、快钱、环迅支付、易宝支付等 300 多家从事第三方支付业务的机构,其中知名度较高的有 20 多家,主要集中在北京、上海、杭州、广州等发达地区。图 6.18 为 2010 年中国第三方支付平台的市场份额。表 6.3 为几个第三方支付平台的竞争特点比较分析。

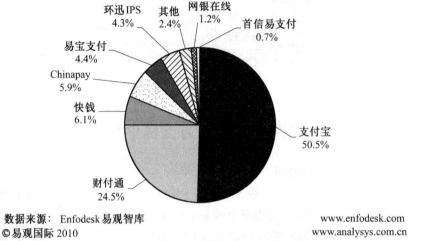

图 6.18　2010 年中国第三方电子支付核心企业交易额规模市场份额

表 6.3　几个第三方支付平台的竞争特点比较

第三方支付平台	支撑网站商业交易平台	特点
支付宝	淘宝网 阿里巴巴	具有良好的信用度和网站品牌支撑;货款托管;在线支付手续费全免;付款到账发货,快速高效;全额先期赔偿损失;当有欺骗行为时偏向买家,发生纠纷时听买家解释
安付通	eBay 易趣	有良好的网站品牌支撑;验货后放款,购物安全系数高;帮助卖家管理交易,使卖家省心;与 14 家网银整合,安全方便;没有明确纠纷解决方案;收取注册费用
易支付	首都电子商城	提供统一接口及自动对账功能;7×24 实时结算,日清月结;可查看实时订单明细、结算款项;业务广,多种手段支付;接入简便,适用范围广;在 G2C 业务领域强;先付款后交货
云网	云网	挂单率为 0,不流失商机;实施购买、订单响应、转账结算;高度自定义结算机制;多维度单据查询,业务提供决策支付;量身定做的行业解决方案;对商户收费,不利竞争

续表 6.3

第三方 支付平台	支撑网站 商业交易平台	特点
中国银联	中国银联	支持国内主要商业银行的银行卡,提供多卡种、多语言的实时在线支付;业务覆盖率比较高;连接实现跨银行、跨地区的实时支付;兼容已有网关银行的技术标准,使无网关的银行改造简单;商户可以按天、周、月生成并显示相关交易报表;用户群相对比较分散;银联与银行间合作又竞争的关系,在未来也许会突显出矛盾的一面
财付通	腾讯拍拍网 腾讯网络游戏	是拍拍网的购物中介;捆绑了网络游戏,用户群大,成绩不错;收到货后才付款给卖家;在线支付无需手续费,即时到账;可查询任意时间进出账记录明细表;缺乏新的收入来源
快钱	快钱	接入门槛低;支付无限额;支付成功率高,零掉单;提供了"电子优惠券"等多种营销工具;没有捆绑的基础用户
上海环迅	环迅	一对一的技术支持与客户服务;商家管理后台简单易用、功能强大;旗下导购网"IPS 商情网"助商家推广和促销,提升交易量;每月向会员定向发送上百万份电子期刊;自动对账系统每3分钟会自动进行对账,不错失任何一笔网上订单;是 VISA 国际信用卡组织在中国的第一个电子商务安全合作伙伴,国内第一家提供国际卡实时支付的支付平台
易宝	易宝	集成国内 21 家银行的支付端口,将互联网、手机、固定电话整合在一个平台上,真正实现了脱离互联网限制的电子支付,为更多传统行业搭建了电子支付的高速公路;率先推出"商家零门槛自助接入"、"按需支付"、"增值服务",有效降低商家的接入和运营成本,推动支付和行业应用的深度结合;合作商家包括了百度、盛大、新易趣、当当、贝塔斯曼、国美、TOM、金山、新东方在线、深航、东星航空、e 龙、易行天下、游易网、中国联通等众多知名企业;会员支付、充值、转账等功能都是免费的

二、第三方支付平台的模式

目前市场上的第三方支付公司的运营模式,可以将它们分为三类型:一类是独立的第三方网关模式,一类是具有电子商务功能的第三方支付网关模式,另一类是兼具电子商务与担保功能的第三方支付网关模式。

(一)独立的第三方网关模式

独立的第三方网关是指完全独立于电子商务网站,由第三方投资机构为网上签约商户提供围绕订单和支付等多种增值服务的共享平台。这类平台仅仅提供支付产品和支付系统解决方案,平台前端联系着各种支付方法供网上商户和消费者选择,同时平台后端连着众多的银行。由平台负责与各银行之间的账务清算,同时提供商户的订单管理及账户查询等功能。这种模式国外以 CyberSource、WorldPay 公司为代表,国内以"首信易"支付、"百付通"最为典型。

这类机构的特点是:有独立的网关,灵活性大,一般都有行业背景或者政府背景;盈利方式是根据客户的不同规模和特点提供不同的产品,收取不同组合的年服务费和交易手续费;客户群体主要面向 B2B、B2C 和 C2C 市场,客户为中小型商户或者有结算需求的政企单位。但这类机构没有完善的信用评价体系,抵御信用风险的能力有待加强,且增值服务尚未开发,技术含量不够高,容易被同行所复制。

(二)具有电子商务功能的第三方支付网关模式

这种类型的网上支付平台是指由电子商务平台建立起来的支付网关,这里的电子商务平台往往是指独立经营且提供特定产品(虚拟产品或实体产品)的商务网站。支付网站最初也是为了满足自身配送商品和实时支付而研发搭建的,逐步扩展到提供专业化的支付产品服务。这种类型的在线支付企业进入时间早,又依附于成熟的电子商务企业,拥有坚实的后盾和雄厚的资金,占有了一大部分在网上进行买卖的客户源。其典型代表是云网。

这类机构的特点是:这类机构是最早经营电子商务的企业,充分了解客户的支付需求;盈利方式是采用年费加手续费;客户群体是面向 B2C 市场,向中小型电子商务网站提供在线支付服务。但这类机构依附于自身的电子商务企业,发展行业受限;同时就服务于所隶属的电子商务网站,又要服务于竞争对手——其他的电子商务网站,也会造成其他电子商务企业的质疑。

(三)兼具电子商务与担保功能的第三方支付网关模式

这种类型的第三方支付平台是指由电子商务平台独立或者合作开发,同各大银行建立合作关系,凭借其公司的实力和信誉承担买卖双方中间担保的第三方支付平台,利用自身的电子商务平台和中介担保支付平台吸引商家开展经营业务。买方选购商品后,使用该平台提供的账户进行货款支付,并由第三方通知卖家货款到达、进行发货;买方检验物品后,就可以通知付款给卖家,第三方再将款项转至卖家账户。这种模式以淘宝网的"支付宝"、eBay 易趣的"安付通"和"贝宝"为代表。

这类机构的特点是:拥有自己的客户资源,承担中介担保职能,按照交易记录建立个人信用评价体系,可信性相对较高;盈利方式是对店铺费、商品登录费、交易服务费等大多实行免费政策;客户群体是面向 C2C、B2C 市场,向个人或者中小型商户提供支付服务。但这类机构的用户集中于自身的电子商务平台,平台间的竞争较激烈,且认证程序复杂,交易纠纷取证困难,中介账户的资金滞留有吸储嫌疑,有悖于企业的经营性质。

三、第三方支付平台的交易流程

在拍卖网站的交易过程中,由于买方不认识卖方,也不了解其信用水平,所以买方在拍得卖方的商品后,不是直接付款给卖家,而是将货款付给第三方支付平台。第三方支付平台收到货款后通知卖方货款收到、进行发货。在卖方发货后、买方确认收到货物前,由第三方支付平台替买卖双方暂时保管货款。直到买方在收到货物并验证货物无误之后,给第三方支付平台发出验货通知。然后第三方支付平台将货款转至卖方账户。如果买方发现货物存在问题,要求退货,第三方支付平台则将货款退回给买方。具体交易流程如图6.19所示。

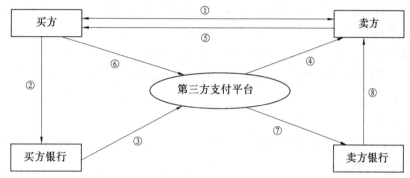

图6.19　第三方电子支付平台的交易流程

(1)买卖双方在网上达成交易意向,签订交易合同。
(2)买方选用银行卡授权开户银行进行付款。
(3)买方银行将货款付给第三方支付平台。
(4)第三方支付平台收到货款后通知卖家发货。
(5)卖家发货给买方,发货后,卖方不能立即收到货款,货款由第三方支付平台暂时保管。
(6)买方在收到货物并验证货物无误之后,给第三方支付平台发出验货通知。
(7)第三方支付平台将货款转至卖方银行账户。
(8)卖方银行向卖方发出收款通知。

在第三方支付平台的模式中,卖方看不到买方的信用卡信息,同时买方也避免了因银行卡信息在网络中公开传输而导致的银行卡信息被窃的风险。

四、常用的第三方支付平台

(一)支付宝

浙江支付宝网络科技有限公司是国内领先的独立第三方支付平台,由阿里巴巴集团创办。支付宝(www.alipay.com)致力于为中国电子商务提供"简单、安全、快速"的在线支付解决方案。支付宝公司从2004年建立开始,始终以"信任"作为产品和服务的核心。不仅从产品上确保用户在线支付的安全,同时让用户通过支付宝在网络间建立起相互的信任,为建立纯净的互联网环境迈出了非常有意义的一步。

支付宝提出的建立信任,化繁为简,以技术的创新带动信用体系完善的理念,深得人心。在六年的时间内,为电子商务各个领域的用户创造了丰富的价值,成长为全球最领先的第三方支付公司之一。截止到2010年12月,支付宝注册用户突破5.5亿,日交易额超过25亿元人民币,日交易笔数达到850万笔。目前除淘宝和阿里巴巴外,支持使用支付宝交易服务的商家已经超过46万家,涵盖了虚拟游戏、数码通讯、商业服务、机票等行业。这些商家在享受支付宝服务的同时,还是拥有了一个极具潜力的消费市场。

支付宝以稳健的作风、先进的技术、敏锐的市场预见能力及极大的社会责任感,赢得了银行等合作伙伴的认同。目前国内工商银行、农业银行、建设银行、招商银行、上海浦发银行等各大商业银行以及中国邮政、VISA、MasterCard国际组织等各大机构均与支付宝建立了深入的战略合作,不断根据客户需求推出创新产品,成为金融机构在电子支付领域最为信任的合作伙伴。

(二)财付通

财付通(www.tenpay.com)是腾讯公司于2005年9月正式创办的中国领先的在线支付平台,致力于为互联网用户和企业提供安全、便捷、专业的在线支付服务。

个人用户注册财付通后,即可在拍拍网及40多万家购物网站轻松进行购物。财付通支持全国各大银行的网银支付,用户也可以先充值到财付通,享受更加便捷的财付通余额支付体验。财付通的提现、收款、付款等配套账户功能,让资金使用更灵活。财付通还为广大用户提供了手机充值、游戏充值、信用卡还款、机票专区等特色便民服务,让生活更方便。

针对企业用户,财付通构建全新的综合支付平台,业务覆盖B2B、B2C和C2C各领域,提供卓越的网上支付及清算服务。还提供了安全可靠的支付清算服务和极富特色的QQ营销资源支持,与广大商户共享3亿腾讯用户资源。

(三)快钱

上海快钱信息服务有限公司是国内第一家提供基于E-mail和手机号码的网上支付平台的互联网企业,致力于为各类企业及个人提供安全、便捷和保密的电子收付款服务。快钱成立于2004年,是国内领先的独立电子支付及清结算企业,专注于为各类行业和企业提供安全、便捷的综合电子支付服务。以"快钱"为品牌的产品和服务内容广泛,涵盖了账户管理、网上充值、网上结算、网上付款、网上催款等基本功能和支付网关、快钱钮、募捐钮、快钱保等多种工具。快钱(www.99bill.com)是一个独立的第三方支付平台。

快钱电子支付平台采用了国际上最先进的应用服务器和数据库系统,支付信息的传输采用了128位的SSL加密算法,整套安全体系获得了美国MasterCard网站信息安全认证、美国Visa持卡人信息安全认证和美国AmericanExpress运通的DSS认证。美国Oracle公司,Veri-

Sign 数字安全公司和 ScanAlert 网络安全公司每天为快钱提供全面的安全服务,确保数以亿计交易资金的安全。

快钱同中国工商银行、中国银行、中国建设银行、中国农业银行、交通银行、招商银行、中信银行、上海浦东发展银行、中国民生银行、兴业银行、中国光大银行、华夏银行、广东发展银行、深圳发展银行、上海银行、北京银行、北京农村商业银行、上海农村商业银行、渤海银行、南京银行、宁波银行、平安银行、厦门国际银行、广州市商业银行、中国邮政、全国农信社资金清算中心、全国城市商业银行资金清算中心、广州银行电子结算中心等金融机构结成战略合作伙伴,并开通 VISA、MASTER 等国际卡在线支付,服务覆盖国内外 30 亿张银行卡。

快钱和多家国内外知名企业如网易、搜狐、百度、当当、神州数码、万网、国美、东方航空、南方航空、中国平安、新华保险、新东方、英孚教育、锦江之星、7 天酒店等公司达成战略合作。综合全面的支付产品,精益求精的服务理念,将使快钱赢得更多企业及消费者的信赖,以创造支付行业第一品牌。

本 章 小 结

本章讲述了电子支付的概念和特点。电子支付系统是电子商务系统的重要组成部分,它是指客户、商家、银行之间使用安全电子手段交换商品或服务,运用银行卡、电子现金、电子支票或智能卡等支付工具通过网络安全传送到银行或相应金融机构来实现电子商务的结算。重点介绍了电子支付的工具,包括信用卡、电子现金、电子支票、智能卡和电子钱包等。介绍了网上银行的概念及主要业务和功能,第三方支付平台的概念、模式和交易流程,最后介绍了目前几个常见的第三方支付平台。

思 考 题

1. 电子支付的概念及特点是什么?
2. 电子支付系统的种类包括哪些?
3. 电子货币的概念及特点是什么?
4. 信用卡的概念及分类是什么?
5. 信用卡网络支付模式包括哪些?
6. 电子现金的概念及属性是什么?
7. 电子现金的特点包括哪些?
8. 电子纸票的特点和优势是什么?
9. 智能卡的概念及优点是什么?
10. 网上银行的分类及业务和功能是什么?
11. 网上银行的交易安全包括哪些?
12. 第三方支付平台的概念即模式是什么?

阅 读 资 料

【阅读资料一】

电子支付市场将出现"混战"

快钱公司相关负责人介绍，在超级网银上线之前，央行就曾组织一批第三方支付企业配合进行了一部分测试，第三方支付企业接入超级网银平台是迟早的事情。超级网银在建设启动时，央行就已表态未来会将第三方支付作为非银行类金融机构纳入其中。

实际上，就算没有超级网银这个平台，电子支付市场的争夺战早已打响。鉴于电子支付的价值链条非常长，市场参与各方可能处于价值链的不同位置，相互间并不是简单的竞争关系。支付宝更多服务于淘宝网上的交易，小商户居多；财付通则主要针对腾讯旗下拍拍网上的交易。

而快钱公司则把重点放在了企业支付服务上，其相关负责人表示，超级网银的上线对于行业的格局是会产生一定的影响。是否能够在超级网银推出后站稳脚跟，取决于企业的定位，处于一线业务多元的公司不但不会受到影响，还会如虎添翼。而对于一些只能完成查询付费等简单业务的支付公司，竞争优势将不再明显，可能面临被淘汰的风险。

小兵可能战死沙场，将军仍在兴风作浪。超级网银上线不久，一则消息便在坊间不胫而走，传马云正在高价收购雅虎手中的全部阿里股份，资金全部来自农业银行和工商银行，同时，支付宝将向两大国有银行出让大部分支付宝公司的股份，假如此事属实，支付宝将可能转为国有控股企业，这样的资本市场操作将直接关系电子商务行业的命脉。

一则传闻还未落地，阿里巴巴商业银行获批的消息再次袭来，虽然过后即遭官方否认，但这样的消息依然让业内草木皆兵，业内人士预测一旦阿里巴巴进军银行业获批，支付宝将释放出更多的金融能量，其他支付平台将只能陷入被边缘化或直接隐退的命运。

与此同时，精明的马化腾也嗅到了机会的味道，财付通学习苹果推出开放平台，已经开始迅速扩张。

（资料来源：www.ebrun.com；http://www.ebrun.com/online_trading/22419.html.）

【阅读资料二】

支付宝推荐金山安全套装来保护网购安全

面对网络欺诈、网络钓鱼等一系列网购威胁，近日，国内领先的独立第三方支付平台支付宝公司推荐国内专业的免费杀毒软件金山安全套装，保障网购用户的账号安全。支付宝表示，该产品有助于网络用户"防欺诈、防钓鱼，保护您的支付宝账户"。

数据显示，2010年10月，中国反钓鱼网站联盟认定并处理钓鱼网站2 763个，与去年10月(1 495个)相比，同比暴增85%。另据，金山网络安全中心最新监测结果显示，当前木马式钓鱼正在网上肆虐，大量网购用户也因此遭殃，并带来经济损失。

据悉,金山毒霸安全实验室经过长期研究,分析了网络钓鱼目前最常用的手段,将可信云安全的技术应用到对钓鱼网站的识别体系,云端自动收集可疑网址,完成对可疑钓鱼网站的自动鉴定。金山毒霸可以在非常短的时间内抓取钓鱼网页的内容,云端迅速完成鉴定,仅需分秒完成鉴定。目前,金山安全套装中的金山毒霸、金山卫士等产品对于网络钓鱼、盗号木马等网购威胁有着非常出色的防护能力。

支付宝与金山等公司在安全技术上做了对接,将淘宝及支付宝恶意网址库进行实时共享,并扩展为网络支付安全生态圈,积极为网民提升网络钓鱼层面的安全能力。支付宝公司相关负责人表示,"作为支付安全联盟成员之一,金山拥有13年杀毒历史的专业厂商,在反钓鱼技术研究上有独到之处,能有效拦截钓鱼网站"。此外,作为一款免费软件,更适合用户用于日常安全防护。支付宝也表示欢迎更多厂商共同参与,为用户打造方便安全的网购环境。

金山网络反病毒专家李铁军表示,这个方案的核心技术在于可以通过服务端的自动收集和自动识别,来有效拦截有可能被网民访问到的网络钓鱼网站。目前每天阻止网民访问钓鱼网站的次数已超过40万次。同时有效修复因不慎访问钓鱼网站导致的安全问题,通过金山安全套装也可有效拦截各类"钓鱼"欺诈网址。

金山网络CEO傅盛表示,金山网络还将与支付宝展开深入合作,充分保障广大网购人群的账户安全。

(资料来源:www.ebrun.com;http://www.ebrun.com/ebnews/18307.html.)

第七章
Chapter 7

电子商务与物流

【学习要点及目标】
1. 明确物流及电子商务物流的概念。
2. 掌握物流的职能及物流在电子商务中的地位。
3. 了解电子商务环境下的物流模式。
4. 了解电子商务物流技术。

第一节 物流概述

一、物流的概念与分类

（一）物流的基本概念

物流是随流通的出现而发展的，人类社会出现商品生产后，生产和消费便逐渐分离，产生了连接生产和消费的中间环节——流通。随着工业的发展，社会生产和消费规模越来越大，流通对生产的反作用就越突出。产需分离越来越大，分工越来越细，就必须依靠流通来解决和弥合。这就促使流通的迅速发展，物流也就在这一发展中逐渐成长起来。

物流(logistics)作为一门新兴的综合性学科来源于军事，即所谓的"后勤"。第二次世界大战期间，英美盟军为保证全球作战的需要，对军用物资的运输、供给、调派等进行全面的管理，为战事的胜利提供了物质保障，"二战"后，后勤学逐渐形成了单独的学科，随着经济和社会的发展，原料的流通、产品分配、运输、库存控制、储存、用户服务等相关业务纳入其中，这时后勤一词已经超越了军事范围，已经接近于现代物流。因此，在欧美国家中一般所指的"Logistics"

的外延比"Physical Distribution"的外延更为广泛,而"Physical Distribution"一般仅是指销售物流。

对于物流,目前国内外尚没有一个统一的概念,各种提法也并不一致,但大体意思是相同的。物流并不是"物"和"流"的一个简单组合,不是指实物基本运动规律,也不是哲学意义上的研究运动的永久性。在2001年颁布的《物流术语》国家标准中,物流的定义是:物品从供应地向接收地的实体流动过程。根据实际需要,将运输、储存、装卸、搬运、包装、流通加工、配送、信息处理等基本功能实施有机结合。

(二)物流的分类

由于物流对象、目的、范围、范畴不同,形成了不同物流类型。下面具体介绍三种划分方法:

1. 按照物流的活动范围划分

按照物流的活动范围来分,物流可分为宏观物流和微观物流。

(1)宏观物流。宏观物流是指社会再生产总体的物流活动,从社会再生产总体角度认识和研究的物流活动。研究产业或集团的物流活动和物流行为,常有宏观性,在我们常提出的物流活动中,比如社会物流、国民经济物流、国际物流都属于宏观物流。

(2)微观物流。消费者、生产者企业所从事的实际的具体的物流活动属于微观物流。在一个小地域空间发生的具体物流活动也属于微观物流;针对某一种具体产品所进行的物流活动也是微观物流。

2. 按照物流系统的性质划分

按照物流系统的性质来分,可分为社会物流和企业物流。

(1)社会物流。社会物流是物流的主要研究对象,是指以全社会为范畴,面向广大用户的超越一家一户的物流。这种社会性很强的物流往往由专门的物流承担人承担,主要载体为专业物流公司。社会物流研究再生产过程中随之发生的物流活动,研究国民经济中的物流活动,研究如何形成服务于社会,面向社会又在社会环境中运行的物流,研究社会中物流体系结构和运行,因此带有宏观性和广泛性。

(2)企业物流。是指从企业角度上研究与企业有关的物流活动,是具体的,微观的物流活动的典型领域。在企业中,主要包含以下几类物流活动:

① 供应物流。企业为保证本身生产的节奏,不断组织原材料、零部件、燃料、辅助材料供应的物流活动。这种物流活动对企业生产的正常、高效进行起着重大作用。企业供应物流不仅要保证供应的目标,而且还要在最低成本上以最少消耗、最大的保证来组织供应物流活动。企业竞争的关键在于如何降低物流过程的成本,可以说是企业物流的最大难点。为此,企业供应物流就必须有效解决供应网络、供应方式、零库存的问题。

② 生产物流。包括从工厂的原材料购进入库起,直到工厂成品库的成品发送出去为止的物流活动的全过程。过去人们在研究生产活动时,主要注重一个一个的生产加工过程,而忽视了将每个生产加工过程串在一起,使得一个生产周期内,物流活动所用的时间远多于实际加工

的时间。所以对企业生产物流的研究,可以大大缩减生产周期,节约劳动力。

③ 销售物流。企业销售物流是企业为保证本身的经营效益,不断伴随销售活动将产品所有权转给用户的物流活动。现代社会中,市场是完全的买卖市场,因此,销售物流活动便带有极强的服务性,以满足买方的需求,最终实现销售。在这种市场前提下,销售往往以送达用户并经过售后服务才算终止,销售物流的空间范围很大,这便是销售物流的难度所在。在这种前提下,企业销售物流的特点便是通过包装、送货、配送等一系列物流实现销售,这就需要研究送货方式、包装水平、运输路线等,并采取各种诸如少批量、多批次、定时、定量配送等特殊的物流方式达到目的。因而其研究领域是很宽的。

生产企业或流通企业售出产品或商品的物流过程称为销售物流。企业通过销售物流,可以进行资金的回收并组织再生产的活动。销售物流的效果关系到企业的存在价值是否被社会承认。

④ 回收物流。企业在生产、供应、销售的活动中总会产生各种边角余料和废料,可以把它们回收并加以利用。而且在一个企业中,回收物品处理不当,往往会影响整个生产环境,甚至影响产品的质量,也会占用很大空间,造成浪费。

如作为包装容器的纸箱和塑料筐等;对旧报纸和书籍进行回收、分类再生产成原材料纸浆;利用金属废弃物的再生性,在回收后重新熔炼成有用的原材料等。

⑤ 废弃物流。企业废弃物流是指对企业排放的无用物进行运输,装卸,处理等的物流活动。商品的生产和流通系统中所产生的无用废弃物。如开采矿山时产生的土石、炼钢生产中的钢渣、工业废水以及其他各种无机垃圾等。这些废弃物已没有利用的价值,但如果不妥善加以处理,就地堆放就会妨碍生产甚至造成环境污染。对这类废弃物的处理过程产生了废弃物流。

3. 按照物流空间划分

按物流空间划分可分为国际物流和区域物流。

(1) 国际物流。国际物流是指当生产和消费在两个或两个以上生产和消费之间的空间距离和时间距离,而对物质(货物)所进行的物理移动的一项国际经济贸易活动。

(2) 区域物流。区域物流是指相对于国际物流而言的概念,指一个国家或一个区域范围内的物流。例如一个城市的物流、一个经济区域的物流均属于区域物流。有时,还有按行业划分的物流。例如海运物流、空运物流、铁路物流、公路物流等。

二、物流的功能

《物流术语》国家标准(2001年)中,物流的定义是:"物品从供应地向接受地实体流动过程中,根据实际需要,将运输、存储、装卸、搬运、包装、流通加工、配送、信息处理等基本功能实施的有机结合。"以下就物流活动的这些构成要素分别加以探讨。

物流系统的功能要素指的是物流系统所具有的基本能力,这些基本能力有效地组合联结在一起,形成物流的总功能,以便能合理、有效地实现物流系统的总目的。物流系统的功能要素一般包括运输、包装、搬运装卸、储存保管、流通加工、配送、物流信息等,如果从物流活动的实际工作环节来考察,物流由上述七项具体工作构成,或者说,物流是实现以上七项功能。

1. **运输功能要素**

包括供应及销售物流中的陆地、航空、海上等方式的运输,生产物流中的管道、传送带等方式的运输。对运输活动的管理要求选择经济技术效果最好的运输方式及联运方式。合理确定运输路线,实现安全、迅速、价廉的要求。

2. **包装功能要素**

包括产品的出厂包装、生产过程中成品、半成品的包装及在物流过程中换装、分装、再包装等活动。材料包装活动的管理,根据物流方式和销售要求来确定。以商业包装为主,还是以工业包装为主,要全面考虑包装对产品的保护作用、促销作用、提高装运效率的作用、拆卸的方便性、废弃包装的回收及处理等因素。包装管理还要依据全物流过程的经济效果,决定包装材料、强度、尺寸及包装方式。

3. **装卸功能要素**

包括对运输、保管、包装、流通加工等物流活动进行衔接活动,以及在保管等活动中为进行检验、维护、保养所进行的装卸活动。在物流活动中,装卸活动较为频繁,因而对装卸活动的管理,主要是确定最恰当的装卸方式,尽量减少装卸次数,合理配置及使用装卸机具,力图做到节能、省力、减少损失、加快速度。

4. **保管功能要素**

包括堆存、保管、保养、维护等活动。对保管活动的管理,要求正确确定库存量,明确仓库是以流通为主还是以储备为主,合理确定保管制度和流程,对库存物资采取有区别的管理方式,力求提高保管效率、降低损耗、加快物资和资金的流转速度。

5. **流通加工功能要素**

这种加工活动不仅存在于社会流通过程中,也存在于企业内部的流通过程中。实际上,在物流过程中进行的流通加工是辅助加工活动,企业、物资部门、商业部门为了弥补生产过程中的加工程度的不足,或提高产品的附加值,以便更有效的满足用户的需求,更好的衔接产需。

6. **配送功能要素**

是物流进入最终阶段,以配货、送货形式最终完成社会物流并最终实现资源配置的活动。配送活动一直被看作运输活动中的一个组成部分,被认为是一种运输形式。所以,过去一直作为运输中的末端运输对待,而未独立作为物流系统实现的功能。但是,配送作为现代流通方式,集经营、服务、库存、分拣、装卸、搬运于一身,已不仅是一种送货运输所能包含的,所以作为物流系统的独立因素。

7. **物流信息处理功能要素**

在物流过程中,伴随着物流的进行,产生大量反映物流过程的有关输入、输出物流的结构、流量与流向、库存动态、物流费用、市场情况、运输跟踪等信息,形成物流信息。同时,应用计算机进行加工处理,获得实用的物流信息,这将有利于及时掌握物流动态,协调各物流环节,有效地组织好物流活动。

三、物流管理

物流管理(logistics management)是指在社会再生产过程中,根据物质资料实体流动的规律,应用管理的基本原理和科学方法,对物流活动进行计划、组织、指挥、协调、控制和监督,使各项物流活动实现最佳的协调与配合,以降低物流成本,提高物流效率和经济效益。现代物流管理是建立在系统论、信息论和控制论的基础上的。

物流管理的内容包括三个方面:对物流活动诸要素的管理,包括运输、储存等环节的管理;对物流系统诸要素的管理,即对其中人、财、物、设备、方法和信息六大要素的管理;对物流活动中具体职能的管理,主要包括物流计划、质量、技术、经济等职能的管理等。

物流管理科学是近一二十年以来在国外兴起的一门新学科,它是管理科学的新的重要分支。随着生产技术和管理技术的提高,企业之间的竞争日趋激烈,人们逐渐发现,企业在降低生产成本方面的竞争似乎已经走到了尽头,产品质量的好坏也仅仅是一个企业能否进入市场参加竞争的敲门砖。这时,竞争的焦点开始从生产领域转向非生产领域,转向过去那些分散、孤立的,被视为辅助环节而不被重视的,诸如运输、存储、包装、装卸、流通加工等物流活动领域。人们开始研究如何在这些领域里降低物流成本,提高服务质量,创造"第三个利润源泉"。物流管理从此从企业传统的生产和销售活动中分离出来,成为独立的研究领域和学科范围。物流管理科学的诞生使得原来在经济活动中处于潜隐状态的物流系统显现出来,它揭示了物流活动的各个环节的内在联系,它的发展和日臻完善,是现代企业在市场竞争中制胜的法宝。

第二节 电子商务物流

一、电子商务物流的概念

电子商务物流就是信息化、现代化、社会化的物流。也就是说,物流企业采用网络化的计算机技术和现代化的硬件设备、软件系统及先进的管理手段,针对社会需要,严格地、守信用地按用户的订货要求,进行一系列分类、编码、整理、分工、配货等理货工作,定时、定点、定量地交给没有范围限度的各类用户,满足其对商品的要求。

二、电子商务物流的特点

电子商务时代的来临,给全球物流带来了新的发展,使物流具备了新的特点。

（一）信息化

电子商务时代,物流信息化是电子商务的必然要求。物流信息化表现为物流信息的商品化、物流信息收集的代码化、物流信息处理的电子化和计算机化、物流信息传递的标准化和实时化、物流信息存储的数字化等。因此,条码技术、电子订货系统、电子数据交换及有效的客户反应等技术与观念在我国的物流中将会得到普遍的应用。信息化是一切的基础,没有物流的信息化,任何先进的技术设备都不可能应用于物流领域,信息技术及计算机技术在物流中的应用将会彻底改变世界物流的面貌。

（二）自动化

自动化的基础是信息化,自动化的核心是机电一体化,自动化的外在表现是无人化,自动化的效果是省力化,另外还可以扩大物流作业能力、提高劳动生产率、减少物流作业的差错。物流自动化的设施非常多,如条码-语音-射频自动识别系统等,这些设施在发达国家已普遍用于物流作业流程中,而在我国由于物流业起步较晚,发展水平较低,自动化技术的普及还需要相当长的时间。

（三）网络化

物流领域网络化的基础也是信息化,网络化有两层含义:一是物流配送系统的计算机通信网络,包括物流配送中心与供应商或制造商的联系要通过计算机网络,另外与下游顾客之间的联系也要通过计算机网络通信。二是组织内部物流管理的网络,依靠企业内部网 Intranet。

网络化是物流信息化的必然,是电子商务下物流活动的主要特征之一。当今世界因特网等全球网络资源的可用性及网络技术的普及为物流的网络化提供了良好的外部环境。物流网络化不可阻挡。

（四）智能化

智能化是物流自动化、信息化的高层次应用,物流作业过程大量的运筹和决策,如库存水平的确定、运输(搬运)路径的选择、自动导向车的运行轨迹和作业控制、自动分拣机的运行、物流配送中心经营管理的决策等问题都需要借助于大量的知识才能解决。在物流自动化进程中,物流智能化是不可回避的技术难题。好在专家系统、机器人等相关技术在国际上已经有比较成熟的研究成果,为了提高物流现代化水平,物流智能化已成为电子商务下物流发展的新趋势。

（五）柔性化

柔性化本来是实现"以顾客为中心"理念而在生产领域提出的,但需要真正做到柔性化,即真正能根据消费者需求的变化来灵活调节生产工艺,没有配套的柔性化物流系统是不可能达到目的的。90 年代国际生产领域纷纷推出弹性制造系统(FMS)、计算机集成制造系统(CIMS)、制造资源系统(MRP)、企业资源计划(ERP)以及供应链管理的概念和技术,这些概念和技术的实质是要将生产、流通进行集成,根据需求端的需求组织生产,安排物流活动。因此,柔性化的物流正是适应生产、流通与消费的需求而发展起来的新型物流模式。这就要求物流配送中心要根据消费"多品种、小批量、多批次、短周期"的需求特色,灵活组织和实施物流作业。

另外,物流设施、商品包装的标准化,物流的社会化、共同化,也是电子商务下物流模式的新特点。

(六) 全球化

20世纪90年代早期,电子商务的出现加速了全球经济的一体化,致使物流企业的发展达到了多国化。从许多国家收集所需要的资源,加工后向各国出口。

全球化战略的趋势,使物流企业和生产企业更紧密地联系在一起,形成了社会大分工。生产厂家集中精力制造产品,降低成本、创造价值;物流企业则花费大量时间、精力从事物流服务。物流企业的满足需求系统比原来更进一步。

三、物流在电子商务中的地位

(一) 物流业是电子商务的支点

亚马逊网站是全球最大的网上书店,可谓是电子商务领域的先锋,然而它也感到了来自对手的竞争压力:零售业巨头沃尔玛也开始涉足网上销售,以其遍布全球的有卫星通信联结起来的商品配送体系,尽管沃尔玛网上业务开展的时间比亚马逊晚了三年,但其网上商店的送货时间却比亚马逊早了许多,沃尔玛正是用完善的物流体系来为自己的网上销售锦上添花。因此,信息技术的进步,使人们更加意识到物流体系的重要,现代物流产业的发展也被提上议事日程。如果电子商务能够成为21世纪的商务工具,它将像杠杆一样翘起传统产业和新兴产业,在这一过程中,物流将成为这个杠杆的支点。

1. 物流是企业核心竞争力之一

自从1962年管理大师彼德在美国财富杂志上发表《经济的黑暗大陆》一文,40年来,不论是学术界还是产业界,无不承认物流管理对于企业竞争力之贡献,对物流的认识,大多数企业仅惊诧于物流成本在总成本中的比例之高,但真正激动人心的并不是成本内容或如何降低成本,关键是如何对其自身物流能力进行定位,以获取竞争力。因此,应改变企业"重商轻物"的传统观念,并把物流作为企业的核心竞争力之一进行定位。

信息技术的拓展与普及,正在改变过去的生产、交易以及生活方式,流通体制也发生了重大变化,电子商务的发展对物流业发展提出了更高的要求。电子商务的发展使我们实现了网上订货、网上支付,但是用户们无可奈何地抱怨网上订了货、账单也被划掉,可是货却迟迟不到。为了送货各大网站各展其能,有的动用EMS、有的动用快递公司、有的采用邮寄。物流已经成为电子商务发展的瓶颈。著名的家电企业海尔集团已充分认识到物流对企业生存起决定性的作用,1999年9月特别成立了物流推进本部,着力进行海尔集团的物流重组和物流改革,并把物流能力和发展水平定位为海尔集团的核心竞争力,从而达到最低的物流总成本向客户提供最大附加值服务的战略目标。

都说电子商务将成为企业决胜未来市场的重要工具,但如果没有现代物流体系作为电子商务的支点,恐怕电子商务什么事也做不了。电子商务是信息传递的保证,而物流则是执行该交易活动的保证。

2. 物流已成为竞争的重要手段

1999年初,已经有媒体用"撒网捕鱼"的比喻来形容物流市场的争夺之势。大批物流公司开始涌现并抢占国内物流市场,市场面临一场激烈的竞争。我国已经加入WTO,中外合资公司和外资公司也将大举登陆中国,在华外资企业有的已经与外资专业物流公司签约,从而完全自主地控制在中国市场上的配送。对于以市场为生存之本的企业来说,控制物流就可以控制市场,所以物流市场的竞争将在所难免,物流产业也将成为我国入世后中外投资者竞争的焦点之一。

日资背景的伊藤洋华堂已在中国扎下了根,其在日本的物流配送伙伴伊藤忠株式会社也跟随而至,并承担了其配送工作。这种由工业或商业企业与物流企业长期结盟进行物流配送的方式在日本十分普遍,几乎占到社会总物流量的80%。许多知名跨国公司如宝洁、飞利浦等要么拥有自己完善的物流体系,要么与专业物流公司签订长期合作。物流业发展潜力巨大,但其竞争也十分激烈。我国工业及商业企业必须立刻调整战略,把物流管理作为企业降低总成本的重要手段,提升服务能力,加速实现网络化、规模化,尽快与国际物流水平接轨。

3. 物流现代化是电子商务的基础

电子商务通过快捷、高效的信息处理手段可以比较容易地解决信息流—信息交换、商流—所有权转移、资金流—支付的问题,而将商品及时地配送到用户手中,完成商品的空间转移——物流,才标志着电子商务过程的结束。因此,物流系统的效率高低是电子商务成功与否的关键,而物流效率的高低很大一部分取决于物流现代化的水平。

物流现代化中最重要的部分是物流信息化,物流的信息化是电子商务物流的基本要求,是企业信息化的重要组成部分,表现为物流信息的商品化、物流信息收集的数据化和代码化、物流信息处理的电子化和计算机化、物流信息传递的标准化和实时化、物流信息存储的数字化,物流信息化能更好地协调生产与销售、运输、储存等环节的联系,对优化供货程序、缩短物流时间及降低库存都具有十分重要的意义。

(二)物流是电子商务发展的瓶颈

随着科技的发展,网上结算、网络安全都构不成瓶颈。中国1 000多家上市公司,几百亿人民币的网上交易已经成功运作多年就是很好的证明。物流却是电子商务实实在在的发展瓶颈。这种瓶颈目前表现为,在网上实现商流之后,没有一个有效的物流配送系统对实物的转移提供适时、适量、低成本的转移服务。可以从两方面对物流瓶颈进行理解:一方面,互联网可以优化物流,但无法解决物流问题,虽然互联网可以解决商流、信息流、促销流和资金流的问题,但物流问题的解决,尤其是社会化物流平台的构建,需要大规模的基本建设。另一方面,物流本身发展滞后,同电子商务的发展相比,即便是发达国家的物流,其发展速度也难以与电子商务的发展速度并驾齐驱。这是因为物流系统的建设,是基础性的,需要一点一滴建设和积累。我国在这方面更不可能实现"跨越式发展",不存在"后发优势"。

1. 物流保障生产

无论是在传统的贸易方式下,还是在电子商务下,生产都是商品流通之本,而生产的顺利进行需要各类物流活动支持。生产的全过程从原材料的采购开始,便要求有相应的供应物流活动,否则生产就难以进行;在生产的各工艺流程之间,也需要原材料、半成品的物流过程,以实现生产的流动性。合理化、现代化的物流,通过降低费用从而降低成本、优化库存结构、减少资金占压、缩短生产周期,保障了现代化生产的高效进行。相反,缺少了现代化的物流,生产将难以顺利进行,无论电子商务是多么便捷的交易形式,仍将是无米之炊。

2. 物流是实现个性化服务的保证

电子商务的出现,在最大程度上方便了消费者,而物流是电子商务实现个性化服务的最终保证,缺少了现代化的物流系统,电子商务给消费者带来的购物便捷等于零,消费者必然对电子商务失去信心转向他们认为更安全的传统购物方式。2000年8月,哈尔滨市居民宋明伟别出心裁地通过互联网向海尔冰箱公司订购了一台纯属特殊要求的左开门冰箱,并要求4天内交货。结果不到4天时间,这台国内绝无仅有的海尔BCD-130E左开门冰箱如期送到了宋明伟家中。海尔能在短时间内定制冰箱,而且又能迅速地将产品及时地送到用户手中,如果离开高效的物流运作,将会很难做到。

3. 物流服务于商流

在商流活动中,商品所有权在购销合同签订的那一刻起,便由供方转移到需方,而商品实体并没有因此而移动。在传统的交易过程中,除了非实物交割的期货交易,一般的商流都必须伴随相应的物流活动。而在电子商务下,消费者通过网上点击购物,完成了商品所有权的交割过程,即商流过程。但电子商务的活动并未结束,只有商品或服务真正转移到消费者手中,商务活动才算结束。在整个电子商务交易过程中,物流实际上是以商流的后续者和服务者的姿态出现的。没有现代化的物流,任何商流活动都将退化为一纸空文。

第三节 电子商务环境下的物流模式

一、自营物流模式

现代企业自营物流已不是传统企业的物流作业功能的自我服务,它是基于供应链物流管理以制造企业为核心的经营管理新概念。根据20世纪90年代美国物流管理协会对物流的定义,物流是为满足消费者需求,而对原材料、半成品、最终产品及相关信息从起始地到消费地的有效率与效益的流动与存储进行的计划、实施与控制的过程;具体包括运输、仓储、包装、物料搬运等内容。自营物流主要是指工业企业自己营业的物流,而它的主要的经济来源不在于物流。比如说海尔:它就是自营物流,但是它的最大利润源却不是物流,但它有能力自身承担物流业务并且从中获利。自营物流是企业物流模式的一种,目前的趋势是没有能力承担物流业务的企业把其物流业务外包给专业的第三方物流公司。由于我国物流体系制度很不完善,所以,经过分析第三方物流也不是一个很好的解决办法。现在有许多生产型企业处于两难,不知道是该自营还是该外包。这也是目前我国物流行业的重要矛盾之一。

传统的自营物流主要源于生产经营的纵向一体化。企业自备仓库、送货车辆等物流设施,内部设立综合管理部门统一企业物流运作。这种自营物流服务还停留在简单的生产管理环节,对 IT 企业来说物流活动完全是一种附属产物,不能带来产品增值。但是企业采用自营物流模式具有如下几个积极作用:

(一)掌握控制权

对于企业内部的采购、加工和销售环节,原材料和产品的性能、规格,供应商以及销售商的经营能力,企业自身掌握最详尽的资料。企业自营物流,可以运用自身掌握的资料有效协调物流活动的各个环节,能以较快的速度解决物流活动管理过程中出现的问题,获得供应商、销售商以及最终顾客的第一手信息,以便随时调整自己的经营战略。

(二)盘活企业原有资产

企业选择自营物流,可以在改造企业经营管理结构和机制的基础上盘活原有物流资源,带动资金流转,为企业创造利润空间。

(三)降低交易成本

选择物流第三方,由于信息的不对称性,企业无法完全掌握物流服务商完整、真实的资料。而企业通过内部行政权力控制原材料的采购和产成品的销售,不必为运输、仓储、配送和售后服务的佣金问题进行谈判,避免多次交易花费以及交易结果的不确定性,降低交易风险,减少交易费用。

(四)提高企业品牌价值

企业自建物流系统,就能够自主控制营销活动,一方面可以亲自为顾客服务到家,使顾客近距离了解企业、熟悉产品;另一方面,企业可以掌握最新的顾客信息和市场信息,并根据顾客需求和市场发展动向对战略方案做出调整。

同时,采用自营物流模式亦存在以下负面效应:

(一)企业投资负担增加

增加了企业投资负担,削弱了企业抵御市场风险的能力。企业为了自营物流,就必须投入大量的资金用于仓储设备、运输设备以及相关的人力资本,这必然会减少企业对其他重要环节的投入,削弱企业的市场竞争能力。

(二)企业配送效率低下

企业配送效率低下,管理难于控制。对于绝大多数企业而言,物流部门只是企业的一个后勤部门,物流活动也并非为企业所擅长。在这种情况下,企业自营物流就等于迫使企业从事不擅长的业务活动,企业的管理人员往往需要花费过多的时间、精力和资源去从事辅助性的工作,结果是辅助性的工作没有抓起来,关键性业务也无法发挥其核心作用。

(三)物流配送的专业化程度低

物流配送的规模有限,专业化程度非常低,成本较高。对于规模不大的企业,其产品数量有限,采用自营物流,不能形成规模效应,一方面导致物流成本过高,产品在市场上的竞争能力下降;另一方面,由于规模有限,物流配送的专业化程度非常低,不能满足企业的需要。

(四)效益评估不准确

无法进行准确的效益评估。由于许多自营物流的企业采用内部各职能部门彼此独立地完成各自的物流,没有将物流分离出来进行独立核算,因此企业无法准确计算出产品的物流成本,无法进行准确的效益评估。

二、第三方物流模式

第三方物流随着物流产业的发展而发展,是物流专业化的重要方式。第三方物流的占有率与物流产业的水平之间有着非常紧密的相关性。发达国家的物流产业实力分析表明:独立的第三方物流占据全社会物流的50%以上时,物流产业才能形成。所以,第三方物流的发展程度反映和体现了一个国家物流产业发展的整体水平。

(一)第三方物流的定义

第三方物流(Third Party Logistics,3PL)的定义为:物流渠道中的专业化物流中间人,以签订契约的方式,在一定期间内,为客户提供所有的或某些方面的物流业务服务。因此第三方物流也被称为"契约物流",是20世纪80年代中期才在欧美发达国家出现的新概念。由于物流经营者不参与商品的交易过程,只是提供从生产到销售的整个流通过程中专门的物流服务,诸如商品运输、存储配送以及增值性物流服务。在某种意义上,可以认为第三方物流是物流专业化的一种形式。

(二)第三方物流的特征

第三方物流的实质是借助现代信息技术,在规定的时间和空间范围内,向物流消费者提供契约所规定的个性化、专业化以及系列化物流服务。其特征突出表现在以下几个方面:

1. 关系契约化

第三方物流是通过契约形式来规范物流经营者与消费者之间的关系。物流经营者根据契约规定的要求,提供多功能直至全方位的一体化物流服务,并依据契约来提供的所有物流服务活动及其过程。第三方物流发展物流联盟也是通过契约的形式,来明确各物流联盟者之间责任与权利的相互关系。

2. 服务个性化

不同的物流消费者对物流服务具有不同的要求,第三方物流需要根据不同物流消费者在企业形象、业务流程、产品特征、需求特性、竞争差异等方面的不同要求,提供针对性的个性化物流服务和增值服务。从事第三方物流的经营者也因为市场竞争、物流资源、物流能力的影响,需要形成核心业务,不断强化所提供物流服务的特色,以增强物流市场的竞争力。

3. 功能专业化

第三方物流提供的是专业化的物流服务。内容设计、过程操作、技术工具、运作管理等方面都必须体现专业化水平,这既是物流消费者的要求,也是第三方物流自身发展的需要。

4. 管理系统化

第三方物流应具有系统化的物流功能,这是第三方物流产生和发展的基本要求。因此,第三方物流必须建立现代化的管理系统才能满足社会发展的需要。

5. 信息网络化

信息技术的广泛应用是第三方物流得以发展的重要基础。在物流服务过程中,信息的充分共享和有效利用,极大地提高了物流的效率,并进一步促进了物流管理的科学化。

6. 资源共享化

第三方物流经营者不仅可以构筑自己的信息网络和物流网络,同时还可以在互惠互利的基础上共享物流消费者的网络资源。

(三)第三方物流对电子商务的作用

第三方物流在物流资源化方面具有较明显的优势,可以帮助企业采用供应链策略来管理物流,处理供应链末端的任务,如退货和产品包装。遵循供应链管理体系的基本原则,尽可能在靠近消费者的地方和时间完成产品的交付。第三方物流企业通过遍布全球的运送网络和服务,大大缩短了交纳周期,改进了客户服务质量。

企业在电子商务中实施第三方物流的主要作用可以归纳为以下几个方面:

1. 降低作业成本

第三方物流可以为委托企业平均降低10%~20%的成本,这也是许多企业选择外包的主要原因之一。专业的第三方物流经营者利用规模生产的专业优势和成本优势,通过提高各环节能力的利用率来节省费用。

2. 致力于核心业务

生产企业利用第三方物流的最大收获是节约成本,降低资产规模,企业能用有限的资金投资其他核心业务领域。企业要获得竞争优势,必须巩固和扩展自身的核心业务。这就要求企业致力于核心资源的优化配置,将有限的资源集中于核心业务,研究开发新的产品参与竞争。

因而，越来越多的企业将自己的非核心业务外包给专业化的公司。

3. 减少资金积压

利用第三方物流的先进技术、设备和软件，能够减少委托企业的投资，提高企业的资金周转速度，从而提高资金回报率，促进资源的有效配置。调查表明，第三方物流需要投入大量资金用于购买物流技术设备，包括软件、通信和自动识别系统。74%的第三方物流企业购买物流技术、条码系统的平均支出达到100万美元。

4. 降低库存

企业不可能受原材料和半成品库存的无限增长，尤其是要及时将高价值的零部件送往装配点，以保证最低库存。第三方物流经营者借助精心策划的物流计划和适时运送手段，可以帮助制造企业最大限度地降低库存，改善企业的现金流量，实现成本优势。

5. 提升企业形象

第三方物流经营者属于物流专家，他们利用完备的设施和训练有素的员工对整个供应链上的物流实现完全的控制，减少物流计划的盲目超前性和无序性。他们通过遍布全球的运送网络和服务提供商（分承包方）大大缩短了交纳周期，帮助客户改进服务，树立自己的品牌形象。第三方物流经营者通过"量体裁衣"式的设计，制订出以客户为导向、低成本、高效率的物流方案，为企业参与竞争创造了有利条件。

6. 拓展国际业务

随着经济全球化的加快，越来越多的企业参与国际市场竞争，第三方物流可以帮助这些企业构筑其国际营销渠道，开展国际业务，并参与全球竞争。

7. 整合供应链管理

一体化物流要求企业对整个供应链改进整合，通过外包改善物流服务质量，提高客户服务水平。因而，越来越多的企业考虑借助第三方物流的专业能力，合作进行供应链整合。如UPS全球物流公司和FENDER国际公司的合作，帮助FENDER在近几年内实现欧洲境内销售量翻番的计划。UPS帮助FENDER完成其配送过程的流线化和集中化，并管理其部分产品的进货和库存。通过使用UPS的配送中心，FENDER公司能够缩短交付时间，更好地监控质量和交货，更为重要的是，UPS在将吉他送往零售商之前，完成每把吉他的调音，以保证零售商开箱取出的吉他即可弹奏。毫无疑问，随着第三方物流业务范围的不断扩展，越来越多的企业将选择第三方物流作为其整合供应链的关键环节。

（四）国内外第三方物流状况

1. 国外第三方物流情况简介

作为物流业的新兴领域，第三方物流业在国外的物流市场上已经占据了相当可观的比例。据了解，德国总的物流市场达到346亿美元，其中第三方物流企业的营业额为80多亿美元，占德国总的物流市场份额的23.33%，而社会化配送发展得最好的日本，第三方物流业在整个物流市场的份额更是高达80%。

2. 国外第三方物流的发展趋势

现在,国外第三方物流的发展趋势有以下几个方面:

市场特别需要物流集成商。它将买卖双方联系起来,买卖双方把所有的与物流有关的业务交给物流集成商全权代理,不管它是自己运作,还是再去转包给别人,反正这个第三方是与货主联系的唯一的接触点。

第三方物流的利润空间很大。第三方物流除了给第一方、第二方带来利润以外,自己也能赚到钱,如果利用更加严格的内部成本控制和更好地使用信息技术,提供一些增值服务,第三方物流就能赚取更多的利润。随着经济全球化,越来越多的厂商到国外去办厂,第三方也要跟着走,这样随着他的市场扩大,第三方的市场也跟着扩大。

客户将更加依赖于第三方物流。因为第三方有现成的比客户自己做要好得多的物流解决方案,所以,客户都非常愿意把这个东西外包出去,从而第三方物流和客户之间就构成一种不可分割的供应链关系。

3. 中国的第三方物流的发展趋势

作为国际物流领域上新兴的产业,第三方物流业是指向货主提供物流代理服务的各种行业。过去很少能由一个企业代理货主的全部环节的物流服务,所提供的服务往往局限于仓库存货代理、运输代理、托运代办、通关代理等局部业务,而完善的第三方物流的代理则是全部物流活动系统的全程代理。专业人士普遍认为,尽管目前仍有许多制造商不愿将物流这一肥缺转交给第三方物流公司,但从长远看,第三方物流业可以帮助企业提高生产力、削减成本,并显著减少劳动力,有迹象表明,公司对第三方物流服务商的利用频率越来越高,范围也将越来越广。

4. 第三方物流事业的展望

货主企业采用第三方物流方式对于提高企业经营效率具有重要作用。首先,可以使企业专心致志地从事自己所熟悉的业务,将资源配置在核心事业上。其次,第三方物流企业有丰富的专门从事物流工作的行家里手,具有丰富的专业知识和经验,有利于提高货主企业的物流水平。第三方物流企业通过其掌握的物流系统开发设计能力及信息技术能力,成为建立企业间物流系统网络的组织者,完成企业特别是中小企业所无法实现的工作。

发展第三方物流事业无疑是促进企业物流活动合理化、效率化,进而提高整个社会物流合理化的重要途径。特别是在当今的信息时代,将先进的信息技术、网络技术、通信技术应用到物流管理中,会极大地促进物流事业的发展,第三方物流事业具有广阔的发展前景。

发展第三方物流事业,首先,要求企业打破"大而全小而全"的传统经营思想,树立全新的经营理念,重视物流管理工作,为发展第三方物流事业提供市场。一些具有现代特征的生产流通企业,新兴行业应该在开发、利用第三方物流方面做出新的尝试。其次,作为从事第三方物流事业的企业,必须具有提供从物流计划、系统设计、物流管理到实施一整套物流服务的能力。

第三方物流企业要站在货主企业的角度提供有利于物流合理化的综合物流服务,必须熟悉货主企业的物流活动的发展规律,具有物流系统开发和创新的能力。显然,这与只是受货主委托从事简单的运输、保管作业活动或管理活动是截然不同的。因此,物流企业必须突破现有的经营模式,从人才入手掌握从事第三方物流事业的技术、活动方法,并建立相适应的企业经营管理组织。此外,第三方物流事业的特点决定了物流企业以外的商业批发企业、商社型贸易企业等均可以通过发挥各自的信息优势、渠道优势以及所具有的物流功能向第三方物流事业渗透,并以此促进事业的进一步发展。

三、物流联盟模式

物流联盟(logistics alliance)是介于独立的企业与市场交易关系之间的一种组织形态,是企业间由于自身某些方面发展的需要而形成的相对稳定的、长期的契约关系。物流联盟是以物流为合作基础的企业战略联盟,它是指两个或多个企业之间,为了实现自己物流战略目标,通过各种协议、契约而结成的优势互补、风险共担、利益共享的松散型网络组织。在现代物流中,是否组建物流联盟,作为企业物流战略的决策之一,其重要性是不言而喻的。在我国,物流水平还处于初级阶段,组建联盟便显得尤为重要。

(一)物流联盟的产生原因

利益是物流联盟产生的最根本原因。企业之间有共享的利益是物流联盟形成的基础。物流市场及其利润空间是巨大的。在西方发达国家物流成本占 GDP 的 10% 左右,而我国占 15%~20%,如此大的市场与我国物流产业的效率低下形成鲜明的对比,生产运输企业通过物流或供应链的方式形成联盟有利于提高企业的物流效率,实现物流效益的最大化。

大型企业为了保持其核心竞争力,通过物流联盟方式把物流外包给一个或几个第三方物流公司。如英国的 Laura Ashley 是一家时装和家具零售商和批发商,从 1953 年的一个家庭为基础的商业企业发展到在全球 28 个国家有 540 个专卖店的企业。从 20 世纪 80 年代,Laura Ashley 公司开始使用联邦快递的服务来经营北美地区业务,在 90 年代初,Laura Ash 面临着一个物流问题,即陈旧和集中的存货系统使公司在正常的基础上很难提供充足数量的产品,Laura Ashley 公司的仓储和供应网络会延迟送货时间,尤其在英国以外的国家。为了提升竞争地位,增加核心竞争力,Laura Ashley 公司决定与联邦快递(Fedex)结盟,外包其关键性的物流功能,如存货控制和全球物流配送。1992 年 3 月,公司外包其未来 10 年内的总计 2.25 亿美元的全球物流服务项目给联邦快递公司。Laura Ashley 公司减少了其一半的库存货物,减少了 10%~12% 物流费用。补货控制在 48 小时内,提高了产品的供货质量。尤其重要的是那些"易损"的产品现在能够更可靠、频繁和准时地配送。

中小企业为了提高物流服务水平,通过联盟方式解决自身能力的不足。近年来,随着人们消费水平的提高,零售业得到了迅猛的发展,这给物流业带来了发展机遇的同时,也带来了新的挑战。由于物流发展水平的长期落后,如物流设备、技术落后、资金不足、按行政条块划分物流区域等,很多企业尤其是中小企业不能一下子适应新的需求,于是通过联盟的方式来解决这个矛盾。

我国物流企业面临跨国物流公司的竞争压力,通过物流联盟形式来应对。中国加入WTO,这给国外的投资商带来无限的商机,而具有巨大潜力的物流业当然也成了令其眼红的一块"肥肉",世界最大的物流公司丹麦的马士基公司正全面进军中国的物流业,并在上海建立全国配送中心便是明证。面对如此强劲的竞争对手,我国的物流企业只有结成联盟,通过各个行业和从事各环节业务的企业之间的联合,实现物流供应链全过程的有机融合,通过多家企业的共同努力来抵御国外大型物流企业的入侵,形成一个强大的力量,共进退、同荣辱,才有可能立于不败之地。

(二)物流联盟的方式

供应链联盟可分为资源补缺型、市场营销型和联合研制型三种。物流联盟的方式可分为以下几种方式:

1. **纵向**

即垂直一体化,这种联盟方式是基于供应链一体管理的基础形成的,即从原材料到产品生产、销售、服务形成一条龙的合作关系。垂直一体化联盟能够按照最终客户的要求为其提供最大价值的同时,也使联盟总利润最大化,但这种联盟一般不太稳固,主要是在整个供应链上,不可能每个环节都能同时达到利益最大化,因此打击了一些企业的积极性,使它们有随时退出联盟的可能。

2. **横向**

即水平一体化,由处于平行位置的几个物流企业结成联盟,包括第三方物流。这种联盟能使分散物流获得规模经济和集约化运作,降低了成本,并且能够减少社会重复劳动。但也有不足的地方,如它必须有大量的商业企业加盟,并有大量的商品存在,才可发挥它的整合作用和集约化的处理优势,此外,这些商品的配送方式的集成化和标准化也不是一个可以简单解决的问题。

3. **混合模式**

既有处于上下游位置的物流企业,也有处于平行位置的物流企业的加盟。

4. **以项目为管理的联盟模式**

以项目为中心,由各个物流企业进行合作,形成一个联盟。这种联盟方式只限于一个具体的项目,使联盟成员之间合作的范围不广泛,优势不太明显。

5. **基于 web 的动态联盟**

由于市场经济条件下的激烈的竞争,为了占据市场的领导地位,供应链应成为一个动态的网络结构,以适应市场变化、柔性、速度、革新、知识的需要,不能适应供应链需求的企业将被淘汰,并从外部选择优秀的企业进入供应链。供应链从而成为一个能快速重构的动态组织,实现供应链的动态联盟。但这种联盟方式缺乏稳定性。

（三）物流联盟的优势

联盟要给成员带来实实在在的利益。联盟采取的每一项措施都要考虑每个成员的利益，使联盟的每个成员都是受益者，并能协调处理成员间的摩擦，提高客户服务能力，减少成本和获得持久的竞争优势。

联盟战略目标与企业的物流战略一致或部分一致。联盟是一个独立的实体，是一个系统一体化的组织，联盟成员需采取共同目标和一致的努力，优化企业的外部行为，共同协调并实现联盟的目标。

联盟成员的企业文化的精神实质基本一致。企业文化往往决定着企业的行为，只有企业文化大体相同的企业才有可能在行为上取得一致，从而结盟。

联盟成员的领导层相对稳定。如果联盟成员经常更换领导层，后一任领导可能不认同前一任领导的决策，导致联盟不稳定性加大，因此，领导层的相对稳定是联盟长期稳固发展的重要因素。

四、第四方物流模式

（一）第四方物流的概念

第四方物流（Fourth Party Logistics，4PL）主要是指由咨询公司提供的物流咨询服务。咨询公司应物流公司的要求为其提供物流系统的分析和诊断，或提供物流系统优化和设计方案等。总之第四方物流公司以其知识、智力、信息和经验为资本，为物流客户提供一整套的物流系统咨询服务。第四方物流公司要从事物流咨询服务就必须具备良好的物流行业背景和相关经验，它并不需要从事具体的物流活动，更不用建设物流基础设施，只是对于整个供应链提供整合方案。

第四方物流是一个供应链集成商，调集和管理组织自己及具有互补性服务提供的资源、能力和技术，以提供一个综合的供应链解决方案。

第四方物流不仅控制和管理特定的物流服务，而且对整个物流过程提出方案，并通过电子商务将这个程序集成起来，因此，第四方物流商的种类很多，变化程度亦可以十分大。

第四方物流的关键在于为顾客提供最佳的增值服务，即迅速、高效、低成本和个性化服务等。而发展第四方物流需平衡第三方物流的能力、技术及贸易流畅管理等，但亦能扩大本身营运的自主性。

（二）第四方物流的特点

与第三方物流注重实际操作相比，第四方物流更多地关注整个供应链的物流活动，这种差别主要体现在以下两个方面，并形成第四方物流独有的特点：

1. 4PL 提供一整套完善的供应链解决方案

第四方物流和第三方物流不同，不是简单地为企业客户的物流活动提供管理服务，而是通过对企业客户所处供应链的整个系统或行业物流的整个系统进行详细分析后提出具有指导意义的解决方案。第四方物流服务供应商本身并不能单独地完成这个方案，而是要通过物流公司、技术公司等多类公司的协助才能使方案得以实施。

第三方物流服务供应商能够为企业客户提供相对于企业的全局最优，却不能提供相对于行业或供应链的全局最优，因此，第四方物流服务供应商就需要先对现有资源和物流运作流程进行整合和再造，从而达到解决方案所预期的目标。第四方物流服务供应商整个管理过程大概设计四个层次，即再造、变革、实施和执行。

2. 4PL 通过其对整个供应链产生影响的能力来增加价值

第四方物流服务供应商可以通过物流运作的流程再造，使整个物流系统的流程更合理、效率更高，从而将产生的利益在供应链的各个环节之间进行平衡，使每个环节的企业客户都可以受益。如果第四方物流服务供应商只是提出一个解决方案，但是没有能力来控制这些物流运作环节，那么第四方物流服务供应商所能创造价值的潜力也无法被挖掘出来。因此，第四方物流服务供应商对整个供应链所具有的影响能力直接决定了其经营的好坏，也就是说，第四方物流除了具有强有力的人才、资金和技术以外，还应该具有与一系列服务供应商建立合作关系的能力。

（三）第四方物流运作模式

第四方物流结合自身的两大特点可以有三种运作模式来进行选择，虽然它们之间略有差别，但是都是要突出第四方物流的特点。

1. 协同运作模型

该运作模式下，第四方物流只与第三方物流有内部合作关系，即第四方物流服务供应商不直接与企业客户接触，而是通过第三方物流服务供应商实施其提出的供应链解决方案、再造的物流运作流程等。这就意味着，第四方物流与第三方物流共同开发市场，在开发的过程中第四方物流向第三方物流提供技术支持、供应链管理决策、市场准入能力以及项目管理能力等，它们之间的合作关系可以采用合同方式绑定或采用战略联盟方式形成。

2. 方案集成商模式

该运作模式下，第四方物流作为企业客户与第三方物流的纽带，将企业客户与第三方物流连接起来，这样企业客户就不需要与众多第三方物流服务供应商进行接触，而是直接通过第四方物流服务供应商来实现复杂的物流运作的管理。在这种模式下，第四方物流作为方案集成商，除了提出供应链管理的可行性解决方案外，还要对第三方物流资源进行整合，统一规划为企业客户服务。

3. 行业创新者模式

行业创新者模式与方案集成商模式有相似之处：都是作为第三方物流和客户沟通的桥梁，将物流运作的两个端点连接起来。两者的不同之处在于：行业创新者模式的客户是同一行业的多个企业，而方案集成商模式只针对一个企业客户进行物流管理。这种模式下，第四方物流提供行业整体物流的解决方案,这样可以使第四方物流运作的规模更大限度地得到扩大,使整个行业在物流运作上获得收益。

(四)我国发展第四方物流存在的问题

1. 第三方物流在中国物流市场上的份额很低

发展提高第三方物流的服务功能和地位是发展第四方物流的关键。在我国,第三方物流企业有的是传统物流企业转变而来的,有的来源于国外独资和合资企业,还处在转型发展时期。第三方物流在整个物流市场上的占有率很低,短期内不具备整合物流资源的能力。

2. 我国物流基础设施建设落后

我国物流基础设施和装备条件与第四方物流的发展要求存在一定差距。我国初步形成了由铁路、公路、水路、民用航空及管道五种运输方式组成的运输体系,基础设施、技术装备、管理水平、运输市场等方面都取得了巨大的发展,但是还不能满足第四方物流发展的需要。

3. 管理体制不完善

在我国,由于体制没有理顺,各部门之间分工存在交叉,造成了物流行业管理中存在部门分割、重复建设等种种问题。

4. 供应链管理技术尚未发育成熟

目前中国供应链管理技术尚未发育成熟,企业组织变革管理的能力较差,同时整个物流的基础设施落后,客户的规模较小,还承担不起第四方物流的服务。第四方物流的发展必须在第三方物流高度发达和业务外包极为流行的基础上才能发展起来。

5. 物流信息化程度低

信息化是物流的灵魂,而强大的物流信息网络是第四方物流开展的前提条件。利用信息网络技术可以掌控物流供应链的各个环节,最有效地整合全国的物流资源,提高物流的运作效率,降低物流成本。目前,信息技术不成熟、投资费用偏高等问题使得信息化程度低,缺少能够实现供应链上所有企业和第三方物流企业的信息共享的公共信息平台。

6. 现代物流人才缺乏

物流业之间的竞争,不仅需要有先进的技术和雄厚的资金,还要有一批高素质的物流人才。第四方物流发展要求物流人才不仅具备物流的基础知识和丰富的实战经验,还要具备IT、人力资源管理、技术集成等全方位的知识和能力,我国目前严重缺少这类高素质的物流人才。

(五)发展第四方物流的对策

1. 加强物流基础设施的规划和建设

政府应该统筹规划,整合物流资源,加强协调,加大物流基础设施的投资力度,并积极引导社会各方力量涉足物流业的投资建设,为物流和配送打好基础。同时,在政策上应该制定规范的物流产业发展政策,在全国内合理地建立具有一定规模和区位优势的物流园区、物流基地和物流中心,加快物流产业标准化、规范化进程。

2. 大力发展第三方物流

大力发展第三方物流是当前提高我国物流产业发展水平最重要的措施。在整个物流供应链中,第四方物流是第三方物流的管理者和集成者,第四方物流是通过第三方物流整合社会资源。只有大力发展第三方物流企业,第四方物流才有发展的基础。为满足现代物流业的发展需要,必须大力发展第三方物流,培育大型企业集团,提高物流业的效益。

3. 加速物流产业信息化

建立全国物流公共信息平台。发展第四方物流是解决整个社会物流资源配置问题的最有力的手段。我国目前正在推进信息化进程,利用先进的 RFID、EDI、GPS 等信息技术把当前蓬勃发展的现代物流产业进行信息化改造,利用网络技术建立物流行业的公共信息平台,通过信息技术和网络技术整合物流资源,这样可以使我国物流产业产生质的提高,从容应对跨国物流企业的竞争。

4. 加快物流人才培养

人才是企业的灵魂,第四方物流企业特别需要大量的物流人才。当前的物流人才远远不能满足第四方物流发展的需要,因此,要通过高等院校和专业物流咨询机构,在实践中培养、锻炼人才,培养一支适应现代物流产业发展的企业家队伍和物流经营骨干队伍;要大量吸收在信息技术、人力资源管理、网络技术等方面的人才,激励这些人才把自己具备的知识和物流知识融合在一起,促进第四方物流的发展;大力引进和培育掌握现代知识的物流复合型人才,形成一支适应现代物流产业发展高素质人才队伍,以促进和保障未来第四方物流在我国的发展,提升我国物流产业整体水平。

第四节 电子商务物流技术

随着世界经济的飞速发展,全球数字化、网络化、信息化已成为时代的主要特征,我们已置身于一个信息技术瞬息万变和消费者需求日益多元化的商务时代。为了推动电子商务的开展,国内外专家学者进行了许许多多的研究工作。在世界信息化高度发展的电子商务时代,物流与信息流的相互配合体现得越来越重要。在物流管理中必然要用到越来越多的现代物流技术。

物流技术一般是指与物流要素活动有关的所有专业技术的总称,可以包括各种操作方法、管理技能等,如流通加工技术、物品包装技术、物品标识技术、物品实时跟踪技术等;物流技术还包括物流规划、物流评价、物流设计、物流策略等;当计算机网络技术的应用普及后,物流技术中综合了许多现代信息技术,如 GPS(全球卫星定位)、GIS(地理信息系统)、BARCODE(条码)等等。物流信息技术是指现代信息技术在物流各个作业环节中的应用,是物流现代化极为重要的领域之一,尤其是飞速发展的计算机网络技术的应用使物流信息技术达到新的水平。

物流信息技术是物流现代化的重要标志。

一、条码技术及应用

计算机、网络技术的发展,彻底改变了人们传统的工作方式。但是,如何解决计算机的快速录入问题,一直是影响计算机应用的"瓶颈"。手工键盘输入速度慢、容易出错,而且工作强度大。到目前为止,先后涌现出多种自动识别技术,自动识别技术是信息数据自动识读、自动输入计算机的重要方法和手段,它是以计算机技术和通信技术的发展为基础的综合性科学技术。例如:手写识别技术、语音识别技术、条码识别技术、磁识别技术等等。尤其以条码技术为首的自动识别技术,因其输入速度快、准确率高、成本低、可靠性强等原因,发展十分迅速,现已广泛应用于物流业的各个环节。

(一)条码基础知识

条码是由一组按特定规则排列的条、空及其对应字符组成的表示一定信息的符号。条码中的条、空分别由深浅不同且满足一定光学对比度要求的两种颜色(通常为黑、白色)表示。条为深色,空呈浅色。这组条、空和相应的字符代表相同的信息。前者用于机器识读,后者供人直接识读或通过键盘向计算机输入数据使用。这种用条、空组成的数据编码很容易译成二进制和十进制数。这些条和空可以有各种不同的组合方式,从而构成不同的图形符号,即各种符号体系,也称码制,适用于不同的场合。

(二)条码技术

条码技术是在计算机技术与信息技术基础上发展起来的一种集编码、印刷、识别、数据采集和处理于一身的新兴技术。条码技术的核心内容是利用光电扫描设备识读条码符号,从而实现机器的自动识别,并快速准确地将信息录入计算机进行数据处理,以达到自动化管理的目的。条码技术主要研究以下几方面内容。

1. 符号技术

主要研究各种码制条码的编码规则、特点及应用范围;条码符号的设计及制作;条码符号印刷质量的控制等。只有按规则编码,符合质量要求的条码符号才能最终被识读器识别。

2. 识别技术

主要由条码扫描和译码两部分构成:扫描是利用光束扫读条码符号,将光信号转换为电信号,这部分功能由扫描器完成。译码是将扫描器获得的电信号按一定的规则翻译成相应的数据代码,然后输入计算机(或存储器),这个过程由译码器完成。

3. 条码应用系统设计

条码应用系统由条码、识读设备、电子计算机及通信系统组成。应用范围不同,条码应用系统的配置不同。一般来讲,条码应用系统的应用效果主要取决于系统的设计。

系统设计主要考虑三个因素:条码设计、符号印制、识读设备选择。

(三) 条码的特点

在信息输入技术中,采用的自动识别技术种类很多。条码作为一种图形识别技术,与其他识别技术相比有如下特点:

(1) 简单、易于制作,可印刷,被称为"可印刷的计算机语言"。条码标签易于制作,对印刷技术设备和材料无特殊要求。

(2) 经济便宜。与其他自动化识别技术相比,推广应用条码技术,所需费用较低。

(3) 采集信息量大。利用条码扫描一次可以采集十几位字符的信息,而且可以通过选择不同码制的条码增加字符密度,使录入的信息量成倍增加。

(4) 可靠准确。键盘录入数据,误码率为三百分之一,利用光学字符识别技术,误码率约为万分之一,而采用条码扫描录入方式,误码率仅有百万分之一,首读率可达98%以上。据统计,键盘输入平均每300个字符一个错误,而条码输入平均每15 000个字符一个错误。如果加上校验位误码率是千万分之一。

(5) 信息采集速度快。普通计算机的键盘录入速度是每分钟200个字符,而利用条码扫描录入信息的速度是键盘录入的20倍。

(6) 灵活、实用。条码符号作为一种识别手段可以单独使用,也可以和有关设备组成识别系统实现自动化识别,还可和其他控制设备联系起来实现整个系统的自动化管理。同时,在没有自动识别设备时,也可实现手工键盘输入。

(7) 自由度大。识别装置与条码标签相对位置的自由度要比OCR大得多。条码通常只在一维方向上表达信息,而同一条码上所表示的信息完全相同并且连续,这样即使是标签有部分缺欠,仍可以从正常部分输入正确的信息。

(四) 常用条码

1. 一维条码

(1) 通用商品码EAN。EAN码是国际物品编码协会制定的一种商品用条码,通用于全世界。EAN码符号有标准版(EAN-13)和缩短版(EAN-8)两种。我国的通用商品条码与其等效,我们日常购买的商品包装上所印的条码一般就是EAN-13码。

(2) UPC统一产品代码。UPC码是美国统一代码委员会制定的一种商品条码,特点是只能表示数字,有A、B、C、D、E五个版本,版本A由12位数字组成,版本E由7位数字组成,最后一位检验位;主要使用于美国和加拿大地区,用于工业、医药、仓库等部门。我们在从美国进口的商品上可以看到。

2. 二维条码

一维条码仅仅是一种商品的标识,它不含有对商品的任何描述,人们只有通过后台的数据库,提取相应的信息,才能明白商品标识的具体含义。离开了预先建立的数据库,这种条码就没有意义了。因此在一定程度上也限制了条码的应用范围。

基于这个原因,在20世纪90年代发明了二维条码。二维条码除了具有一维条码的优点外,同时还有信息量大、可靠性高、保密、防伪性强等优点,主要有PDF417码、Code49码等。二维条码可把照片、指纹编制于其中,可有效地解决证件的可机读和防伪问题。因此可广泛应用于护照、身份证、军人证、健康证、保险卡等。

(五)条码技术在我国的应用现状和发展前景

我国条码技术的研究始于20世纪70年代,当时的主要工作是学习和跟踪世界先进技术。随着计算机应用技术的普及,80年代末,条码技术在我国的邮电、仓储、图书管理及生产过程的自动控制等领域开始得到初步应用。由于我国条码工作起步晚,人们对条码技术缺乏认识,在某些方面条码技术的应用还比较混乱。如图书馆的借阅管理系统,条码技术的应用虽然大大方便了读者,提高了图书借阅效率和管理水平,但由于各图书馆所选条码码制没有统一,势必影响将来的联网和实现各个图书馆间互借。还有的领域采用非标准条码,给扫描设备的配置造成困难,甚至影响国际交流。

在物流领域应用条码技术也曾走过一些弯路。当时我国尚未加入国际物品编码协会,有些出口企业盲目使用外商提供的条码标志,加入了别国的条码系统,影响了我国商品条码系统的建立。为此,国家技术监督局曾专门发出通知,要求在我国工商行政主管部门登记的企业,未经允许不得加入别国或地区的商品条码系统。

虽然很多出口商品已采用条码标志,满足了外贸出口的急需,增强了产品的出口创汇能力,内销商品的生产企业也已开始申请使用条码标志,但总的来看,商品条码的普及率还很低,影响了国内商店自动化的发展。由于对条码技术缺乏认识,有些企业虽已申请了厂商代码,但条码的使用仅停留在商品(甚至只在外贸商品)采用条码标志,在库存管理和生产过程控制方面没有充分利用条码技术。条码标志的使用和质量控制也存在一些问题,有些不符合规范的条码标志进入了流通领域,给扫描器的识读带来困难,甚至出现外商退货现象。

因此,宣传条码知识,加强条码技术培训,增强人们的条码意识,整顿我国使用条码技术的混乱局面,使条码这一新的信息技术能更好地为我国的经济建设服务已成为当务之急。

二、射频技术

(一)射频的概念

射频技术(Radio Frequency,RF)的基本原理是电磁理论,是标签与识读器之间利用感应、无线电波或微波能量进行非接触双向通信,实现标签存储信息的识别和数据交换。射频技术的优点是可非接触识读(识读距离可以从10厘米至几十米),可识别高速运动物体;抗恶劣环境能力强,一般污垢覆盖在标签上不影响标签信息的识读;保密性强;可同时识别多个识别对象等。

射频识别(RFID)系统的传送距离由许多因素决定,如传送频率、天线设计等,射频识别的距离可达几十厘米至几米,且根据读写的方式,可以输入数千字节的信息,同时,还具有极高的保密性。射频识别技术适用的领域:物料跟踪、运载工具和货架识别等要求非接触数据采集和交换的场合,要求频繁改变数据内容的场合尤为适用。如中国香港的车辆自动识别系统——驾易通,采用的主要技术就是射频技术。目前,中国香港已经有约8万辆汽车装上了电子标签,装有电子标签的车辆通过装有射频扫描器的专用隧道、停车场或高速公路路口时,无需停车缴费,大大提高了行车速度,提高了效率。射频技术在其他物品的识别及自动化管理方面也得到了较广泛的应用。

射频识别系统在具体的应用过程中,根据不同的应用目的和应用环境,系统的组成会有所不同,但从射频识别系统的工作原理来看,系统一般都由信号发射机、信号接收机、发射接收天线几部分组成。

现在,射频识别是自动识别领域最热门的技术,尽管这种技术已经发展许多年了,但它只有在从本领域众多的发明技术中总结规划出一个技术标准以后,才能得到快速的切实的应用,ISO 和 AIM(Auto-ID Manufactures)正在进行这方面的工作,相信不久的将来 RFID 会得到很快的发展。

(二)射频识别技术在我国的应用前景

我国政府在1993年制订的金卡工程实施计划及全国范围的金融卡网络系统的十年规划,是一个旨在加速推动我国国民经济信息化进程的重大国家级工程。由此,各种自动识别技术的发展及应用十分迅猛。现在,射频识别技术作为一种新兴的自动识别技术,也将很快地普及。可以说,我国射频识别产品的市场是十分巨大的,举一个例子来说明,利用射频识别技术的不停车高速公路自动收费系统是将来的发展方向,人工收费包括 IC 卡的停车收费方式也终将被淘汰。随着经济交流、旅游的发展,我国的高速公路发展势头十分强劲,对自动收费系统的需求会日益增长,我国的国土面积大、公路多、车辆多,预计在2015年内将有数十亿元的需求。

国内已有几家公司在引进国外的先进技术,开发自己的射频识别系统。现在,在锦山的一条高速公路上已应用了非接触射频卡自动收费,上海的公共汽车使用了电子月票,北京的机场高速公路上、深圳的皇岗口岸也使用了射频识别系统收费等等。

三、GIS 技术

(一)GIS 的定义

地理信息系统(Geographical Information System, GIS)是多种学科交叉的产物,它以地理空间数据为基础,采用地理模型分析方法,适时地提供多种空间的、动态的地理信息,是为地理研究和地理决策服务的计算机技术系统。

(二) GIS 的基本功能

将表格型数据(无论它来自数据库、电子表格文件或直接在程序中输入)转换为地理图形显示,然后对显示结果进行测量、操作和分析。其显示范围可以从国际地图到非常详细的街区地图,显示对象包括人口、销售情况、运输路线以及其他内容。

(三) GIS 的应用

CIS 应用于物流分析,主要是指利用 GIS 强大的地理数据功能来完善物流分析技术。国外公司已经开发出利用 GIS 为物流提供专门分析的工具软件。

完善的 GIS 物流分析软件集成了车辆路线模型、网络物流模型、分配集合模型和设施定位模型等。

1. 车辆路线模型

此模型用于解决一个起始点、多个终点的货物运输中,如何降低物流作业费用并保证服务质量的问题,包括决定使用多少辆车、每辆车的行使路线等。

2. 网络物流模型

此模型用于解决寻求最有效的分配货物路径问题,也就是物流网点布局问题。如将货物从几个仓库运往几个商店,每个商店都有固定的需求量,因此需要确定由哪个仓库提货送到指定商店所耗的运输代价最小。

3. 分配集合模型

此模型可以根据各个要素的相似点把同一层上的所有或部分要素分为几个组,用以解决确定服务范围和销售市场范围等问题。例如某一公司要设立 z 个分销点,要求这些分销点要覆盖某一地区,而且要使每个分销点的顾客数目大致相等。

4. 设施定位模型

此模型用于确定一个或多个设施的位置。在物流系统中,仓库和运输线共同组成了物流网络,仓库处于网络的节点上,节点决定着线路,如何根据供求的实际需要并结合经济效益等原则,在既定区域内设立多个仓库,每个仓库的位置、规模以及仓库之间的物流关系等,运用此模型均能很容易得到解决。

四、GPS 技术

(一) GPS 定义

全球卫星定位系统(Global Positioning System,GPS)结合了卫星及无线技术的导航系统,具备全天候、全球覆盖、高精度的特征,能够实时、全天候为全球范围内的陆地、海上、空中的各类的目标提供持续实时的三维定位、三维速度及精确时间信息。

(二) GPS 的物流功能

1. 实时监控功能

在任意时刻通过发出指令查询运输工具所在的地理位置(经度、纬度、速度等信息)并在电子地图上直观地显示出来。

2. 双向通信功能

GPS 的用户可使用 GSM 的语音功能与司机进行通话或使用本系统安装在运输工具上的移动设备的汉字液晶显示终端进行汉字消息收发对话。

驾驶员通过按下相应的服务、动作键,将该信息反馈到网络 GPS,质量监督员可在网络 GPS 工作站的显示屏上确认其工作的正确性,了解并控制整个运输作业的准确性(发车时间、到货时间、卸货时间、返回时间等)。

3. 动态调度功能

调度人员能在任意时刻通过调度中心发出文字调度指令,并得到确认信息。可进行运输工具待命计划管理,操作人员通过在途信息的反馈,运输工具返回车队前即做好待命计划,可提前下达运输任务,减少等待时间,加快运输工具周转速度。

4. 数据存储、分析功能

实现路线规划及路线优化,事先规划车辆的运行路线、运行区域、何时应该到达什么地方等,并将该信息记录在数据库中,以备以后查询、分析使用。

可进行可靠性分析,通过汇报运输工具的运行状态,了解运输工具是否需要较大的修理,预先做好修理计划,计算运输工具平均无差错时间,动态衡量该型号车辆的性能价格比。

可进行服务质量跟踪,在中心设立服务器,并将车辆的有关信息让有该权限的用户能异地方便地获得自己需要的信息。同时,还可对客户索取的信息中的位置信息用相对应的地图传送过去,并将运输工具的历史轨迹印在上面,使该信息更加形象化。

依据资料库储存的信息,可随时调阅每台运输工具以前的工作资料,并可根据各管理部门的不同要求制作各种不同形式的报表,使各管理部门能更快速、更准确地做出判断及提出新的指示。

(三) GPS 在物流领域的应用

1. 用于汽车自定位、跟踪调度

据丰田汽车公司的统计和预测,日本车载导航系统的市场在 1995~2000 年间将平均每年增长 35% 以上,全世界在车辆导航上的投资将平均每年增长 60.8%,因此,车辆导航将成为未来全球卫星定位系统应用的主要领域之一。我国已有数十家公司在开发和销售车载导航系统。

2. 用于铁路运输管理

我国铁路开发的基于 GPS 的计算机管理信息系统,可以通过 GPS 和计算机网络实时收集全路列车、机车、车辆、集装箱及所运货物的动态信息,可实现列车货物追踪管理。只要知道货车的车种、车型、车号就可以立即从近十万千米的铁路网上流动着的几十万辆货车中找到该货车,还能得知这辆货车现在何处运行或停在何处,以及所有的车载货物发货信息。铁路部门运用这项技术可大大提高其路网及其运营的透明度,为货主提供更高质量的服务。

3. 用于军事物流

全球卫星定位系统首先是因为军事目的而建立的,在军事物流中,如后勤装备的保障等方面,应用相当普遍,尤其是在美国,其在世界各地驻扎的大量军队无论是在战时还是在平时都对后勤补给提出很高的需求,在战争中,如果不依赖GPS,后勤补给就会变得一团糟。

4. 用于海洋监测

内河及海洋船队最佳航程和安全航线的测定、航线的适时调度、监测及水上救援。

5. 用于空中交通管理

空中交通管理、精密进场着陆、航路导航和监视。

本 章 小 结

电子商务中包含着几种基本的"流",即信息流、商流、资金流和物流。过去,人们对电子商务过程的认识往往只局限于信息流、商流、资金流的电子化、网络化,而忽视了物流电子化过程,认为对于大多数商品和服务来说,物流仍然可以经由传统的经销渠道进行。随着电子商务实成分的加强,越来越多的传统企业开始介入电子商务领域。这些传统企业不遗余力地在互联网上建造着自己的网上商店,但是对于他们而言,在这些极具吸引力的网络前端的背后还存在着极大的挑战。其中作为有形商品网上商务活动基础的物流,不仅已成为网上交易的一个障碍,而且也是其顺利进行和发展的一个关键因素。如果没有一个高效、合理、畅通的物流系统,电子商务所具有的优势就难以得到有效的发挥,因此,没有一个与之相适应的物流体系,电子商务将难以得到有效的发展。由此可见,现代化的物流是电子商务的重要组成部分。通过本章的学习,使学生能够掌握电子商务物流的相关知识,从电子商务物流概念出发,运用电子商务物流的特点及技术,解决企业中的实际物流问题。

思 考 题

1. 如何理解电子商务物流的含义?
2. 电子商务企业如何降低物流成本?
3. 为什么说电子商务为物流业创造了巨大的发展空间?
4. 为什么说物流是电子商务的保证?
5. 网上购物有几种物流配送方式?
6. 实训题。请进入当当网网站:http://www.dangdang.com.cn,阅读导购指南后,写出顾客购后的付款方式和送货方式。

阅读资料

【阅读资料一】

蒙牛物流配送模式

物流运输是乳品企业重大挑战之一。蒙牛目前的触角已经伸向全国各个角落,其产品远销到香港、澳门,甚至还出口东南亚。蒙牛要如何突破配送的瓶颈,把产自大草原的奶送到更广阔的市场呢?另外一个重要的问题是,巴氏奶和酸奶的货架期非常短,巴氏奶仅10天,酸奶也不过21天左右,而且对冷链的要求最高。从牛奶挤出运送到车间加工,直到运到市场销售,全过程巴氏奶都必须保持在0~4℃之间,酸奶则必须保持在2~6℃之间贮存。这对运输的时间控制和温度控制提出了更高的要求。为了能在最短的时间内、有效的存储条件下,以最低的成本将牛奶送到商超的货架上,蒙牛采取了以下措施:

缩短运输半径

对于酸奶这样的低温产品,由于其保质日期较短,加上消费者对新鲜度的要求很高,一般产品超过生产日期三天以后送达商超,商超就会拒绝该批产品,因此,对于这样的低温产品,蒙牛要保证在2~3天内送到销售终端。

为了保证产品及时送达,蒙牛尽量缩短运输半径。在成立初期,蒙牛主打常温液态奶,因此奶源基地和工厂基本上都集中在内蒙古,以发挥内蒙古草原的天然优势。当蒙牛的产品线扩张到酸奶后,蒙牛的生产布局也逐渐向黄河沿线以及长江沿线伸展,使牛奶产地尽量接近市场,以保证低温产品快速送达至卖场、超市的要求。

合理选择运输方式

目前,蒙牛的产品的运输方式主要有两种,汽车和火车集装箱。蒙牛在保证产品质量的原则下,尽量选择费用较低的运输方式。

对于路途较远的低温产品运输,为了保证产品能够快速的送达消费者手中,保证产品的质量,蒙牛往往采用成本较为高昂的汽车运输。例如,北京销往广州等地的低温产品,全部走汽运,虽然成本较铁运高出很多,但在时间上能有保证。

为了更好地了解汽车运行的状况,蒙牛还在一些运输车上装上了GPS系统,GPS系统可以跟踪了解车辆的情况,比如是否正常行驶、所处位置、车速、车厢内温度等。蒙牛管理人员在网站上可以查看所有安装此系统的车辆信息。GPS的安装,给物流以及相关人员包括客户带来了方便,避免了有些司机在途中长时间停车而影响货物未及时送达或者产品途中变质等情况的发生。

在火车集装箱运输方面,蒙牛与中铁集装箱运输公司开创了牛奶集装箱"五定"班列这一铁路运输的新模式。"五定"即"定点、定线、定时间、定价格、定编组","五定"班列定时、定点、一站直达有效地保证了牛奶运输的及时、准确和安全。

全程冷链保障

低温奶产品必须全过程都保持2~6℃,这样才能保证产品的质量。蒙牛牛奶在"奶牛—奶站—奶罐车—工厂"这一运行序列中,采用低温、封闭式的运输。无论在茫茫草原的哪个角落,"蒙牛"的冷藏运输系统都能保证将刚挤下来的原奶在6个小时内送到生产车间,确保牛奶新鲜的口味和丰富的营养。出厂后,在运输过程中,则采用冷藏车保障低温运输。在零售终端,蒙牛在其每个小店、零售店、批发店等零售终端投放冰柜,以保证其低温产品的质量。

(资料来源:尚海物流,2011-04-25.)

【阅读资料二】

像苏宁一样卖菜

柳荫街小区的刘女士现在再不用每天为买菜的事发愁了。只要提前一天通过网络或电话下订单,晚上她就可以从开设在小区中的配送站取到当天需要的蔬菜。2006年至今,她所在的小区已经有近200户的居民开始享受这样的送菜服务。

薛女士订菜的网站是东东超市推出的,目前他们已经在十几个小区启动了这一服务。北京万韶森投资公司是东东超市的投资方,总经理潘江称,迄今为止,东东超市在网络设备以及软件方面的总投资已经达到1 000多万元。

瞄准最后一公里

潘江动起蔬菜配送的心思,源于他对市场一年半左右的调查。他说:"我们自己做,也请来第三方机构做。最后,我们发现,在农民手里3角~4角一斤的蔬菜,运到北京之后的价格往往能够达到1块多钱。"利差很大是潘江调查之后留下的最深印象。不过,要真正把各地蔬菜基地的蔬菜送到北京居民的手里,还需要越过几道关卡。

首先面对的就是来自现有蔬菜销售模式的挑战。作为迟到者,进入市场的先机已失,必须在销售模式上有所创新才能攻城掠地。潘江对旧有模式进行了研究。他说:"现在蔬菜的销售模式,一般都是分级经销,从供应链上游到市场终端往往需要好几级经销商,最后由小贩或者个体户卖给居民。"

在潘江看来,自己在这条产业链上有不小的成功机会。于是他决定采用蔬菜配送的方式,建立蔬菜分拣中心,尽可能地缩短供应链,然后根据用户需要直接投递到他们手中,这被称为"BtoF"模式,B是指企业,F是指家庭(Family)。这种模式虽然理想,但是必须解决两个方面的信息难题。首先是信息的收集整理与调度。由于用户数量在不断增长,因此直投模式一旦投入使用,必将面临海量信息。另一个难题则是如何让分散的居民都能非常方便地传递自己的需求信息。

"互联网是我们这个模式里面十分关键的一环。可以说,正是它的存在为我们提供了解决办法,"潘江说,"一方面,现在的互联网已经深入千家万户,这就为我们解决了信息如何分散收集的难题;另一方面,强大的信息后台也可以让我们轻松解决信息的分析处理难题。虽然我们也设有电话,但是如果大家都用电话还真不可能运转起来。"

打破配送难题

依托互联网,解决了信息的收集和分发之后,线下的配送同样是个难题。潘江有过配送经验:"做配送需要有中转站和交接平台,不能一竿子捅到底。"

此外,北京市政府的相关政策也给潘江的这种网上信息加网下配送的"BtoF"模式提供了支点。据称,街边市场之中只有8个是正式在工商局注册登记的合法市场。民众普遍认为为数众多的街边集市脏、乱、差,既妨碍了北京的交通,又与北京城市应有的规范干净的形象不符。潘江在这一矛盾中看到了机会,他说:"北京市市政府已经出台了相关文件,要求把居民的生活供应工作做到社区当中。我听到一个消息说,政府已经准备了200亿元,在2008年之前进行街边市场的改造。"

不过,将蔬菜供应做到社区里面临着现实的困难。首先,社区居民们并不希望自己的宁静生活环境受到打扰,小贩进社区并不现实;另外,考虑到北京楼盘居高不下的房价,在社区里租店面进行蔬菜销售显然也不现实。在这方面,7-11连锁超市是个失败的例子。据业内人士称,正是由于北京的房价租金过于昂贵,7-11每年亏损将近两千万元。

潘江来到一个社区考察时发现在自行车棚或者停车位上面可以再搭起一层作为蔬菜配送的储藏室。他在和几个居委会和业主委员会讨论的时候,这种模式得到了他们的良好反馈。他算了一笔账,以一个塔楼200户为单位进行计算,全部设备成本和物流成本都加上的话,大约在12万元左右,而且棚子的成本是10年的费用。也许正是由于这种低成本,在极短的时间内,东东超市的储藏室已经达到38个,直接服务人群20多万户。

东东超市已经将"BtoF"模式尽可能细化。在付款方式上,东东超市采用了类似于"神州行电话卡"一样的预付费方式。居民户需要预先成为其会员,并预存一定的费用,每次订购之后会直接从会员卡中扣除。此外,为了方便那些家里没有网络的居民户,他们还在储藏室里配备电脑和负责看管箱子的员工,以方便居民在线定菜。

看起来,"BtoF"的模式特征与国美、苏宁等家电连锁的模式非常相近。"渠道为王是商业世界里的一条真理。我们也是在做渠道。对于国美、苏宁来说,他们提供的产品是一种长期产品,而我们的产品服务则是一种消费品,一种标准化的产品。"潘江说。

潘江指出,一旦东东超市的"BtoF"模式铺开之后,营业范围将不仅仅局限在蔬菜配送方面,任何有着标准包装的产品都可以通过这种渠道送达居民户门口。事实上,在东东超市刚刚开业的时候,已经有双汇公司的销售经理找上门来。潘江称:"他们愿意出冷藏设备,然后提供双汇的产品。除此之外,与我们洽谈过的还有燕京啤酒公司、北京电视周报报社等。"

(资料来源:中国现代企业报,2011-04-27.)

第八章 Chapter 8

电子商务法律规范

【学习要点及目标】
1. 了解与电子商务及互联网有关的法律。
2. 了解电子商务立法现状。
3. 掌握有关电子合同、互联网领域的知识产权保护。
4. 掌握电子商务中的消费者权益保护的相关法律规范。

第一节 电子商务法律规范概述

随着 Internet 的快速发展和日益普及，电子商务逐渐成为一种全新的贸易方式和商业模式，其目标是实现贸易活动各环节的电子化，达到网上资金流、物流、商流和信息流的统一，它是未来贸易的发展方向。虽然电子商务与传统商务一样，由交易准备、磋商谈判和交易执行三个主要部分组成，但是计算机技术和互联网使商务活动具有了电子化、信息化和网络化的崭新特征。这些特征使电子商务这种全新商务模式给传统法律制度带来了前所未有的冲击和挑战。传统法律制度在调适由电子商务引发的新问题时出现力不从心的现象，这严重制约了电子商务的健康发展，成为我国发展电子商务的瓶颈之一。

一、电子商务法的基本概念

电子商务法是指调整电子商务活动中所产生的社会关系的法律规范的总称，是一个新兴的综合法律领域。由于电子商务活动的发展变化异常迅速，而人们对它的认识需要有个过程，并且观察角度不同，因而缺乏关于电子商务法的一个普遍被接受的定义。一般从以下两方面理解电子商务法的含义。

广义的电子商务法,是与广义的电子商务概念相对应的,它包括了所有调整以数据电文方式进行的商事活动的法律规范。其内容极其丰富,至少可分为调整以电子商务为交易形式的,和调整以电子信息为交易内容的两大类规范。

狭义的电子商务法,是调整以数据电文为交易手段而形成的因交易形式所引起的商事关系的规范体系,即解决电子商务交易的操作规程问题的规范。本章所讨论的是广义的电子商务法。

(一)电子商务法的调整对象

调整对象是立法的核心问题,它揭示了立法调整的互联网主体所产生的特定社会关系,也是区别于其他法的基本标准。根据电子商务的内在本质和特点,电子商务法的调整对象应当是电子商务交易活动中发生的各种社会关系,而这类社会关系是在广泛采用新型信息技术并将这些技术应用到商业领域后才形成的特殊的社会关系,它交叉存在于虚拟社会和实体社会之间,有别于实体社会中的各种社会关系,且完全独立于现行法律的调整范围。

(二)电子商务法的性质

电子商务法律调整的对象是一种私法上的关系,从总体上应属于私法范畴。

(1)作为电子商务法律对象的自然人、法人或者其他组织,都是私法的主体。

(2)电子商务法调整的电子商务法关系是发生在商事活动中的个人之间的关系。电子商务法所调整的电子商务法律关系实质上是发生在电子商务活动中的平等主体之间的财产关系,即私法调整对象的必要组成部分。

(3)电子商务法规定的权利是主体从事电子商务活动的权利。确保主体的权利实现是电子商务法作为私法的任务。电子商务法是一个非常庞大的法律体系,涉及诸多领域。既包括传统的民法领域,又有新的领域,如电子签名法、电子认证法等。这些法律规范以私法规范为基础,同时有诸多公法规范。所以,电子商务法是一个渗透着公法因素的私法领域。

(三)电子商务法的特征

电子商务法的特点主要表现为以下几个方面:

1. **商法性**

商法是规范商事主体和商事行为的法律规范。电子商务法规范主要属于行为法,如数据电文制度、电子签名及其认证制度、电子合同制度、电子信息交易制度、电子支付制度等。但是,电子商务法也含有组织法的内容,如认证机构的设立条件、管理责任等,具有组织法的特点。

2. **技术性**

在电子商务法中,许多法律规范都是直接或间接地由技术规范演变而成的。比如一些国家将运用公开密钥体系生成的数字签名规定为安全的电子签名,这样就将有关公开密钥的技术规范转化成了法律要求,对当事人之间的交易形式和权利义务的行使,都有极其重要的影响。实际上,网络本身的运作也需要一定的技术标准,各国或当事人若不遵守,就不可能在开放环境下进行电子商务交易。

3. 程序性

电子商务法的出现是由于使用了电子商务这种特殊的交易形式,至于交易双方具体、实质的权利义务关系并没有因为交易形式的改变而发生较大的变化,因此电子商务法主要调整的是交易的形式问题,一般不直接涉及交易的具体内容。从联合国国际贸易法委员会《电子商务示范法》和新加坡的《电子交易法》来看,也都是以规定电子商务条件下的交易形式为主的。电子商务法作为交易形式法,它是实体法中的程序性规范。电子交易的形式,是指当事人所使用的具体的电子通讯手段;而交易的内容,则是交易当事人所享有的利益,表现为一定的权利义务。在电子商务中以数据信息作为交易内容(即标的)的法律问题复杂多样,电子商务法不可能对之进行全面规范,需要由许多不同的专门的法律规范予以调整。比如数据信息在电子商务交易中,既可能表示货币,又可代表享有著作权的作品,还可能是所提供的咨询信息。一条电子信息是否构成要约或承诺,应以合同法的标准去判断;能否构成电子货币依照金融法衡量;是否构成对名誉的损害,要以侵权法来界定。所以说,电子商务法是商事交易上的程序法,它所调整的是当事人之间因交易形式的使用,而引起的权利义务关系,即有关数据电文是否有效、是否归属于某人,电子签名是否有效、是否与交易的性质相适应,认证机构的资格如何,它在证书的颁发与管理中应承担何等责任等问题。美国的《统一电子交易法》中,主要规定的内容就是关于电子记录、电子签名以及电子合同的效力、归属、保存等程序形式问题。电子商务法所要做的是尽力将已经存在的法律规则运用到电子商务中,即将已经存在的实体法运用到利用电子交易手段进行的商事活动中,这便是程序性原则的体现,因此,电子商务法更倾向于程序性。

4. 开放性和兼容性

所谓开放性,是指电子商务法要对世界各地区、各种技术网络开放;所谓兼容性,是指电子商务法应适应多种技术手段、多种传输媒介的对接与融合。只有坚持了这个原则,才能实现世界网络信息资源的共享,保证各种先进技术在电子商务中的及时应用。

5. 复合性

电子商务交易关系的复合性源于其技术手段上的复杂性和依赖性,它通常表现为当事人必须在第三方的协助下完成交易活动。比如在合同订立中,需要有网络服务商提供接入服务,需要有认证机构提供数字证书等;电子支付中需要有银行提供网络化服务。

6. 国际性

网络没有中心,也没有国界,在网络环境中的商务活动也不受国界的限制。这种状况决定了电子商务领域的许多问题只有国际社会采取一致规则才能解决,也只有进行广泛的合作才能有成效。因此,在电子商务立法过程中,要求全球范围内的电子商务规则应该是协调和基本一致的。电子商务法应当而且可以通过多国的共同努力予以发展。研究有关国家的电子商务法规,可以发现其原则和规则包括建立的相关制度,在很大程度上是协调一致的。联合国国际贸易法委员会的《电子商务示范法》为这种协调性奠定了基础。

(四)电子商务法的基本原则

1. 中立原则

与民事商法的基本原则一致,电子商务法作为调整追求更高效率的商事交往的法律规范,尤其应当遵循公平原则,这是电子商务法追求的基本目标,也是商法交易安全原则在电子商务法上的必然反映。电子商务既是一种新的交易手段,同时又是一个新兴产业。面对其中所蕴涵的,深不可测的巨大利益的诱惑,可以说没有哪个企业是无动于衷的。各种利益集团、各种技术,以及各个利益主体都想参与其中,在这个无比广阔的舞台上施展才华,谋取便利。其具体参与者有硬件制造商、软件开发商、信息提供商、消费者、商家等等。而要达到各方利益的平衡,实现公平的目标就要贯彻中立原则。在电子商务法中,中立原则包含技术中立原则、媒介中立原则、实施中立原则和同等保护原则。

(1)技术中立。技术中立是就电子商务法对电子商务技术发展方面的影响而言的。技术中立原则是指电子商务法应当对交易使用的技术手段一视同仁,不应把对某一特定技术的理解作为法律规定的基础,而歧视其他形式的技术。也就是要求电子商务法对现有的电子商务技术进行客观的评价,对电子商务技术不能产生限制,要给未来电子商务技术的发展留下法律空间。电子商务技术以高频率的更新适应着现代商业的发展,新的技术将不断出现,这将使电子商务立法面临中立原则的考验,既要保护目前技术,又要使未来技术得以应用,不限定使用或不使用何种技术,这就需要立法保持中立的态度。

(2)媒介中立。媒介中立是指法律对于采用任何媒介的交易都应持中立的态度,不论是采用纸质媒介进行的交易还是采用电子通信形式进行的交易都采取一视同仁的态度,不因交易采用的媒介不同而区别对待或赋予不同的法律效力。根据这一原则,采用了电子形式的交易不应仅仅因为其形式而影响其法律效力,当然也不应因此享受法律上的优惠待遇。媒介中立与技术中立紧密联系,二者都具有较强的客观性,并且一定的传输技术与相应的媒介之间是互为前提的,所不同的是,技术中立侧重于信息的控制和利用手段,媒介中立则着重于信息依赖的载体。从传统的通讯行业划分来看,不同的媒体可能分属于不同的产业部门,如无线通讯、有线通讯、电视、广播、增殖网络等。而电子商务法则应以中立的原则来对待这些媒介体,允许各种媒介根据技术和市场的发展规律而相互融合,互相促进。只有这样,才能使各种资源得到充分的利用,从而避免人为的行业垄断,或媒介垄断。开放性互联网的出现,正好为各种媒介发挥其作用提供了理想的环境,达到兴利除弊,共生共荣。

(3)实施中立。实施中立是指在电子商务法律与其他相关法律的实施上,不可偏废;在本国电子商务活动与国际性电子商务活动的法律待遇上,应公平对待,不在法律效力上进行区别对待。特别是不能将传统书面环境下法律规范(如书面、签名、原件等法律要求)的效力,放置于电子商务法之上,而应中立对待,根据具体环境特征的需求来决定法律的实施。如果说前述技术中立和媒介中立,反映了电子商务法对技术方案和媒介方式的规范,具有较强的客观性;而对电子商务法的中立实施,则更偏重于主观性。电子商务法如同其他规范一样,其适用离不开当事人的遵守与司法机关的适用。

(4)同等保护。此点是实施中立原则在电子商务交易主体上的延伸。电子商务法对商家与消费者,国内当事人与国外当事人等,都应尽量做到同等保护。因为电子商务市场本身是国际性的,在现代通讯技术条件下,割裂的、封闭的电子商务市场是无法生存的。

总之,电子商务法上的中立原则,着重反映了商事交易的公平理念。其具体实施将全面展现在当事人所依托于开放性、兼容性、国际性的网络与协议,而进行的商事交易之中。

2. 自治原则

自治原则是指允许当事人以协议方式订立其间的交易规则,是交易法的基本属性。因而,在电子商务的立法与司法过程中,都要以自治原则为指导,为当事人全面表达与实现自己的意愿预留充分的空间并提供确实的保障。譬如以《电子商务示范法》第4条规定:"经由协议的改动(1)在参与生成、发送、接收、储存或以其他方式处理数据电文的当事方之间,除另有规定外,第三章的条款可经由协议做出改动。(2)本条第(1)款并不影响可能存在的、以协议方式对第二章内所述任何法律规则做出修改的权利。"其内在含义是:除了强制性的法律规范外,其余条款均可由当事人自行协商制定。其实,《电子商务示范法》中的强行规范不仅从数量上很少,仅四条之多,而且其目的也仅在于消除传统法律为电子商务发展所造成的障碍,为当事人在电子商务领域里充分行使其意思自治而创造条件。换言之,《电子商务示范法》的任意性条款,从正面确定权利,以鼓励其意思自治,而强制性条款,则从反面摧毁传统法律羁绊,使法律适应电子商务活动的特征,更好地保障其自治意思的实现。可以说是一正、一反,殊途同归。

3. 安全原则

保障电子商务的安全进行,既是电子商务法的重要任务,又是其基本原则之一。电子商务以其高效、快捷的特性,在各种商事交易形式中脱颖而出,具有强大的生命力。电子商务作为一种高效、快捷的交易工具,必须以安全为前提,它不仅需要技术上的安全措施,同时,也离不开法律上的安全规范。电子商务法从对数据电信效力的承认,以消除电子商务运行方式的法律上的不确定性,由此根据电子商务活动中现代电子技术方案应用的成熟经验,而建立起反映其特点的操作性规范,其中都贯穿了安全的原则的理念。

二、电子商务的相关法律问题

电子商务的法律大概涉及商业领域、金融领域、知识产权等。此外,电子商务中的法律问题还可能涉及国际民事诉讼、隐私权以及各种电子数据的有效性等等。具体而言,电子商务的相关法律问题主要有下列几个方面。

(一) 电子商务交易中的相关法律问题

1. 电子商务交易主体的相关法律问题

包括在线交易主体的资格认定问题,电子商务交易主体的人格权问题,在线交易当事人、在线交易平台提供者、安全保障机构、在线支付机构、在线服务提供商等的法律地位和法律责任问题,等等。

2. 电子商务交易中一些基本环节在法律上的确认问题

如电子签名、电子合同、电子票据的法律效力、生效条件,电子文件在书面文件中的地位,电子商务合同的订立、执行与修改、违约责任及相关法规等。

3. 与CA认证机构相关的法律问题

如CA认证机构的建立、业务范围、地位、权利、义务等。

4. 与在线支付过程相关的法律问题

如在线支付、电子资金划拨中的法律问题。

5. 国际贸易电子商务中的相关法律问题

如电子提单的法律地位及能否作为物权凭证等问题。

6. 网上拍卖和网上竞买的相关法律问题

7. 电子商务物流的相关法律问题

如配送企业与电子商务企业及消费者之间的权利义务关系、相应责任等。

(二) 电子商务监管中的相关法律问题

1. 电子商务经营的工商管理问题

包括如何对电子商务企业的名称、设立及经营范围、经营活动等进行必要的规范。

2. 电子商务的税收问题

包括是否对电子商务征税、税收管辖权的问题、税种的问题、征税方式的问题、国际税收的问题等。

3. 网络广告的相关法律问题

包括网上应如何适用广告法、未经许可的电子邮件广告是否合法等。

(三) 电子商务中的法律保护问题

1. 网络安全及计算机犯罪的法律制裁问题

包括以计算机信息系统为客体的犯罪、以计算机信息系统为工具的犯罪。

2. 电子商务中的知识产权保护的法律问题

电子商务不可避免地涉及知识产权问题。卖家希望他们的知识产权不被剽窃,买家也不希望买到假冒伪劣产品。电子商务活动中涉及域名、计算机软件、著作权、商业秘密、商标等诸多问题,这些问题单纯地依靠加密等技术手段是无法加以充分有效的保护的,必须建立起全面的法律框架,为权利人提供实体和程序上的双重法律依据。

3. 电子商务中的消费者保护问题

包括电子商务中的商业信用问题及资格认证问题,如退换货问题、售后服务问题、安全保障问题等。

4. 电子商务中的隐私权保护问题

电子商务既要保证信息公开,自由流动,又要防止滥用个人信息。所以要对商品及服务供应商、网络服务商收集、加工、储存和使用个人信息进行规范,防止因隐私权问题而影响电子商务的健康发展。

5. 电子商务中的反不正当竞争问题

包括如何限制电子商务中的非法促销问题及侵犯商业秘密、损毁信誉问题等。

(四)与电子商务技术有关的法律问题

包括电子商务中的相关技术、软件、甚至是商务模式能否申请专利的问题。

第二节　国内外电子商务立法现状

电子商务立法是推动电子商务发展的前提和保障。现今互联网的商业化和社会化发展,从根本上改变了传统的产业结构和市场的运作方式,使电子商务出现了前所未有的增长势头。为了给电子商务的发展提供良好的法律环境,有关国际性和地区性组织和许多国家政府给予了高度重视,对电子商务的立法进行了积极的探索,纷纷出台推动电子商务发展的行动纲要、规范性文件和政策,同时减少各国在立法上冲突,为电子商务在全球范围内的发展扫平障碍。

一、国际电子商务立法的发展进程

电子商务法律法规用于调整电子商务过程中参与各方的法律关系。因此,电子商务立法的进程也随着国际电子商务发展的不同阶段而逐级推进。电子商务立法的发展相对于电子商务的发展具有一定的时滞。电子商务的国际立法是随着信息技术的发展而开展的。它经历了立法早期与高速发展时期,如图8.1所示。

(一)国际电子商务立法初期

20世纪80年代初,由于计算机技术已有相当发展,一些国家和企业开始大量使用计算机处理数据,从而引起了一系列计算机数据的法律问题,例如计算机数据的"无纸化"特点与商业文件的"纸面"要求的冲突。为此,联合国国际贸易法委员会(UNCITRAL)于1984年向联合国秘书长提交了名为《自动数据处理的法律问题》的报告,建议审视有关计算机记录和系统的法律要求,1985年编写了名为《计算机记录的法律价值》的报告,这些报告揭开了电子商务国际立法的序幕。

早期的国际电子商务立法主要是围绕着电子数据交换(EDI)规则的制定展开的。20世纪

第八章 电子商务法律规范

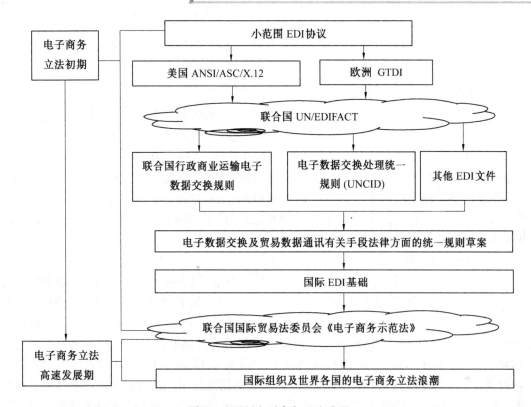

图 8.1 国际电子商务立法进程

80年代,基于单证文本数据交换处理的 EDI 在国际贸易中已有较为广泛的运用。由于这种数据交换是在各个国家、各种网络和各类计算机设备之间进行,因而订立通信协议和数据文本交换标准的问题就显得尤为重要。1979年,美国标准化委员会制订了 ANSI/ASC/X.12 标准,X.12 的推出促进了北美大陆 EDI 进程。1981年欧洲国家推出第一套网络贸易数据标准,即《贸易数据交换指导原则》(GTDI)。GTDI 和 X.12 的推出推进了欧共体和北美内部电子数据交换的发展,然而由于实施的标准不同,在两大集团之间进行数据交换则遇到较大麻烦。为此,联合国着手弥合两大标准的差异,建立世界统一的 EDI 标准。1990年3月,联合国正式推出了 UN/EDIFACT 标准,并被国际标准化组织正式接受为国际标准 ISO9735。UN/EDIFACT 标准的推出统一了世界贸易数据交换中的标准,使得利用电子技术在全球范围内开展商务活动有了可能。因此,UN/EDIFACT 标准的诞生标志着国际电子商务的开始。此后,联合国又先后制定了《联合国行政商业运输电子数据交换规则》、《电子数据交换处理统一规则》(UNCID)等文件。1987年9月,国际商会(ICC)制定了《电传交换贸易数据统一行为守则》,对电子商务安全问题,未发出通知或通知错误责任作了规定。1993年10月,联合国国际贸易法委员会电子交换工作组26届会议全面审议了《电子数据交换及贸易数据通讯有关手段法律方面的统一规则草案》,形成了国际 EDI 法律基础。

电子商务发展的早期,由于受到网络技术发展的限制,国际电子商务立法只能局限于 EDI 标准和规则的制定,其影响也是有限的。

(二)国际电子商务立法高速发展期

20 世纪 90 年代初,互联网商业化和社会化的发展,从根本上改变了传统的产业结构和市场的运作方式。以互联网为基础的电子商务出现了前所未有的迅速发展。联合国贸易法委员会在 EDI 规则研究与发展的基础上,于 1996 年 6 月通过了《联合国国际贸易法委员会电子商务示范法》。示范法的颁布为逐步解决电子商务的法律问题奠定了基础,为各国制定本国电子商务法规提供了框架和示范文本。自 1996 年以来,在联合国《电子商务示范法》制定之后,一些国际组织与国家纷纷合作,制定各种法律规范,形成了国际电子商务立法的高速发展期,其成果主要体现在四个方面。

1. WTO 的三大突破性协议

1986 年开始的关贸总协定乌拉圭回合谈判最终制定了《服务贸易总协定》。服务贸易总协定的谈判产生了一个《电信业附录》,这一附录的制定开始了全球范围内电信市场的开放。WTO 建立后,立即开展了信息技术的谈判,并先后达成了三大协议,即《全球基础电信协议》,该协议于 1997 年 2 月 15 日达成,主要内容是要求各成员方向外国公司开放其电信市场并结束垄断行为;《信息技术协议(ITA)》,该协议于 1997 年 3 月 26 日达成,协议要求所有参加方自 1997 年 7 月 1 日起至 2000 年月 1 月 1 日将主要的信息技术产品的关税降为零;《开放全球金融服务市场协议》,该协议于 1997 年 12 月 31 日达成,协议要求成员方对外开放银行、保险、证券和金融信息市场。在 WTO 历史上,一年内制订三项重要协议是史无前例的,这三项协议为电子商务和信息技术的稳步有序发展确立了新的法律基础。

2. 国际商会加快制定电子商务指导性交易规则

随着电子商务的发展,现有的国际商务惯例已远远不能满足商业往来的需要。近年来,国际商会正以大部分精力集中抓紧制定有关电子商务的交易规则,以促进国际贸易的安全进行。国际商会于 1997 年 11 月 6 日通过的《国际数字保证商务通则》(GUIDEC),该通则试图平衡不同法律体系的原则,为电子商务提供指导性政策,并统一有关术语。国际商会目前正在制定的还有《电子贸易和结算规则》等交易规则。

3. 一些地区性组织和国家积极制定各项电子商务的政策

目前已经或正在制定电子商务政策的主要是经济合作与发展组织(OECD)、欧盟和美国等地区性组织和国家。美国是电子商务的主导国家。1994 年 1 月,美国宣布国家信息基础设施计划,1997 年 7 月,又正式颁布《全球电子商务纲要》,正式形成美国政府系统化电子商务发展政策。1998 年 10 月,OECD 公布了 3 个重要文件:《OECD 电子商务行动计划》、《有关国际组织和地区组织的报告:电子商务的活动和计划》、《工商界全球商务行动计划》,作为 OECD 发展电子商务的指导性文件。欧盟则于 1997 年提出《关于电子商务的欧洲建议》,1998 年又发表了《欧盟电子签字法律框架指南》和《欧盟关于处理个人数据及其自由流动中保护个人的指令》(或称《欧盟隐私保护指令》),1999 年发布了《数字签名统一规则草案》。这些地区性组织通过制定电子商务政策,努力协调内部关系,并积极将其影响扩展到全球。

4. 世界各国和地区积极制定电子商务的法律法规

许多国家为了解决网络发展带来的种种法律问题,都在采取立法措施。一方面对原有法律进行修订和补充,另一方面针对电子商务产生的新问题,制定新的法律。后一方面的工作最初是从电子签字开始的,即通过立法确认数字签名的法律效力。1995 年美国犹他州制定了世界上第一部《数字签名法》,随后英国、新加坡、泰国、德国等都开展了这方面的立法。此后,各国针对电子商务的有关问题,如公司注册、税收、交易安全等都制定了相当一批单项法律和政策规则。

从国际电子商务立法的发展历程来看,国际电子商务立法现已成为当前国际经贸立法的热点而受到各国及国际组织的关注,从而获得快速发展。

二、国外电子商务立法现状

(一)联合国电子商务立法

1. 电子商务示范法

联合国国际贸易法委员会在"电子数据交换(EDI)"的规则研究与发展的基础上,于 1996 年 6 月通过了《电子商务示范法》法律示范文本。它的颁布为逐步解决电子商务的立法问题奠定了基础,为各国制订本国电子商务法规提供了框架和示范文本。

《电子商务示范法》包括两大部分:电子商务总则、电子商务的特定领域,共 17 条。第一部分为电子商务总则,共三章 15 条,即一般条款、对数据电文的适用法律要求、数据电文的传递。电子商务总则将纸面文件的基本功能抽取出来,对电子商务交易中哪些条件可视为等同于书面文件签字效力的情况作了明确规定,保证了交易双方通过电子手段传递信息、签订合同的合法性。第二部分为电子商务的特定领域,只有一章 2 条,主要涉及货物运输中的运输合同、运输单据、电子提单的效力和证据效力等问题。明确指出只要贸易双方确保电子提单的唯一性,就可能通过计算机网络通信转让货物的控制权和所有权。

《电子商务示范法》的目的是要向各国提供一套国际公认的法律规则,说明怎样去消除 EDI 用于国际贸易后与纸面交易产生的法律障碍,以及如何为"电子商务"创造一种更加可靠的法律环境。《电子商务示范法》中表述的原则还可为电子商务的个人用户提供了用来拟定为克服进一步使用电子商务所遇到的法律障碍所必需的某些合理解决方法。可见,对于各国而言,《电子商务示范法》仅仅是起到示范作用的有关电子商务的法规,只可帮助那些有关传递和存储信息的现行法规不够完备或已经过时的国家去完善健全其法律和惯例。《电子商务示范法》将大大有助于各国增强其相关立法,并有助于那些目前尚无这种立法的国家制定这种法律。

《电子商务示范法》规定了约束电子合同履行的标准,定义了构成有效电子书写文件和原始文件的条件,提出了为法律和商业目的而作出的电子签名的可接受程度。例如,如何消除以无纸方式交流重要法律信息的一系列法律障碍,其中包括这些信息的法律效力或合法性的不确定性;如何为电子商务创造一个更加安全的运作环境等。

《电子商务示范法》对电子商务的一些基本法律问题作出的规定,有助于填补国际上电子商务的法律空白。虽然它既不是国际条约,也不是国际惯例,仅仅是电子商务示范的法律范本,但却有助于各国完善、健全其有关传递和存贮信息的现行法规和惯例,并给全球化的电子商务创造出统一的、良好的法律环境。

2. 电子签名示范法

2001年3月23日,联合国国际贸易法委员会电子商务工作组在《电子签名统一规则(草案)》的基础上,公布了《电子签名示范法》。

《电子签名示范法》分为两个部分,第一部分是正文,共有12条内容,对整个电子签名领域的基本问题都作出了规定;第二部分为立法指导意见。

电子签名是指数据电文中以电子形式所含、所附用于识别签名人身份并表明签名人认可其中内容的数据。电子签名是在电子商务环境下的一个具有与书面签字功能相同的替代物。

《电子签名示范法》的出台将电子商务活动中涉及的数字签字、电子签名等不同表述统一起来,为电子签名在电子交易中的广泛引用制定了一整套完整的法律制度。

(二)美国的电子商务立法

1994年1月,美国宣布国家信息基础设施计划。1996年12月11日,美国政府发表《全球电子商务政策框架》。1997年7月,美国总统克林顿签发了《全球电子商务纲要》,这份曾历经半年研究讨论、长达30页的政策性宣言——《全球电子商务纲要》,内容分为背景、原则、财务问题、法律问题、市场准入问题、协调的战略等几部分内容,并正式形成美国政府系统化电子商务发展政策。1998年,美国参众两院分别通过《互联网免税法案》。1999年7月通过了《统一电子交易法》(UETA),它本身并不具有法律效力,而是一部供各州采纳或参考的法律文件。同年,美国政府公布《互联网保护个人隐私的政策》,12月,美国有关部门公布《世界第一个互联网商务标准》。2000年6月,美国签署了《全球和国家电子商务签名商业法》(《电子签名法》),为电子商务在商贸活动中使用电子文件和电子签名扫清了法律障碍。2000年9月29日全国统一州法委员会发布了《统一计算机信息交易法》,该法着眼于电子商务的核心——计算机信息或信息产品的交易,是一部面向知识经济的商法典。

(三)欧盟的电子商务立法

欧盟电子商务立法的框架是由一体化立法、成员国立法、综合立法和专项立法共同构建而成的多层次的法律体系。共内容涉及网络服务、电子签名、消费者保护、司法管辖、电子货币、税收,以及著作权保护等方面。

1997年4月15日，欧盟委员会发布《欧盟电子商务倡议书》(A European Initiative in Electronic Commerce)，就发展电子商务的问题阐明了欧盟的观点。该文件强调在欧盟范围内建立一个适于电子商务的法律与管制框架，管制应该深入到商业活动的每一个环节中，任何影响电子商务活动的问题都应该予以重视。这些问题包括数据安全、隐私、知识产权保护，以及透明和温和的税收环境。欧盟应该积极与国际组织及其他国家的政府加强对话，确保形成一个全球一致的法律环境，共同打击网络国际犯罪。同年，欧盟提出《关于电子商务的欧洲建议》。1998年又发表了《欧盟电子签字法律框架指南》和《欧盟关于处理个人数据及其自由流动中保护个人的指令》（或称《欧盟隐私保护指令》）。1999年发布了《数字签名统一规则草案》。1999年12月，欧盟通过了《电子签名指令》，于2000年5月又通过了《电子商务指令》。这两部法律文件协调与规范了电子商务立法的基本内容，构成了欧盟国家电子商务立法的核心和基础。

其他国家电子商务立法主要包括新加坡《电子商务法》(1998)、美国伊利诺斯州《电子商务安全法》(1998)、美国《统一电子商务法》(1999)、加拿大《统一电子商务法》(1999)、韩国《电子商务基本法》(1999)、百幕大群岛《电子交易法》(1999)、哥伦比亚《电子商务法》(1999)、澳大利亚《电子交易法》(1999)、中国香港特别行政区《电子交易法令》(1999)、法国《信息技术法》(2000)、菲律宾《电子商务法》(2000)、爱尔兰《电子商务法》、斯洛文尼亚《电子商务和电子签字法》等。

三、国内电子商务法律环境

电子商务将成为我国经济增长的新动力，为了适应电子商务的发展，我国的立法机关和政府相关部门已意识到电子商务对传统民商事法律制度造成的影响和冲击，高度重视电子商务的立法工作，就我国建立电子商务法律的有关问题开展了政策研究工作和具体制定工作。

（一）计算机和网络安全法律法规

我国的计算机立法工作开始于20世纪80年代。1981年，公安部开始成立计算机安全监察机构，并着手制定有关计算机安全方面的法律法规和规章制度。1986年4月开始草拟《中华人民共和国计算机信息系统安全保护条例》（征求意见稿）。1991年5月24日，国务院第83次常委会议通过了《计算机软件保护条例》。1994年2月18日，国务院令第147号发布了《中华人民共和国计算机信息系统安全保护条例》，为保护计算机信息系统的安全，促进计算机的应用和发展，保障经济建设的顺利进行提供了法律保障。

针对互联网的迅速普及，为保障国际计算机信息交流的健康发展，1996年2月1日国务院发布了《中华人民共和国计算机信息网络国际联网管理暂行规定》提出了对国际联网实行统筹规划、统一标准、分级管理、促进发展的基本原则。1997年5月20日，国务院对这一规定进行了修改，设立了国际联网的主管部门，增加了经营许可证制度，并重新发布。1997年6月3日，国务院信息化工作领导小组在北京主持了召开"中国互联网络信息中心成立暨《中国互联网络域名注册暂行管理办法》发布大会",宣布中国互联网络信息中心(CNNIC)成立,并发布了《中国互联网络域名注册暂行管理办法》和《中国互联网络域名注册实施细则》。1997年12月8日,国务院信息化工作领导小组根据《中华人民共和国计算机信息网络国际联网管理暂行规定》,制定了《中华人民共和国计算机信息网络国际联网管理暂行规定实施办法》,详细规定国际互联网管理的具体办法。与此同时,信息产业部也出台了《国际互联网出入信道管理办法》。

1997年10月1日起我国实行的新刑法,第一次增加了计算机犯罪的罪名,包括非法侵入计算机系统罪、破坏计算机系统功能罪、破坏计算机系统数据、程序罪、制作、传播计算机破坏程序罪等。这表明我国计算机法制管理正在步入一个新阶段,并开始和世界接轨,计算机法的时代已经到来。

2000年9月,国务院审议并通过了《中华人民共和国电信条例(草案)》和《互联网内容服务管理办法(草案)》,规范电信市场秩序,加强对互联网内容服务的监督管理,维护国家安全、社会稳定和公共秩序。

(二)中华人民共和国合同法

1999年3月我国颁布了新的《合同法》,其中,涉及电子商务合同的有三点:

1. 将传统的书面合同形式扩大到数据电文形式

第11条规定:"书面形式是指合同书、信件以及数据电文(包括电报、电传、传真、电子数据交换和电子邮件)等可以有形地表现所载内容的形式。"也就是说,不管合同采用什么载体,只要可以有形地表现所载内容,即视为符合法律对"书面"的要求。这些规定,符合国际贸易委员会建议采用的"同等功能法"。

2. 确定电子商务合同的到达时间

《合同法》第16条规定:"采用数据电文形式订立合同,收件人指定特定系统接收数据电文的,该数据电文进入该特定系统的时间,视为到达时间;未指定特定系统的,该数据电文进入收件人的任何系统的首次时间,视为到达时间。"

3. 确定电子商务合同的成立地点

《合同法》第34条规定:"采用数据电文形式订立合同的,收件人的主营业地为合同成立的地点;没有主营业地的,其经常居住地为合同成立的地点。"

第11条关于合同书面形式包括"数据电文"以及第33条关于当事人采用数据电文签订合同时可"要求签订确认书"的规定。合同法第16条、26条、34条规定了电子合同要约和承诺的生效时间以及合同的成立地点。

(三)其他相关法律法规

我国电子商务发展较早的一些省市先后出台了相关的地方性法规和规章。例如,2000年4月,北京市工商行政管理局发布了《北京市工商行政管理局网上经营行为备案的通告》,规范网上经营行为,包括在辖区内的市场主体利用互联网从事以赢利为目的的经营活动,以及为经济组织进行形象设计、产品宣传、拍卖、发布广告等的行为。网络经济组织可通过互联网向北京市工商行政管理局设立的红盾315(www.hd315.gov.cn)网站申请登记备案。2000年5月,北京市工商行政管理局又颁布了《关于对网络广告经营资格进行规范的通告》,针对网络广告的现状,对网络广告经营者的经营资格作出规定。同时还出台了《关于对利用电子邮件发送商务信息的行为进行规范的通告》。

2003年2月1日,我国首部地方性电子商务法《广东省电子交易管理条例》在广东实施。该条例共7章34条,主要内容是确立电子签名的法律地位、规范认证机构的管理和规范电子交易服务提供商的管理三个方面。通过确立电子签名的法律地位,解决了电子数据的法律有效性、法律取证两大难题;同时通过对电子签名、认证机构、电子交易服务提供商等三个重要问题的规范,比较好地解决了电子交易中的信息安全问题,使电子商务能够在一个安全的、信任的网络环境下开展。这一条例的实施将有力地促进我国电子商务的进一步发展,同时为日后全国的电子商务立法提供先行经验。

另外,2004年8月,第十届全国人民代表大会常务委员会通过《中华人民共和国电子签名法》简称(电子签名法),首次赋予可靠的电子签名与手写签名或盖章具有同等的法律效力,并明确了电子认证服务的市场准入制度。2005年4月1日起,《电子签名法》正式施行,从根本上解决了我国电子商务发展所面临的一些关键性的法律问题,为实现我国电子签名合法化、电子交易规范化和电子商务法制化,并为今后的电子商务立法奠定了坚实的基础。

(四)《中华人民共和国电子签名法》的框架

《电子签名法》是以规范作为电子商务(也包括电子政务)信息载体的数据电文和当事人在数据电文上以电子数据形式"签名"为主要内容的法律制度。该法立法的直接目的是为了规范电子签名行为,确立电子签名的法律效力,维护各方合法权益;立法的最终目的是为了促进电子商务和电子政务的发展,增加交易的安全性。《电子签名法》共计5章36条。

第一章:总则。

主要规定了立法依据、适用范围、数据电文的效力等基本问题。

第二章:数据电文。

直接对电子通信这种现代行为手段做出了基本规定,为电子签名做了前提性铺垫。该章主要运用"功能等同原则"明确了数据电文的书面、存留、收发等效力与规则。

第三章:电子签名与认证。

是该法的核心,它规定了可靠的电子签名与手写签名或者盖章具有同等的法律效力。为了实现该立法目标,还规定了可靠电子签名的条件,及其保障组织——认证机构的设立与运营规范。

第四章:法律责任。

分别给电子签名使用者和电子认证服务机构规定了相应的民事与行政责任,其目的是为电子业务提供良好的制度化条件,实际上也营造了社会信用环境。

第五章:附则。

对电子签名法所涉及的一些新的技术术语进行专门的解释。

《电子签名法》重点解决了五个方面的问题:一是确立了电子签名的法律效力;二是规范了电子签名的行为;三是明确了认证机构的法律地位及认证程序,并给认证机构设置了市场准入条件和行政许可的程序;四是规定了电子签名的安全保障措施;五是明确了认证机构行政许可的实施主体是国务院信息产业主管部门。

第三节 电子合同法律规范

一、电子合同概述

根据我国《合同法》第2条规定,"合同是平等主体的公民、法人、其他组织之间设立、变更、终止民事权利义务关系的协议。"合同反映了双方或多方意思表示一致的法律行为。合同是进行交易的重要前提,尤其是在大宗交易过程中,订立合同是保证交易双方当事人合法权益的重要手段。在电子商务环境中,由于双方当事人素未谋面,在网络虚拟的环境下完成交易,因此订立合同成为保证当事人双方权益和促成交易成立的重要环节。

(一)电子合同的概念

关于电子合同的概念,无论是国际立法还是我国国内立法目前对电子合同都尚未做出明确的法律定义,结合国际通行观念,可以认为电子合同有广义与狭义两种。广义的电子合同是指一切基于计算机与网络而订立的,明确交易双方权利义务关系的协议;狭义的电子合同仅指通过电子数据交换(EDI)形式订立的,明确交易双方权利义务关系的协议,或者说是指采用电子数据交换来表现其所载内容的非书面形式的合同。

综合而言,电子合同是指合同双方或多方当事人之间通过电子信息网络以电子的形式达成的设立、变更、终止财产性民事权利义务关系的协议。通过上述定义可以看出电子合同的概念重在强调其"电子"的内涵,电子合同的内容在法律上表征了双方的权利义务关系,但在技术上其内容就是以可读形式存储于计算机磁性介质上的一组数据信息,这样的技术特性是电子合同具有迥异于传统合同特征的根本原因。

(二)电子合同的特征

电子合同订立过程中电子数据交换本质上与电报、电传、传真非常相似,都是通过一系列电子脉冲来传递信息的,但电子合同却不在以一张纸为原始的凭据,而是将信息或数据记录在计算机中的磁盘等中介载体中,因此电子商务合同除具备普通合同的特点外,还具备以下特征。

(1)电子合同交易的主体具有虚拟化和广泛化的特点。电子合同订立的整个过程所采用的是电子形式,合同订立的当事人以"数字人"的面目出现,通过电子邮件、EDI 等方式进行电子合同的谈判、签订及履行等。这种合同方式大大地节约了交易成本,提高了经济效益。电子合同的交易主体可以是地球村的任何自然人和法人及其相关组织,这种交易方式当然需要提供一系列的配套措施,如建立信用制度,让交易的相对人在交易前知道对方的资信状况,在世界经济全球化的今天,信用权益必将成为一种无形的财产。

(2)电子合同涉及的是一种民事法律行为。电子合同这种民事法律行为是双方或者是多方民事主体的法律行为,当事人之间以电子的方式设立、变更、终止财产性民事权利义务为目的,当事人之间签订的这种合同是合同的电子化,是合同的新形式。根据《电子商务示范法》中有关规定,电子合同是以财产性为目的协议,该示范法列举了大量商业性质的关系。也就是说电子合同涉及的是财产性的民事权利义务关系,非财产性的民事权利义务关系的协议都排除在外。

(3)电子合同不仅规范在线交易(完全的电子商务),还规范离线交易、线下交易(不完全的电子商务)。前者从洽谈、订立合同到货物交接、银行结算等,一系列贸易活动都在网上完成,即以"资讯"或"提供资讯及服务"的无体物为对象;后者除了洽谈、订立合同或银行结算外,货物的生产、运输、保险、税收等某个或某几个环节均按传统的交易方式进行,即某种程度的离线交易。

(4)电子合同的形式有别于传统合同的口头、书面形式,是以电磁记录的特殊方式存在的。记录在计算机或磁盘载体中的数据电文具有直接法律效力。从书面形式而言,它并不是传统意义上的原件,不具备传统意义的直接法律效力。它是仅具有与书面形式"调取可供日后查阅"相同功能的另类合同形式。

(5)电子签名是电子合同订立、履行安全的重要保障手段。在电子交易中,传统的书面签名已无法适用,因为人们无法利用电子数据传递亲笔签名。而电子签名是使交易者身份与其电子记录相联系,对交易者进行识别的电子鉴别手段,它同时也是一个全新的法律术语,与亲笔签名除具有"功能"上的等同外,没有多少相同之处。

(6)电子合同的订立需要一定的物质、技术条件,尤其是网络电子合同对当事人提出了比传统交易更高的要求。网页经营者和网络终端用户需借助于计算机网络设备,还必须具有操作计算机以及使用网络系统进行交易的专业技术或知识。

(三)电子合同与传统合同的比较

传统的合同形式主要有两种:口头形式和书面形式。口头形式是指当事人采用口头或电话等直接表达方式达成的协议。书面形式是指当事人采用非直接表达方式即文字方式来表达协议的内容。

就电子合同而言,其本质仍是合同,合同的意义和作用并没有发生质的改变,仍然具有合同的共性,但其形式却发生了极大的变化,这些形式上的变化不但体现出了电子合同与传统合同的相异之处,而且对传统的合同法也提出了在新的经济状态下的挑战。这些形式上的不同主要体现在以下几点。

1. 合同订立过程的虚拟性

传统合同的订立过程中,双方当事人或者其代理人可以面对面的接触,对合同订立的诸多问题进行考察和协商,而电子合同发生在虚拟空间中,订立的双方或多方当事人一般是互不见面的,其信用依赖于密码的辨认或认证机构的认证。

2. 合同的表现形式不同

传统合同的表现形式主要是书面形式和口头形式,口头形式的传统合同最终往往也有具体的书证来作为合同的依据。传统合同的口头形式在贸易上常常表现为店堂交易,并将商家所开具的发票作为合同的依据。而在电子商务中金额较小、关系简单的交易却没有具体的合同形式,表现为直接通过网络订购、付款等,例如利用网络直接购买软件,但这种形式并没有发票来作为合同成立的依据,电子发票目前还只是理论上的设想。电子合同所载信息是数据电文,不存在原件与复印件的区分,无法用传统的方式进行签名和盖章。

3. 合同成立的签章方式不同

传统合同以合同双方当事人的签名盖章为合同成立的必要条件。如我国《合同法》第32条规定:"当事人采用合同书形式订立合同的,自双方当事人签字或者盖章时合同成立"。在电子合同中,传统的签字盖章的方式已不能适应电子方式的要求了,合同成立必需的签章被数字签名所代替。

4. 合同的生效地点不同

传统合同的生效地点一般为合同成立的地点,而采用数据电文形式订立的合同,收件人的主营业地为合同成立的地点,没有主营业地的,其经常居住地为合同成立的地点。

5. 合同的可信度不同

电子合同是用电子数据进行存储的,电子数据是以键盘输入的,用磁性介质保存的,篡改后可以不留痕迹;而传统的合同记录在传统纸张上的文字,原始保真程度较高,被篡改后容易被发现,因而可信度较高。

二、电子合同的成立与生效

合同的成立往往通过当事人之间进行要约和承诺来达成。要约就是指一方向另一方提出签订合同的意思表示。提出订立合同的一方为要约人,接受要约的一方为受要约人。承诺是指受要约人同意要约人的全部条件以缔结合同的意思表示。根据我国《合同法》规定,合同生效要件之一是双方意思表示一致、真实。合同依法成立的条件之一是双方经过要约和承诺的意思表示,并达成一致。所以电子合同依法成立也要求有当事人双方对要约和承诺的意思表示。

（一）电子要约与要约的生效

1. 电子要约

根据我国《合同法》第14条规定："要约是希望和他人订立合同的意思表示,该意思表示应当符合下列规定:①内容具体确定;②表明经受要约人承诺,要约人接受该意思表示约束。"

《合同法》第15条规定："要约邀请是希望他人向自己发出要约的意思表示。"在规定了要约邀请的定义之后,举出了要约邀请的常见形式,有寄送的价目表、拍卖公告、招标公告、招股说明书、商业广告等。随后指出,只有当商业广告的内容符合要约规定的,才能视为要约。

要约的做出是具有法律意义的行为,可以撤回或撤销,但不能无故随意撤回或撤销,否则要约人必须承担缔约过失责任。撤回要约的通知应当在要约到达受要约人之前到达,或者与要约同时到达受要约人。撤销要约的通知应当在受要约人发出承诺通知之前到达受要约人。电子要约是以电子形式出现的要约,作为要约的一种形式,上述要约的特征也适用于电子要约。

2. 电子要约的法律效力

在网络环境中,首先要解决以电子信息形式出现的要约的法律效力问题。联合国的《电子商务示范法》第11条规定:除非当事各方另有协议,一项要约以及对要约的承诺均可通过数据电文的手段表示。如使用了一项数据电文来订立合同,则不得仅仅以使用了数据电文为理由而否定该合同的有效性或可执行性。新加坡的《电子交易法》等许多世界组织和国家的立法都有类似规定。

我国《合同法》第11条也明确规定,合同的"书面形式是指合同书、信件和数据电文(包括电报、电传、传真、电子数据交换和电子邮件)等可以有形地表现所载内容的形式"。由此可见,各国对要约的形式一般都没有加以限制。

3. 电子要约的生效时间

要约的生效是指要约产生法律效力,对发出要约的人产生拘束力。要约生效,要约人即受要约的拘束,不得撤回或对要约加以限制、变更。要约人在要约生效时即取得依其承诺而成立合同的法律地位。

在要约何时生效的问题,学术界和各立法中存着一定的分歧。其中,英美法系的观点是采用"发信主义",即要约人发出要约之后,只要要约已处于要约人控制范围之外,要约即产生效力。而大陆法系和《联合国国际货物销售合同公约》则是采用"到达主义",即要约必须到达受要约人之时才能产生法律效力。我国对要约的生效时间采取"到达主义",《合同法》第16条规定:"要约到达受要约人时生效"。

所谓"要约到达受要约人"不一定实际送达到受要约人或者其代理人手中,要约只要送达到受要约人通常的地址、住所或者能够控制的地方(如信箱等)即为送达。即使在要约送达受要约人之前受要约人已经知道其内容,要约也不生效。

在网络环境中,因数据电文的传递方式具有迅速快捷,瞬息间就可传递到对方的特点,国际上一般对电子要约都采用"到达主义"观点。由于电子交易均采取电子方式进行,要约的内容均表现为数字信息在网络上传播,往往要约在自己的计算机上按下确认键的同时对方计算机几乎同步收到要约的内容,这种技术改变了传统交易中的时间和地点观念,为了明确电子交易中何谓要约的到达标准,我国《合同法》第16条第2款规定:"采用数据电文形式订立合同,收件人指定特定系统接收数据电文的,该数据电文进入该特定系统的时间,视为到达时间,未指定特定系统的,该数据电文进入收件人的任何系统的首次时间,视为到达时间。"

(二)电子承诺与承诺的生效

1. 电子承诺

承诺,又称之为"接盘"或"承盘",是指受要约人做出的,对要约的内容表示同意并愿意与要约人缔结合同的意思表示。我国《合同法》第21条规定:"承诺是受要约人同意要约的意思表示。"一项有效的承诺须符合一定的条件:①承诺必须由受要约人向要约人做出;②承诺必须与要约的内容一致;③承诺必须在要约的有效期内做出。要约没有规定承诺期限的,若要约以对话方式做出的,承诺应当即时做出,要约以非对话方式做出的,承诺应当在合理期间内承诺,双方当事人另有约定的从其约定。

电子承诺是指以电子信息方式做出的承诺。电子承诺必须满足传统承诺成立的条件并且具有传统承诺的功能,只是承诺做出的方式发生了变化。

2. 承诺的生效

承诺的生效关乎合同的生效问题,我国《合同法》第26条规定:"承诺通知到达要约人时生效。"因此承诺生效之时即为交易双方合同的生效之时。

对于承诺的生效方式,我国《合同法》规定有三种,分别是要约人收到承诺通知、做出行为和签订确认书。

第一种要约人收到承诺通知是最普通的形式,对于采取电子交易方式的,《合同法》特别规定:"采用数据电文形式订立合同的,承诺到达的时间适用本法第16条第2款的规定。"

第二种是指在承诺不需要通知的情况下,承诺人根据交易习惯或者要约的要求做出承诺的行为时,承诺自然生效。

第三种是根据《合同法》第33条规定:"当事人采用信件、数据电文等形式订立合同的,可以在合同成立之前要求签订确认书。签订确认书时合同成立。"

所以,订单是购买者向商家发出的要约,而商家针对订单做出的"确认"(确认邮件、在线确认并附有网上订单查询)为合同订立中的有效承诺。在实践中承诺的明示方式并不仅限于出卖人网上确认,还包括实际履行等行为。

(三)意思表示的撤回与撤销

意思表示的撤回,是指在意思表示到达对方之前或同时,发出人又向对方发出通知,否认前一个意思表示效力的行为。在合同法中,意思表示的撤回包括要约的撤回和承诺的撤回。

我国《合同法》第17条规定:"要约可以撤回。撤回要约的通知应当在要约到达受要约人之前或者与要约同时到达受要约人。"所以,在一般要约中,要约人可以在要约生效以前随意撤回其要约,而且对此撤回行为不承担任何责任。同时,第27条规定:"承诺可以撤回。撤回承诺的通知应当在承诺通知到达要约人之前或者与承诺通知同时到达要约人。"所以,承诺人亦可在承诺生效之前随意撤回其承诺,而不承担任何责任。

意思表示的撤销,是指当意思表示到达对方之后、在对方作出答复之前,表意人又向对方发出通知,以否认前一个意思表示效力的行为。在合同法中,意思表示的撤销仅指要约的撤销,而承诺则没有撤销的问题,因为承诺并不存在要求对方给予答复的问题。我国《合同法》第18条规定:"要约可以撤销。撤销要约的通知应当在受要约人发出承诺通知之前到达受要约人。"同时,《合同法》第19条又规定:"有下列情形之一的,要约不得撤销:(一)要约人确定了承诺期限或者以其他形式明示要约不可撤销;(二)受要约人有理由认为要约是不可撤销的,并已经为履行合同作了准备工作。"

在电子交易当中,由于意思表示往往以电子数据的形式通过网络进行传输,因为网络文件的传输速度很快,意思表示一旦发出,就可以立即进入收件人的计算机系统,发出和收到的时间仅相差几秒,因此意思表示的撤回与撤销变成一个十分复杂的问题。联合国《电子商务示范法》等似乎都对这一问题采取了回避态度。法律界有一种看法认为:数据电文的传输速度极快,尤其是某些电子交易系统使用自动回应系统,从而使对其的撤回与撤销在事实上变得不可能,因此法律没有必要规定电子交易中意思表示的撤回和撤销等问题。

(四)电子合同成立的时间和地点

在合同法中,确定合同成立的时间与成立地点具有重要的意义。因为在一般情形下,合同的成立时间也就是合同的生效时间。比如,我国《合同法》第44条就规定:"依法成立的合同,自成立时生效。"因此,确定了合同的成立时间也就相应地确定了合同当事人开始履行合同义务的时间。而合同的成立地点往往在管辖、准据法的确定等问题上具有重要的参考价值。

1. 电子合同成立的时间

电子合同成立时间,是指电子合同开始对当事人产生法律约束力的时间。在一般情况下电子合同的成立时间就是电子合同的生效时间,合同成立的时间是对双方当事人产生法律效力的时间。一般认为收件人收到数据电文的时间即为到达生效的时间。

联合国《电子商务示范法》就数据电文发出和收到的时间作了示范规定,该法第15条第2款规定按下述方法确定数据电文的收到时间:"如收件人为接收数据电文而指定了某一信息系统;以数据电文进入该指定信息系统的时间为收到时间;或如数据电文发给了收件人的一个信息系统但不是指定的信息系统,则以收件人检索到该数据电文的时间为收到时间;如收件人并未指定某一信息系统,则以数据电文进入收件人的任一信息系统的时间为收到时间。"

我国关于电子合同成立的时间方面的法律规定就承袭了示范法的特点,体现了完善的立法倾向。我国《合同法》第25条的规定:"承诺生效时合同成立。"我国《合同法》第26条规定:

"承诺通知到达要约人时生效。承诺不需要通知的,根据交易习惯或者要约的要求作出承诺的行为时生效。采用数据电文形式订立合同的,承诺到达的时间适用本法第16条第2款的规定"。第16条第2款规定:"采用数据电文形式订立合同,收件人指定特定系统接收数据电文的,该数据电文进入该特定系统的时间,视为到达时间;未指定特定系统的,该数据电文进入收件人的任何系统的首次时间,视为到达时间。"可以看出,我国《合同法》坚持了"到达主义"的传统。

2. 电子合同成立的地点

传统上,国际性商业合约履行起来牵涉到多国管辖权。一旦发生合同纠纷,在哪一个国家法院受理,适用何国法律,具有重大的区别。这是因为国与国之间法律常常有较大的差异,如在时效方面、责任限制方面或在损失计算方法等等。甚至同一事件,在一国的法律会构成违约,而在另一国则完全合法,这就构成国际的争议常存在择地申诉的做法。而决定纠纷适用何国法律的关键就在于合同成立的地点这一要素。

按照各国法律规定,合同承诺生效的地点就是合同成立的地点。尽管传统合同法中均对合同成立地点方面作了较详尽的规定,但在电子商务合同成立的地点方面,合同成立地点的传统法律规定并不能适用于此。

联合国《电子商务示范法》第15条第4款规定:"除非发端人与收件人另有协议,数据电文应以发端人设有营业地的地点视为其发出地点,而以收件人设有营业地的地点视为其收到地点。就本款的目的而言:如发端人或收件人有一个以上的营业地,应以对基础交易具有最密切联系的营业地为准,又如果并无任何基础交易,则以其主要的营业地为准;如发端人或收件人没有营业地,则以其惯常居住地为准。"可见,该规定采用"营业地"、"最密切关系地"及"惯常居住地"等原则来作为确定数据电文到达地点的标准。

我国《合同法》也规定了电子合同成立的地点,第34条规定:"承诺生效的地点为合同成立的地点。采用数据电文形式订立合同的,收件人的主营业地为合同成立的地点;没有主营业地的,其经常居住地为合同成立的地点。当事人另有约定的,按照其约定。"之所以这样规定,主要是因为电子交易中收件人接收或者检索数据电文的信息系统经常与收件人不在同一管辖区内,上述规定确保了收件人与视为收件地点的所在地有着某种合理的联系,可以说我国《合同法》这一规定充分考虑了电子商务不同于普遍交易的特殊性。

(五)电子合同的生效

电子合同的成立只是意味着当事人之间已经就合同主要条款达成意思表示一致,但合同能否产生法律效力,是否受法律保护还需要看合同是否符合法律的要求,即合同是否符合法定的生效要件。电子合同的成立并不等于电子合同的生效,电子合同的生效,是指已经成立的合同符合法律规定的生效要件。虽然我国的《合同法》没有对合同的生效做出具体的规定,但是电子合同作为合同的一种,是一种典型的民事法律关系。我国的《民法通则》第55条规定:"民事法律行为应当具备下列条件:(一)行为人具有相应的民事行为能力;(二)意思表示真实;(三)不违反法律或者社会公共利益。"这些条件是合同生效的一般要件,有的电子合同还须具备特殊要件,这种合同包括两种情况:一是当事人根据《中华人民共和国合同法》第45、46条的规定所订立的合同,所附条件成立时或所附生效期限来到时,合同才能生效;二是《中华人民共和国合同法》第44条第2款所规定,即法律、行政法规规定应当办理批准、登记等手续生效的,在办理了批准、登记等手续时,合同才能生效。

第四节　知识产权与消费者权益保护法律规范

一、知识产权保护

知识产权是指对智力劳动成果依法所享有的占有、使用、处分和收益的权利。知识产权是一种无形财产,它与房屋、汽车等有形财产一样,都受到国家法律的保护,都具有价值和使用价值。知识产权主要包括著作权、域名、商标权、专利权及商业秘密等。

(一)网络著作权的保护

1. 网络著作权的含义

著作权亦称版权,指公民、法人和其他组织对其创作的文学、艺术和科学领域中的作品依法所享有的财产权利和人身权利的总称。确认和保护作者对其作品享有权利的法律,就是著作权法,亦称为版权法。著作权法的保护对象是作品,作品是指"在文学、艺术和科学领域内,具有独创性并能以某种有形形式复制的智力创作成果",其实质要件是"独创性"和"可复制性"。网络著作权是指著作权人对受著作权法保护的作品在网络环境下所享有的著作权权利。

根据《著作权法》第10条,著作权包括下列人身权和财产权:发表权、署名权、修改权、保护作品完整权、复制权、发行权、出租权、展览权、表演权、放映权、广播权、信息网络传播权、摄制权、改编权、翻译权、汇编权以及应当由著作权人享有的其他权利。

2. 网络著作权的特点

(1)法定性。法律对于网络著作权的确定晚于相关的司法实践。这是因为法律往往落后于时代的变化,从网络出现以来,知识产权领域发生了一系列的重大变化,一个就是知识产权的法定性受到挑战。作品上网后,成为网络上的共有产品,任何人只要一根电话线就可以得到该作品,而关于网络上著作权利益调整的法律,却没有及时出现。在法律确认网络著作权的地位之前,司法实践已经援引以往的著作权理论做出了大量判例。同时,网络经济与传统经济的商业方法有很多共同点,使传统的著作权所有人可以采用部分传统手段对抗网络著作权的侵权行为,这就使得网络著作权的法律落后于现实。

(2)专有性。著作权的专有性是指他人未经权利人同意或者法律许可,不得使用和享有该项著作权。由于著作权不排斥他人创作类似或者雷同的作品,所以相对于专利和商标而言,著作权的专有性相对弱,但是这不等于著作权没有专有性。作品上网即意味着可能被使用,其著作权的占有权利就几乎为零。作品上网以后,作品在具有无形性、高效性、方便性和普及性的同时,也大大地削弱了著作权的专有性。在网络环境下,网络使用者关心的是如何获得物美价廉的作品,他们获取的版权信息并不充分,对谁是版权人,作品的使用条件并不是很清楚,他们也不是很关心。真正的版权人却难以了解自己作品的使用情况,更不用说控制作品的不合理使用了。另外数字化的拷贝不仅和原件一样完美,甚至经过特殊处理,比原件更好。这不仅为盗版产品提供了生存的空间,更使版权人的经济权利无法实现。从这一方面讲,网络著作权没有了专有性。

(3) 地域性。著作权的地域性是指著作权在依某国法律获得保护的那个国家地域内有效。著作权多为自动产生,并非国家授权产生,所以有人认为著作权没有地域性。传统的著作权有一定的地域性,在不同的地域使用作品要分别获得许可,传统的著作权法也没有域外效力。但是网络的出现,打破了这一规律。由于国际网络本身的跨国性特点,无法判断一件网络作品的著作权应当依据哪个国家的法律,应当在哪个领域内有效,因此网络著作权的地域性几乎不复存在了。网络上作品的传播不受地域的限制,电子商务的拓展也使人们可以打破地域进行图书订购,利用版权的地域性对抗"平行进口"等做法受到挑战,著作权的地域性受到动摇。专家认为,网络作品著作权地域性的消失是"计算机网络的全球性与传统知识产权的地域性之间的总冲突。"

(4) 作品权利人难以确定。在网络上的作品,由于其以数字形式存储,使得对其加工创作成为一件易事。创作者可以利用多媒体技术对前人作品进行改编、加工等,从而实现了对网上作品的再创作和再传播。这时,原创与再创作的界限变得相对模糊,作品的权利人身份变得难以确定。

(5) 表现性。传统的作品都有自己的表现形式,如书面文字作品,但是随着"网络超文本结构"的出现,文字作品,科学作品,美术作品,影视作品像集成电路一样被集中到一起,难分彼此,最终作品可能涵盖若干的作品类型,拿传统作品的分类来套用已经力不从心,如 MTV、FLASH 作品等。有学者建议增设立一种新的作品类型。不管结果如何,总的说网络著作权的表现形式颠覆了传统的区分著作权类型的意义。

3. 网络著作权侵权行为的类型

网络上的著作权侵权行为可以理解为未经作者或者其他权利人的许可,又无法律根据擅自上载下载,在网络之间转载或在网络上以其他不正当的方式行使专有著作权人享有的权利的行为。任何专有著作权人享有的权利若是经过著作权人许可或者它的行使属于法律规定以外的情况,则不属于著作权侵权。

一般来说,司法实践中遇到的网络著作权侵权行为主要有三种类型:一是传统媒体与网络站点间相互发生抄袭、未经许可使用、拒付报酬等的行为;二是网络站点间相互发生抄袭、未经许可使用、拒付报酬等的行为;三是网络使用者与著作权人间发生抄袭、未经许可使用、拒付报酬等的行为,网络站点则违反法律规定或行业经营义务作为、不作为地实施了导致前者的侵权行为发生的行为等。

具体来说,常见的网络侵犯著作权行为有以下几类。

(1)将网络上他人作品下载、复制到光盘并用于商业目的。如有人将某学术网络上电子布告栏中他人发表的文章,下载并刻录到随书附赠的光盘,同杂志一并出卖。

(2)图文框连接。此种行为使他人网页出现时无法呈现原貌,使作品的完整性受到破坏,侵害了著作权。

(3)通过互联网的复制行为。行为人将他人享有著作权的文件上传或下载非法使用;超越授权范围的使用共享软件,试用期满不进行注册而继续使用。

(4)超链接。利用HTML语法,将相关网页的信息连接起来,未经权利人同意超范围利用。

(5)在图像链接中侵害某图像著作权人的复制权。

(6)未经许可将作品原件或复制物提供公众交易或传播,或者明知是侵害权利人著作权的复制品仍然在网上散布。

(7)侵害网络作品著作人身权的行为。包括侵害作者的发表权、署名权和保护作品完整权等。

(8)网络服务商的侵犯著作权行为。如经著作权人告知侵权事实后,仍拒绝删除或采取合法措施。

(9)违法破译著作权人利用有效技术手段防止侵权的行为。

(10)故意以删除、篡改等手段破坏网络作品著作权管理信息,从而使网络作品面临侵权危险的行为。

4. 网络著作权的保护

2000年11月22日最高人民法院审判委员会第1144次会议通过了《关于审理涉及计算机网络著作权纠纷案件适用法律若干问题的解释》,自12月21日起施行。2003年12月23日最高人民法院审判委员会第1302次会议《关于修改〈最高人民法院关于审理涉及计算机网络著作权纠纷案件适用法律若干问题的解释〉的决定》第一次修正,2006年11月20日最高人民法院审判委员会第1406次会议《关于修改〈最高人民法院关于审理涉及计算机网络著作权纠纷案件适用法律若干问题的解释〉的决定(二)》第二次修正,并重新公布了修改后的司法解释,使网络环境下著作权司法保护机制日臻完善。这个机制的实质性规定包括:

(1)诉讼管辖。司法解释的第1条规定了:"网络著作权侵权纠纷案件由侵权行为地或者被告住所地人民法院管辖。侵权行为地包括实施被诉侵权行为的网络服务器、计算机终端等设备所在地。对难以确定侵权行为地和被告住所地的,原告发现侵权内容的计算机终端等设备所在地可以视为侵权行为地。"

(2)网络服务提供者著作权法律责任承担。网络服务提供者的法律责任,主要是指网络服务提供者对他利用其所提供的服务实施侵犯著作权行为所应承担的法律责任问题。

司法解释的第3条规定："网络服务提供者通过网络参与他人侵犯著作权行为，或者通过网络教唆、帮助他人实施侵犯著作权行为的，人民法院应当根据民法通则第一百三十条的规定，追究其与其他行为人或者直接实施侵权行为人的共同侵权责任。"

司法解释的第4条规定："提供内容服务的网络服务提供者，明知网络用户通过网络实施侵犯他人著作权的行为，或者经著作权人提出确有证据的警告，但仍不采取移除侵权内容等措施以消除侵权后果的，人民法院应当根据民法通则第一百三十条的规定，追究其与该网络用户的共同侵权责任。"

司法解释的第5条规定："提供内容服务的网络服务提供者，对著作权人要求其提供侵权行为人在其网络的注册资料以追究行为人的侵权责任，无正当理由拒绝提供的，人民法院应当根据民法通则第一百零六条的规定，追究其相应的侵权责任。"

司法解释的第7条规定："著作权人发现侵权信息向网络服务提供者提出警告或者索要侵权行为人网络注册资料时，不能出示身份证明、著作权权属证明及侵权情况证明的，视为未提出警告或者未提出索要请求。著作权人出示上述证明后网络服务提供者仍不采取措施的，著作权人可以依照著作权法第四十九条、第五十条的规定在诉前申请人民法院作出停止有关行为和财产保全、证据保全的裁定，也可以在提起诉讼时申请人民法院先行裁定停止侵害、排除妨碍、消除影响，人民法院应予准许。"

司法解释的第8条规定："网络服务提供者经著作权人提出确有证据的警告而采取移除被控侵权内容等措施，被控侵权人要求网络服务提供者承担违约责任的，人民法院不予支持。著作权人指控侵权不实，被控侵权人因网络服务提供者采取措施遭受损失而请求赔偿的，人民法院应当判令由提出警告的人承担赔偿责任。"

(3)对破坏、避开保护著作权技术措施行为法律责任的追究。司法解释的第6条规定："网络服务提供者明知专门用于故意避开或者破坏他人著作权技术保护措施的方法、设备或者材料，而上载、传播、提供的，人民法院应当根据当事人的诉讼请求和具体案情，依照著作权法第四十七条第(六)项的规定，追究网络服务提供者的民事侵权责任。"

(二)域名的法律保护

1.域名的法律特征

域名是用来指示互联网上网站的地址，它最早产生只是因为用来标识网站地址的IP地址由32个比特位组成，不方便记忆，使用起来也不方便，所以产生域名地址。

域名作为一种字符的创意和构思组合，具有如下法律特征：一是标识性，在互联网上不同的组织和机构是以不同的域名来标识自身并相互区别的；二是唯一性，域名虽然可以极度相似，但不可以完全相同，每一个域名在全球范围内都是独一无二的，这是域名标识性的保障；三是排他性，域名与特定空间及所有者的严格——对应关系使得域名具有绝对的排他性。

虽然域名的字符方式与商标有一定的相同之处，并且在商业领域，人们倾向于将域名与商

标联系起来加以使用,即域名与商标的"统一性"策略,但是域名和商标是有区别的,主要表现在以下几个方面:

(1) 商标是对特定商品或服务的标识,而域名与商品或服务无必然联系。

(2) 注册商标的排他性一般不能"跨界",同一个商标可能被若干经营不同类的商品或服务的企业同时使用;域名的唯一性则是全球性的,没有商品或服务的类别的限制。

(3) 同样具有标识作用,域名虽然不能完全相同,但可以极度相似;而这种情况是不允许出现在同类商品或服务的商标上的。

(4) 商标可以是文字、图形或者两者的结合,还可以是立体商标、音响商标或者气味商标;域名却只能是文字。

(5) 商标的法律保护具有地域性,域名则没有。

(6) 商标未经注册也可以使用,域名则必须经过注册。

2. 域名的法律纠纷

从域名纠纷表现形式的角度看,域名纠纷可以分为三类:

(1) "抢注类"域名纠纷。"抢注类"域名纠纷是指将他人的商标、商号等商业标识抢先注册为域名,但却"注"而不"用",并未利用注册的域名进行商业使用。域名的"恶意抢注"是常发的域名争议种类。"恶意抢注"是指明知或应知他人的商标、商号及姓名等具有较高的知名度和影响力而进行抢注的行为。例如有家广州公司曾在". cn"之下将肯德基、可口可乐、宝马等 20 多个国际知名商标注册为域名,并报价出卖。

(2) "不正当竞争类"域名纠纷。此种域名纠纷与域名抢注情形不同,域名注册人不仅将他人的商标、商号等商业标识抢先注册为域名,而且进行商业使用,造成公众的混淆。例如有人故意注册 playboyxxx.com 的域名,不仅与美国花花公子企业集团的注册商标 PLAYBOY 非常相似,而且该域名指向的网站提供的服务也与美国花花公子企业集团相同,所以构成对 PLAYBOY 商标的侵权。

(3) "权利冲突类"域名纠纷。"权利冲突类"域名纠纷是指,在域名注册之前就存在权利配置状况引发的冲突,这是由于域名的唯一性与同一商标、商号可以存在多个权利人的矛盾引起的。例如,按照我国商标法的规定,一般情况下,只有未经商标注册人的许可,在同一种商品或者类似商品上使用与其注册商标相同或者近似的商标的才构成侵权。所以在我国"长城"、"梅花"等商标被众多企业注册为商标。因此如果有人注册的域名与众多的同一商标的权利人发生冲突,这种冲突就不仅是域名与商标的冲突,而且是商标注册人相互之间的冲突。我国的"长城"等商标被多家企业分别注册为不同类别的商标,在这种情况下如果其中一家企业注册了"greatwall.com.cn"域名,则很可能引起其他企业的诉讼。

3. 域名纠纷的法律规范

由于域名纠纷涉及全球,并无国界之分,势必需要全球统一的域名纠纷解决机制。因此,互联网名称与数字地址分配机构(ICANN)于 1999 年 3 月 4 日公布了《关于委任域名注册机构规则的声明》,开始着手建立防止域名纠纷的机制;同年8月6日又公布了《统一域名争议解决政策》以及随后公布的实施细则,完成创设处理国际顶级域名纠纷法律依据的步骤。不久,ICANN指定了世界知识产权组织等机构为"纠纷仲裁机构",至此,全球统一的域名纠纷处理机制完成了。

为了妥善解决域名注册、纠纷问题,信息产业部(现工业和信息化部)制定了《中国互联网络域名管理办法》和中国互联网络信息中心(简称CNNIC)制定了《中国互联网络信息中心域名争议解决办法》。

《中国互联网络域名管理办法》第36条规定:"域名注册管理机构可以指定中立的域名争议解决机构解决域名争议。"第37条规定:"任何人就已经注册或使用的域名向域名争议解决机构提出投诉,并且符合域名争议解决办法规定的条件的,域名持有者应当参与域名争议解决程序。"第38条规定:"域名争议解决机构做出的裁决只涉及争议域名持有者信息的变更。域名争议解决机构做出的裁决与人民法院或者仲裁机构已经发生法律效力的裁判不一致的,域名争议解决机构的裁决服从于人民法院或者仲裁机构发生法律效力的裁判。"第39条规定:"域名争议在人民法院、仲裁机构或域名争议解决机构处理期间,域名持有者不得转让有争议的域名,但域名受让方以书面形式同意接受人民法院裁判、仲裁裁决或争议解决机构裁决约束的除外。"

根据《中国互联网络信息中心域名争议解决办法》第5条规定:"任何机构或个人认为他人已注册的域名与该机构或个人的合法权益发生冲突的,均可以向争议解决机构提出投诉。"第4条规定:"争议解决机构实行专家组负责争议解决的制度。专家组由一名或三名掌握互联网络及相关法律知识,具备较高职业道德,能够独立并中立地对域名争议作出裁决的专家组成。域名争议解决机构通过在线方式公布可供投诉人和被投诉人选择的专家名册。"

根据该办法第8条规定,针对注册域名的投诉获得支持的前提条件是:

①被投诉的域名与投诉人享有民事权益的名称或者标志相同,或者具有足以导致混淆的近似性。

②被投诉的域名持有人对域名或者其主要部分不享有合法权益。

③被投诉的域名持有人对域名的注册或者使用具有恶意。

对于恶意注册或者使用域名行为的构成,该办法第9条规定了下列情形:

①注册或受让域名的目的是为了向作为民事权益所有人的投诉人或其竞争对手出售、出租或者以其他方式转让该域名,以获取不正当利益。

②多次将他人享有合法权益的名称或者标志注册为自己的域名,以阻止他人以域名的形式在互联网上使用其享有合法权益的名称或者标志。

③注册或者受让域名是为了损害投诉人的声誉,破坏投诉人正常的业务活动,或者混淆与投诉人之间的区别,误导公众。

④其他恶意的情形。

该办法第10条同时规定,被投诉人在接到争议解决机构送达的投诉书之前具有下列情形之一的,表明其对该域名享有合法权益:

①被投诉人在提供商品或服务的过程中已善意地使用该域名或与该域名相对应的名称。

②被投诉人虽未获得商品商标或有关服务商标,但所持有的域名已经获得一定的知名度。

③被投诉人合理地使用或非商业性地合法使用该域名,不存在为获取商业利益而误导消费者的意图。

需要说明的是,《中国互联网络信息中心域名争议解决办法》适用的域名争议限于由中国互联网络信息中心负责管理的 CN 域名和中文域名的争议,并且,所争议域名注册期限满两年的,域名争议解决机构不予受理。域名争议解决的具体程序规则适用《中国互联网络信息中心域名争议解决办法程序规则》。

二、消费者权益保护

我国法律也特别重视消费者保护,并制定了《中华人民共和国消费者权益保护法》(以下简称《消费者权益保护法》)等法律法规对消费者权益保护做出特别规定。但是,这些法律法规是针对一般消费者权益保护做出的规定,而没有专门对于邮购买卖或远距离交易中消费者权益保护问题做出规定。由于电子商务所具有的特殊性,这就给消费者权益的法律保护带来了诸多前所未有的新问题。

(一)消费者的知情权问题

我国《消费者权益保护法》第8条规定:"消费者享有知悉其购买、使用的商品或者接受的服务的真实情况的权利。消费者有权根据商品或者服务的不同情况,要求经营者提供商品的价格、产地、生产者、用途、性能、规格、等级、主要成分、生产日期、有效期限、检验合格证明、使用方法说明书、售后服务,或者服务的内容、规格、费用等有关情况。"这就意味着消费者享有知情权。在线的经营则需要向消费者提供完整的信息,否则消费者的知情权很难实现。

电子商务是一种远程销售,消费者不是面对面地进行选择,而是通过网上的宣传和图片了解商品信息,通过网络远距离订货,通过电子银行结算,通过配送机构送货上门等,使消费者的知情权受到严重威胁,无法掌握商品的真实可靠信息,对商品的实际的质量情况和商品本身可能存在的隐蔽瑕疵、商品的缺陷无法得知。因此,消费者的知情权与传统的交易方式相比,受到了更大的限制。这就产生了对于消费者看不到的商家与摸不到的商品的相关信息,如何保证消费者能充分获得并如何保证其真实可靠的问题,这也正是消费者对电子商务保持观望的重要原因。

(二)消费者的公平交易权的问题

"消费者享有公平交易的权利。消费者在购买商品或者接受服务时,有权获得质量保障、价格合理、计量正确等公平交易条件,有权拒绝经营者的强制交易行为。"经营者不能利用其优势地位将明显不公平的条件强加于消费者,而在某些电子商务活动中,经营者可能以电子格式条款的方式将明显不公平的交易条件强加给消费者,在消费者无法自由选择的垄断行业中这个问题尤其突出。

(三)消费者退换货的问题

我国《消费者权益保护法》第23条规定:"经营者提供商品或者服务,按照国家规定或者与消费者的约定,承担包修、包换、包退或者其他责任的,应当按照国家规定或约定履行,不得故意拖延或者无理拒绝"。这一规定与其他国家或地区的远距离或邮寄买卖情形下消费者保护中的退货权或解除合同权利还是有距离的。其他国家的退货权或解除合同的权利是指在法定期限(7天)内消费者可以无条件地解除合同或退货,而我国法律所规定的退货只是在合同有约定或法律有规定的情况下,消费者可以要求经营者履行退货义务;也只是在规定或约定的情况下,经营者必须履行退货义务。

在电子商务环境下,相关法律法规所规定的消费者退换货的权利遇到许多新问题,很难简单地适用原有法律、法规来解决。如数字化商品的退换货问题。软件、电子书籍等在网上几乎都是在线交易,消费者在通过线上传递的方式交易时,只需输入相关的个人信息和信用卡号,便可下载,并且消费者在购买这些数字化商品前,大多有浏览其内容或使用试用版本的机会。虽然消费者可以在线浏览某些产品,但对大部分产品来说,能够了解多少取决于网络经营者的披露。而消费者也有可能利用数字产品的可复制性最终损害经营者的利益。如果消费者提出数字化产品的退货要求,则很可能产生对商家不公平的情形。因为商家无法判断消费者在退还商品之前,是否已经保留了复制品,而消费者保存复制件的可能性又非常大。

此外,与电子商务中消费者退换货的权利相关的问题还很多,比如,如果是因为网上的商品信息不够充分,致使消费者在收到货物后发现与所宣传的不完全符合或存在没有提示过的新特点,能否视为欺诈或假冒伪劣等而适用双倍返还价款的处罚?如果由于商品本身的特性导致一些特征无法通过网络认识,消费者购买或使用后才发现,双方又无退换货的约定和法律法规依据,那么消费者能否提出退货的要求,是否会被视为违约?在商品送货上门之后,如果消费者提出非经销商与商品原因的退货要求,相应的配送费用应该由谁来承担等。因此,传统的《消费者权益保护法》中关于退换货的规定,在电子商务中,是一个需重新审视的问题。

(四)电子商务中消费者隐私权的保护问题

1. 网络隐私权

网络隐私权是隐私权在网络中的延伸,是指公民在网络中享有私人生活安宁、私人信息、私人空间和私人活动依法受到保护,不被他人非法侵犯、知悉、搜集、复制、利用和公开的一种人格权;也指禁止在网上泄露某些个人相关的敏感信息,包括事实、图像以及诽谤的意见等。网络隐私权并非一种完全新型的隐私权,这一概念是伴随着网络的出现而产生的。虽然网络隐私权具有自己的特点,但它与传统隐私权仍有重叠的部分,因此可以说它是隐私权在网络环境下的体现。

电子商务经营收集和使用个人信息包括以下情形:①为确认身份和保存记录而收集和使用消费者个人信息;②为保证正常交易和提供服务而收集和使用消费者个人信息;③经营者为制定自身市场计划而对消费者个人信息进行分析;④经营者经消费者授权使用其个人信息;⑤经营者依法律程序向有关机关提供消费者个人信息。

2. 电子商务中隐私权保护问题

在电子商务中对隐私权的保护主要集中在三个方面:

(1)个人资料的隐私权保护。被纳入保护范围的个人资料主要包括姓名、性别、出生日期、身份证号、照片等特定的个人信息,宗教信仰、婚姻家庭、职业、病历、收入、经历等敏感性信息,E-mail 地址、用户名与密码等网络数据。

(2)通信秘密与网络活动踪迹保护。私人间的电子邮件通信常常涉及个人隐秘生活内容或商业秘密,如果这些信息在网络上泄露、扩散,将给该个人造成极大伤害。任何个人和组织未经授权都无权截获或复制他人正在传递的电子信息。另外我们在网络上的活动踪迹,比如 IP 地址、浏览踪迹、活动内容也属于个人的网络隐私也要受到隐私权的保护。

(3)个人的信用和财产状况的保护。我们每个人在上网、网上购物、消费、交易时登录和使用的各种信用卡、账号均属于个人隐私。在电子商务环境中,隐私权已向其财产权性质方面发生了转移。把隐私权视为私有权,个人有权支配自己的私有财产,任何其他人都不得无偿使用其私有财产资源。

(4)个人生活安宁权。促销广告电子邮件因成本低廉且难以监控而日益泛滥。这些"垃圾邮件"耗费了消费者大量的时间和金钱来下载和清理,而且占用邮箱空间。这不但影响正常信件的传送,也侵害了消费者个人生活的安宁。

3. 电子商务中侵害隐私权的主要形式

追究网络隐私权被侵犯的因素,主要是由网络的特性所决定的,Internet 作为全球媒介不分国界,具有开放的属性,在相应的软件开发出来以后,就能够很容易地收集和储存相关信息,从行为上来看,目前,侵犯网络隐私权主要表现在以下几个方面:

(1)擅自在网上宣扬、公开他人隐私。未经他人的同意,擅自在网上宣扬、公布他人隐私,是对他人隐私权的严重侵害。在互联网宣扬、公布他人隐私的途径主要有发送电子邮件、聊天室、新闻组等形式,非法将他人隐私暴露。

(2)未经授权进入他人系统收集资料或打扰他人安宁,截获或复制、篡改他人正在传递的电子信息。

①黑客(hacker)的攻击。通过非授权的登陆攻击他人计算机系统窃取网络用户的私人信息、篡改信息,有的利用别人信息实施犯罪。而被侵权者很少能发现黑客身份,从而引发了个人数据隐私权保护的法律问题。

②专门的网络窥探业务。大批专门从事网上调查业务的公司进行窥探业务非法获取、利

用他人隐私。

③垃圾邮件泛滥。网络公司为获取广告和经济效益,通过各种途径得到用户个人信息,后将用户资料大量泄露给广告商,而后者则通过跟踪程序或发放电子邮件广告的形式来"关注"用户行踪。

国际社会通过行业自律模式、软件保护模式、立法规制模式对网络条件下的隐私权进行保护,并已经制定了大量的法规。从目前我国隐私权保护的立法来看,隐私权并未成为我国法律体系中一项独立的人格权。我国法律对隐私权的保护也没有形成一个完整的体系,其依据仅是《宪法》所确立的保护公民人身权的基本原则和《民法通则》中所规定的个别条款。而在我国现阶段还没有关于网络隐私权比较成形的法律,仅是在一些部门规章中有所涉及。1997年12月8日国务院信息化工作领导小组审定通过的《计算机信息网络国际联网管理暂行规定实施办法》第18条规定:"不得在网络上散发恶意信息,冒用他人名义发出信息,侵犯他人隐私。"1997年12月30日公安部发布施行的《计算机信息网络国际联网安全保护管理办法》第7条规定:"用户的通信自由和通信秘密受法律保护。任何单位和个人不得违反法律规定,利用国际联网侵犯用户的通信自由和通信秘密。"2000年10月8日信息产业部第4次部务会议通过的《互联网电子公告服务管理办法》第12条规定:"电子公告服务提供者应当对上网用户的个人信息保密,未经上网用户同意不得向他人泄露,但法律另有规定的除外。"1997年12月8日国务院信息化工作领导小组审定通过的《计算机信息网络国际联网管理暂行规定实施办法》第18条规定:"不得在网络上散发恶意信息,冒用他人名义发出信息,侵犯他人隐私。"1997年12月30日公安部发布施行的《计算机信息网络国际联网安全保护管理办法》第7条规定:"用户的通信自由和通信秘密受法律保护。任何单位和个人不得违反法律规定,利用国际联网侵犯用户的通信自由和通信秘密。"2000年10月8日信息产业部第4次部务会议通过的《互联网电子公告服务管理办法》第12条规定:"电子公告服务提供者应当对上网用户的个人信息保密,未经上网用户同意不得向他人泄露,但法律另有规定的除外。"因此,目前我国对网络隐私权的法律保护基本处于一种无法可依的状态。今后需要加强网络环境下个人隐私权的保护。

本 章 小 结

自20世纪90年代以来,随着互联网技术普及和发展,电子商务活动随之兴起。建立在传统商业模式上的民商法律制度面临很大挑战,需要建立全新法律规范体系,用以调整与电子商务有关的各种社会关系,保证和促进电子商务的飞跃发展。电子商务法的调整对象是电子商务交易活动中发生的各种社会关系,而这类社会关系是在广泛采用新型信息技术并将这些技术应用到商业领域后才形成的特殊的社会关系,它交叉存在于虚拟社会和实体社会之间,有别于实体社会中的各种社会关系。主要包含电子商务合同法、电子签名法、电子商务知识产权保护、电子商务消费者权益保护等。上述电子商务中的基本法律制度所解决的问题,实际上就是如何在互联网上建立起商事交易的法律平台。因此，电子商务法实践应用性很强，但是体系不完善并且需要和传统法律进行协调，亟待完善。

思 考 题

1. 简述电子商务法的特征及原则。
2. 根据你的了解，国内外主要出台了哪些电子商务法规？
3. 你对哪些电子商务的法规有兴趣，为什么？
4. 电子合同与传统合同相比有哪些区别？
5. 如果你的隐私照片未经你允许被他人发到某论坛上，并被很多网站转载，对你造成极坏的影响，你准备采取什么对策？

阅 读 资 料

【阅读资料一】

千名硕博状告万方侵权案

被称为中国著作权史上规模最大的维权之诉的上千硕博起诉万方公司侵权案，又被称为国内知识分子集体维权首案，因此引起业界的广泛关注，同时将网络时代的版权保护问题推向舆论的风口浪尖上了。自2007年底以来，北京、上海等地已有逾千名硕士、博士，因自己的学位论文未经授权，即被收入"万方数据资源系统"的"中国学位论文全文数据库"，而将北京万方数据股份有限公司诉至法院。仅北京市海淀区人民法院就受理了323名博士和179名硕士起诉万方的案件，北京市朝阳法院也受理了482名硕博士的相同起诉。

此案之所以涉及规模这么庞大，还要从2007年11月底王长乐等六名博士诉万方公司侵犯博士学位论文著作权纠纷案说起。在2007年11月底，北京海淀法院一审审结了王长乐等6名博士诉万方数据股份有限公司侵犯博士学位论文著作权纠纷案。法院认定了万方公司的侵权事实，万方公司侵犯了原告的发表权、复制权、汇编权、信息网络传播权，判令该公司立即停止侵权、赔礼道歉，并在其制作的"中国学位论文全文数据库"中删除原告的论文，同时赔偿6名博士5万元。

2008年7月，北京市海淀区人民法院审结了其中284件案件，依据被告取得合法授权、取得授权有瑕疵以及未取得授权三种情况，分别作出三种判决：

（一）原告已经将涉案学位论文授权授予学位的学校以不同的方式使用，学校又将该文转授权给中国科学技术信息研究所，中国科学技术信息研究所再授权万方数据股份有限公司收入"中国学位论文全文数据库"，法院认为被告万方数据股份有限公司的行为已经合法取得授权，因此判决驳回原告的诉讼请求；

（二）原告涉案学位论文没有授权或仅授权授予学位的学校以有限的方式使用（不包括学校转授权他人使用），但学校将该文授权给中国科学技术信息研究所，中国科学技术信息研究所再授权万方数据股份有限公司收入"中国学位论文全文数据库",法院认为被告万方数据股份有限公司取得的授权有瑕疵,且原告的学位论文并未公开发表,被告的行为侵犯了原告的发表权、信息网络传播权,因此判决被告公开赔礼道歉,分别赔偿每一原告经济损失2 300元(硕士学位论文)和3 100元(博士学位论文);

(三)原告涉案学位论文没有授权授予学位的学校使用,学校也未将该文授权给中国科学技术信息研究所,万方数据股份有限公司未取得任何授权即将该文收入"中国学位论文全文数据库",法院认为,被告的行为侵犯了原告的发表权、信息网络传播权,判决被告公开赔礼道歉,分别赔偿每一原告经济损失2500元(硕士学位论文)和3 300元(博士学位论文)。

这284件案件中,法院依法驳回原告诉讼请求的案件约为50件。

2008年10月15日,北京市朝阳法院所受理的482件同类案件一审落槌,364件获判法院支持。

据报道,至2008年9月5日,"中国学位论文全文数据库"总记录数为1 222 799件。

针对这一群发案件,北京市朝阳法院对万方数据股份有限公司、中国科学技术信息研究所及其上属部门科技部发出司法建议函,建议科技部加强对中国科学技术信息研究所的管理,督促中国科学技术信息研究所根据司法建议的具体内容采取整改措施,规范其对所收藏学位论文的使用,并对不规范的使用行为进行清理。

这一群发案件是近年来涉及面较广、影响较大的侵权诉讼案件。作为群发案件审理虽然已有结果,但是引发群发案件的社会问题并没有真正解决。

引发这一群发案件的直接原因是各个授予学位的学校强制硕士、博士针对各自学术论文必须签订的格式许可协议。这些格式许可协议,有些是合法、合理的,有些是不尽合理的,有些是显失公平的,因校而异。但是,作为硕士、博士,要想使自己的学术论文通过答辩,取得学位,必须接受这些"城下之盟"。

本案所涉及的这一群发案件,起因基本相同,案情基本相同,之所以会有不同的判决结果,完全是由于各校的"城下之盟"内容不同而造成的。如果这一"城下之盟"的问题不能妥善解决,不仅这一群发案件引发的社会问题不能解决,而且类似万方数据股份有限公司这样的侵权行为也可以堂而皇之地统统被"合法化",变成"合法取得授权"的行为,驳回一切硕士、博士原告的侵权诉讼请求。做到这一点并不难,只需让各个学校将"城下之盟"的条款,仿照本案被告胜诉的案件中所采用的"城下之盟"加以修改即可。

因此,法院对于这一群发案件作出判决,乃至对万方数据股份有限公司、中国科学技术信息研究所及其上属部门科技部发出司法建议函,仅仅属于"治标"之举,并未"治本",甚至如上所述,某些判决还有可能产生社会的负面效应。与其向科技部发出司法建议函,倒不如向教育部发出司法建议函,建议教育部督促各个学校杜绝那些显失公平的、明显侵害硕、博士合法权益的"城下之盟"。

(资料来源:http://blog.sina.com.cn/s/blog_51f9c9e40100mov1.html.)

【阅读资料二】

我国首例音乐作品网络著作权案

2003年1月,香港三大唱片公司分别向成都市中院起诉称:2001年12月,四川某信息产业公司,未经作为录音制作权人的三大唱片公司授权许可,就在其开办、经营的"天虎"网站上,向公众提供MP3格式歌曲下载和在线试听服务,侵权歌曲共计319首,包括郑秀文的《眉飞色舞》等8张专辑,陈慧琳的《飞吧》等6张专辑,许志安的《烂泥》等5张专辑,郭富城的《旅途》等6张专辑和陈晓东的《风一样的男子》等4张专辑。三家唱片公司认为,天虎网通过侵犯自己的音乐网络著作权的行为,提高了商业网站的点击率和访问量,从而提高知名度,获得经济利益,因此要求按每张专辑10万元的标准,加上律师费等共计赔偿301万元。

庭审中,天虎网对其侵权事实予以认可,但却表示其在提供下载和试听服务过程中登载了"版权声明",要求下载者下载24小时后删除,因此网站尽到了一定程度的注意义务,并且,网站提供的下载和试听是免费的,没有直接获利。

法院审理认为,天虎网未经录音制作权人的许可,擅自上载音乐作品并在网上传播,其做出的"版权声明"并不能说明网站尽到了注意义务,不能因此免除赔偿责任。法院综合全案后,最终以天虎网以每张专辑1万元赔偿唱片公司损失,加上其他合理开支,天虎网共计赔偿三家唱片公司37万元。

(资料来源:http://www.scol.com.cn.四川在线.)

第九章 Chapter 9

电子商务网站开发与设计

【学习要点及目标】
1. 了解商务电子商务开发流程。
2. 理解商务网站规划与设计的内容与原则。
3. 掌握关系型数据库技术。
4. 掌握商务网站开发技术(ASP、PHP、JSP、.NET)。
5. 掌握虚拟主机与域名的申请与使用。

第一节 电子商务网站开发流程

一、电子商务网站概述

(一)电子商务网站的定义

电子商务网站简称商务网站,是利用软、硬件基础设施,通过 Internet 相互连接起来的,为用户提供网页服务(Web Server)、数据传输服务(FTP Server)、数据库服务(Database Server)、邮件服务(Mail Server)等多种服务的信息载体。

在 Internet 上建立商务网站是电子商务目前主要的实现形式。

商务网站在 Internet 上存放了大量的信息并提供了相应的服务,通常人们通过 Internet 浏览器访问不同的商务网站,进行一定的信息交互,比如查询产品信息、下订单、资金确认、物流运输等,进而完成一次商务活动的全过程。

(二)电子商务网站的分类

1. 按照商务目的和业务功能分类

可以将电子商务网站分为基本型商务网站、宣传型商务网站、客户服务型商务网站和完全电子商务运作型网站。

(1)基本型商务网站。这种类型商务网站建立的目的是通过网络媒体和电子商务的基本手段进行公司宣传和客户服务。适应于小型企业,以及想尝试网站效果的大、中型企业。其特点是:网站构件的价格低廉,性能价格比高,具备基本的商务网站功能。该类型商务网站可以搭建在公众的多媒体网络基础平台上,外包给专门公司来搭建比自己建设还要便宜。

(2)宣传型商务网站。这种类型商务网站建立的目的是通过宣传产品和服务项目,发布企业的动态信息,提升企业的形象,扩大品牌影响,拓展海内外市场。适合于各类企业,特别是已有外贸业务或意欲开拓外贸业务的企业。其特点是:具备基本的网站功能,突出企业宣传效果。一般是将网站构建在具有很高知名度和很强伸展性的网络基础平台上,以便在未来的商务运作中借助先进的开发工具和增加应用系统模块,升级为客户服务型或完全电子商务运作型网站。

(3)客户服务型商务网站。这种类型商务网站建立的目的是通过宣传公司形象与产品,达到与客户实时沟通及为产品或服务提供技术支持的效果,从而降低成本、提高工作效果,适应于各类企业,其特点是:以企业宣传和客户服务为主要的功能。可以将网站构建在具有很高知名度和很强伸展性的网络基础平台上,如果有条件,也可以自己构建网络平台和电子商务基础平台,该类网站通过简单的改造即可以升级为完全电子商务运作型网站。

(4)完全电子商务运作型网站。这种类型商务网站建立的目的是通过网站公司整体形象与推广产品及服务,实现网上客户服务和产品在线销售,并着力实现网上客户服务和产品在线销售,从而直接为企业创造效益,提高企业的竞争力。适用于各类有条件的企业。其特点是:具备完全的电子商务功能,并突出公司形象宣传、客户服务和电子商务功能。

2. 按照构建网站的主体分类

可以将电子商务网站划分为行业电子商务网站、企业电子商务网站、政府电子商务网站和服务机构电子商务网站。

(1)行业电子商务网站。是指以行业机构为主体构建一个大型的电子商务网站,旨在为行业内的企业和部门进行电子化贸易提供信息发布、商品交易、客户交流等活动平台。

(2)企业电子商务网站。是指以企业为构建主体,旨在为企业的产品和服务提供商务平台(有不同的层次)。

(3)政府电子商务网站。是指以政府机构为构建主体来实现电子商务活动,为政府面向企业和个人等的税收、公共服务提供网络化交互平台。该类型的电子商务网站在国际化商务交流中发挥着重要作用,为政府税收和政府公共服务提供网络化交流的平台。

(4)服务机构电子商务网站。是指以服务机构为构建主体,包括商业服务机构、金融服务机构、邮政服务机构、家政服务机构、娱乐服务机构等的电子商务网站等。

3. 按照站点拥有者的职能分类

可以将电子商务网站分为生产型商务网站和流通型商务网站。

(1)生产型商务网站。这类商务网站是由生产产品和提供服务的企业来提供,旨在推广、宣传其产品和服务,实现在线采购、在线产品销售和在线技术支持等商务功能。作为最简单的商务网站形式,企业可以在自己网站的产品页面上附上订单,浏览者如果对产品比较满意,可直接在页面上下订单,然后汇款,企业付款,完成整个销售过程。这种商务网站页面比较实用,主要特点是信息量大,并提供大额订单。生产型企业要在网上实现在线销售,必须与传统的经营模式紧密结合,分析市场定位,调查用户需求,制定合适的电子商务发展战略,设计相应的电子商务应用系统架构。在此基础上设计好企业商务网站页面,并使用户界面良好、操作简便。

(2)流通型商务网站。这种类型的商务网站是由流通企业建立,旨在宣传和推广其销售的产品与服务,使顾客更好地了解产品的性能和用途,促使顾客进行在线购买。这种商务网站着重于对产品和服务的全面介绍,较好地展示产品的外观与功能,商务网站的页面制作都十分精美,动感十足,很容易吸引浏览者。流通企业要在网络上实现在线销售,也必须与传统的商业模式紧密结合,在做好充分的研究、分析与电子商务构架设计的基础上,设计与构建商务网站的页面,并充分利用网络的优越性,为客户提供丰富的商品、便利的操作流程和友好的交流平台。

4. 按照产品线宽度和深度分类

这种电子商务网站的划分方法主要是针对 B2B 电子商务模式的,可以将 B2B 商务模式的网站划分为水平型网站、垂直型网站、专门型网站和公司网站四种类型。

(1)水平型电子商务网站。这类商务网站是能提供某一类产品的网上经营的网站,又称 Aggregator,该类网站聚集了大量产品,类似于网上购物中心,旨在为用户提供产品线宽、可比性强的商务服务。其优势在于其产品线的宽度,顾客在这类网站上不仅可以买到自己所接受的价格水平的商品,而且很容易实现"货比三家"。其不足是在深度和产品配套性方面欠缺,处于中间商的位置,在产品价格方面处于不利地位。

(2)垂直型电子商务网站。这类商务网站提供某一类产品及其相关产品(互补产品)的一系列服务(产品列举、网上销售等),例如销售汽车、汽车零配件、汽车装饰品、汽车保险等产品商务的网站,从而为顾客提供一步到位的服务。这类网站较为复杂,实施难度较大。

(3)专门型电子商务网站。这类商务网站能提供某类产品的最优服务(Best-in-Breed),类似于专卖店,通常提供品牌知名度高、品质优良、价格合理的产品的销售。除直接面对消费者外,该类网站也面对许多垂直型和水平型网站的供应商。

(4)公司电子商务网站。该类商务网站是指以本公司产品或服务为主的网站,相当于公司的"网上店面",以销售本公司产品或服务为主。其致命的缺点在于可扩展性不足。除少数品牌知名度极高、市场份额较大的公司外,从产品的形态看,金融服务、电子产品、旅游、传媒等行业在开展电子商务方面拥有较明显的优势。由于这些行业的一个共同特点是产品的无形化,不存在产品的流动,不需要相应的配送体系,因而特别适合于在网上开展业务。

此外,按照电子商务模式划分可以将电子商务网站分为 B2B 商务网站、B2C 商务网站、C2C 商务网站、C2G 商务网站等。

(三)电子商务网站的功能

电子商务网站的功能是由商务活动所必备的功能决定的。通常有以下几种功能:

1. 商品展示与在线购买功能

用户进入企业的电子商务网站,经过分类的商品,企业可以在电子商务网站上对某些商品开展广告促销活动。用户发现自己感兴趣的商品时,点击该商品可以看到该商品的文字、图片、视频等多种样式的描述性信息。用户想购买时,可以将商品放入购物车。当完成选购时,可以用电子支付方式进行结算。

2. 信息反馈功能

电子商务网站必须是交互性的,对于一个商务网站来说,这个功能对于收集客户的反馈信息尤为重要。企业利用电子商务网站可以方便地收集客户反馈回来的信息,然后根据这些信息做出决策。

3. 数据库检索功能

如果一个电子商务网站的内容非常丰富,而且企业的产品种类繁多,那么要想将所提供的服务和商品信息详尽地介绍给客户,就应该使用数据库为浏览者提供准确、快捷的检索服务。

4. 邮件列表功能

使用这种功能可以使用户在网上登记自己的 E-mail,通过自动发信给用户以实现服务,在节省人力的同时也提高效率。与一般的网站相比,企业的电子商务网站还应该有商务论坛系统、网站访问统计系统、新闻发布系统、信息自动订阅系统、商务聊天室、商机发布与查询系统、个性化服务系统等功能。

二、电子商务网站系统开发

(一)电子商务商务网站系统开发方式的选择

商务网站系统的开发方式主要有三种类型,即自主开发、外包、租用。

1. 自主开发

自主开发方式也称为内包方式。其主要特征是电子商务系统以企业内部自有的信息主管部门或者技术人员为主开发。自主开发方式的优点在于:

(1)相对而言,企业内部信息技术人员对企业自身的需求比较了解,对企业电子商务系统的迫切需要有切身体会,所以,在建造过程中,比较容易把握系统的重点。

(2)企业自主开发的系统与其他企业的系统相比较,一般具有独创性和差异性。而这种独创性或者差异性使得其他企业难以模仿,从而保证企业在竞争当中,易于保持一种差异化的竞争优势。

(3)企业拥有自主开发电子商务系统的全部知识产权,易于升级和管理。

但是自主开发电子商务系统,对于企业而言也有其不利之处:要求企业拥有实力较强的开发队伍,对企业人员的素质要求较高;开发成本与外包方式相比要高一些。

需要说明的是这种方式也不一定意味着系统中的所有内容全部从零开始,其中部分功能或者部分电子商务软件组件也可以外包或者购买,只不过强调的是整个系统的建造过程完全由企业自主控制。

2. 外包方式

外包方式是指电子商务系统的建造完全交给专业化的技术企业,由专业化的公司根据企业的需求,完成电子商务系统建造的整个过程。外包方式对于规模较小或者IT技术实力较弱的企业实现电子商务而言,是一种比较好的选择。外包方式的优点主要体现在:

(1)负责系统建设的专业化企业一般具有较强的技术实力,同时可能具备较为成型的产品和相关行业的成功经验,所以企业的风险较低。

(2)外包企业在项目管理上一般会有经验,而且与实施电子商务的企业之间的义务和责任很清晰,所以项目的进度易于得到控制。

外包方式也有不利之处:容易出现功能的遗漏;容易出现知识产权方面的问题;在系统的维护方面的费用会更多。

3. 租用方式

租用方式是指开展电子商务的企业并不拥有或者并不完全拥有相关的技术设备、应用软件,而是通过向应用服务提供商租用设备、软件的使用权,开展自己的电子商务活动。租用方式的优点在于:

(1)企业可以不必进行电子商务系统建造的一次性大规模投资,可以通过租用和试用的方式,积累企业实施电子商务的经验,从而为后续的投资做好前期准备。

(2)与自主、外包方式相比,成本最低,且时间开销最少。这样对于急需开展电子商务,而又缺少该方面投入的企业来讲,这是最为合算的一种方式。

租用方式的缺点是:租用的设备和软件属于通用型产品,针对性较差;容易受到服务商的影响。

(二)商务网站系统开发模式的选择

信息系统的开发模式共有4种:主机终端模式、文件服务器模式、客户机/服务器模式(C/S模式)、浏览器/服务器模式(B/S模式)。在电子商务系统的开发中主要是C/S和B/S模式。

1. C/S模式

C/S(Client/Server)即客户机/服务器模式。通过这种模式可以充分利用两端硬件环境的优势,将任务合理分配到 Client 端和 Server 端来实现,降低了系统的通信开销。目前大多数应用软件系统都是 C/S 模式。

传统的 C/S 体系结构虽然采用的是开放模式,但这只是系统开发一级的开放性,在特定的应用中无论是客户端还是服务器端都还需要特定的软件支持。由于没能提供用户真正期望的开放环境,C/S 结构的软件需要针对不同的操作系统开发不同版本的软件,加之产品的更新换代十分快,已经很难适应百台计算机以上局域网用户的同时使用,所以代价高,效率低。

2. B/S 模式

B/S(Browser/Server)即浏览器/服务器模式。它是随着 Internet 技术的兴起,对 C/S 结构的一种变化。在这种结构下,用户工作界面是通过 Web 浏览器来实现,极少部分事务逻辑在浏览器端实现,但是主要事务逻辑在服务器端实现。这样就大大简化了客户端的计算机载荷,减轻了系统维护与升级的成本和工作量,降低了用户的总体成本。

随着 Internet 和 Intranet 的流行,当前很多电子商务系统往往采用 C/S 和 B/S 混合的模式,结构如图 9.1 所示。

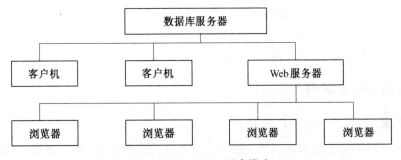

图 9.1　C/S 和 B/S 混合模式

(三)商务网站开发的组织机构

企业进行电子商务网站的建设,其内部组织结构也要相应有所调整。根据上面描述的建设模式,相应的有以下几种类型。

(1)如果将网站建设和维护的工作外包出去,企业并不需要在组织结构上进行改变,只需指定专门人员负责与专业公司协调。

(2)如果企业自行建设商务网站,同时企业的规模不大,维护网站的工作量不大也不复杂,那么企业可以设置网络管理员(Web Master)一职。根据加拿大酿酒业龙头企业 Molson 网络项目负责人的观点,网络管理员的工作权限与杂志编辑类似。网络管理员应具备如下基本素质:

①同时处理多项任务/品牌/创新的能力。

②财务预算管理和规划能力。

③对各种 Web 设计语言和工具较为熟练。

④能与企业的信息系统相协调。
⑤较强的设计能力。
⑥较强的沟通能力。
⑦良好的人际关系。

（3）对于大型企业，可以设立网络资源管理部门（Web/Internet Resource Executive，简称WIRE）实现公司整体协调。美国 Maloff 营销战略咨询公司主席 Joel Maloff 认为，设立 WIRE 作为管理公司网络资源并协调其他部门是一个有创意的观点，认为只要一开始就明确其目的、地位和职能，它可以起到协调公司发展、提高公司整体效率的作用。

当然，WIRE 的合格人选要具备以下条件：
①优秀的处理人际关系的能力。
②较广的网络和电子商务知识。
③一定的商业知识。
④经得起考验的项目管理和协调能力。
⑤有效的配合高层管理阶层的工作。
⑥能同时担任领导者和促进者两种角色。
⑦优秀的倾听意见、吸取有用信息的能力。

三、商务网站的建站流程

（一）注册域名和申请 IP 地址

接入 Internet 的每个用户在网络上都应该有唯一的标识记号，即 IP 地址，以便别人能够访问。由于 32 位二进制数的 IP 地址不容易记忆，所以每个 IP 地址都可以申请唯一与其对应的、便于记忆的域名。域名可以理解为接入 Internet 的企业在网络上的名称，它是每个网络用户的 IP 地址的别名，是一个公司或企业的网络地址。一个好的域名必须遵循以下原则：简短、切题，易记，与企业密切相关。一个著名的域名如同一个著名的品牌、一个著名的商标一样，具有无形资产价值。取好域名后，必须向权威机构申请注册，获得批准后方可使用。

域名注册一般有如下步骤。
（1）查询并选择域名。
（2）用户资料确认。
（3）购物订单确认。
（4）域名注册成功。
（5）缴纳一定的域名注册费用后，即可开通网站。

（二）确定网站的技术解决方案

注册域名和确定 IP 地址是建立电子商务网站的第一步，接下来需要选定网站软、硬件平台。无论是自己拥有独立的服务器,还是租用虚拟主机,如果想进行电子商务活动,都要根据企业的规模、网站预计的访问流量、建站的投资及以后网站运营的费用来选择确定网站的建站方案。在建站时要考虑确定的技术因素有以下几点。

(1)根据网站不同的规模,选择不同的主机方案,搭建不同的网站建设平台。

(2)根据网站不同的规模,选择网络操作系统、Web 服务器和数据库系统。

(3)决定电子商务管理系统的解决方案,是选购还是自己开发电子商务的管理系统。

(4)确定相关的开发系统,如网页编辑软件、ASP、JSP、数据库软件等。

(5)确定网站的安全措施,如防黑客、病毒、商业欺诈等方案。

(三)规划网站的内容并制作网页

网页是电子商务网站的对外表现形式,建立制作网站主页是电子商务网站重要的环节之一。在制作主页前需要考虑网站的风格和主要实现的功能,需要根据自己企业的特点作充分的准备,使网站的基调符合客户的需要,网站的外观设计及制作将直接影响到浏览访问者的兴趣,一个好的、有鲜明特色的电子商务网站会吸引很多的浏览者再次访问。这就需要在网站的内容、外观、栏目、功能上多下功夫。

(四)网站的发布和推广

利用 Dreamweaver MX 或其他软件可将制作完成的网页上传到 Web 服务器中,在 Internet 上发布。但是,网站的建设不是一劳永逸的事情,企业在不断发展,网站的内容也需不断地更新,所以网站信息的发布是一项经常要做的工作。

网站建设完毕后,网站推广工作又是一个重要的环节。一个电子商务网站如果不进行推广宣传,一般很难有较大的访问量,这个辛辛苦苦建设的网站便毫无意义。必须利用服务进行及时推广宣传电子商务网站,网站的推广一般有以下方式。

(1)在各大搜索引擎上注册,让客户可以通过搜索引擎找到网站。

(2)在传统的广告媒体中对网站的内容、网站的地址、产品的性能以及可以提供的便捷服务进行宣传,扩大网站的影响。

(3)在访问量较大的 BBS(电子公告板)上发布广告信息或开展与企业相关问题的讨论,进一步扩大网站的影响。

(4)通过电子邮件将网站的信息发送给客户和消费者。

(5)通过与其他类似网站合作,建立友情链接,获得双赢。

(五)网站的更新维护

网站建成之后,在运营过程中需要定期更新网站的信息,及时总结经验与教训,逐步完善网站的数据库服务系统,使客户可以通过网络查询网站上的产品信息及各种资料;建设 FTP 服务、电子邮件服务及搜索引擎等;设立 BBS 区和产品服务登记区等。

Internet 的发展也伴随着安全问题,一个电子商务网站也经常会遭到"黑客"和"病毒"的袭击。在网站的日常维护中,网站的安全是至关重要的。网站的管理人员需要定期对网站的服务器、数据库、网页程序进行测试,对可能出现的故障和问题进行评估,制定出应急方案、解决方法和响应时间,使网站的维护制度化、规范化。

第二节 商务网站规划与设计

一、商务网站规划的内容

（一）建设商务网站前的市场分析

在进行市场分析时应该考虑以下问题：

(1)相关行业的市场是怎样的,市场有什么样的特点,是否能够在互联网上开展公司业务。

(2)市场主要竞争者分析,竞争对手上网情况及其网站规划、功能作用。

(3)公司自身条件分析、公司概况、市场优势,可以利用网站提升哪些竞争力,建设网站的能力(费用、技术、人力等)如何。

（二）建设网站目的及功能定位

在建设网站目的及功能定位方面应该考虑：

(1)为什么要建立网站,是为了宣传产品,进行电子商务,还是建立行业性网站；是企业的需要还是市场开拓的延伸。

(2)能否整合公司的资源,根据公司的需要和计划,网站的建设应该具有的功能是产品宣传、网络营销、客户服务、还是全面电子商务运作。

(3)根据网站功能,网站应该达到哪些目的。

(4)企业内部网的建设情况和网站的可扩展性应该达到什么要求。

（三）网站技术解决方案

一般来说,应该根据网站的功能确定网站技术解决方案。

(1)采用自建网站,还是主机托管或者是租用虚拟主机。

(2)选择操作系统,用 UNIX、Linux 还是 Windows XP；通过分析投入成本、功能、开发、稳定性和安全性等方面,最终进行选择。

(3)采用电子商务公司提供的企业上网方案、电子商务解决方案,还是自主开发。

(4)网站安全性措施有哪些,例如防黑客、防病毒、数据加密、身份认证方案。

(5)相关程序开发。网页开发采用 ASP、PHP 还是 JSP；数据库系统采用什么。

（四）电子商务网站设计要求

一个运行良好的电子商务网站应该达到的要求有：良好的可扩充性,高效率的并发处理能力,强大的管理能力,与企业内部系统的紧密联系,确保每天提供 24 小时服务,良好的容错性能,支持多种客户访问,安全的运行环境等。

（五）电子商务网站的内容规划

(1)根据网站的目的和功能规划网站内容,一般企业网站应包括:公司简介、产品介绍、服务内容、价格信息、联系方式、网上订单等基本内容。

(2)电子商务网站要提供会员注册,详细的商品服务信息,信息搜索查询,订单确认,付款,个人信息保密措施,相关帮助等。

(3)如果网站栏目比较多,则考虑采用网站编程专人负责相关内容。网站内容是网站吸引浏览者最重要的因素,无内容或不实用的信息不会吸引匆匆浏览的访客。因此,可以事先对人们希望阅读的信息进行调查,并在网站发布后调查人们对网站内容的满意度,以及时调整网站内容。

（六）网站内容的结构规划

(1)页面分类有:主页、一般浏览页、数据查询页、用户身份认证页、获取客户信息页。

(2)页面的层次结构是指主页和二级页面、三级页面之间的结构化链接关系。页面的层次一般用三层结构实现,即"首页—栏目页—文章页"或"一级页面—二级页面—三级页面"。

（七）网页的布局规划

网站的页面布局多种多样,一般分为:"国"字型、拐角型、标题正文型、左右框架型、上下框架型、综合框架型、封面型、Flash 型、变化型等。

（八）网站测试计划

网站发布前要进行细致周密的测试,以保证正常浏览和使用。主要测试内容有:测试各种服务器的稳定性、安全性;程序及数据库测试;网页兼容性测试;根据需要的其他测试。

（九）网站维护计划

(1)服务器及相关软硬件的维护,对可能出现的问题进行评估,制定响应时间。

(2)数据库维护。有效地利用数据是网站维护的重要内容,因此数据库的维护要受到重视。

(3)内容的更新、调整。制定网页改版计划,一般网站在半年到一年时间会进行较大规模改版等。

(4)制定相关网站维护的规定,将网站维护制度化、规范化。

（十）制定网站的服务规范

对于网站的服务规范要求一般包括:建立完善的消费者帮助中心,实施完整的隐私权保护政策,规划良好的订单处理流程,建立优质的客户服务体系等。

(十一)网站发布与推广

对于网站的发布与推广来说,包括很多方面,但主要有两个方面:一是计划网站测试后所进行发布的公关、广告活动;二是计划搜索引擎登记、竞价排名等各项内容。

(十二)网站建设日程表

制定网站建设的开始、完成时间,开发小组,项目负责人等。

(十三)费用明细

计算各项事宜所需费用。

以上是网站规划应该涉及的主要内容,根据不同的需求和建站目的,内容也会在增加或减少。对于网站规划来说,最终形成的文档是网站规划书。

二、商务网站设计原则

网站是互联网上宣传和反映企业形象和文化的重要窗口,企业网站设计显得极为重要,在企业网站设计中应注意一些重要的原则。

(一)明确建立网站的目标和用户需求

网站的设计是展现企业形象、介绍产品和服务、体现企业发展战略的重要途径,因此必须明确设计网站的目的和用户需求,从而做出切实可行的设计计划。根据消费者的需求、市场的状况、企业自身的情况等进行综合分析,要以消费者为中心。在设计规划时应该考虑:建设网站的目的是什么;为谁提供服务和产品;企业能提供什么样的产品和服务;网站的目的消费者和受众的特点是什么;企业产品和服务适合什么样的表现方式。

(二)网页设计总体方案主题鲜明

在目标明确的基础上,完成网站的构思创意即总体设计方案。对网站的整体风格和特色做出定位,规划网站的组织结构。网站应针对所服务对象的不同而具有不同的形式,为了做到主题鲜明突出,要点明确,应该以简单明确的语言和画面体现网站的主题;调动一切手段充分表现网站的个性和风格,办出网站的特点。

网站主页应具备的基本成分包括:准确无误地标识网站的页头和企业标志,用来接收用户垂询的 E-mail 地址,企业地址或电话等联系信息,各种版权信息等。

(三)网站的版式设计

网页版式设计通过文字图形的空间组合,表达出和谐与美。多页面网站页面的编排设计要求把页面之间的有机联系反映出来,特别要处理好页面之间和页面内的秩序与内容的关系。为了达到最佳的视觉表现效果,需要反复推敲整体布局的合理性,使浏览者有一个流畅的视觉体验。

网站的版式布局技术分为以下几种:

1. 层叠样式表的应用

在新的 HTML4.0 标准中,CSS(层叠样式表)被提出来,它能完全精确的定位文本和图片。CSS 对于初学者来说显得有点复杂,但它的确是一个好的布局方法。你曾经无法实现的想法利用 CSS 都能实现。目前在许多站点上,层叠样式表的运用是一个站点优秀的体现。你可以在网上找到许多关于 CSS 的介绍和使用方法。

2. 表格布局

表格布局好像已经成为一个标准,随便浏览一个站点,它们一定是用表格布局的。表格布局的优势在于它能对不同对象加以处理,而又不用担心不同对象之间的影响,而且表格在定位图片和文本上比起用 CSS 更加方便。表格布局唯一的缺点是,当你用了过多表格时,页面下载速度受到影响。对于表格布局,你可以随便找一个站点的首页,然后保存为 HTML 文件,利用网页编辑工具打开它(要所见即所得的软件),你会看到这个页面是如何利用表格的。

3. 框架布局

框架结构的页面开始被许多人不喜欢,可能是因为它的兼容性。但从布局上考虑,框架结构不失为一个好的布局方法。它如同表格布局一样,把不同对象放置到不同页面加以处理,因为框架可以取消边框,所以一般来说不影响整体美观。

(四)美术、色彩设计

美术设计一般要与企业整体形象一致,要符合 CI 规范。要注意网页色彩、图片的应用及版面规划,要保持网页的整体一致性。色彩是艺术表现的要素之一,在网页设计中,需要根据和谐、均衡和重点突出的原则,将不同的色彩进行组合、搭配来构成适宜的页面。

网页颜色原理和象征意义:

红色:热情、奔放、喜悦、庄严;

黄色:高贵、富有、灿烂、活泼;

黑色:严肃、夜晚、沉着;

白色:纯洁、简单、洁净;

蓝色:天空、清爽、科技;

绿色:植物、生命、生机;

灰色:庄重、沉稳;

紫色:浪漫、富贵;

棕色:大地、厚朴。

(五)网页设计形式与内容相统一

为了将丰富的意义和多样的形式组织成统一的页面结构,形式语言必须符合页面的内容,体现内容的丰富含义。

（六）网页设计中多媒体功能的利用

网络资源的优势之一是多媒体功能。要吸引浏览者注意力，网页的内容可以用三维动画、Flash 等来表现。但由于网络带宽的限制，在使用多媒体的形式表现网页的内容时还要考虑客户端的网络传输速度。

（七）导航清晰

网页设计中导航使用超文本链接或图片链接，使人们能够在网站上自由前进或后退，而不要让用户使用浏览器上的前进或后退。

（八）快速的下载时间

据调查，人们能够等待一个网页的下载时间在 10 秒左右。因此，在网页设计中尽量避免使用过多的图片及体积过大的图片，将主要页面的容量控制在 50KB 以内，从而确保普通浏览者页面载入的等待时间不超过 10 秒。

（九）非图形的内容

在互联网中的浏览者大多是进行信息的查找，所以非图形的信息才是网站最有价值的内容。

（十）技术运用

在新技术的采用上要考虑主要目标访问群体的分布地域、年龄阶层、网络速度、阅读习惯等。

（十一）方便的反馈及订购程序

让客户明确企业所能提供的产品或服务并让他们非常方便地订购，这是企业获得成功的重要因素。如果客户在网站上产生了购买产品或服务的欲望，企业是否能够让他们尽快在线实现，很大程度上是由反馈和订购程序的方便程度决定的。

（十二）内容更新与沟通

企业网站建立后，要不断更新网页内容。网站信息的不断更新，能让浏览者了解企业的发展动态和提供的产品信息等内容，同时也会帮助企业建立良好的形象。在企业的网站上，需要认真回复用户的 E-mail，做到有问必答。尽量提供完善的客户服务，使网站访问者感受到企业的真实存在并由此产生信任感。如果要求访问者自愿提供其个人信息，则应公布并认真履行个人隐私保密承诺。

第三节　数据库技术

一、数据库技术简介

数据库技术的发展为解决决策支持问题提供了可能，而激烈的市场竞争产生了对决策支持的巨大需求，由此人们找到了以数据仓库为基础，以联机分析处理技术和数据挖掘技术为手段的一整套可操作、可实施的解决方案。

（一）数据仓库技术

DW（Data Warehouses）即数据仓库，是一种用于分析的数据库，常常作为决策支持系统的底层。DW 从大量的事务型数据库中抽取数据，并将其清理、转化为新的存储格式，即为了决策目标而把数据聚合在一种特殊的格式中。

那么，数据仓库与数据库有什么区别呢？

数据库是面向事务设计的，数据仓库是面向主题设计的，也就是数据库一般存储在线交易数据，数据仓库存储的一般是历史数据。在设计方面，数据库设计是尽量避免冗余，一般采用符合范式的规则来设计；数据仓库的设计是有意引入冗余，采用反范式的方式来设计。数据库是为捕获数据而设计，数据仓库是为分析数据而设计。

以银行业务为例。数据库是事务系统的数据平台，客户在银行进行的每笔交易都会写入数据库，被记录下来，可以简单地理解为用数据库记账。数据仓库是分析系统的数据平台，它从事务系统获取数据，并做汇总、加工，为决策者提供决策的依据。

数据仓库是在数据库已经大量存在的情况下，为了进一步挖掘数据资源、为了决策需要而产生的，它决不是所谓的大型数据库。数据仓库需要以下数据库技术的支持：

1. **并行/分布式数据库技术**

数据仓库中的数据量很大，一般达到 GB 级，有的甚至达到 TB 级。对处理如此大规模的数据，使用并行/分布式数据库技术对提高运行效率是很有帮助的。

2. **高性能的数据库服务器**

传统数据库的应用是操作型的，而数据仓库的应用是分析型的，它需要有高性能的数据库服务器配合工作，对 DBMS 核心的性能也有更高的要求。

3. **数据库互操作技术**

数据仓库的数据来源多种多样，可能来自数据库，也可能来自文件系统。即使都来自数据库，这些数据库也往往是异构的。要从这些异构数据源中定期抽取、转换和集成所需要的数据存入库中，异构数据源之间的互操作技术是必需的。

数据仓库技术在近几年蓬勃发展起来，不少厂商都出品了他们的数据库产品，同时也推出了一些分析工具。仅仅拥有数据仓库是不够的，还必须对它应用各种工具进行分析，才能使数据仓库真正发挥作用。联机分析处理和数据挖掘就是这样的分析工具。

（二）联机分析处理技术

OLAP（On-Line Analytical Processing）即联机分析处理。OLAP 是一种数据处理技术，是数据仓库系统的主要应用，支持复杂的分析操作，侧重决策支持，并且提供直观易懂的查询结果。

OLAP 是使分析人员、管理人员或执行人员能够从多角度对信息进行快速、一致、交互的存取，从而获得对数据的更深入了解的一类软件技术。OLAP 的目标是满足决策支持或者满足在多维环境下特定的查询和报表需求。

联机分析处理是针对特定问题的联机数据访问和分析,通过对信息进行快速、稳定、一致和交互式的存取,对数据进行多层次、多阶段的分析处理,以获得高度归纳的分析结果。联机分析处理是一种自上而下、不断深入的分析工具。

(三)数据挖掘技术

DM(Data Mining)即数据挖掘,是采用数学的、统计的、人工智能和神经网络等领域的科学方法,如记忆推理、聚类分析、关联分析、决策树、神经网络、基因算法等技术,从大量数据中挖掘出隐含的、先前未知的、对决策有潜在价值的关系、模式和趋势,并用这些知识和规则建立用于决策支持的模型,提供预测性决策支持的方法、工具和过程。

数据挖掘是一种决策支持的过程,系统能通过这些发现的知识来预测客户的行为,帮助企业的决策者调整市场策略,从而减少风险,辅助做出正确的决策。它是提高商业和科学决策过程质量和效率的一种新方法。

数据挖掘和联机分析处理都可以在数据仓库的基础上对数据进行分析、辅助决策。那么它们之间是否有差别呢?

事实上,联机分析处理是由用户驱动的,很大程度上受到用户水平的限制。与联机分析处理不同,数据挖掘是数据驱动的,是一种真正的知识发现方法。使用数据挖掘工具,用户不必提出确切的要求,系统能够根据数据本身的规律性,自动地发掘数据潜在的模式;或通过联想建立新的业务模型,帮助决策者调整市场策略,并找到正确的决策。这显然有利于发现未知的事实。从数据分析深度的角度来看,联机分析处理位于较浅的层次,而数据挖掘则处于较深的层次。所以,联机分析处理和数据挖掘的主要差别就在于是否能自动地进行数据分析。

二、常用的关系型数据库

(一)MySQL 数据库

MySQL 数据库是一种多用户、多线程的符合 SQL 标准的关系型数据库,它是自由软件,代码开放,支持多种操作系统平台。由于它的强大功能、灵活性、丰富的应用编程接口以及精巧的系统结构,受到了广大自由软件爱好者甚至是商业软件用户的青睐,特别是与 Linux、Apache、PHP 紧密结合,为建立基于数据库的动态网站提供了强大动力。

MySQL 是以一个客户机/服务器结构实现的,它由一个服务器守护程序 Mysqld 和很多不同的客户程序和库组成。MySQL 的主要目标是快速、健壮和易用。

(二)SQL Server 数据库

SQL Server 数据库是 Microsoft 公司的数据库产品,与 Windows 完美结合,是客户机/服务器体系结构的关系型数据库管理系统,可运行于台式机、笔记本上,是构建电子商务网站的首选。

SQL Server 数据库具有真正的客户机/服务器体系结构,图形化用户界面,丰富的编程接口工具,SQL Server 与 Windows NT 完全集成,良好的伸缩性,对 Web 技术的支持,提供数据仓库功能等特点。

(三)IBM DB2 数据库

IBM DB2 数据库是以能够快速处理异构数据,并为商务智能、在线事务处理及知识内容管理等应用提供整合的数据管理机制而著称。DB2 独特的存储器内置关系数据库技术能将电子交易的速度提高 10 倍以上,强大的 XML 文档功能支持电子交易的实现。使用 DB2 数据连接器可以使用户跨平台获取非 DB2 数据。DB2 具有很好的网络支持能力,每个子系统可以连接十几万个分布式用户,可同时激活上千个活动线程,对大型分布式应用系统尤为适用。

(四)Oracle 数据库

Oracle 数据库是以高级结构化查询语言为基础的大型关系型数据库,是客户机/服务器结构数据库,是一个面向 Internet 环境的数据库,支持 Web 高级应用,具有海量处理能力,运行在多种平台上。

Oracle 在数据库领域一直处于领先地位。Oracle 关系数据库系统是目前世界上流行的关系数据库管理系统,系统可移植性好、使用方便、功能强,适用于各类大、中、小、微机环境。Oracle 10g 是 Oracle 数据库中的新版本,它是业界第一个为网格计算而设计的数据库,且有简化版、标准版和企业版多个版本可供选择。所有这些版本都使用相同的通用代码库构建,这意味着企业的数据库管理软件可以轻松地从规模较小的单一 CPU 服务器扩展到多 CPU 服务器集群,而无需更改一行代码。无论是独立开发者、中小型企业还是大型企业,这些世界一流的数据库版本中总有一款可满足其业务和技术需求的。

在电子商务应用中 Oracle、MySQL、SQL Server 是较为常用的数据库,在一些方面对这 3 种数据库进行的比较,见表 9.1。

表 9.1 常用的关系型数据库的比较

数据库	费用	操作系统费用	速度	容量	备份恢复
MySQL	免费	Linux,免费	较快	较大	较好
SQL Server	按连接计算,较高	Windows,较高	快	较大	好
Oracle	按主频计算,较高	Linux/Windows	最快	大	最好

三、电子商务数据库系统概述

(一)电子商务数据库系统

在电子商务系统中,数据库管理系统(DBMS)处于核心地位。电子商务中各种应用都是建立在数据库之上的。数据库是依照某种数据模型组织起来并存放在二级存储器中的数据集合。这种数据集合具有尽可能不重复,以最优方式为某个特定组织的多种应用服务,其数据结构独立于使用它的应用程序,具有对数据的增、删、改和检索由统一软件进行管理和控制等特点。

(二)电子商务数据库系统设计原则

从发展的历史看,数据库是数据管理的高级阶段,它是由文件管理系统发展起来的。在选择数据库管理系统时应考虑以下几个原则:

1. 易用性

易用性是指数据库管理系统的管理语句应该符合通用标准,要便于系统的维护、开发和移植。

2. 分布性

分布性是指数据库管理系统应该有对分布式应用的支持。

3. 并发性

对于分布式数据库管理系统,面临的是多任务分布环境,可能会有多个用户点在同一时刻对同一数据进行读或写操作,为了保证数据的一致性,需要由数据库管理系统的并发控制功能来完成。

4. 数据完整性

数据完整性是指数据的正确性和一致性保护,包括实体完整性、参照完整性、复杂的事务规则等。

5. 可移植性

可移植性是指垂直扩展和水平扩展能力。垂直扩展要求新平台能够支持低版本的平台,数据库客户机服务器机制支持集中式,这样可保证用户以前的投资和系统;水平扩展要求满足硬件上的扩展,支持从单 CPU 模式转换成多 CPU 并行模式。

6. 安全性

安全性包括安全保密的程度,如账户管理、用户权限管理、网络安全控制、数据约束等。

7. 容错性

容错性是指在异常情况下系统对数据的容错处理能力。数据库技术对电子商务的支持主要表现在存储管理各种商务数据和决策支持。在各种类型的数据库中,关系型数据库是一种具有完备的理论,简洁的数据模型,透明的查询语言,方便的操作方法,易于管理的结构化数据,数据冗余度低,拥有丰富开发工具的数据库系统,目前大多数商业应用都依赖于它。

第四节 商务网站开发技术

一、Web 开发语言

在电子商务过程中客户端与服务器端的数据传送,最后反馈给客户端显示的画面通常指网页。电子商务的开发离不开网页的开发,网页就是由各种 Web 语言构成的,常见的 Web 开发语言有以下几种。

(一) SGML

SGML(Standard Generalized Markup Language)即标准通用标记语言,它是1986年出版发布的一个信息管理方面的国际标准。该标准定义独立于平台和应用文本文档的格式、索引和链接信息,为用户提供了一种类似于语法的机制,用来定义文档的结构和指示文档结构的标签。

使用SGML对多媒体的创作将带来许多好处。首先,由于其规范性,所以可以使创作人员更集中于内容的创作,可提高作品的重复使用性能、可移植性能以及共享性能。其次,由于SGML的独立性,使得它在许多场合都有用武之地。缺点是它不适用于Web数据描述,而且SGML软件价格非常昂贵。

(二) HTML

HTML(Hypertext Markup Language)即超文本标记语言,是一种用来制作超文本文档的简单标记语言。用HTML编写的超文本文档称为HTML文档,它能独立于各种操作系统平台。自1990年以来HTML就一直被用作Web的信息表示语言,用于描述Homepage的格式设计和它与Web上其他Homepage的联结信息。使用HTML语言描述的文件,需要通过Web浏览器显示出效果。

(三) XML

XML(Extensible Markup Language)即可扩展标记语言。XML实际上是Web上表示结构化信息的一种标准文本格式,它没有复杂的语法和包罗万象的数据定义,XML同HTML一样,都来自SGML。但SGML十分庞大且难于学习和使用;而HTML在Internet应用中已显得捉襟见肘;于是,Web标准化组织(W3C)建议使用一种精简的SGML版本——XML。XML与SGML一样,是一个用来定义其他语言的元语言。与SGML相比,XML规范不到SGML规范的1/10,简单易懂,是一门既无标签集也无语法的新一代标记语言。

XML专门为Web应用而设计,和HTML不同,它是一种元标记语言,继承了SGML的可扩展性、灵活性、自描述性等许多特性。XML还具有简明性,并且吸收了人们多年来在Web上使用HTML的经验。XML支持世界上几乎所有的主要语言,并且不同语言的文本可以在同一文档中混合使用,应用XML的软件能处理这些语言的任何组合。

(四) DHTML

DHTML(Dynamic HTML)即动态网页,它并不是一种新技术或标准,而是一些现有网页技术与标准的整合。用户可以用一种新的方式创建网页,不仅仅在网页的视觉展示方面表现出动态的效果,而且可以对网页中的内容进行控制与变化。DHTML所带来的最大转变在于它增加了对象化的网页设计特征。DHTML的组成包括HTML、浏览器对象模型结构、CSS、Script这4个部分。

（五）CSS

CSS（Cascading Style Sheet）即层叠样式表，是用于控制网页样式并允许样式信息与网页内容分离的一种标记性语言。具有内容与样式分开，共享样式设定，减少图片文件的使用等特点。

（六）脚本语言

脚本语言介于 HTML 和 C++、Java 等编程语言之间，主要用于格式化文本和超文本元素，编制复杂的指令发向计算机完成各种任务。脚本语言的语法不严格，易于使用，可以直接包含在 HTML 页面中。脚本语言可以作为客户端编程语言，由浏览器解释执行，也可以作为服务器端编程语言，在网页通过网络传送给浏览器前在服务器上执行。常用的脚本语言有 VBScript、JavaScript 等。

VBScript 是由 VB 中抽出的，不是一种完整、成熟的开发语言，并且只支持 IE 浏览器不支持 NetScape 浏览器。

JavaScript 是 NetScape 公司为了扩充 NetScape 浏览器功能而开发的一种可以嵌入 Web 页面中的解释性语言，是一种基于对象的脚本语言。支持多数浏览器，具有事件驱动、与平台无关和安全性高等优点，但也有不能直接进行数据库存取操作，无法直接读写和保存文件等局限性。

二、常用动态网页开发工具

在电子商务应用软件和网站的开发过程中离不开各种动态网页开发工具，当前比较常用的有以下几种。

（一）ASP

ASP（Active Server Pages）是 Microsoft 公司提供的一种可将 HTML 和脚本以及可重用的 ActiveX Server Pages 组件结合在一起的动态页面构成技术，用来建立高效、动态、基于 Web 服务器的数据库应用程序访问环境。ASP 采用将 Script 嵌入 HTML 文本的方式，把动态部分有机地结合到静态的页面中，同时采用面向对象的特征以及对 ActiveX 控件的扩展，实现对 Web 数据库的动态访问。使用 VBScript、JavaScript 等简单易懂的脚本语言，结合 HTML 代码，即可快速地完成网站的应用程序。

ASP 具有简单易学，安装使用方便（只需安装 Windows 的 IIS 组件），开发工具强大而多样，对硬件的要求不高等优点。但 ASP 也有工作效率较低，无法实现跨操作系统的应用，无法完全实现企业级功能等缺点。

（二）PHP

PHP（Hypertext Preprocessor）是一种跨平台的服务器端嵌入式脚本语言，大量地借用 C、Java 和 Perl 语言的语法，耦合 PHP 自己的特性，使 Web 开发者能够快速地写出动态页面。

PHP 是具有快速学习、跨平台、有良好数据库交互能力的开发语言,语法简单、书写容易,与 Apache 及其他扩展库结合紧密,良好的安全性等特点。PHP 支持目前绝大多数数据库,与 MySQL 数据库完美结合。PHP 是完全免费的,用户可以不受限制地获得源码,甚至可以从中加进自己需要的特色。PHP 的缺点是 PHP 提供的数据库接口支持不统一,安装复杂,缺少企业级的支持,缺少正规的商业支持。

(三). JSP

JSP(Java Server Pages)是 Sun 公司出品一种动态网页技术标准。JSP 技术很容易整合到多种应用体系结构中,扩展到能够支持企业级的分布式应用。作为采用 Java 技术家族的一部分,以及 J2EE 的一个成员,JSP 技术能够支持高度复杂的基于 Web 的应用。JSP 解决了 ASP 和 PHP 两种脚本级执行的通病,由于 JSP 页面的内置脚本语言是基于 Java 程序设计语言的,而且所有的 JSP 页面都被编译成为 Java Servlet,所以 JSP 页面就具有了 Java 技术的所有好处,包括健壮的存储管理和安全性。

JSP 技术的优点是一次编写、到处运行,系统的多平台支持,强大的可伸缩性,多样化和功能强大的开发工具支持等。

JSP 技术的缺点是使用较为复杂,占用的内存和硬盘空间较大。

(四). NET

NET 是 Microsoft XML Web services 平台。XML Web services 允许应用程序通过 Internet 进行通讯和共享数据,而不管所采用的是哪种操作系统、设备或编程语言。Microsoft . NET 平台提供创建 XML Web services,并将这些服务集成在一起。对个人用户的好处是无缝的、吸引人的体验。

Microsoft 公司的. NET 体系结构是 Windows 分布式网络应用程序体系结构的演进,Microsoft 公司对. NET 的描述是:". NET 是一个革命性的新平台,它建立在开放的 Internet 协议和标准之上,采用许多新的工具和服务用于计算和通信。"简单地说,. NET 是一个开发和运行软件的新环境。. NET 环境中突破性的改进在于:使用统一的 Internet 标准(如 XML)将不同的系统对接;是 Internet 上首个大规模的高度分布式应用服务架构;使用了一个"联盟"的管理程序,这个程序能全面管理平台中运行的服务程序,并且为它们提供强大的安全保护平台。

三、ASP、PHP、JSP、. NET 的比较

(一) Asp

Asp 是微软的产品,运行于 IIS,一般与 Access 或 Mssql 配合使用。

优点:易开发,可通过工具进行程序加密,采用 Access 数据库的系统,在数据量小(一般 10 万以下)的情况下,速度要优于其他类型程序。

缺点:在数据量大(10 万以上)的情况下,采用 Access 数据库速度要慢,需要采用 Mssql 数

据库。一般国外 Windows 空间价格要相对高点。

辨别：文件一般以.asp 结尾。

(二) Php

Php 是一种开源的网站程序语言运行于 Apache，Php 一般与 MySql 数据库配合使用。

优点：易开发，可使用 Zend Encoder 进行编译，运行速度比起 Asp 解释型语言要快，且代码无法被其他人查看。由于国外 Linux 平台比较普遍，因此比较容易找到廉价的空间。

缺点：与 Mysql 的配合使用，使得数据库与网站程序分别位于两台服务器，网站的整体速度受到了 web 服务器与 db 服务器之间的交互速度及 web 服务器运行速度及反应速度的制约。经过编译的程序，除了编译者，他人很难进行拓展。

辨别：文件一般以.php 结尾。

(三) Jsp

Jsp 是采用 Java 为程序语言，运行于 Tomcat。

优点：安全性要高。

缺点：Jsp 空间在国内外，都比较少，价格也相对比较高。

辨别：一般网址中包含了 servlet 字样。

(四) Asp.Net

Asp.Net 是微软公司最近几年着力推行的一种新型应用，可以采用 C#、VB.Net、J#.Net、c++.Net进行语言开发。目前有 1.1,2.0,3.5 等多个版本。

优点：主倡程序与界面分离，程序直接编译成 dll 文件，理论上在服务器启动后，第一个人第一次访问该站的人和.Net 页面，系统就将各 dll 文件载入运行区，运行速度会比较慢，而以后其他访问者访问程序速度快。

缺点：开发比较繁琐，版本比较多。

辨别：一般以 Aspx、Ashx 结尾。

第五节　虚拟主机与域名

一、虚拟主机

(一) 虚拟主机的定义

所谓虚拟主机，也叫"网站空间"就是把一台运行在互联网上的服务器划分成多个"虚拟"的服务器，每一个虚拟主机都具有独立的域名和完整的 Internet 服务器（支持 WWW、FTP、E-mail等）功能。一台服务器上的不同虚拟主机是各自独立的，并由用户自行管理。但一台服务器主机只能够支持一定数量的虚拟主机，当超过这个数量时，用户将会感到性能急剧下降。

虚拟主机技术是互联网服务器采用的节省服务器硬件成本的技术,虚拟主机技术主要应用于 HTTP 服务,将一台服务器的某项或者全部服务内容逻辑划分为多个服务单位,对外表现为多个服务器,从而充分利用服务器硬件资源。如果划分是系统级别的,则称为虚拟服务器。

(二)虚拟主机空间的优点和缺点

从网站访问者来看,每一台虚拟主机和一台独立的主机(采用服务器托管、专线上网等方式建立的服务器)完全一样。一般中小型企业网站内容比较少,功能简单,访问量也不大,采用虚拟主机即可,如果虚拟主机无法满足网站的正常运营,或者网站有某些特殊功能,则应考虑采用专用服务器的方式。用虚拟主机建设网站具有下列优缺点:

1. **虚拟主机的优点**

(1)相对于购买独立服务器,网站建设的费用大大降低,为普及中小型网站提供了极大便利。

(2)网站服务器管理简单,诸如软件配置、防病毒、防攻击等安全措施都由专业服务商提供,大大简化了服务器管理的复杂性。

(3)网站建设效率提高,自己购买服务器到安装操作系统和应用软件需要较长的时间,而租用虚拟主机通常只需要几分钟的时间就可以开通,因为现在主要的服务商都已经实现了整个业务流程的电子商务化。

2. **虚拟主机的缺点**

(1)某些功能受到服务商的限制,比如可能耗用系统资源的论坛、流量统计等功能。

(2)网站设计需要考虑服务商提供的功能支持,比如数据库类型、操作系统等。

(3)某些虚拟主机网站访问速度过慢,这可能是由于主机提供商将一台主机出租给数量众多的网站,或者服务器配置等方面的原因所造成的,这种状况网站自己无法解决,对于网站的正常访问会产生不利影响。

(4)有些服务商对网站流量有一定限制,这样当网站访问量较大时将无法正常访问。

截至 2010 年 12 月,中国的网站数,即域名注册者在中国境内的网站数(包括在境内接入和境外接入)减少到 191 万个,年降幅 41%。网站数量的下降与国家加大互联网领域的安全治理有关,网站等互联网基础资源的质量随着"水分"的溢出而得到提升,虽然网站数量下降幅度较大,但网页数和网页字节等互联网资源数在大幅度增长(如图 9.2 所示)。

二、Web 服务器方式选择

企业建设自己的 Web 服务器时需要投入很大资金,包括架设网络、安装服务器,运转时需要投入很大资金租用通信网络。因此,一般企业建设 Web 服务器时,都是采取服务器托管、虚拟主机、租用网页空间、委托网络服务公司代理等方式进行的。

(一)整机托管

这种方式是企业建设自己的网站,拥有自己独立的与国际互联网实时相连的服务器,只不

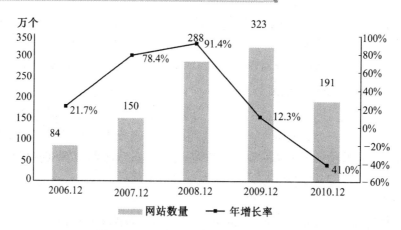

图 9.2 2006～2010 年中国网站规模变化

过服务器委托存放在 ISP 公司,由 ISP 代为日常运转管理。服务器可以租用 ISP 公司提供的服务器,也可以自行购买服务器。企业维护服务器时,可以通过远程管理软件进行远程服务。采取这种方式建设好的服务器,企业可以拥有自己独立的域名,可以节省企业架设网络和租用昂贵的网络通信费用。

(二)虚拟主机托管

这种方式是指:将一台 UNIX 或 NT 系统整机硬盘划分为若干硬盘空间,每个空间可配置成具有独立域名和 IP 地址的 WWW、E-mail、FTP 服务器。这样的服务器在访问者进行浏览时与独立服务器并无不同。用户同样可以通过远程管理软件控制属于他的硬盘空间。公司的网页将具有独立的域名,如:http://www.company.com.cn/ 或 http://www.company.com。ISP 服务商负责域名服务器的建立和域名的解析。域名可以由 ISP 代理申请,也可由用户自己向 CNNIC 申请国内域名或向 INTERNIC 申请国际域名。虚拟主机的数据上载、更新等日常维护工作由用户来完成,用户可以通过 FTP 的方式来自主维护网页。

三、域名

(一)域名的定义

为了在网络环境下实现计算机之间的通信,因特网上的任何一台计算机都有一个唯一的 IP 地址,于是因特网上又产生了域名,网络上采用域名系统(DNS)为其命名,即把 IP 地址进行符号化,以便于记忆与使用。

域名(Domain Name)是企业、政府、非政府组织等机构或者个人在互联网上注册的名称,是互联网上企业或机构间相互联络的网络地址。

(二)域名命名的一般规则

由于 Internet 上的各级域名是分别由不同机构管理的,所以,各个机构管理域名的方式和

域名命名的规则也有所不同。但域名的命名也有一些共同的规则,主要有以下几点:

1. 域名中只能包含以下字符

①26 个英文字母。

②"0,1,2,3,4,5,6,7,8,9"十个数字。

③"-"(英文中的连词号)。

2. 域名中字符的组合规则

① 在域名中,不区分英文字母的大小写。

②对于一个域名的长度是有一定限制的。

2009 年底域名总数为 1 681 万,其中有 80% 为 cn 域名(如表 9.2 所示)。

表9.2　中国分类域名数

	数量(个)	占域名总数比例
CN	13 455 541	80.0%
COM	2 783 652	16.6%
NET	438 662	2.6%
ORG	136 954	0.8%
合计	16 814 809	100%

(三)域名的格式

主机名. 机构名. 网络名. 顶层域名

例如:join-tsinghua. edu. cn 就是清华大学一台计算机的域名地址。

顶层域名又称最高域名,分为两类:一类通常由三个字母构成,一般为机构名,是国际顶级域名;另一类由两个字母组成,一般为国家或地区的地理名称。

(1)机构名称。如 com 为商业机构;edu 为教育机构等。如表 9.3 所示。

(2)地理名称。如 cn 代表中国;us 代表美国;ru 代表俄罗斯等。

表9.3　国际顶级域名——机构名称

域名	含义	域名	含义
com	商业机构	net	网络组织
edu	教育机构	int	国际机构(主要指北约)
gov	政府部门	org	其他非盈利组织
mil	军事机构		

四、域名策略

(一)什么是域名策略

域名是一种用来实现计算机之间相互区分的系统。域名作为因特网数据交换时的唯一标志,也随着因特网在商务贸易中的应用,发展成为商业往来和交易的识别标志,越来越成为网络营销中重要的策略性资源。认识并重视域名的营销功能和商业价格,在企业的网络营销活动中有着深远的意义。

域名策略即指网站经营者从域名确定、域名启用,到域名的推广宣传等采取的措施。从营销的角度和塑造企业形象的角度看,域名在某种意义上与商标有着同样重要的作用。域名是企业在因特网上的名称,一个富有寓意、易读易记、具有较高知名度的域名无疑是企业的一项重要的无形资产。域名被视为企业的"网上商标",是企业在网络世界上进行商业活动的前提与基础。所以,域名的命名、设计与选择必须审慎从事,否则,不仅不能充分发挥网站的营销功能,甚至还会对企业的网络营销产生不利的影响。

(二)域名策略的考虑因素

策划、设计一个域名,一般要考虑以下几个方面的问题:

1. 按照国际标准选择顶级域名

一般来讲,将域名分为地区域名和国际域名。从功能上讲,这两类域名没有任何区别。在注册费用上,国内域名收费要比国际域名收费低50%左右。从实际使用的角度来讲,到底注册哪类域名,取决于企业开展业务涉及的地域范围、目标用户的居住地,以及企业业务发展长远规划涉及的区域等因素。如果企业的业务大部分都是跨国界的,就应该考虑注册国际域名,或者同时注册国际域名和国内域名,这样就可以保证国内、国外用户能较容易地通过因特网获得企业及其产品的信息。

2. 处理好域名与企业名称、品牌名称及产品名称的关系

从塑造企业网上与网下统一的形象和网站的推广角度来说,域名可以采用企业名称、品牌名称或产品名称的中英文字母,这些既有利于用户在网上网下不同的营销环境中准确识别企业及其产品与服务,也有利于网上营销与网下营销的整合,使网下宣传与网上推广相互促进,目前大多数企业都采用这种方法。

3. 域名要简单、易读、易记、易用

域名不仅要易读、易记、容易识别,还应当简短、精炼,便于使用。这是因为,用户上网通常是通过在浏览器地址栏内输入域名来实现的,所以,域名作为企业在因特网上的地址,应该便于用户直接与企业站点进行信息交换。因为,简单精炼、易记易用的域名更便于顾客选择和访问企业的网站。如果域名过于复杂,很容易造成拼写错误,无形中增加了用户访问企业的难度,会降低用户使用域名访问企业网站的积极性与可能性。

4. 设计申请多个域名

由于域名命名的限制和申请者的广泛，因此极易出现类似的域名，从而导致用户的错误识别，影响企业的整体形象。如经常有人将 www.whitehouse.com 错误当做白宫的站点 www.whitehouse.gov。因此，企业最好同时申请多个相近似的域名，以避免自己形象受损。另外，为便于顾客识别同一企业不同类型的服务，企业也可以申请类似的但又有所区别的系列域名，如微软公司的 www.microsoft.com 和 home.microsoft.com，提供不同内容的服务。

5. 域名要具有国际性

由于因特网的开放性和国际性，用户可能遍布全世界，只要能上网的地方，就可能会有人浏览到企业的网站，就可能有人对企业的产品产生兴趣，进而成为企业潜在的用户。所以，域名的选择必须能使国内外大多数用户容易识别、记忆和接受。目前，因特网上的标准语言是英语，所以命名最好用英语，而网站内容则最好能用中英文两种语言。例如，雅虎为了成为国际性名牌，在全球建立了 20 个有地方特色的分站。如与香港网擎资讯公司合作，将其中文搜索引擎结合到雅虎中文指南的服务中，与方正联合推出 14 类简体中文网站目录，从而更好地为中国网民服务。

6. 域名要有一定的内涵或寓意

企业网站域名的命名与设计不能随心所欲，最好能满足以下一条或几条要求：
①要结合并反映本企业所提供产品或服务的特性。
②能反映企业网站的经营宗旨。
③用户喜闻乐见，不要违反禁忌。
④寓意深远，富有创意。

如 51job 网站取"无忧"的谐音，象征网民无忧无虑找到自己合适的工作；亚马逊原是世界上最长的河流的名字，亚马逊书店采用这一响亮的名字，获得了极大的成功；珠穆朗玛峰是世界上最高的山峰（海拔高度 8843.13 米），域名用 8848，谐音是"发发誓发"，按中国人的理解是一定成功的意思，而且珠穆朗玛峰在国外又具有极高的知名度。

7. 域名要及时注册

按照国际惯例，域名申请注册遵循"先申请，先服务"的原则，所以设计好域名后，应立即申请注册，以防止被别人抢注的风险发生，保护自己的未来收益。域名和商标相比具有更强的唯一性。

8. 域名要符合相关法规

设计与注册域名还要注意要符合相关法规。如《中国互联网域名注册暂行管理办法》中规定，未经国家有关管理部门正式批准，不得使用含有"china"、"Chinese"、"cn"和"national"等字样的域名；不得使用公众知晓的其他国家或地区的名称、外国地名、国际组织名称等；未经地方政府批准不得使用县级以上(含县级)行政区域划分名称的全称或者缩写；不得使用对国家、社会或者公共利益有损害的名称。这些都是设计、注册因特网域名时需要注意的问题。

五、域名解析

(一)域名解析的基本概念

域名解析系统 DNS(Domain Name System)是由主机名解析方案发展出来的一种新的名字的解析机制。1984 年 9 月,ARPANET 开始使用 DNS,从此 DNS 成为访问主机名到 IP 地址映射的标准方法。Internet 上最常用的 DNS 服务器是 BIND(Berkeley Internet Name Domain)软件,目前 BIND 最新的发行版本是 9.3.1。

域名系统将主机名解析成 IP 地址使用到一个全局的、层次性的分布式数据库系统。该系统包含了 Internet 上所有域名及 IP 的对应信息。数据库的层次性允许将域名空间划分成独立的管理部分,并称为域(Domain)。数据库的分布式特性则允许将数据库的各个不同的部分分配到不同网络上的域名服务器上,这样各域名服务器可以实现独立的管理。

DNS 的域是一种分布式的层次结构系统,这种结构非常类似于 UNIX 文件系统的层次结构,根的名字以空标签("")表示,并称为根域(root domain)。图 9.3 所给出的结构是典型的例子。根域的下一级是顶级域。顶级域有两种划分方法:地理域和通用域。地理域是为世界上每个国家或地区设置的,由 ISO-3166 定义,如中国是 cn,美国是 us,日本是 jp。通用域是指按照机构类别设置的顶级域,主要包括:com(商业组织);edu(教育机构)等。另外随着互联网的不断发展,新的通用顶级域名也根据实际需要不断被扩充到现有的域名体系中来,新增加的通用顶级域名是 biz(商业),info(信息行业)等。在顶级域名下,还可以再根据需要定义次一级的域名,如在我国的顶级域名 cn 下又设立了 com,net,org,gov,edu,ac 以及我国各个行政区划的字母代表如 bj 代表北京,sh 代表上海等。

域名空间是指表示 DNS 这个分布式数据库的逆向树型层次结构,完整域名由从树叶节点到根节点的一条路径的所有节点以分隔符"."按顺序连接而成,如 www.sina.com.cn.,其中"."代表根域(当"."出现在域名的最右边时,实际上还表示其右边有代表根的空标签"");也可以用最右边的"."来表示根),"cn"为顶级域,"com"为二级域,"sina"为三级域,"www"为主机名。

(二)域名解析方式和解析过程

域名解析的方式有两种。一种是递归解析(recursive resolution),要求域名服务器系统一次性完成全部域名地址变换,即递归地一个服务器请求下一个服务器,直到最后找到相匹配的地址,是目前较为常用的一种解析方式。另一种是迭代解析(iterative resolution),每次请求一个服务器,当本地域名服务器不能获得查询答案时,就返回下一个域名服务器的名字给客户端,利用客户端上的软件实现下一个服务器的查找,依此类推,直至找到具有接收者域名的服务器。二者的区别在于前者将复杂性和负担交给服务器软件,适用于域名请求不多的情况。后者将复杂性和负担交给解析器软件,适用于域名请求较多的环境。

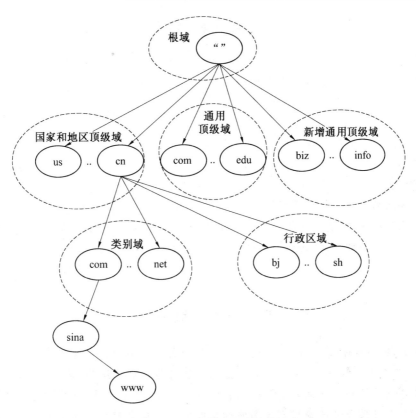

图 9.3 域名体系层次结构

总体来说,每当一个用户应用程序需要转换对方的域名为 IP 地址时,它就成为域名系统的一个客户。客户首先向本地域名服务器发送请求,本地域名服务器如果找到相应的地址,就发送一个应答信息,并将 IP 地址交给客户,应用程序便可以开始正式的通信过程。

本 章 小 结

本章比较详细地阐述了电子商务网站的开发与设计流程。首先,介绍了电子商务网站开发流程,包括电子商务网站系统开发和建站流程。其次,介绍了商务网站规划与设计,包括商务网站规划的内容和商务网站设计原则。然后,介绍了数据库技术,包括常用的关系型数据库和电子商务数据库系统。再次,介绍了商务网站开发技术,包括 Web 开发语言,常用的动态网页开发工具,还有 ASP、PHP、JSP、.NET 的比较。最后,介绍了虚拟主机与域名,包括 Web 服务器方式选择和域名策略与解析。

思 考 题

1. 什么是电子商务网站?
2. 电子商务网站的分类和功能有哪些?
3. 商务网站系统的开发方式有哪些?
4. 商务网站的建站流程有哪些?
5. 商务网站设计原则有哪些?
6. 常用动态网页开发工具有哪些,各自有什么缺点和优点?
7. 常用的关系型数据库有哪些?
8. Web 服务器方式选择有哪些?
9. 什么是虚拟主机,虚拟主机的优点和缺点有哪些?
10. 什么是域名和域名解析?

阅 读 资 料

电子商务网站建设方案

一、概述

电子商务,Electronic Commerce,简称 EC。电子商务通常是在因特网开放的网络环境下,基于浏览器、服务器应用方式,买卖双方不谋面地进行各种商贸活动,实现消费者的网上购物、商户之间的网上交易和在线电子支付以及各种商务活动、交易活动、金融活动和相关的综合服务活动的一种新型的商业运营模式。而网站是实现电子商务的基础和平台,它同时服务于顾客、商家以及第三方企业三个方面,并将三者有机的联系在一起,以权威、高效、新颖、丰富、有趣、及时的电商务处理手段,全方位提升商家和发展商的服务水准,提升品牌形象,从而通过 Internet 的渠道建立一个全新的交互服务和管理平台。

二、电子商务网站建站目标

1. 为顾客、商家以及第三方提供产品或服务的信息交流;
2. 为顾客提供网络购物和网络服务的经历;
3. 为商家提供销售服务渠道;
4. 加强第三方企业与商家的交互管理;
5. 拓展市场宣传、提升品牌形象;
6. 广告、招商、市场活动推广。

三、建站语言

提供:简体中文/繁体中文/英文/韩文/日文/俄文/西班牙文等多语种网站语言。

四、电子商务网站规划

根据电子商务特点、服务理念、服务内容形式的不同,规划建设不同的网页表达方式,在设计和创意方面既体现企业的服务特色，又兼顾行业拓展的方向。做到即量身定做、又兼容并蓄。

1. 设计风格

以网站平台所属企业 CI 系统为基础，以不同浏览者阅读习惯为标准；

网站属性：垂直型网站；

多语种网站将按不同语言浏览者的浏览习惯来设计。例如，中文页面则按照华人的浏览习惯设计，英文页面则按照英语国家浏览者的习惯进行设计。

2. 界面创意

确立 UI 规范：

网站 CI 设计、系统页面风格；

标准的图标风格设计，统一的构图布局，统一的色调、对比度、色阶；

图片风格；

导航/结构设计；

提示信息、帮助文档文字表达遵循的开发原则。

3. 网站架设步骤

(1) 建立网站形象

针对电子商务网站所开发企业的发展方式及战略部署计划对网站进行规划，以实现良好的运行，实现网站架设目标。

(2) 网站信息布局

电子商务网站的主体信息结构及布局，它是总体网站的框架，所有的内容信息都会以此为依据进行布局，清晰明了的布局会使浏览者能方便快捷地取得所需信息。

(3) 网站页面制作先进技术应用

这是一个成功网站所不可缺少的重要部分。网站的内容必须要生动活泼，才能吸引浏览者停留，我们采用现今网络上最流行的 CSS、FLASH、Javascript 等技术进行网站的静态和动态页面设计。追求形式简洁、符合行业客户的浏览习惯，突出功能性和实用性。

4. 网站整体布局图

五、技术支持

(一) 前台栏目说明

1. 首页

网站头部：登陆与注册按钮、设为首页、加入收藏按钮、导航栏、LOGO；

最新更新：列表显示的方式为标题加时间；

系统公告：管理员在后台发布的一些公告信息；

图片列表区：企业产品图片或介绍企业的图片；

分类列表区：按照各种分类，以栏目的形式进行显示最新的内容。

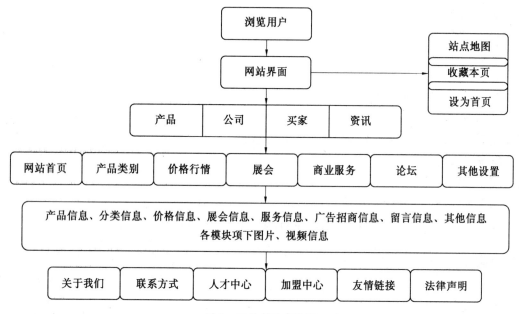

图1 网站整体布局图

注:以上结构、内容、布局方式都可按客户的不同商务模式、不同要求进行调整,使模块和内容进行细化。

2. 列表页

列表页由下面几部分组成:

网站头部:与首页网站头部类似;

图片内容推荐栏:列出该类图片中推荐的图片及内容;

图片内容排行栏:列出该类别下的点击率排名靠前的图片及内容;

图片内容列表区:列出了所有该类下的图片内容或者按照条件查询到图片内容,并且可以进行排序:包括按上传时间、按生产日期、按推荐级别、按浏览总数等。每个列表项都包括以下几种元素:内容图片、内容名称、内容类别、上传时间、推荐等级、浏览次数等。

3. 内容页

内容页由下面几部分组成:

网站头部:与首页网站头部类似;

图片内容推荐栏:列出该类图片中推荐的图片及内容;

图片内容排行栏:列出该类别下的点击率排名靠前的图片及内容;

图片内容列表区:列出了所有该类下的图片内容或者按照条件查询到图片内容,并且可以进行排序:包括按上传时间、按生产日期、按推荐级别、按浏览总数等。每个列表项都包括以下几种元素:内容图片、内容名称、内容类别、上传时间、推荐等级、浏览次数等。

4.客户要求的其他支持

(二)后台管理

1.图片管理:对图片的管理包括添加、删除、修改,图片的内容元素主要包括如下:

(1)图片名称:图片的名称;

(2)所属栏目:即所属的栏目分类,分类由"栏目管理"中动态生成;

(3)上传图片:将图片上传到网站页面上;

(4)权限管理:隐藏或者显示。

2.栏目管理:一般是以设置图片或内容的类别作为栏目,在这里可以进行栏目的添加、删除修改栏目名、菜单的排序、类别排序、首页排序。

3.静态页管理:生成静态页面的栏目,包括关闭网站静态页面功能、首页更新静态页、列表页更新静态页、内容页更新静态页。

4.广告管理:网站上分布着各种广告,在这里进行广告的添加和修改。

5.用户列表:用户的各项参数设置。

6.系统设置:进行系统的参数设置,包括系统名称、是否允许用户注册、用户申请后是否需要审核。

7. QQ 管理:启动和设置 QQ 在线支持面板。

8.密码修改:管理员密码的修改。

9.公告管理:首页显示的公告文章。

10.留言管理:对留言的回复,修改,删除。

11.数据库操作:包括执行 sql 语句,压缩数据库,备份数据库。

12.退出管理:退出后台的管理。

13.客户要求的其他支持。

六、加盟代理

1.加盟优惠政策;

2.加盟区域;

3.加盟商详细资料填写;

4.联系公司;

5.代理商积分管理;

6.客户要求的其他支持。

七、客户留言

1.后台回复;

2.删除或者修改留言。

八、热点资讯

1.系统采用 ASP+ACCESS 和 PHP+MYSQL 数据库,可由客户选择;

2. 框架(iframe)和 JS 两种调用新闻和图片新闻,以及图片新闻的自定义横排和竖排;
3. 强大的后台文章编辑器的功能。可方便地用拖动的方式进行图文混排、图片远程上传、上传图片显示效果处理等操作,以及"从 word 中粘贴"功能,能全部清除 word 排版格式多余代码;
4. 自由编辑(HTML)栏目模版,可设置多个模版;
5. 自由增删修改栏目以及设置此栏目模版;
6. 新闻/图片代码调用在后台生成;
7. 三级栏目生成和管理。可调用一级栏目下面的所有二级栏目,也可以调用单独的二级栏目;
8. 可增加多个低权限的录入员,增加新闻时会记录新闻的增加录入员是谁;
9. 新闻自由设置固顶或推荐,自由更改新闻标题的颜色,可独立设置某条新闻的 URL 转向;
10. 新闻评论功能,可在后台自由查看评论、相关新闻、IP 信息和删除;
11. 数据库的压缩、备份和恢复;
12. 后台修改新闻管理页面,可以修改新闻的添加时间和阅读数;
13. 后台新闻管理时,排序上下条移动的功能;
14. 具有审核员权限用户。除可以审核文章外,其余功能与录入员相似;
15. 调用热门文章,以阅读量由高到低排序显示;
16. 客户要求的其他支持。

九、建设周期

电子商务网站建设周期视企业所要求的功能而定,一般建设周期为二到三周。

十、维护方案

1. 日常网页维护

对需要经常更新的栏目内容,定期维护。

2. 虚拟空间维护

对 DNS 域名解析维护、空间时限管理。

3. 网页 FTP 上传管理。

(资料来源:www.hrbec.com,2008.)

第十章
Chapter 10

电子商务的典型应用

【学习要点及目标】
1. 了解电子商务有几种典型应用。
2. 了解网络交易平台、网络娱乐、旅游电子商务。
3. 了解移动电子商务、网上证券交易、电子政务、网络教育等。

第一节 网络交易平台

一、网络交易平台概述

（一）网络交易平台的概念

网络交易平台又称网上交易平台、网上交易市场、网络商场、电子商务中介等，是指建立在第三方提供的电子商务平台上的、由商家自行开展电子商务的一种形式，就如同在大型商场中租用场地来开设专卖店一样。

大企业由于具有雄厚的资金实力、技术支持与人力资源，在传统营销模式的基础上纷纷开展网络营销，建立网上商城。而对于中小企业来说，建设一个功能完善的电子商务网站不仅需要投入大量资金，还要涉及网上支付、网络安全、商品配送等等一系列复杂的问题，进入壁垒很高。而网络交易平台则为这些中小企业提供了有效而独特的网络营销和网上销售机会。

（二）网络交易平台的分类

目前有许多大型门户网站和专业电子商务公司都提供网络交易平台服务，具体可分为两种类型。一类是综合性交易平台,如阿里巴巴、敦煌网、易趣网、拍拍网等网站定位在整个产业,覆盖面广;另一类是专业性交易平台,如中国化工网、中国建材网、中国水泥网、全球五金网等,主要关注本行业内部的电子商务活动。

二、网络交易平台实例

(一)综合性网络交易平台

1. 阿里巴巴集团公司

阿里巴巴网络有限公司(香港联合交易所股份代号:1688)(1688.HK)为全球领先的中小企业电子商务公司,也是阿里巴巴集团的旗舰业务。

阿里巴巴集团经营多元化的互联网业务,包括 B2B 国际贸易、网上零售和支付平台,以及以数据为中心的云计算服务,致力为全球所有人创造便捷的网上交易渠道。阿里巴巴集团由中国互联网先锋马云于 1999 年创立,他希望将互联网发展成为普及使用、安全可靠的工具,让大众受惠。阿里巴巴集团由私人持股,现服务来自超过 240 个国家和地区的互联网用户,在大中华地区、印度、日本、韩国、英国及美国 70 多个城市约有 22 000 多名员工。

阿里巴巴在 1999 年成立于中国杭州市,通过旗下三个交易市场协助世界各地数以百万计的买家和供应商从事网上生意。三个网上交易市场包括:集中服务全球进出口商的国际交易市场(www.alibaba.com)、集中国内贸易的中国交易市场(www.1688.com),以及透过一家联营公司经营、促进日本外销及内销的日本交易市场(www.alibaba.co.jp)。此外,阿里巴巴也在国际交易市场上设有一个全球批发交易平台(www.aliexpress.com),服务规模较小、需要小批量货物快速付运的买家。所有交易市场形成一个拥有来自 240 多个国家和地区超过 6 100 万名注册用户的网上社区。

为了转型成为可让中小企业更易建立和管理网上业务的综合平台,阿里巴巴亦直接或通过其收购的公司包括中国万网及一达通,向国内贸易商提供多元化的商务管理软件、互联网基础设施服务及出口相关服务,并设有企业管理专才及电子商务专才培训服务。阿里巴巴亦拥有 Vendio 及 Auctiva,该两家公司为领先的第三方电子商务解决方案供应商,主要服务网上商家。阿里巴巴在大中华地区、印度、日本、韩国、欧洲和美国共设有 70 多个办事处。

阿里巴巴于 2007 年 11 月在香港联合交易所上市,集资额达 17 亿美元,在当时仅次于 2004 年在美国纳斯特克上市的互联网股份谷歌所创下的首次公开发售纪录。

2. 敦煌网

敦煌网是一个聚集中国众多中小供应商产品的网上 B2B 平台,为国外众多的中小采购商有效提供采购服务的全天候国际网上批发交易平台。作为国际贸易领域 B2B 电子商务的创新者,敦煌网充分考虑了国际贸易的特殊性,全新融合了新兴的电子商务和传统的国际贸易,为国际贸易的操作提供专业有效的信息流、安全可靠的资金流、快捷简便的物流等服务,是国际贸易领域一个重大的革新,掀开了中国国际贸易领域新的篇章。敦煌网采用 EDM 的营销模式,低成本高效率地扩展海外市场,自建的 EDMSYS 平台,为海外用户提供了高质量的商品信息,用户可以自由订阅英文 DM 商品信息,第一时间了解市场最新供应情况。

3. 易趣网

易趣是全球最大的电子商务公司 eBay(Nasdaq:EBAY)和国内领先的门户网站、无线互联网公司 TOM 在线于 2006 年 12 月携手组建一家合资公司。

1999 年 8 月,易趣在上海创立。2002 年,易趣与 eBay 结盟,更名为 eBay 易趣,并迅速发展成国内最大的在线交易社区。秉承帮助几乎任何人在任何地方都能实现任何交易的宗旨,不仅为卖家提供了一个网上创业、实现自我价值的舞台,品种繁多、价廉物美的商品资源,也给广大买家带来了全新的购物体验。

2006 年 12 月,eBay 与 TOM 在线合作,通过整合双方优势,凭借 eBay 在中国的子公司 eBay 易趣在电子商务领域的全球经验以及国内活跃的庞大交易社区与 TOM 在线对本地市场的深刻理解,2007 年,两家公司将推出为中国市场定制的在线交易平台。新的交易平台将带给国内买家和卖家更多的在线与移动商机,促进 eBay 在中国市场的纵深发展。

(二)专业性网络交易平台

1. 中国石材网

中国石材网(www.stone365.com)是一家专门从事石材领域企业形象宣传及电子商务服务为一体的专业行业门户。有着多年的企业级的 B2B 电子商务经验,是目前行业内最大的网络媒体。

中国石材网设有 10 多个服务功能模块,以深刻、全面、新颖的思想指导、分析行业与市场的发展,关注产业风云;在生产厂家、商家与市场流通之间架起信息沟通的桥梁;协助企业实施名牌战略,帮助企业了解行情,促销产品,把握商机,开拓市场;为石材产、供、销企业提供经济快捷、准确、丰富的专业信息服务及电子商务服务。截至目前,网站日均访问量达五万余人次。每天都有客户通过该网站寻找到可信赖的合作伙伴和贸易伙伴,成为国内外企业贸易往来的优秀平台。中国石材网在发展网络平台的同时,网下还发行《中国石材网网刊》,这本资料是作为"中国石材网"网络平台的一种延伸。网刊作为对"中国石材网"的一个必要的、有益的补充,以交流石材行业商务信息类为主,其发行对象是"中国石材网"各级会员和相关石材行业企业。发行量目前为 15 000 份,双月发行。

2. 中国钢铁网

中国钢铁网是钢铁行业功能型电子商务平台,其宗旨是:致力于为会员扩大销售和降低购销成本。钢铁生产企业、贸易商、终端用户及其相关行业提供最新行业资讯、商机信息、现货资源、企业网上形象宣传、企业客户关系管理、企业产品服务主动立体推广及企业网络营销整体解决方案等增值服务。

中国钢铁网具有为钢铁行业独家奉献、真正体现 WEB2.0 设计和经营理念的、以信息互动和主动营销为核心的网络营销功能。中国钢铁网拥有覆盖全国的钢铁企业名录,有超过 20

万个邮件地址、手机和传真号源,会员的商机信息、资源信息除了可以在网内发布外,还可以主动的、有针对性的通过邮件群发、短信群发和网络传真群发等多种信息互动方式,让商机信息无处不达,真正地实现跨时空、跨地域的网络营销。在全国建立了完善的资讯采编系统,与行业协会、行业科研机构、院校建立了广泛的合作关系。在网上设有:行业资讯、研究分析、统计数据、市场行情、有色、贵金属、炉料专版等栏目,第一时间提供准确全面的行业资讯。

中国钢铁网为会员量身订制的会员后台(网站系统),克服了传统行业网站商务功能单一的缺点,具有信息资源发布、信息受众跟踪、智能商务管理和网络营销的功能,让会员能够将企业信息化建设与商务管理融为一体,实现了电子商务与传统业务的无缝对接,是真正意义上的网上办公室。

第二节 网络娱乐

一、网络娱乐的概念

网络娱乐,是指利用 TCP/IP 协议,以互联网为依托,可以多人同时参与的娱乐项目,如通过计算机网络所进行的聊天,游戏,看电影,听音乐等娱乐休闲的活动等等。与传统娱乐相比,网络娱乐不再需要特定的工具,比如,在网上看电视不再需要电视机,打牌不再需要扑克,网络娱乐只有一种道具,那便是计算机。你要玩什么游戏,JAVA 程序操控着计算机,马上变成你需要的道具。

虚拟的时代却让人体验出真实的生活,网络娱乐的诞生让人类的生活更丰富,从而促进全球人类社会的进步。并且了丰富人类的精神世界和物质世界,让人类的生活的品质更高,让人类的生活更快乐。

二、网络娱乐类型

(一)即时通讯

1. 即时通讯的概念

即时通讯(Instant Messaging)是一种可以让使用者在网络上建立某种私人聊天室(chat room)的实时通讯服务。大部分的即时通讯服务提供了状态信息的特性——显示联络人名单,联络人是否在线及能否与联络人交谈。目前在互联网上受欢迎的即时通讯软件包括 QQ、MSN Messenger(Windows Live Messenger)、飞信、Skype、阿里旺旺、天翼 Live 等。通常 IM 服务会在使用者通话清单(类似电话簿)上的某人连上 IM 时发出讯息通知使用者,使用者便可据此与此人透过互联网开始进行实时的通讯。除了文字外,在频宽充足的前提下,IM 服务也提供视讯通讯的能力。

2. 即时通讯工具的分类

(1)个人IM。个人IM,主要是以个人(自然)用户使用为主,开放式的会员资料,非赢利目的,方便聊天、交友、娱乐,如QQ、雅虎通、网易POPO、新浪UC、百度HI、盛大圈圈、移动飞信(PC版)等。此类软件,以网站为辅、软件为主,免费使用为辅、增值收费为主。

(2)商务IM。此处商务泛指以买卖关系为主。商务IM,如阿里旺旺贸易通、阿里旺旺淘宝版、惠聪TM、QQ(拍拍网,使QQ同时具备商务功能)、TQ(抓客户为主,包括此类IM软件)、MSN、SKYPE。商务IM的主要功用,是实现了寻找客户资源或便于商务联系,以低成本实现商务交流或工作交流。此类以中小企业、个人实现买卖为主,外企方便跨地域工作交流为主。

(3)企业IM。企业IM,一种是以企业内部办公为主,建立员工交流平台;另一种是以即时通讯为基础、系统整合、边缘功能,如Callin、企业通火炬版。由于企业对信息类软件的需求还在"探索"与"尝试"阶段,所以会导致很多系统不能"互通",这也成了IM软件的一个使命。当信息软件被广泛使用之后,"互通"接口是否具备,将被作为软件能否被选用的重要条件。

(4)行业IM。主要局限于某些行业或领域使用的IM软件,不被大众所知,如盛大圈圈,主要在游戏圈内小范围使用。也包括行业网站所推出的IM软件,如化工网或类似网站推出的IM软件。行业IM软件,主要依赖于购买或定制软件。使用单位,一般不具备开发能力。

(5)移动IM。移动IM,主要是以移动手机用户使用,一般以手机客户端为主,如手机QQ、手机MSN,飞信等。移动IM以往是对互联网IM的扩展,移动IM的优势在于可以随时随地使用,无需再坐在电脑前,大大增加了IM的方便。

(6)泛IM。一些软件带有IM软件的基本功能,但以其他使用为主,如视频会议。泛IM软件,对专一的IM软件是一大竞争与挑战。

(7)社区IM。在新型电子商务社区中,内嵌"IM聊天系统"功能类似于QQ、MSN的在线即时沟通工具,用户可通过IM聊天系统与社区的其他用户、商户进行及时可靠的沟通,以达到电子商务和社区互动的需求,是国内电子商务新形态的一种积极尝试。IM系统提供四个分组列表:好友列表;群组列表;商家列表;场景列表。

通过IM聊天面板下方菜单功能键,用户可以在线查找其他用户、查看个人资料(签名,个人设置);查找群组、创建群组等。

(8)定制IM。定制IM,主要是建立在行业IM的应用基础之上,利用灵活的软件程序,提供完善的二次开发接口,配合各行业领域的不同需求而打造不同功能、不同表现形式的IM。能实现一切行业IM的应用需求,最具代表性的如商讯。

随着互联网的进一步发展、应用的日益多元与普及,即时通信工具已经不再仅仅是一种单纯的通信工具,而是承载了更多的功能与价值。报告分析认为,随着部分即时通信工具引入网络游戏与虚拟物品,即时通信账号自身已经具有"经济价值"。而未来随着电子商务以及支付工具的发展,即时通信的支付功能会进一步扩大。

目前,国内的一些主流即时通信工具提供商都已经陆续开始提供电子商务功能,如腾讯的拍拍、百度的有啊等等，而阿里旺旺本身就是与电子商务和支付平台相结合的即时通信工具。如何解决安全性的问题，提高用户的安全意识，已经成为这些即时通信工具未来发展过程中必须面对的问题与挑战。

（二）网络影音

随着互联网的普及和宽带应用的发展，在互联网逐渐走进千家万户的同时，在网上收看影视节目已经是互联网应用又一个新热点。随着广播电视和因特网的结合，视音频信息的频繁交换，网络电视已成必然，并渐成信息交流的主要载体。现在，互联网用户除了在网上浏览新闻、使用即时通讯、收发电子邮件外，还习惯在网络上收听音乐和视频节目。目前中国的主要在线影视运营商包括互联星空、21CN、天天在线、东方影院等一些电信运营和内容提供的运营商以及土豆网等流媒体视频网站。

1. 网络电影

"网络电影"是一个含义模糊的概念，推敲起来大致包含两层意思：其一是狭义的，特指专供网络传播的院藏音频作品；其二是广义的，用来泛指"数字到户"以后，受众通过因特网接受的各类影视节目。

狭义的"网络电影"这个名字是名不副实的，因为在因特网上以光速传播的是"没有重量的比特"，再以传统电影来命名未免显得不伦不类，为避开电影两字，不少有心人动足脑筋，使用了诸如"新媒体电影"、"网络剧"、"宽频网剧"、"宽带节目"、"影音文本"等称呼。

当网络传播蒸蒸日上之时，电视没有死亡，电影也没有，在数字时代，新旧媒体并不存在相互消灭的态势，而是呈现互交生存，竞争合作的关系，例如：有许多综合性互联网站不约而同地瞄准了电影的"内容"，纷纷开辟专门的电影站点，以此来争夺网民的眼球，由于互联网和电影的一个共同点是双方拥有年轻人群体，飞速增长的网民同时也是电影的基本观众，因而互联网和电影的合作体现出了优势和互补的融合。

2. 网络电视

网络电视又称IPTV（Interactive Personality TV），它将电视机、个人电脑及手持设备作为显示终端，通过机顶盒或计算机接入宽带网络，实现数字电视、移动电视、互动电视等服务，网络电视的出现给人们带来了一种全新的电视观看方法，它改变了以往被动的电视观看模式，实现了电视以网络为基础按需观看、随看随停的便捷方式。

3. 网络音乐

网络音乐是指以数字化方式通过互联网、移动通信网、固定通信网等信息网络，以在线播放和网络下载等形式进行传播的音乐产品，包括歌曲、乐曲以及有画面作为音乐产品辅助手段的MV等。

上述界定，明确了网络音乐管理工作的管理对象，指出网络音乐是以数字化方式通过信息网络传播的音乐产品，其特点是产品没有物质实体，是信息网络传播技术与音乐内容相结合的产物，它不仅包括通常意义上的歌曲、乐曲等音乐产品的数字化形态，还包括为表现音乐产品内容而辅以画面的MV、Flash等。所指的"信息网络"是包括互联网、移动通信网、固定通信网等各种能够实现互联互动、即时传播、共享共用的信息化网络。

宽频应用的普及和网络电视节目的丰富为网民的生活提供了更多娱乐选择。随着我国宽带互联网的普及,目前还处于起步阶段的在线影视在未来还存在很大的上升空间,运营商和内容提供商还需要对技术和内容进行整合和创新,共同推动在线影视行业的大发展。

(三) 网络游戏

1. 中国网络游戏的发展

中国自己生产的第一款网络游戏是《侠客行》。

1992~1996年,中国网络游戏的"史前文明"时期,以《侠客行》为代表的文字网络游戏(Mud,中文译称"泥巴")游戏开始盛行。

1998年6月,鲍岳桥、简晶、王建华始创的联众游戏世界,开始在东方网景架设游戏服务器,免费提供给国内上网用户围棋、中国象棋、跳棋、拖拉机、拱猪等共计5种网络棋牌游戏的服务,一代世界网络游戏巨人开始迈出了它的第一步。

1999年7月,网络创世纪(Ultima Online)民间模拟服务器出现,深圳、北京、上海等地先后出现了大量的模拟服务器,从那时起,国内的玩家们才开始实质性地接触到了真正的优秀的图形网络游戏。

2001年1月,北京华义推出《石器时代》,这款游戏以明亮的色彩、可爱的人物造型和幽默的设计取代了传统在线角色扮演游戏的血腥和暴力,盛极一时,成为《万王之王》后的又一市场霸主。同时华义的WGS(计点收费)系统开始运行,为后来的网络游戏收费提供了不少借鉴之处。

2001年5月,"联众世界"成长为世界最大在线游戏网站。经过3年多的迅速成长,联众已经发展到同时在线17万人、注册用户约1800万的规模,一举成为全球最大的在线游戏站点。

2002年11月,新浪网正式签约《天堂》,标志着国内第一门户网介入网游领域。

2003年5月23日,腾讯第一款网络游戏《凯旋》开始内测。

2007年7月16日,网络游戏防沉迷系统正式使用。舆论普遍认为,虽然沉迷网络游戏的现象各国都普遍存在,但这样的技术保护措施是中国政府管理部门首创。

2. 网络游戏的分类

(1)武侠类。这类游戏是以中国式武侠为背景,具有代表性的如:《金庸群侠传online》、《千年》、《新英雄门》、《武魂》等。

(2)奇幻类。这类游戏以奇幻世界为背景,具有代表性的是:《红月》等。

(3)龙与地下城类。这类游戏参照西方奇幻小说《龙与地下城》设定游戏背景,具有代表性的是:《龙族》、《无尽的任务》、《奇迹MU》等。

(4)卡通类。这类游戏中的人物和怪物都是以Q版的卡通造型出现,具有代表性的有:

《石器时代》、《魔力宝贝》。

(5) 休闲娱乐类。这类游戏主要是供玩家在闲暇时休闲娱乐的小游戏,具有代表性的是:《疯狂坦克2》、《欢乐潜水艇》等。

3. 网络游戏的负面影响

网络游戏不同于传统游戏的特点既造成了网络游戏产品的经济和文化价值,也造成了网络游戏的负面影响,主要体现在五个方面:

(1) 由于游戏具有累积性和持续性,容易刺激参与者的"过度参与",以至于可能超过正常的生理极限,进而产生社会性的网瘾问题。

(2) 网络的虚拟性和隐蔽性特点,使得参与者更愿意"体验"在真实世界不敢体验之事,比如杀人、包二奶、找情人等,游戏开发者为了获取经济利益则可能会有意迎合这一需求,或者通过有意的技术瑕疵来满足这一需求,进而产生基于网络游戏的特殊的道德风险。

(3) 由于网络的广泛性和分散性,以及网络游戏的低价格消费方式,使得未成年人更容易接触和参与网络游戏,这使得网络游戏的负面影响不易约束。

(4) 在真实社会中存在心理或人格问题的人,在网络游戏的虚拟世界中将会变得缺乏约束,并从隐性走向显性,进而使本已存在的问题进一步恶化和放大。

(5) 过度沉迷于网络游戏世界,使得青少年之间的人际交往大量减少,代之而来的是虚拟的网络人际关系,容易造成他们的现实人际关系障碍和社会角色错位,形成对现实的逃避性和对网络交往的依赖性。

第三节 旅游电子商务

一、旅游电子商务的概念

旅游电子商务是指以网络为主体,以旅游信息库、电子化商务银行为基础,利用最先进的电子手段运作旅游业及其分销系统的商务体系。旅游电子商务为广大旅游业同行提供了一个互联网的平台。

信息的自由传播模式,打破了旅行者的出游方式,世界变得更小,随着宽带网络的不断完善,旅行者对于信息的掌握变得更强大。在无穷无尽的各类信息中,旅行者渴望在最短的时间内掌握最即时、最有效的旅游产品信息。因此,旅游搜索引擎越来越显现出其不可替代的重要性。

二、旅游网站实例

(一) 携程旅行网

携程旅行网是我国最大的旅游电子商务网站,最大的集宾馆预订、机票预订、度假产品预订、旅游信息查询及打折商户服务为一体的综合性旅行服务公司。

携程旅行网品牌创立于1999年，总部设在中国上海，目前已在北京、广州、深圳、成都、杭州、厦门、青岛、南京、武汉、沈阳、三亚11个城市设立分公司，在南通设立呼叫中心，在宁波、苏州、郑州、重庆设立办事处，员工1万余人。

作为中国领先的在线旅行服务公司，携程旅行网成功整合了高科技产业与传统旅行业，向超过4 000万会员提供集酒店预订、机票预订、旅游度假、商旅管理、特约商户及旅游资讯在内的全方位旅行服务，被誉为互联网和传统旅游无缝结合的典范。凭借稳定的业务发展和优异的盈利能力，CTRIP于2003年12月在美国纳斯达克成功上市。

（二）去哪儿网

去哪儿网（Qunar.com）是目前全球最大的中文在线旅行网站，创立于2005年2月，总部位于北京。由纪源资本（GGV Capital）、梅菲尔德（Mayfield）、金沙江创投（GSR）和特纳亚资本（Tenaya Capital）共同投资支持。去哪儿网为旅游者提供国内外机票、酒店、度假和签证服务的深度搜索，帮助中国旅游者做出更好的旅行选择。凭借其便捷、人性且先进的搜索技术，去哪儿网对互联网上的机票、酒店、度假和签证等信息进行整合，为用户提供及时的旅游产品价格查询和信息比较服务。同时开辟了专业的旅游团购频道，打造最实惠的旅游团购直销平台。截至2010年12月，去哪儿网已拥有4 500万月独立访问用户，可以搜索超过700家机票和酒店供应商网站，向消费者提供包括实时价格和产品信息在内的搜索结果，搜索范围超过80 000家酒店和12 000条国内、国际机票航线以及20 000条度假线路。目前，去哪儿网团购频道已针对全国100多个城市开展旅游团购服务。

根据Google DoubleClick AdPlanner发布的2010年4月的网络统计数据，全球最受欢迎旅行网站中，去哪儿网是上榜前十名的两家中文旅行网站之一，而其他九家网站均为上市企业。

去哪儿网的目标是协助消费者搜索到最有价值的机票、酒店、签证、度假线路和其他旅游服务。同时，帮助广告主有效地针对这些高质量的、具有很高消费潜力的旅游者，提供多元的、定位于品牌推广以及促成销售机会的各类广告形式，令企业得以在市场中更精准地定位目标受众，并在竞争中赢取先机。

第四节　移动电子商务

随着互联网的普及与发展，建立在互联网基础上的电子商务逐渐被人们接受并给人们的生活带来重大的影响。但随着数字技术与网络技术的结合，以及互联网与移动通信的融合发展，人们已不再仅仅满足于依托固定通信线路的电子商务运作方式，而希望能实现"任何人在任何地点、任何时间可以进行任何形式的"电子商务活动，因此，主要依托移动电话和移动互联网的移动电子商务具有广阔的应用前景。

一、移动电子商务概述

(一)移动电子商务的概念

移动电子商务,是指通过手机、PDA(个人数字助理)、手提电脑等移动通信设备与互联网有机结合所进行的 B2B、B2C 或 C2C 的电子商务。相对于传统的电子商务而言,它真正实现了随时随地的信息交流和贴身服务。它将因特网、移动通信技术、短距离通信技术及其他信息处理技术完美结合,使人们可以在任何时间、任何地点进行各种商贸活动,实现随时随地、线上线下的购物与交易、在线电子支付以及各种交易活动、商务活动、金融活动和相关的综合服务活动等。3G 移动通讯网络和工具可以提供网页浏览、电话会议、电子商务等多种高质量信息服务,满足移动终端用户完全个性化的需求,在实际生活中产生巨大的影响,促进移动电子商务的发展。

(二)移动电子商务的产生与发展

1. 移动通信技术的产生

随着全球化的信息技术革命,移动电话成为中国电信业务中来势最迅猛、发展最活跃的新秀,移动通信能力进一步加强,中国已成为世界移动电话第三大国。

回顾我国移动电话发展史,大致经历了三个阶段:

第一阶段(1987~1993)为起步阶段,主要是满足用户急需。

第二阶段(1994~1995 年上半年)为发展阶段,我国模拟蜂窝移动电话成为世界上联网区域最大、覆盖面最广的移动电话网。

第三阶段(1995 年下半年至今)为迅速提高阶段,我国引进世界上技术先进的数字移动电话系统,它标志着我国移动通信由单一的模拟制进入模拟数字并存时代,可以称得上是一步到位,后来居上。同时,我国移动电话发展速度非常快,随着移动电话价格的下降和移动通讯费用制度的调整,这一市场增长将更为迅速。

2. 移动电子商务的发展

近年来,移动电子商务的发展在全球范围掀起了新高潮,我国移动电子商务也呈现出了可喜的局面。

2000 年初,全球通 WAP 服务在北京、天津、上海、杭州、深圳、广州六个城市试用。2004 年,中国移动、中国联通分别与相关银行联合推出了"手机钱包"业务。2005 年 2 月,基于 WAP 通信方式的手机银行业务开始出现。移动支付产业属于新兴产业,2009 年上半年,我国手机支付用户总量突破 1 920 万户,实现交易 6 268.5 万笔,支付金额共170.4 亿元,咨询公司 Informa 报告认为,预计到 2013 年,移动支付的市场规模将达到 8 600 亿美元。

在 PC 上已发挥巨大能量的第三方支付将率先引爆移动电子商务发展。艾瑞 2011 年第一季度移动互联网报告显示,2011 年手机电子商务表现较为突出,所占比例达到 21.6%。在手机支付安全性逐渐改善的形势下,用户手机购物的意愿逐渐提高,艾瑞预计,2011年将是中国手机电子商务更加快速发展的一年,未来手机电子商务规模所占比例还将继续提升。

(三) 移动电子商务提供的服务

1. 银行业务

移动电子商务使用户能随时随地在网上安全地进行个人财务管理,进一步完善因特网银行体系。用户可以使用其移动终端核查其账户、支付账单、进转账以及接收付款通知等。

2. 交易

移动电子商务具有即时性,因此非常适用于股票等交易应用。移动设备可用于接收实时财务新闻和信息,也可确认订单并安全地在线管理股票交易。

3. 订票

通过因特网预订机票、车票或入场券已经发展成为一项主要业务,其规模还在继续扩大。从因特网上可方便地核查票证的有无,并进行购票和确认。移动电子商务使用户能在票价优惠或航班取消时立即得到通知,也可支付票费或在旅行途中临时更改航班或车次。借助移动设备,用户可以浏览电影剪辑、阅读评论,然后订购邻近电影院的电影票。

4. 购物

借助移动电子商务技术,用户能够通过其移动通信设备进行网上购物。即兴购物会是一大增长点,如订购鲜花、礼物、食品或快餐等。传统购物也可通过移动电子商务得到改进。例如,用户可以使用"无线电子钱包"等具有安全支付功能的移动设备,在商店里或自动售货机上进行购物。

5. 娱乐

移动电子商务将带来一系列娱乐服务。用户不仅可以从他们的移动设备上收听音乐,还可以订购、下载特定曲目,支付其费用,并且可以在网上与朋友们玩交互式游戏,还可以为游戏付费。手机购物交易规模如图10.1所示。

二、移动电子商务存在的问题

(一) 安全性是影响移动电子商务发展的关键问题

相对于传统的电子商务模式,移动电子商务的安全性更加薄弱。如何保护用户的合法信息(账户、密码等)不受侵犯,是一项迫切需要解决的问题。除此之外,目前我国还应解决好电子支付系统、商品配送系统等安全问题。可以采取的方法是吸收传统电子商务的安全防范措施,并根据移动电子商务的特点,开发轻便高效的安全协议,如面向应用层的加密(如电子签名)和简化的IPSEC协议等。

(二) 无线信道资源短缺、质量较差

与有线相比,对无线频谱和功率的限制使其带宽较小,带宽成本较高,同时分组交换的发

电子商务概论

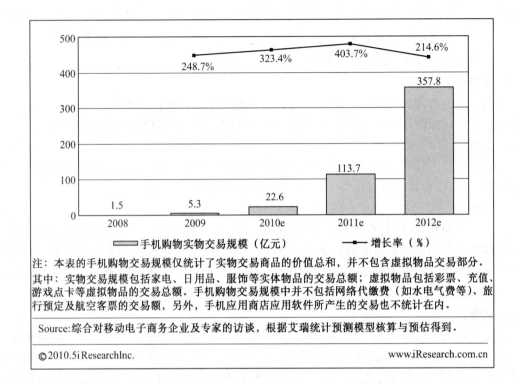

图 10.1　2008～2012年中国手机购物交易规模

展使得信道变为共享;时延较大;连接可靠性较低,超出覆盖区域时,服务则拒绝接入。所以服务提供商应优化网络带宽的使用,同时增加网络容量,以提供更加可靠的服务。

(三)面向用户的业务还需改善和加强

就目前的应用情况来看,移动电子商务的应用更多地集中于获取信息、订票、炒股等个人应用,缺乏更多、更具吸引力的应用,这无疑将制约移动电子商务的发展。

(四)改进移动终端的设计

为了能够吸引更多的人从事移动电子商务活动,必须提供方便可靠和具备多种功能的移动设备。例如,基于WAP的应用必须比PC易于操作(如电话那样);无线设备采用WAP后,仅允许提高较小的成本。

三、移动电子商务的发展与改进

(一)改进技术——保障安全、简化操作

为保障移动支付的基本安全,技术方面要做好四方面的工作:信息保密(主要依靠基于公开密钥基础设施（PKI）的无线公开密钥基础建设（WPKI））；WAP 安全（主要由 WTLS/TLS 来实现）；身份认证（用户可通过移动电话号码；固定的密码；公用一副密钥，对称式加密；只用一次的密码列表，盘查/回应；运用移动 PKI 做身份认证）；终端装置安全（手机具有用户身份认证方面的功能，SIM 智能卡能进行进一步严格的身份认证）。目前移动支付的技术保障水平较高，但相对有线网络的复杂性决定了其还需不断改进。但技术的飞速进步使我们相信，这将不会成为阻碍移动电子商务发展的顽石；技术改进用户操作界面，使普通用户都能够快速掌握、轻松使用终端设备完成整个商务交易活动。

（二）降低用户使用成本

首先，降低终端成本。以手机为代表的终端产品不仅要加强功能设计，更要对客户市场进行细分，针对不同客户类型加强针对性业务功能的设计，而不是每款手机都"大而全"，这样才能降低企业生产成本，制定出客户可以接受的价格。例如，对于年轻人要加强终端娱乐功能设计。

其次，降低交易服务成本。用户采用移动支付方式银行要收取交易手续费，移动网络运营商还要收取服务费，再加上发送短信的费用，用户使用手机支付要比传统支付方式付出更多，而现在并没有很突出的需求来支持这一市场。高成本又没有突出的应用严重拉开了移动支付与用户的距离，要解决这一问题就要运营商与银行密切合作，降低用户的使用成本，根据用户需求开发高附加值业务，简化用户支付操作程序。

（三）产业价值链上下游加强合作，推出"价廉物美"的应用

短信息的成功应用除了给移动运营商带来巨额收益外，也越来越多地给各行各业带来商业上的应用。它的成功在于成本低且符合消费者需求，这一成功经验提示移动电子商务价值链的上游企业应加强合作，找出消费者的潜在需求，将其转化为市场。2005 年就出现了这样一个成功应用的典例——"短信网址"。

"短信网址"就是利用 SMS 短信方式为移动终端设备快捷访问无线互联网而建立的寻址方式，它是基于无线互联网的 IP 及域名体系之上的应用标准，能为企业用户提供一个更加灵活的业务服务和营销渠道。基于短信这样成本低、应用广的成熟业务，大大降低了企业或机构应用和大众使用移动互联网的门槛，增进了企业与消费者间的互动，全面促进移动电子商务市场由娱乐向商务的延伸。

第五节　网上证券交易

一、网上证券交易的概念

所谓网上证券交易，就是指券商将证券交易所的股市行情和信息资料实时发送到互联网

上,投资者借助互联网来获得证券市场的及时报价,分析市场行情,进行投资咨询,并通过互联网委托下单,查询成交、资金等情况的电子交易方式。网上证券交易是继电话委托、可视委托后证券市场推出的又一先进的远程委托方式。网上证券交易可以极大地节约券商运营成本,方便客户交易,是证券交易发展的主流。

二、网上证券交易的产生与发展

(一)全球网上证券交易的产生与发展

网上证券交易始于20世纪90年代初的美国,伴随着互联网技术的发展向世界其他国家和地区迅速蔓延。美国的网上交易始于90年代初,当时主要向机构投资者提供及时行情和网上交易。随着网络技术的发展和计算机网络的普及,涌现出许多网上证券商,向机构投资者和个人投资者提供分析资料、发布公司信息等。更有甚者,公司跳过证券承销商,直接通过互联网向投资者发行股票。由于网上证券交易有成本低、不受地域限制等特点,它很快就受到投资者的欢迎。到目前为止,美国是网上交易最为发达的国家,网上交易规模的增长速度也以每季度30%~35%居全球之冠。网上证券交易,除美国之外,英国、瑞典以及亚洲的日本、韩国、我国的台湾省和香港特别行政区等国家和地区的网上证券交易发展也相当迅猛,证券交易的网络化正成为世界潮流。我国台湾省在1997年初出现第一家网上券商。

(二)我国网上证券交易的产生与发展

我国网上证券交易的起步并不算太晚,与美国网上证券交易发展历程相似的是,积极推动这一新兴交易方式的机构是国内IT技术厂商和中小型券商的营业部。他们介入的动机不尽相同,IT技术厂商们希望以技术参与网上证券经纪业务,在经纪业务这一具有巨大潜力的市场中分得一杯羹;而中小型券商的营业部推出网上交易则是将其视为增强竞争力的有效手段之一,因为通过拓展网上交易,中小型券商可克服网点少、知名度小的不足,因而在争取客户方面可与大型券商叫板。因此,我国网上交易的最大特点是由中小型券商的营业部推动并引导。

1997年,中国华融信托和闽发证券首次开通网上证券交易业务。这是我国证券交易网络化的发端,闽发证券可以说是我国证券界开展网上证券交易的大户,1997年8月,该公司在深圳万用网上推出了网上证券经纪系统,1998年4月在上海推出了网上证券经纪系统,同年10月又在福建热线上推出该系统。另外,君安证券、广发证券、江苏证券、长城证券等公司也纷纷开通了网上证券交易服务。

三、网上证券交易的商业模式

2000年中国证监会《网上证券委托管理暂行办法》的出台,推进了国内证券公司开展网上交易的高涨。我国网上证券交易的发展过程中,形成了下列几种比较典型的模式:

第一种模式是由证券公司与IT技术厂商合作。这种模式是目前相当一部分券商所采用的模式,具有投入少、运行成本低、周期短的优势。在这种模式下,网上交易软件由IT技术厂商开发,客户只有通过该网上交易软件才能登录证券公司营业部的服务器进行证券交易。客户可直接从网上下载或从证券公司处获得该交易软件,交易指令则是从客户的计算机通过互联网直接访问营业部的服务器。

第二种模式是由证券公司与财经网站合作。这种模式与第一种模式的区别在于,交易直接在浏览器进行,客户无须下载和安装行情分析软件或安全系统。这是一种真正意义上的网上在线交易,对用户而言更加便捷。当然,从安全的角度出发,这种方式对技术的要求更高,同样,证券公司必须依赖于财经网站的技术力量和交易平台。在这种模式中,客户的交易指令是通过财经网站再转发到达证券营业部的服务器的。

第三种模式是证券公司依靠自己的力量,开设独立交易网站。这些交易网站成立的时间较短,是隶属于证券公司的一个服务部门(中心)。在这种模式中,虽然证券公司在建设网站和交易系统时可能并不是完全依靠自己的技术力量,但其交易平台和品牌都为证券公司所拥有,并且能够在全公司范围内统筹规划,统一交易平台和品牌,避免日后重新整合的成本。证券公司要全面进入网上交易,这种模式往往是首选。不过,这需要较大的资金投入和较长的周期,日常维护网站运行的成本也较高。

第六节 电子政务

一、电子政务概述

(一)电子政务的概念

"政务"在《现代汉语词典》中的解释是"关于政治方面的事务,也指国家的管理工作"。那么,"电子政务"简单地来讲就是指运用电子化手段所实施的国家管理工作。具体来说,电子政务指各级政府机构的政务处理电子化,包括内部核心政务电子化、信息公布与发布电子化、信息传递与交换电子化、公众服务电子化等。电子政务,实质上就是政府机构应用现代信息和通信技术,将管理和服务通过网络技术进行集成,在网络上实现政论组织结构和工作流程的优化重组,超越时间、空间与部门分隔的限制,全方位地向社会提供优质、规范、透明、符合国际水准的管理和服务。

电子政务这个定义包含三个方面的信息:

(1)电子政务必须借助于电子信息和数字网络技术,离不开信息基础设施和相关软件技术的发展。

(2)电子政务处理的是与政权有关的公开事务,除了包括政府机关的行政事务以外,还包括立法、司法部门以及其他一些公共组织的管理事务等。

(3)电子政务并不是简单地将传统的政府管理事务原封不动地搬到网络上,而是要对其进行组织结构的重组和业务流程的再造。电子政务与传统政务之间有着显著的区别。

（二）电子政务的内容及分类

电子政务的内容非常广泛。从服务对象来看，电子政务主要包括以下几个方面：

1. 政府间的电子政务（Government to Government, G2G）

G2G 是上下级政府、不同地方政府、不同政府部门之间的电子政务。G2G 主要包括以下内容：

（1）电子法规政策系统。对所有政府部门和工作人员提供相关的现行有效的各项法律、法规、规章、行政命令和政策规范，使所有政府机关和工作人员真正做到有法可依，有法必依。

（2）电子公文系统。在保证信息安全的前提下在政府上下级、部门之间传送有关的政府公文，如报告、请示、批复、公告、通知、通报等等，使政务信息十分快捷地在政府间和政府内流转，提高政府公文处理速度。

（3）电子司法档案系统。在政府司法机关之间共享司法信息，如公安机关的刑事犯罪记录、审判机关的审判案例、检察机关的检察案例等，通过共享信息改善司法工作效率和提高司法人员综合能力。

（4）电子财政管理系统。向各级国家权力机关、审计部门和相关机构提供分级、分部门历年的政府财政预算及其执行情况，包括从明细到汇总的财政收入、开支、拨付款数据以及相关的文字说明和图表，便于有关领导和部门及时掌握和监控财政状况。

（5）电子办公系统。通过电子网络完成机关工作人员的许多事务性的工作，节约时间和费用，提高工作效率，如工作人员通过网络申请出差、请假、文件复制、使用办公设施和设备、下载政府机关经常使用的各种表格，报销出差费用等。

（6）电子培训系统。对政府工作人员提供各种综合性和专业性的网络教育课程，特别是适应信息时代对政府的要求，加强对员工与信息技术有关的专业培训，员工可以通过网络随时随地注册参加培训课程、接受培训以及参加考试等。

（7）业绩评价系统。按照设定的任务目标、工作标准和完成情况对政府各部门业绩进行科学测量和评估。

2. 政府对企业的电子政务（Government to Business, G2B）

G2B 是指政府通过电子网络系统进行电子采购与招标，精简管理业务流程，快捷迅速地为企业提供各种信息服务。G2B 主要包括：

（1）电子采购与招标。通过网络公布政府采购与招标信息，为企业特别是中小企业参与政府采购提供必要的帮助，向他们提供政府采购的有关政策和程序，使政府采购成为阳光作业，减少徇私舞弊和暗箱操作，降低企业的交易成本，节约政府采购支出。

（2）电子税务。使企业通过政府税务网络系统，在家里或企业办公室就能完成税务登记、税务申报、税款划拨、查询税收公报、了解税收政策等业务，既方便了企业，也减少了政府的开支。

（3）电子证照办理。让企业通过因特网申请办理各种证件和执照，缩短办证周期，减轻企业负担,如企业营业执照的申请、受理、审核、发放、年检、登记项目变更、核销、统计证、土地和房产证、建筑许可证、环境评估报告等证件、执照和审批事项的办理。

(4)信息咨询服务。政府将拥有的各种数据库信息对企业开放,方便企业利用。如法律法规规章政策数据库、政府经济白皮书、国际贸易统计资料等信息。

(5)中小企业电子服务。政府利用宏观管理优势和集合优势,为提高中小企业国际竞争力和知名度提供各种帮助。包括为中小企业提供统一政府网站入口,帮助中小企业同电子商务供应商争取有利的能够负担的电子商务应用解决方案等。

3. 政府对公民的电子政务(Government to Citizen,G2C)

G2C是指政府通过电子网络系统为公民提供的各种服务。G2C主要包括:

(1)教育培训服务。建立全国性的教育平台,并资助所有的学校和图书馆接入互联网和政府教育平台;政府出资购买教育资源然后提供给学校和学生;重点加强对信息技术能力的教育和培训,以适应信息时代的挑战。

(2)就业服务。通过电话、互联网或其他媒体向公民提供工作机会和就业培训,促进就业。如开设网上人才市场或劳动市场,提供与就业有关的工作职位缺口数据库和求职数据库信息;在就业管理和劳动部门所在地或其他公共场所建立网站入口,为没有计算机的公民提供接入互联网寻找工作职位的机会;为求职者提供网上就业培训、就业形势分析、指导就业方向。

(3)电子医疗服务。通过政府网站提供医疗保险政策信息、医药信息、执业医生信息,为公民提供全面的医疗服务,公民可通过网络查询自己的医疗保险个人账户余额和当地公共医疗账户的情况;查询国家新审批的药品的成分、功效、试验数据、使用方法及其他详细数据,提高自我保健的能力;查询当地医院的级别和执业医生的资格情况,选择合适的医生和医院。

(4)社会保险网络服务。通过电子网络建立覆盖地区甚至国家的社会保险网络,使公民通过网络及时全面地了解自己的养老、失业、工伤、医疗等社会保险账户的明细情况,有利于加深社会保障体系的建立和普及;通过网络公布最低收入家庭补助,增加透明度;还可以通过网络直接办理有关的社会保险理赔手续。

(5)公民信息服务。使公民得以方便、容易、费用低廉地接入政府法律法规规章数据库;通过网络提供被选举人背景资料,促进公民对被选举人的了解;通过在线评论和意见反馈了解公民对政府工作的意见,改进政府工作。

(6)交通管理服务。通过建立电子交通网站提供对交通工具和司机的管理与服务。

(7)公民电子税务。允许公民个人通过电子报税系统申报个人所得税、财产税等个人税务。

(8)电子证件服务。允许居民通过网络办理结婚证、离婚证、出生证、死亡证明等有关证书。

(三)电子政务的发展历程

我国的信息化建设起步可追溯到20世纪80年代初期,从国家大力推动电子信息技术应

用开始,电子政务的发展经历了下面四个阶段:

办公自动化阶段(准备阶段20世纪80年代至1993年),中央和地方党政机关所开展的办公自动化工程,建立了各种纵向和横向内部信息办公网络,为利用计算机和通信网络技术奠定了基础。

"三金工程"阶段(启动阶段1993年3月至1997年4月),"三金工程",即:金桥工程、金关工程和金卡工程,这是中央政府主导的以政府信息化为特征的系统工程。重点是建设信息化的基础设施,为重点行业和部门传输数据和信息。

"政府上网工程"阶段(展开阶段1997年4月至2000年10月),电子政务建设成为数字城市建设的核心内容,主要表现在两个方面:首先,许多地方政府都将国民经济和社会信息化作为"十五"规划的重要内容,上海、深圳、广州、天津等城市纷纷提出建设"数字化城市"或"数码港"计划,其中电子政务的建设是数字城市建设的核心内容之一。其次,专业化的政府服务网站日益增多,服务内容更加丰富,功能不断增强,互动性得到很大提高。中央与地方的工商、海关、国税和地税等部门纷纷推出各种网上办公业务。

"三网一库"阶段(发展阶段2000年10月至今),2001年,国务院办公厅下发的《国务院办公厅关于印发全国政府系统政务信息化建设2001～2005年规划纲要的通知》提出我国政府电子政府建设"三网一库"的总体目标框架。2002年7月,中共中央办公厅和国务院办公厅联合下发《中共中央办公厅、国务院办公厅关于转发〈国务院信息办公室关于电子政务建设指导意见〉的通知》,提出电子政务网络由政务内网和政务外网组成。因此我国电子政务结构经历了"三网一库"向政务内外网结构转变的过程。电子政务工作如图10.2所示。

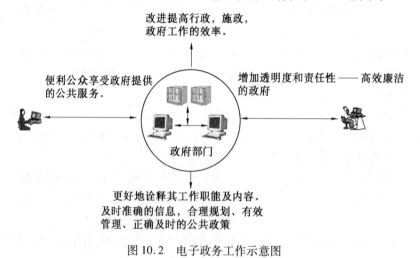

图10.2 电子政务工作示意图

二、我国政府门户网站

中华人民共和国中央人民政府门户网站(简称"中国政府网")是在党中央和国务院领导同志关怀、指导下,由国家信息化领导小组批准建设的。

中国政府网作为我国电子政务建设的重要组成部分,是政府面向社会的窗口,是公众与政府互动的渠道,对于促进政务公开、推进依法行政、接受公众监督、改进行政管理、全面履行政府职能具有重要意义。

中国政府网于2005年10月1日试开通,2006年1月1日正式开通,是国务院和国务院各部门,以及各省、自治区、直辖市人民政府在国际互联网上发布政府信息和提供在线服务的综合平台。中国政府网开通"今日中国、中国概况、国家机构、政府机构、法律法规、政务公开、工作动态、政务互动、政府建设、人事任免、新闻发布、部门服务"等栏目,面向社会提供政务信息和与政府业务相关的服务,逐步实现政府与企业、公民的互动交流。

网站从总体结构上设置了静态信息区、动态信息区、政府服务区、政务互动区和功能管理区五个区域。如图10.3所示。

图10.3　中华人民共和国中央人民政府门户网站

第七节 网络教育

一、网络教育的概念

简言之,网络教育就是通过计算机网络或 Internet 进行教育。但这仅仅是字面解释。网络教育绝不仅仅是将传统意义上的教室、讲台、课本、习题等电子化后移植到网络上,也不仅仅是简单地拍摄讲课录像,然后把录像移植到网络上并通过网络向远方传送。可以说,网络教育是一种远程教育,主要指以多媒体技术为主要媒体,在网上进行的跨时空、跨地域、实时或非实时的交互式教与学的一种新型教育形式,是现代远程教育的一种主要实现方式。

网络教育是远程教育的现代化表现,远程教育是一种同时异地或异时异地进行教育的形式。迄今为止,远程教育经历了三代历程:传统的远程教育、广播电视远程教育和网络教育。传统的远程教育首先认为是函授、刊授教育。最早的函授教育起源于 1840 年的英国,当时英国速记法发明人伊萨克·皮特曼通过邮寄方式教速记,教育界一般就认为这便是世界函授教育的开端。广播电视远程教育起步于 20 世纪 60 年代,在最近二十年来得到了巨大的发展。由多媒体计算机技术和网络通讯技术在教育中充分利用而演绎出来的现代远程教育,一般被称为第三代远程教育,即网络教育。

二、网络教育的特点

网络经济和计算机的革命为教育工业化提供了良好的发展机遇。遍布的互联网打破了自然地域的分割,使世界变成了一个小小的地球村,也促进了教育市场的一体化。现代网络教育创造了一种以"四大分离"为主要特征的全新教育模式:时间分离、空间分离、师生分离、教管分离。

(一)时间分离

时间分离指的使教学过程的非实时性与非线性。学生既可以观看在线直播,如同观看已经拍好的电影。"非线性"是指学生可不断重复学习所学课程而不受时间限制,这与很难重复再现的传统课堂教学迥然不同。

(二)空间分离

空间分离即网络的异地性。网络教育不受空间的限制,学习者不论在任何地方都可以根据自己的心理与可能的情况合理选择地点。空间分离是指老师和学校、学生和学校、学生与学生可以不在同一地域空间、不在同一省市、甚至不在同一国度。虽然人们同上一所学校,同在一个虚拟校园漫游,同在一间虚拟教室学习,但却各自身在五湖四海、天涯海角,也无需过问学校在何处。

(三) 师生分离

师生分离是指老师与学生从传统的面对面的直接交流变成了彼此隔绝的单向间接交流。学生很难与每天教诲他们的老师见面。

(四) 教管分离

教管分离是指同工业化生产的泰罗制"作业分工"一样，教师的职责被细分为授课与管理，分别由不同老师担任，作为授课老师往往不管理个体学生的学习过程。

三、我国网络教育发展现状

我国的网络教育市场总体处于起步阶段。教育网站主要分为以下三大类：

第一是教育信息资源类网站，以提供各种各样的教育教学信息和教育资源为主。这些网站独立运作，运作模式各异，目前均是免费浏览内容。

第二是远程教育类网站，主要提供远程的学历教育或非学历教育。学历教育以高等院校的网上大学为主，非学历教育主要是继续教育和职业技术教育等。

第三是政府和教育科研类的非商业网站，包括各级教育机构所建的各地教育信息网、各类教育报纸杂志所办的网络版、各级大中小学校所建的学校网站以及教师个人所建的学科类网站等。

从整体市场来看，随着中国的信息化程度以及网民对网络教育认知程度的提高，网络教育市场规模将不断增长。从产业链角度来看，由网络教育课程提供商、系统开发商、服务运营商组成的产业链已经成形，厂商之间的分工进一步明确和细化。中国网络教育目前以学历教育市场规模最大，一定程度上成为网络教育的代名词，但是服务的规范化将是此市场下一步发展的重点。基础教育市场目前发展速度减缓，认知度尚待提高，需要加大教育市场投入力度。职业培训与认证市场竞争激烈，建立良好品牌，提供实在的能力提高的培训才能求得发展。国内企业也开始关注 E-learning 的应用，但目前市场处于培育期，认知度有待提高。

从用户角度来看，网民对网络教育的认知尚待提高，网络教育总体满意度处于中等水平，存在的最大问题是与任课老师缺乏沟通以及收费过高，同时客户服务质量也不可忽视。随着中国的信息化程度以及网民对网络教育认知程度的提高，网络教育规模将不断增长。

本 章 小 结

本章介绍了电子商务的典型应用，主要包括网上交易市场、网络娱乐、旅游电子商务、移动电子商务、网上证券交易、电子政务、网络教育等等。不同的应用均有其独特的运营特点。但总的来说，电子商务正在改变这些领域的商业、社会活动方式，并大力推动其长远的发展。网上交易市场、旅游电子商务、网上证券交易正在改变传统的营销、旅游、金融等领域的业务，使其行业的发展向现代化、人性化发展；移动电子商务满足移动终端用户完全个性化的需求，在实际生活中产生巨大的作用,促进移动电子商务的发展。网络娱乐正在改变人们的社会生活方式,从而增添了现代生活的休闲元素;电子政务正在创造一个开放透明的政府平台,实现政府职能的健康、高效的转变;网络教育成为各级各类学校的一种重要教育手段和发展方向,也成为企业的一种重要的知识管理方式,其发展已经成为全球性的大趋势。总之,电子商务将成为 21 世纪人类信息世界的核心,具有无法预测的增长前景,是构筑 21 世纪新型的社会经济、文明框架的主要武器。大力发展电子商务,对于国家以信息化带动工业化的战略、实现跨越式发展、增强国家竞争力,具有十分重要的战略意义。

思 考 题

1. 请考察某一网络交易平台(某电子商务企业)的运营模式及经营特色,简述其优势与不足。
2. 请结合自己参与网络娱乐的亲身经历谈谈现代生活中电子商务所发挥的作用。
3. 请搜集资料研究一下东三省(或黑龙江省)内的中小企业对电子商务的应用现状,并结合实际谈谈其发展策略。

阅 读 资 料

【阅读资料一】

《2010 年中国网络游戏市场年度报告》摘要

一、2010 年中国网络游戏市场机遇与挑战并存

2010 年,中国网络游戏市场增长率已经降到 26.2%,增长速度连续两年下滑。互联网和移动网游戏市场规模合计为 349 亿元。其中互联网游戏 323 亿元,增长率 25.2%;移动网游戏 26 亿元,增长率 40.7%。除了互联网游戏和移动网游戏外,广电网游戏也逐步形成了一个值得关注的市场。

图 1　2006~2010 年中国网络游戏市场规模及增长率

2010年互联网游戏用户总数突破1.2亿人,同比2009年增长超过37%。尽管网络游戏市场规模的增长速度在明显放缓,但是用户的增长速度超过了规模的增长。这从一个侧面反映出市场发展的根本动力仍然健康,只是市场的发展热点和重点在发生转移,市场从全生命周期角度看还远未达到成熟期,仍处在快速发展的成长期。

二、2010年《网络游戏管理暂行办法》的颁布奠定了系统化、规范化市场管理的基础

在文化部网络游戏市场管理历程中,2010年是具有里程碑意义的一年。2010年6月3日,文化部颁布了《网络游戏管理暂行办法》(以下简称《办法》),这是我国第一部专门针对网络游戏进行规范和管理的部门规章,它对中国网络游戏健康有序发展,具有重大且深远的影响。在认真贯彻落实《办法》的基础上,文化部针对网络游戏行业存在的突出问题和难点问题,与相关部门积极配合,从主体准入、内容管理、运营监管和执法监督四个环节进一步加大网络游戏管理力度,有效规范了市场秩序,营造了健康、良好的市场环境。

三、2010年中国网络游戏出口继续快速增长

2010年国产游戏产品出口规模相比2009年增长继续加快,海外市场收入近2.3亿美元,较2009年增长116%,出口数量超过100款。有更多的国产游戏企业开始进军海外市场,还有部分游戏企业通过海外投资开始参与国际资本竞争。

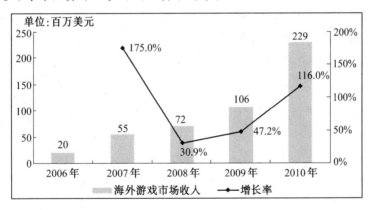

图2 2006~2010年中国网络游戏产品海外出口规模

在出口的108款网络游戏中,互联网客户端游戏占据了62.8%,互联网网页游戏占据了28.3%,移动网游戏占据了8.9%。

四、2010年网络游戏行业投融资活跃,重点有所转变

在2010年,中国的网络游戏企业的业务投资行为仍然较为活跃,全年公布的投资事件共有20起。总体来看,2010年网络游戏行业的投资呈现三大特点。一是投资对象以网络游戏开发企业为主。2010年行业资本投资于游戏开发企业的案例占到投资案例总数的一半。二是新游戏形式继续受重视。移动网游戏、网页游戏、广电网游戏的开发和运营投资在2010年共有5起。三是跨界的投资形成趋势。网络游戏公司投资影视、文学已经成为大企业的重要

业务拓展模式,而2010年还出现了影视公司投资网络游戏,PC厂商投资广电网游戏。

五、未来3年,平台、融合、普及和开放将成为中国网络游戏市场关键词

(1)网游市场规模将持续快速扩张,预计未来3年年均复合增长超过20%。

(2)以网页游戏为代表的新游戏类型快速成长,将成为市场增长的主力。

(3)平台价值的发挥必须依靠优秀产品,产品研发将不断加强。

(4)各类新内容平台的涌现,将使得未来几年网游市场很难出现一家独大局面。

(5)融合下的新游戏平台将推动游戏普及,游戏将逐步成为全家的娱乐活动。

六、2011年文化部网络游戏市场管理以完善和重点加强为主旨

2011年,文化部将以贯彻执行《网络游戏管理暂行办法》为重点,在法规建设、主体准入、内容管理、运营监管、执法监督、行业自律等方面开展网络游戏市场管理工作。

作为网络游戏行业主管部门,文化部发布了《2010中国网络游戏市场年度报告》(以下简称《2010网络游戏年度报告》)。《2010网络游戏年度报告》回顾了2010年我国网络游戏市场发展与管理状况,预测了今后网络游戏市场发展趋势,描绘了2011年的管理基本思路。

《2010网络游戏年度报告》第一次将移动网游戏和广电网游戏,同互联网游戏一起纳入分析范围。《2010网络游戏年度报告》统计并公布了2010年我国网络游戏市场权威数据。这些数据主要来自游戏企业报备的各类项目信息、专项调查和第三方行业研究机构的独立调查三个途径。《2010网络游戏年度报告》将有力的支撑我国网络游戏行业和市场经营、管理的规范化、科学化,并进一步促进我国网络游戏行业和市场的发展。

2010年中国网络游戏市场保持增长,结构调整成为主题。互联网和移动网游戏市场规模合计为349亿元,增长率26.2%。其中互联网游戏323亿元,增长率25.2%;移动网游戏26亿元,增长率40.7%。除了互联网游戏和移动网游戏外,广电网游戏目前也逐步形成了一个值得关注的市场。

2010年中国网游市场最大的特征表现为三个结构性的变化。第一个是互联网游戏市场中,网页游戏市场份额比去年上升4.27个百分点。第二个是移动网游戏市场增长快于互联网游戏,其占比近五年来首次上升,同比增长0.7个百分点。第三个是企业竞争结构出现一线企业总体下降,二线企业总体上升的变化。

2010年国产网络游戏出口持续高涨,海外市场收入将近2.3亿美元,较2009年增长达到116%。出口产品数量超过100款。有更多的国产游戏企业开始进军海外市场。部分游戏企业通过海外投资开始参与国际资本竞争。中国网游企业凭借着在国内市场积累起来的开发和运营经验和资金实力,积极利用全球资源,布局全球市场。从产品出口,到海外并购的资本输出,既是深入开发海外市场的需要,也有助于中国网游企业提升自身产品研发能力,并提升在全球网游市场格局中的话语权。

《2010网络游戏年度报告》指出:2010年是中国网络游戏市场新十年的开始。在新的起点上,文化部为进一步落实"三定"方案,履行职责,规范市场,主要进行了六方面的工作。一

是作为网络游戏的主管部门,文化部发布了《网络游戏管理暂行办法》(以下简称《办法》),并组织了网络文化经营单位的针对性培训。二是根据《国务院关于第五批取消和下放管理层级行政审批项目的决定》(国发[2010]21号),文化部于2010年8月1日起,将设立网络游戏经营单位主体许可的行政审批事项下放至省级文化行政部门。三是加强了网络游戏内容的管理。2010年文化部依据法定职责,共审批或备案了204款网络游戏。其中,进口网络游戏28款,国产网络游戏176款。四是强化了网络游戏运营规范,有序推进实名制,大力打击了网游运营中各种违规行为,促进市场秩序明显好转。五是按照"优先保护"原则,切实保护未成年人。渐次开展了"网络游戏未成年人家长监护工程"、网络游戏适龄提示工程和发布《未成年人健康参与网络游戏提示》。

面对市场出现的新形势和新趋势,文化部在2011年将从四个方面进一步完善市场管理和推进工作。第一,要继续落实《办法》,完善法规建设。第二,对《办法》的贯彻实施情况进行核查。第三,进一步加大未成年人保护力度。第四,强化网络游戏经营单位的自审制度。

(资料来源:《〈2010年中国网络游戏市场年度报告〉摘要》,搜狐网,2011-03.)

【阅读资料二】
《2010年中国网民网络视频应用研究报告》摘要

2011年2月22日,中国互联网络信息中心(CNNIC)在京发布《2010年中国网民网络视频应用研究报告》(以下简称《报告》)。《报告》显示,截至2010年12月,国内网络视频用户规模2.84亿人,在网民中的渗透率为62.1%。网络视频用户媒体消费习惯正在发生改变,网络视频媒体成为网民获取电影、电视、视频等数字内容的主要渠道。

一、网络视频用户市场快速增长,搜索引擎和社交网络的交互性成为主要推动力

截至2010年12月,国内网络视频用户规模2.84亿人,年增长4 354万人,年增长率18.1%。

网络视频的快速增长离不开网民增长的带动作用。同时,搜索引擎快速发展,作为互联网入口地位的确立,使其网络视频网站流量导入的重要渠道;而网络视频用户间分享行为更加活跃,分享渠道更加丰富。即时通信和SNS成为用户在互联网上进行视频分享的重要途径。通过即时通信聊天工具转发进行视频分享的用户比例达到49.3%,使用即时通信聊天工具上的视频分享功能的用户占比24.2%。SNS中的视频分享和转帖也成为好友之间互动的重要方式。36.6%的用户在SNS上转发喜欢的视频节目,29.9%的用户使用SNS的视频分享功能与好友进行视频分享。借助搜索引擎的入口地位和社交网络的交互性,网络视频用户市场快速扩展。

二、网络接入条件有明显改善,在线视频成主流

网络视频用户中,98.7%的用户使用宽带接入看视频。其中,63%的网络视频用户拥有2M及以上的带宽接入,比2009年增长8.3个百分点,网络视频用户的网络接入条件有明显改

善。

　　随着带宽速率的提高,浏览器、客户端软件在线视频服务的完善,在线观看网络视频的比例快速提升,占比高达95.4%;找到需要的视频资源后,下载观看的用户占比47.6%。

三、电影、电视剧视频需求为主,网络新闻时事报道、电视节目直播视频节目有较好的市场前景

　　电影、电视剧是网络视频用户最为喜爱的内容,用户观看比例分别是92.6%和87.2%,位居用户收看网络视频节目的前两位;新闻、资讯、时事类的视频节目在2010年也比较受网民的青睐,观看的用户比例达74.5%,位列第三位;电视直播类节目受欢迎度位居第四位,收看比例达到67.8%。

四、网络视频在影视内容分发方面的渠道价值不断提升

　　网络视频用户媒体消费习惯发生改变。对新电影上映时网民使用的媒体进行调查显示,89.3%的网络视频用户在新电影上映后去网上查找观看,31.9%的网络视频用户会去电影院观看,买光盘观看的用户占17.5%,网络视频成为新上映电影发行的重要补充媒体。

　　网络视频对大众媒体消费行为影响最为显著的另一种视频节目就是电视剧节目的收看,66.5%的网络视频用户最喜欢在网上看热播剧;而喜欢在电视媒体上收看热播剧的用户占24.7%;喜欢买光盘看热播剧的用户占7.6%。

五、网络视频上传用户不到2成,但原传内容上传比例达45.4%

　　CNNIC《报告》显示,17.2%的网络视频用户在过去半年曾上传过视频节目。其中,45.4%的用户上传过原创视频节目,包括自己、家人、朋友录制的视频节目,基于用户产生的原创视频节目提高了视频分享网站的用户活跃度。随着网民的"草根"原创力量在不断壮大,网络视频平台运营商需要一方面从技术着手提高用户上传视频服务水平;另一方面需要加大对用户上传内容的审核力度,鼓励更多有价值的内容上传到互联网上。

六、网络视频付费市场不足6%,高清影视剧最受欢迎

　　CNNIC《报告》显示,只有6%的网络视频用户在过去半年曾经付费收看过视频节目。非付费用户进行付费意愿调查显示72.9%的用户习惯了免费收看视频,未来没有付费意愿。

　　最受用户喜欢的是高清电影、电视剧,78.8%的付费用户在过去半年内曾付费收看过高清电影、电视剧;新上映的电影也比较受付费用户的欢迎,77%的用户过去半年曾付费在网上收看过新上映的电影。

七、高清视频市场用户需求度高、认知度低,播放速度满意度评价低

　　用户看视频时最重要的三个要求:速度要快、内容要丰富、体验要高清,在用户选择最经常使用网站时,这三个因素的选择率分别是:24.6%、15.6%和13%。随着版权市场的规范、用户上传内容的增长和网站自制节目的增多更好地满足了用户对内容的需求,而速度和画面质量成为网民使用网络视频需求常态。截至2010年12月,网络视频用户中19.7%的用户过去半年内下载或在线收看过高清视频,用户规模约为5 584万人。但总体用户对视频网站提供的高清视频认知程度不足,半数以上的网络视频用户不知道高清视频。

高清视频播放速度,也就是高清视频播放的流畅性满意度较低,这与目前国内带宽资源的服务能力密切相关;对高清视频的画面清晰度的满意度评高于速度,但是从满意的比例来看,高清视频的画面体验仍有待于提高。

(资料来源:《〈2010年中国网民网络视频应用研究报告〉摘要》,中国互联网络信息中心,2011-02.)

参考文献

[1] 姜红波. 电子商务概论[M]. 北京:清华大学出版社,2009.
[2] 孙百鸣. 电子商务基础[M]. 北京:中国农业大学出版社,首都经济贸易大学出版社,2008.
[3] 仲岩. 电子商务实务[M]. 北京:北京大学出版社,2009.
[4] 卢志刚. 电子商务概论[M]. 北京:机械工业出版社,2008.
[5] 李荆洪. 电子商务概论[M]. 北京:中国水利水电出版社,2002.
[6] 周曙东. 电子商务概论[M]. 2版. 南京:东南大学出版社,2010.
[7] 高巨山,仲伟伫,徐兰. 电子商务概论[M]. 北京:电子工业出版社,2008.
[8] 马大川,陈联钢. 电子商务教程[M]. 北京:经济科学出版社,2007.
[9] 范云芝. 电子商务概论[M]. 北京:机械工业出版社,2009.
[10] 杨雪雁. 电子商务概论[M]. 北京:北京大学出版社,2010.
[11] 孙睿,尚德峰. 电子商务原理及应用[M]. 北京:北京大学出版社,2008.
[12] 尹世久. 电子商务概论[M]. 北京:机械工业出版社,2010.
[13] 俞立平. 电子商务[M]. 2版. 北京:中国时代经济出版社,2007.
[14] 张润彤,郑丰. 电子商务[M]. 北京:清华大学出版社,2006.
[15] 孙军,张英奎,管惠娟. 电子商务概论[M]. 北京:机械工业出版社,2009.
[16] 黄敏学. 电子商务[M]. 北京:高等教育出版社,2007.
[17] 黄海滨. 电子商务概论[M]. 上海:上海财经大学出版社,2006.
[18] 宋文官. 电子商务实用教程[M]. 3版. 北京:机械工业出版社,2007.
[19] 蹇洁. 电子商务导论[M]. 北京:人民邮电出版社,2009.
[20] 高阳. 计算机网络原理与实用技术[M]. 北京:清华大学出版社,2009.
[21] 刘永华. 计算机网络体系结构[M]. 南京:南京大学出版社,2009.
[22] 薛万欣. 电子商务网站建设[M]. 北京:机械工业出版社,2009.
[23] 郝戍. 网络营销[M]. 北京:机械工业出版社,2007.
[24] 曹淑艳. 电子商务教程[M]. 北京:清华大学出版社,2007.
[25] 李卓华. 电子商务概论[M]. 北京:中国水利水电出版社,2005.
[26] 陈永乐. 电子商务基础[M]. 北京:中国科学技术出版社,2006.
[27] 张卫东. 网络营销[M]. 北京:电子工业出版社,2004.
[28] 朱祥贤. 网络营销[M]. 北京:科学出版社,2004.
[29] 李玉清. 网络营销[M]. 北京:清华大学出版社,2007.

[30] 屈冠银. 电子商务物流管理[M]. 2版. 北京:机械工业出版社,2007.

[31] 卢国志. 新编电子商务与物流[M]. 北京:北京大学出版社,2005.

[32] 张铎. 电子商务与现代物流[M]. 北京:北京大学出版社,2004.

[33] 杨坚争. 经济法与电子商务法[M]. 北京:高等教育出版社,2004.

[34] 李跃贞. 电子商务概论[M]. 北京:机械工业出版社,2007.

[35] 黄永斌. 电子商务导论[M]. 北京:机械工业出版社,2005.

[36] 杨路明. 电子商务法[M]. 北京:机械工业出版社,2009.

[37] 中国信息产业网. www.cnii.com.cn.

[38] 艾瑞网. www.iresearch.cn.

[39] 中国电子商务研究中心. b2b.toocle.com.

[40] 中国互联网络信息中心. www.cnnic.net.cn.

[41] 阿里巴巴网. www.alibaba.com.cn.

[42] 敦煌网. www.hc360.com.

[43] 易趣网. www.eachnet.com.

[44] 中国石材网. www.stonebuy.com.

[45] 中国钢铁网. www.yesteel.com.

[46] 携程旅游网. www.ctrip.com.

[47] 去哪儿网. www.Qunar.com.

[48] 中国政府网. www.gov.cn.

[49] CNZZ数据专家. www.cnzz.com.

读者反馈表

尊敬的读者：

您好！感谢您多年来对哈尔滨工业大学出版社的支持与厚爱！为了更好地满足您的需要，提供更好的服务，希望您对本书提出宝贵意见，将下表填好后，寄回我社或登录我社网站（http://hitpress.hit.edu.cn）进行填写。谢谢！您可享有的权益：

☆ 免费获得我社的最新图书书目 ☆ 可参加不定期的促销活动
☆ 解答阅读中遇到的问题 ☆ 购买此系列图书可优惠

读者信息

姓名_____ □先生 □女士 年龄_____ 学历_____
工作单位_____ 职务_____
E-mail_____ 邮编_____
通讯地址_____
购书名称_____ 购书地点_____

---

1. 您对本书的评价

内容质量 □很好 □较好 □一般 □较差
封面设计 □很好 □一般 □较差
编排 □利于阅读 □一般 □较差
本书定价 □偏高 □合适 □偏低

2. 在您获取专业知识和专业信息的主要渠道中，排在前三位的是：
① _____ ② _____ ③ _____
A. 网络 B. 期刊 C. 图书 D. 报纸 E. 电视 F. 会议 G. 内部交流 H. 其他：_____

3. 您认为编写最好的专业图书(国内外)

书名	著作者	出版社	出版日期	定价

4. 您是否愿意与我们合作，参与编写、编译、翻译图书？
_____

5. 您还需要阅读哪些图书？
_____

网址：http://hitpress.hit.edu.cn
技术支持与课件下载：网站课件下载区
服务邮箱 wenbinzh@hit.edu.cn duyanwell@163.com
邮购电话 0451-86281013 0451-86418760
组稿编辑及联系方式 赵文斌(0451-86281226) 杜燕(0451-86281408)
回寄地址：黑龙江省哈尔滨市南岗区复华四道街10号 哈尔滨工业大学出版社
邮编：150006 传真 0451-86414049